THE RELIGIONS BOOK

"人类的思想"百科丛书 精品书目

 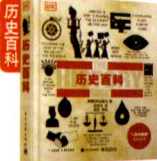   

 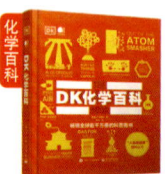

更多精品图书陆续出版，
敬请期待！

"人类的思想"百科丛书

宗教学百科

英国DK出版社 著

杨华明 译

李林 审校

电子工业出版社
Publishing House of Electronics Industry
北京·BEIJING

Original Title: The Religions Book
Copyright ©2013 Dorling Kindersley Limited
A Penguin Random House Company
本书中文简体版专有出版权由 Dorling Kindersley Limited 授予电子工业出版社。未经许可，不得以任何方式复制或抄袭本书的任何部分。
版权贸易合同登记号　图字：01-2014-4430

图书在版编目（CIP）数据

宗教学百科 / 英国 DK 出版社著；杨华明译. —北京：电子工业出版社，2021.6
（"人类的思想"百科丛书）
书名原文：The Religions Book
ISBN 978-7-121-41058-1

Ⅰ．①宗… Ⅱ．①英… ②杨… Ⅲ．①宗教学－研究 Ⅳ．① B920

中国版本图书馆 CIP 数据核字（2021）第 074725 号

审图号：GS（2020）7351 号
本书地图系原文插附地图

策划编辑：郭景瑶（guojingyao@phei.com.cn）
责任编辑：李　影
印　　刷：鸿博昊天科技有限公司
装　　订：鸿博昊天科技有限公司
出版发行：电子工业出版社
　　　　　北京市海淀区万寿路 173 信箱　邮编：100036
开　　本：850×1168　1/16　印张：22　字数：666 千字
版　　次：2021 年 6 月第 1 版
印　　次：2025 年 4 月第 3 次印刷
定　　价：168.00 元

凡所购买电子工业出版社图书有缺损问题，请向购买书店调换。若书店售缺，请与本社发行部联系，联系及邮购电话：（010）88254888，88258888。
质量投诉请发邮件至 zlts@phei.com.cn，盗版侵权举报请发邮件至 dbqq@phei.com.cn。
本书咨询联系方式：（010）88254210，influence@phei.com.cn，微信号：yingxianglibook。

www.dk.com

扫码免费收听DK"人类的思想"
百科丛书导读

"人类的思想"百科丛书

本丛书由著名的英国DK出版社授权电子工业出版社出版，是介绍全人类思想的百科丛书。本丛书以人类从古至今各领域的重要人物和事件为线索，全面解读各学科领域的经典思想，是了解人类文明发展历程的不二之选。

无论你还未涉足某类学科，或有志于踏足某领域并向深度和广度发展，还是已经成为专业人士，这套书都会给你以智慧上的引领和思想上的启发。读这套书就像与人类历史上的伟大灵魂对话，让你不由得惊叹与感慨。

本丛书包罗万象的内容、科学严谨的结构、精准细致的解读，以及全彩的印刷、易读的文风、精美的插图、优质的装帧，无不带给你一种全新的阅读体验，是一套独具收藏价值的人文社科类经典读物。

"人类的思想"百科丛书适合10岁以上人群阅读。

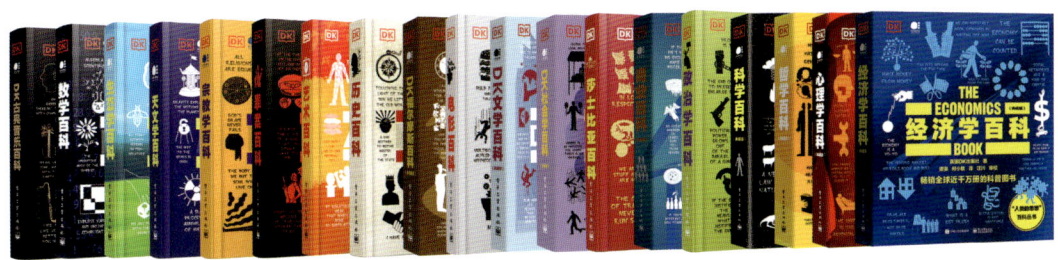

《宗教学百科》的主要贡献者有Philip Wilkinson, Georgie Carroll, Dr Mark Faulkner, Dr Jacob F. Field, Dr John Haywood, Michael Kerrigan, Neil Philip, Dr Nicholaus Pumphrey, Juliette Tocino-Smith等人。

目 录

10 前言

原始宗教
始于史前时代

20 无形之力在运行
认识世界

24 石头也有灵魂
先民社会中的万物有灵论

26 特殊之人可以造访其他世界
萨满的力量

32 我们为何在这里
创造乃出于某种目的

33 我们为何会死
死亡的起源

34 永恒即现在
做梦

36 我们的祖先会引导我们
亡者的灵魂一直存活

38 我们应当为善
和谐生活

39 万物相通
与神明终身相连

40 神明需要血祭
牺牲与血祭

46 我们能够建构起一个神圣空间
象征主义成为现实

48 我们与宇宙和谐一致
人和宇宙

50 我们的存在是为了侍奉神
举行仪式的职责

51 宗教仪式维系着世界
通过仪式更新生命

古代与古典文明时期的宗教
始于公元前3000年

56 诸神和人的等级秩序
对新社会的信仰

58 善者在奥西里斯的国度享有永生
为来世做准备

60 善良战胜邪恶要仰仗人类
善恶之战

66 领受宇宙之道
道我相契

68 五戒
舍己带来灵魂解脱

72 德非天降
圣人有智

78 一个神圣婴孩的诞生
对神话的汲取

79 神谕显现神明的旨意
占卜未来

80 神明与我们无异
映射社会的信仰

82 礼仪将我们与过去相连
按神的方式生活

86 诸神终将死亡
如我们所知的世界末日

目 录 7

印度教
始于公元前1700年

- 92 我们通过献祭维持世界秩序
  理性的世界
- 100 神明有女性的一面
  伟大女神的力量
- 101 靠近古鲁（GURU，意为宗师）而坐
  高层次的教导
- 102 "梵"即内心之我
  终极实在
- 106 梵行，家居，林栖，遁世
  人生四行期
- 110 杀戮或为你的职责
  无私的行为
- 112 修习瑜伽以使灵魂解脱
  身心修行
- 114 我们在日常仪式中向神明言说
  通过普迦拜神
- 116 世界即幻象
  以纯净意识来观
- 122 诸多信仰，诸多道路
  关于神的意识
- 124 非暴力是强者的武器
  政治时代的印度教

佛教
始于公元前6世纪

- 130 寻求中道
  佛陀的觉悟
- 136 苦难可以终结
  摆脱无尽的轮回
- 144 检验佛陀之言有如检验黄金
  个人对真理的探求
- 145 宗教戒律的必要性
  寺院戒律的旨归
- 146 不杀生得善果
  以慈悲治国
- 148 人为何物不可说
  自我是不断变化的
- 152 觉悟有多个面向
  佛与菩萨
- 158 将你的信仰表演出来
  仪式和诵经
- 160 发掘出你的佛性
  参禅忘言

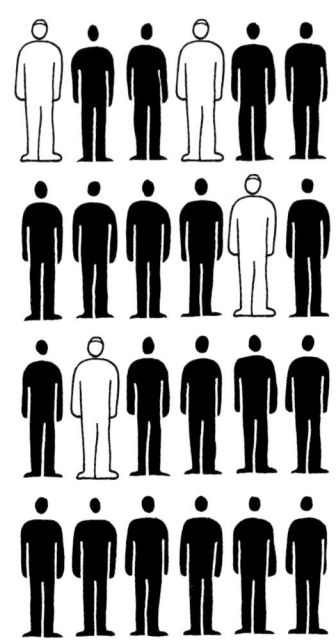

犹太教
始于公元前2000年

- 168 我要以你们为我的百姓，我也要作你们的神
  上帝与以色列立约
- 176 除我之外别无他神
  从单神崇拜到一神教
- 178 弥赛亚将拯救以色列
  关于新时代的应许
- 182 在日常生活中贯彻宗教律法
  记录口传律法
- 184 上帝无形、不可分割、独一无二
  对不可言说者的言说

目录

186 　上帝和人皆于宇宙中流放
　　　神秘主义与卡巴拉

188 　神圣火花内住于众人之中
　　　人乃上帝之彰显

189 　犹太教是一种宗教，而不是
　　　一个民族
　　　信仰和国家

190 　勿忘历史，把握当下，着眼
　　　未来
　　　犹太教进步派

196 　若你愿意，梦将成真
　　　现代政治锡安主义的缘起

198 　大屠杀时上帝在哪儿
　　　对神人之约的一个挑战

199 　女性亦可作拉比
　　　性别和神人之约

基督教
始于公元1世纪

204 　耶稣是末世的开端
　　　耶稣带给世界的信息

208 　上帝将他的子赐给我们
　　　耶稣的神圣身份

209 　殉教者的血是教会的种子
　　　为福音而死

210 　肉身会死但灵魂永生
　　　基督教的灵魂不朽观

212 　上帝是三，上帝是一
　　　神圣三位一体

220 　上帝的恩典不会落空
　　　奥古斯丁与自由意志

222 　在世而不属世
　　　代表他人服事上帝

224 　教会之外无拯救
　　　进入信仰

228 　这是我的身体，这是我的血
　　　圣体的奥秘

230 　上帝的话语无须中介
　　　新教改革

238 　上帝隐匿在人心中
　　　基督教的神秘经验

239 　身体和灵魂一样需要拯救
　　　社会圣洁和福音派

240 　科学进步无法证伪《圣经》
　　　现代性的挑战

246 　我们可以影响上帝
　　　祷告何以有效

伊斯兰教
始于公元610年

252 　穆罕默德是真主的最后一位
　　　使者
　　　先知与伊斯兰教的缘起

254 　《古兰经》从天降示给人
　　　真主启示自己的语言与意志

262 　伊斯兰教的"五功"
　　　核心的信仰宣告

270 　伊玛目是真主选出的领袖
　　　伊斯兰教什叶派的出现

272 　真主用沙里亚指引我们
　　　通向和谐生活之途

276 　我们可以思考真主，却不能
　　　理解真主
　　　伊斯兰教义学

目录 9

278 吉哈德是我们的宗教职责
在真主的道路上努力奋斗

279 世界是走向真主旅途的一个阶段
义人的最后奖赏

280 认主独一
神性之统一是必然的

282 阿拉伯人，水壶还有天使都是我们自己
苏菲主义和神秘主义传统

286 伊斯兰教势必摆脱西方的影响
伊斯兰复兴主义的兴起

291 伊斯兰教能够成为一种现代宗教
信仰的互通

现代宗教
始于15世纪

296 我们必须像圣战士一样生活
锡克教徒的行为准则

302 众人皆可经由我们的通道来到神前
阶层制度和信仰

304 与故土间的信息往来
萨泰里阿教的非洲根源

306 请自问"耶稣会怎么做？"
效法基督

308 通过他的使者认识他
巴哈伊的启示

310 清扫罪恶尘埃
天理教和康乐生活

311 这些恩赐注定是给我们的
太平洋群岛的船货崇拜

312 犹大的雄狮已经崛起
拉斯·塔法里是我们的救主

316 所有宗教皆平等
旨在统一所有信仰的高台教

317 我们已经遗忘自己的真实本性
净化心灵的科学教

319 灵魂在转世期间安息在夏日乐园
威卡教和"另一世界"

320 负面思维只是落入福海的雨滴
通过静坐寻求内心平静

321 对我而言的真实即为真理
面向所有宗教开放的信仰

322 吟唱净化心灵的克里希那拜赞歌
敬拜亲切的神

324 附录
340 词汇表
344 索引
351 致谢

INTRODUCTION

前言

  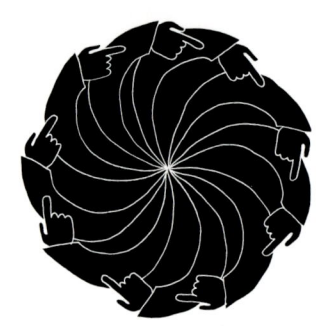

关于宗教概念，并没有一个能涵摄其所有维度的简单界定。然而，包含精神、人格与社会多重元素的宗教现象却普遍存在于各个文化，从史前时代到现时今日概莫能外。无论是在我们远古祖先的洞穴壁画和葬礼风俗中，还是在人们对灵性生命从未停歇的追求中，都可寻觅到其踪迹。

对旧石器时代的先民（实际上整个人类历史都大抵如此）而言，宗教为他们提供了一条理解与影响自然现象的路径。天气、季节、创造、生命、死亡、来世以及整个宇宙架构全都要从宗教中寻求解释，要么是祈求掌控一切的诸神，要么是把目光转向某个神性存在或神秘生物寓居其间的不可见世界。宗教借助仪式、祈祷为人们提供了与这些神明交流的方式，而此类行为一旦由某群体的成员共同参与，便有助于构建稳固的社会团体，强化等级分层，并提供一种深层次的集体认同感。

随着社会结构日趋复杂，其信仰体系也随之发展，宗教逐渐成为一种政治工具。伴随军事征服而来的往往是征服者对被征服者信仰的接纳与吸收；而诸王国与帝国也常常会得到自己所信奉的神明及神职阶层的支持。

人的神

宗教满足了先民的各种需求，并通过仪式、习俗与禁忌为他们提供了构建生活的模板。他们还可假借宗教为自己在宇宙中定位。那么，我们能将宗教解释为一种纯粹人造的社会性产物吗？很多人都认为问题并非如此简单。千百年来，人们与反对他们信仰之人斗争不休，为维护自己崇拜神（或诸神）的权利而遭受迫害乃至殉教。即便是今天，在这个人们普遍认为相较从前更具唯物主义色彩的世界中，仍有占全球人口3/4还多的人认为自己有某种宗教信仰。

发端

我们可从远古社会的遗迹和稍后文明的故事中了解到那时的宗教。此外，偏僻地域的独立部落，如南美的亚马孙雨林、印度尼西亚群岛以及非洲部分地区，仍然存在着数千年未变的宗教活动。这类原始宗教往往有自然与灵魂相统一、人与环境密不可分的信仰。

随着早期宗教的发展，其仪式与宇宙观都呈现出复杂化的趋势。史前时期游牧民族与半游牧民族的原始宗教开始让步于古代宗教，继而是古典文明时期的宗教。其信仰

人皆需要神。

——荷马

前言

在今天常被称为"神话",但古代叙事传统中的诸多因素都持存于今人的信仰中。宗教一直都在调整适应,旧信仰被吸收至后来社会的宗教中,而新信仰则伴随着不同的戒律与仪式问世。

从古代到现代

很多宗教的问世时间难以确定,主要原因是该宗教可追溯至史前时代,而记录其源起的资料在时间上却要晚得多。无论何种情形,人们认为活跃至今的最古老宗教当属印度教,它源于印度次大陆的民间宗教,早在公元前13世纪的吠陀时期便得以形成。我们现在所知的多元宗教印度教,还有耆那教、佛教以及后来在15世纪出现的锡克教,都源于这一吠陀传统。与此同时,东方发展出其他的信仰传统。自公元前17世纪,中国逐渐形成自己的民族,建立起君权帝国。在那里出现了传统的民间宗教和祖先崇拜风俗,这些因素后来都被纳入更具哲学色彩的道教与儒教(儒家思想)信仰体系。

在东地中海区域古埃及与古巴比伦宗教盛行的同时,出现了希腊、罗马城邦国家的神话与多神崇拜。在远东地区,已知最早的一神教琐罗亚斯德教已经在波斯出现,而最早的亚伯拉罕宗教犹太教也已问世,相随其后的便是基督教与伊斯兰教。

诸多宗教都认可自身的创建者(一位或数位)有特殊的重要性:他们要么是神本身的化身,如耶稣或克里希那神,要么是特殊神启的领受者,如摩西和穆罕默德。

现代世界中的宗教仍然随着社会的发展而变化,教派分立的现象时有发生。有些明显属于新宗教的东西开始出现,尤以19—20世纪为甚,但这些新宗教多多少少都带有以前信仰的印记。

宗教的要素

人类历史历经无数宗教的兴衰,这其中每种宗教都有其独特的信仰、仪式与神话。尽管有些宗教有类似性,被人们视为某个大传统下的分支,但仍有许多信仰系统相对立、相矛盾的宗教存在。

譬如,有些宗教是多神信仰,而有些宗教,尤其是较为晚近的一些宗教则为一神信仰。

不同宗教间关于来世这类问题的观点也大相径庭。不过,我们还是能在几乎所有的宗教中找到共同要素,从而辨别出各宗教的异同。某一宗教的信仰与实践所借以表达的方式正是英国宗教哲学家尼尼安·斯马特所说的"宗教的诸维度"。

我们可用以辨别与比较宗教的最显著要素或许是信仰仪式。这包括祈祷、朝圣、冥想、节庆、禁食、服饰,当然还有典礼和仪式。同样显著的要素还有宗教的外在方面,包括人造宗教物品、宗教遗迹、崇拜场所和圣地。不太明显的宗教主观要素,包括神秘、情感方

面以及信徒如何在狂喜、启迪、内在平安（如与神建立起一种个体性关系）中体验宗教。

大多数宗教具有的另一特征是与之相伴的神话叙事。这可以是简单质朴的口传故事，抑或是一整套复杂的圣典经籍，但往往包含一个创世故事和一个关于诸神、圣徒或先知的历史，以及说明并强化该宗教信仰的寓言。每个现存信仰都有一套圣典文献阐释其核心理念，叙述其传统历史。这类文献在很多情况下都被视为由神或其领受者直接传出，运用于崇拜和教化当中。

在诸多宗教中除了此叙事元素外还有一种更为复杂、系统的元素，解释了该宗教的哲学思想与教义，并展示出其独特的神学理念。这些辅助性文献中有部分自身也成为权威经典。宗教中还常包含道德要素，有行为与禁忌准则，还有一种界定宗教建制及相关的社会要素。此类准则十分明了，如犹太教和基督教的"十诫"或佛教的"八正道"等。

宗教与道德

对于很多信仰而言，善恶观都至关重要，而宗教也往往为有社会提供道德引导的功能。各大主要宗教在关于何谓"良善生活"的问题上观点不一，而像儒教（儒家思想）、佛教这类信仰体系中道德哲学和宗教的界限并不分明。不过有些基本道德准则却普遍存在于各宗教。宗教禁忌、诫命等诸如此类，不仅确保了人们对神旨的遵奉，

人的宗教乃一种历史偶然，正如他使用的语言一般。

——乔治·桑塔耶拿
（西班牙哲学家）

并且为社会及其法律提供了一个框架，以使人们能和平相处。在诸多宗教中，由先知给予神圣指引的灵性领导权传递到神职阶层的肩上。神职阶层成为许多团体的核心，在有些宗教中他们还拥有相当的政治权威。

死亡与来世

关于人类关心的死亡问题，多数宗教都承诺死后生命或有来世。在印度教等东方传统宗教中，人们相信，人死后灵魂会以新的肉体形式转世。还有信仰认为，人死后灵魂会受到审判，并存在于一个非物质的天堂或地狱。从生死轮回中获得自由，或者得到永生，都鼓舞着信徒矢志不渝地遵守着他们信仰的戒律。

冲突与历史

宗教构建了社会凝聚力，而宗教也往往成为不同社会间冲突的根源或旗帜。尽管所有主要宗教传

统都认为和平是基本的信念,但它们也会在特定处境中,如为维护自己的信仰或扩大自己的势力范围而采用武力手段。纵观整个历史,宗教都成为不同势力敌对斗争的借口。宽容同样被视为一种美德,不过异端和异教徒常因自己的信仰而遭到迫害,而宗教也成为纳粹大屠杀那类种族灭绝行径的托词。

宗教信仰面临的挑战

面对宗教信仰的消极方面,有很多思想家运用人文主义哲学和科学的工具对宗教的合法性提出了质疑。他们认为,存在着基于理智而非信仰的合乎逻辑且前后一致的宇宙论——实际上,宗教在现代世界已无关紧要。马克思主义—列宁主义等新哲学认为,宗教在人类发展史上是一种消极力量,其结果是公开宣扬无神论的共产主义国家的诞生。

新方向

有些旧宗教为适应社会变革与科学发展,也随之发生改变或演化为若干分支。另外一些宗教则坚守自己的阵营,将眼前的变化视为在一个逐渐理性化、唯物主义化和无神化世界中的具有异端色彩的进步。基督教、伊斯兰教和犹太教中的基要主义派别的信徒人数众多,他们对现代世界的自由价值观持否定态度。

与此同时,很多人都意识到现代社会中灵性的缺失,从而投身到各大主要宗教属灵派别或过去二百年间出现的形形色色的新宗教运动中。

还有受20世纪晚期新时代运动影响之人,他们重新发掘了古代信仰,抑或投向无关于现代世界的传统宗教的怀抱。然而,世界各大宗教依然在持续发展,即便在今天,能真正称得上世俗社会的国家仍不多见。■

宗教、艺术与科学都是一棵树上长出的枝条。
——阿尔伯特·爱因斯坦

PRIMAL BELIEFS
FROM PREHISTORY

原始宗教
始于史前时代

18 引言

我们以渔猎采集为生的祖先相信，自然世界拥有一种超自然属性。在一些人那里，这表现为生灵万物、自然力量和人一样都有灵魂。万物有灵论认为，人是自然的一部分，与自然不可分离。为与自然和谐共处，人类必须尊重这些灵魂。

先民曾经用代表具体自然现象的神祇来解释世界。比如，人们想象，太阳每天升起，就是太阳在太阳神的控制下，从夜晚的黑暗中被释放出来。同样，月亮盈缺和四季更替等对生活影响重大的自然周期，也都配有相应神明。多数文化的信仰体系除了根据宇宙运行的规律创立宇宙观，还包含有创世神话。这些创世故事通常能和人类繁衍形成类比——在一些创世故事中，母神孕育了这个世界；在另一些故事中，还会出现一位父神。有时这些创世神明是拟人化的动物，有时是河流和大海等自然存在，有时是地母和天父。

典礼和仪式

大多数原始宗教的信仰体系都包含某种来世，即物质世界——众神和神秘生物之所在——以外的那个领域，一个只有亡灵能去的地方。有些宗教相信，可以与另一个世界沟通，祈求祖先灵魂指引。有一群特殊通灵人物，萨满法师或巫医，能够进入那个世界，通过与灵魂沟通甚至附体，获得神秘的治疗力量。

先民会根据生命阶段的不同和季节的转换举行各种仪式，逐渐形成拜神仪式，取悦神明以保佑狩猎耕种获得好收成。这种观念催生了各种崇拜仪式。在有些文化中，人们为了回报神明赐予的生命，要献上活生生的祭品。

象征在先民文化的宗教活动中非常重要。先民们在庆典中使用面具、符咒、神像及护身符。他们相信，灵魂会附着在上面。人们相信有些地点具有宗教意义。一些部族会在那里建圣所、修墓穴，还有部族会根据宇宙的样式来建造房屋村落。有少数原始宗教延续至今，残存在少数未受西方文明浸染的部落里。有些土著居民希望重建往昔文化，从而使一些原始宗教得以复兴。虽然他们的信仰体系在现代人眼中似乎远古陈旧，实际上，在现代社会中大行其道的主流宗教或寻求灵性的新时代宗教中，仍能看到原始宗教的影子。■

在世界各地都有人信奉原始宗教（如此称谓是因为它们最早问世），它是所有现代宗教的发源，其中有些宗教活跃至今。

萨米人相信，萨满巫师有能力前往彼岸世界。

多贡人相信，万物之中皆含微观宇宙。

在桑人的宗教中，自然界和超自然界相互交织。

原始宗教　19

- 拜加人认为，神创造我们是为了守护世界。
- 阿伊努人认为，万物，哪怕是一块石头，都有灵魂。
- 波尼人（美国印第安人的一族）通过建造各种微观宇宙来建立自己的圣所。
- 奇旺人相信，人类的目的是拥有美好生命，过上和谐生活。
- 胡帕人的宗教核心是用以更新生命和维护世界的仪式。
- 瓦劳人相信，通过他们与众神之间的纽带，世界万物相互关联。
- 阿兹特克人和玛雅人用活人献祭，以满足神明的嗜血之欲。
- 毛利人和波利尼西亚人解释了死亡的根源。
- 盖丘亚人和艾马拉人相信，先祖的灵魂一直在引导他们。
- 在澳大利亚原住民的梦境神话中，创造是永无止境的。

无形之力在运行
认识世界

语境线索

主要信徒
桑人/Xam

时间地点
始于史前时期，非洲撒哈拉以南

此后

公元前44000年 人们在夸祖鲁—纳塔尔省（南非）的洞穴中发现了公元前44000年的工具，与现代桑人使用的工具几乎分毫不差。

19世纪 德国语言学家威廉·布雷克记录了许多关于桑人祖先的故事。

20世纪 政府资助项目帮助桑人由游牧业向定居农业转型。

1994年 桑人领袖、巫医戴维德·库瑞珀接管桑人权力、土地运动，向联合国提出诉求。

人类关于有形世界之外还存在另一世界的观念最早是怎么产生的，这个问题极为复杂。原始先民为了认识周遭世界，尤其在面临灾难与险境、为生存历尽艰辛之时，希望从看不见的无形世界中寻找答案。这个世界虽不可见，但深刻影响着人类的生活。

灵魂世界还与睡眠、死亡及其与意识之间的交界有关，可将之喻为昼夜更替的自然现象。

在睡与醒、生与死、光明与黑暗之间的"灰色地带"里，存在

原始宗教 21

参见：先民社会中的万物有灵论 24~25，萨满的力量 26~31，创造乃出于某种目的 32，按神的方式生活 82~85，理性的世界 92~99。

着梦境、幻觉和意识混乱的状态，这都说明可见的有形世界并非唯一的世界，还存在着一个超自然的世界，它与现实这个世界发生着关联。不难想象，在先民的头脑中，另一世界的居民一定影响着人类的意识和行为。他们同时还栖居在动物的身体，甚至无生命物体里，从而产生与生活关系密切的自然现象。

不同世界的相遇

在旧石器时代洞穴壁画上的人、动物和半兽人的身上经常出现一些图案装饰。现在人们认为，这是一种在无意识状态下画出的"视网膜后部"的图案，医学上称之为"内视现象"，即一种人处于清醒和睡眠、视觉和幻觉之间的状态时所看到的视觉现象，比如圆点、网格、曲折线和波状线等。这些壁画代表了在现实世界和神灵世界之间隔着一重透明的帷幕。

我们无法向旧石器时代欧洲游牧民族询问，这些壁画后面隐藏着什么样的宗教信仰和仪式。所幸直到19世纪人们还能记录下南非桑人部落的文化与宗教信仰。有一个如今已经灭绝的桑人游牧部落，也有可追溯至石器时代的壁画，他们创作壁画出于同样的原因。桑人部落的灵性生活为考古学家研究早期人类宗教提供了活生生的例子。甚至桑人部落语言中的"咔哒声"（在

自史前时期始，桑人就一直在岩石上作画，将他们的故事和观念一代代传下去。

风暴之鸟将风吹向人和野兽的胸膛，没有这风，我们便无法呼吸。
——非洲寓言

有危险围绕着我们，引起疾病和死亡。

天气和季节等自然现象不受我们控制。

灵魂在天上、地上、动物身上、火焰里，似乎都能向我们显现。

我们的食物，包括动植物，时而丰富，时而匮乏。

无形之力在运行。

桑人语言中用"/"来表示，这表示牙齿的碰撞声而非不满的啧啧声）也被认为是从人类最早的语言中流传下来的。

宇宙的层级

桑人各族的神话体系，是由他们所处的地域环境及其自然界与超自然界密不可分的观念形成的。他们将世界分为三层：中间层为人类生活其中的自然界，灵界分别位于自然界的上方与下方。各界之间彼此相通，一边有动静，势必影响另一边。有特殊能力之人既能进入上层世界即天界，又能进入处在地底和水下的下层世界。

对桑人而言，天界中居住着造物者同时也是恶作剧精灵/Kaggen（即螳螂神）及其家人。造物者一家与各种动物及包括"早期物种"灵魂在内的亡灵共居世间。这些早期物种是有特异功能的半兽人，可随意变形与造物。桑人相信，半兽人是地球上最早的居民。

元素之力

在桑人神话中，自然环境的元素被赋予超自然的意义，甚至被人格化为灵魂。超自然存在可以采用动物的形象，如大角斑羚、狐獴和螳螂等，它们与桑人生活在同一片土地上。造物者/Kaggen在梦中创造了这个世界。他通常以人的形象出现，但可随时变形为任何东西，大多数时候变成螳螂或羚羊。因为造物者又是所有猎物的保护者，所以他有时会变身为某种猎物，被人类猎杀饱腹。

桑人对"早期物种"抱有敬畏尊重之情，但并不会崇拜它们。桑人也不会祈求造物者/Kaggen。不过桑人萨满法师，如//Kabbo（参考下页

> 我的母亲告诉我，（早期物种中的）一个小女孩把手伸进炭灰，将它撒向空中，形成了银河。
>
> ——非洲寓言

方框中内容），则希望与/Kaggen沟通，以确保狩猎成功。因为/Kaggen是个恶作剧精灵，诸多关于他及家人的神话并不严肃，颇具喜剧色彩。在讲述第一只羚羊诞生的神话中有这样一个故事——无能的/Kaggen被狐獴一家打得一败涂地。

重要元素和天体也成为故事中的角色，从而解释出这些元素和天体的形成和运行原因。比如"早期物种"中的孩子把沉睡中的太阳掷向天空，如此，从其腋窝透出的光芒便照亮了世界。"早期物种"中的一个女孩把火的灰烬撒向了天上的银河，如此便形成了星辰。雨不是自然现象，而是一种大型动物。一场疾风骤雨是一头"公雨牛"，而一阵和风细雨就是一

也许桑人一辈子都未曾见过日蚀这类自然现象，但在他们世代口口相传的故事中有所解释。

原始宗教

> 很久以前，狒狒和我们一样，是小型人种，不过更为顽劣嘈杂。
>
> ——非洲寓言

头"母雨牛"。而像//Kabbo这类能呼风唤雨的特殊人物，则会踏上超自然之旅，他到水泉中召唤"母雨牛"，然后在空中将它带回需要降雨的地方。在那里他要"杀死"那头"母雨牛"，它的血液和乳汁便可化作甘霖，普降人间。

在桑人居住的沙漠地带，雨水的重要性可想而知。游牧民族会在不同的水泉间来回迁徙，从而留出充足的时日以便水泉重新溢满。这些水泉在错综复杂的故事和神话中彼此相连，称为Kukummi，这和"澳大利亚土著人的梦境神话"相似（见34～35页）。

进入彼世

桑人故事中的自然界时常描述超自然生命与人类的互动：他们如何对人间产生兴趣以及人类如何影响并取悦他们。桑人各部族都相信，具有超自然禀赋的人在出神的状态下可进入灵界，这些人被称为!gi，是造物者赐予人和动物的。迷幻舞蹈是一种重要的宗教仪式，桑人借助这种力量进入灵界。在出神状态下，他们灵魂出窍，进入灵界。在那里，他们为病人祈求生命，并在复归之时拥有了治疗的能力，可将彼世亡灵射出的"疾病之箭"拔出。

桑人向星辰月亮祷告，祈求得到灵力或在狩猎中有好运。当桑人进入出神状态的时候，他们相信自己暂时离世，而他们的心灵变成了星辰。人和星辰之间仿佛有灵犀一般，当某人真的死亡时，"星辰感受到我们的心灵衰竭，也随之从星空坠落，因为星辰知晓我们将于何时离世。"

在桑人的信仰中，在人死后，人界、灵界和自然界之间的联系更加明显。他们相信，亡者的头发会变成天上的云，为人类遮阳庇荫。他们用自然元素来描述死亡：每个人体内存在的"风"，在人死后会吹走他们留下的脚印，这让他们从"阳间"到"阴间"的路无法逆转。如果身后还留着脚印，"看起来我们就好像还活着"。■

将"人类"的特性归于动物，如狐獴的好奇性，是早期神话的主体思想。各种故事围绕这一点相互交织，讲述了世界的形成。

//Kabbo的梦中生活

我们关于桑人信仰的大部分信息来自一个叫作//Kabbo的人。19世纪70年代，威廉·布雷克博士保释了几个桑人出狱，//Kabbo就是其中之一。威廉·布雷克想要学习桑人的语言并研究其文化。那几个桑人为了填饱家人的肚子，犯了偷羊之类的罪而被捕入狱。//Kabbo说到"他的"水泉，在开普殖民地中心地带的干旱沙漠中，他和家人就在这几个水泉之间游走迁徙。他们会将帐篷支在离水泉一定距离的地方，这样就不会吓跑来这儿喝咸水的动物。威廉·布雷克这么形容//Kabbo："这个善良的老人似乎沉浸于自己梦中的生活"，而事实上//Kabbo的名字就有"梦"的意思。传说/Kaggen神是在梦中造世界，而//Kabbo与/Kaggen神有着某种特殊的关联，//Kabbo和/Kaggen-ka! kwi（意为"螳螂人"）一样，能够进入一种梦幻状态施行法术，如呼风唤雨、医治疾病以及狩猎。

石头也有灵魂

先民社会中的万物有灵论

语境线索

主要信徒
阿伊努人

地点
日本北海道

此前

公元前10000—公元前300年 阿伊努人的古老祖先、新石器时代的绳文人住在北海道，他们很可能崇拜部落神。

公元600—1000年 鄂霍次克海的游牧民族占领了北海道海岸。他们的一些敬拜仪式，如熊祭，在后来的阿伊努人的信仰中保留下来。

公元700—1200年 鄂霍次克海文化与擦紋文化相融合，形成了阿伊努人文化。

此后

1899—1997年 阿伊努人被迫融入日本文化，许多宗教活动遭禁止。

2008年 阿伊努人被正式认定为一个有着独特文化的土著群体。

世上万物皆有灵魂。
↓
即使是人类也无非是灵魂的容器。
↓
灵魂不死。
↓
最重要的灵魂是神明。
↓
礼仪、歌曲和祭物给予另一世界中的神明们以地位。
↓
若我们善待神明，他们会赐予我们食物。

"阿伊努"一词的意思是"人"，指日本原住民，现在他们主要生活在北海道。阿伊努人与太平洋北部的西伯利亚各个民族（如楚克其人、科里亚克人和尤皮克人），以及加拿大和阿拉斯加的因纽特人，都有密切的文化联系。这些民族都相信万物有灵论。世界上所有生物和物体都拥有灵魂，灵魂可以行动、说话、行走。他们还相信，现实世界和灵魂世界之间仅有一层一捅即破的薄膜。

阿伊努人相信，身体只不过是灵魂的容器。人死后，灵魂会从口和鼻孔中出来，进入另一个世界，并在那里重生为"神威"，神威一词有"神明"与"灵魂"双重含义。当神威在另一世界死去，又会在这个世界重生。它总是能转世重生为同一个物种和同一性别，如一位男性转世后依旧是男性。

神威可以是动物、植物、矿物质、地理现象或自然现象，甚至还可以是人类创造的工具和器皿。因为所有灵魂，包括无生命物体的灵魂，都是不死的。一个人死后，

原始宗教 25

参见：按神的方式生活 82~85，通过普迦拜神 114~115。

一位阿伊努首领在举行一场仪式，敬奉一头被屠杀之熊的灵魂重返神界。该图片摄于1946年。

他的房子可能会被烧掉，以确保那人的神威能在另一个世界中有房子居住；其工具和器皿也会被打破（释放出里面的灵魂）给他陪葬，确保那人在另一个世界中还能使用它们。

话语的力量

有些神威在超自然界和人间都有形象。如Kotan-kor-kamuy（保护村庄的神威）是一位造物神，也是村庄神，可能会化身为一只长耳猫头鹰来到世界。

人类和神威的关系极为亲密，你甚至可以和他"争吵辩论"。人们可以用一支特制的祈祷棍向神威祷告，但他们与神威的关系建立在相互尊重和得当的行为之上，而非崇拜。如果有人因不慎或不敬惹怒了神，他们必须举办一场仪式表示忏悔。不过，如果某人对神十分尊重，遵守了所有当行的宗教礼仪，但还是遭了霉运，这个阿伊努人就可以要求火神富翅让那个神明道歉并补偿自己。

阿伊努人相信，即使是语言也有灵魂。使用语言是人类独有的天赋之一，神明和他物都无此天赋。人可运用语言同神明及他物讨价还价，也可用以赞美神明。比如，阿伊努人的史诗"诸神之歌"是以"神威"为第一人称吟唱的。据说，神威喜爱人们跳舞、吟唱诸神之歌。■

> 我也将永远在人类身后翱翔，照看着这片人类的土地。
>
> ——猫头鹰神之歌

灵魂遣送仪式

狩猎仪式是传统阿伊努人生活的中心，以祈祷那些以动物的身形降临人间的神明。作为对敬拜仪式和祭物的回报，神明们会留下他们借助的动物身体，作为对人类的馈赠。

在杀死并吃掉一头熊后，阿伊努人要举行一场"送熊"的灵魂遣送仪式。人们载歌载舞，将美酒佳肴献给被视为山熊神的熊的灵魂。人们将箭点燃，射向天空，帮助山熊神返回神国。在那里，他可以和其他神明一起分享他在地上时人们奉献的米酒、鲑鱼和神圣的柳枝。

在工具或物体已物尽其用、要被摔碎时，阿伊努人还会举行一场名叫Iwakte的灵魂遣送仪式。

特殊之人可以造访其他世界

萨满的力量

萨满的力量

语境线索

主要信徒
萨米人

时间地点
史前时代，萨普米（以前是拉普兰地区）

此后

公元前10000年 萨满的祖先在欧洲极圈地带留下了岩画。

公元98年 罗马历史学家塔西佗最早对萨米人（也称为芬妮人）做了记录。

13世纪 公教会（或作天主教）传教士带来了基督教，但传统萨满教依旧留传下来。

1720年 有"萨米人使徒"之誉的托马斯·冯·西数用强力迫使萨米人皈依基督教，毁坏萨满鼓，摧毁萨满圣地。

21世纪 大多数萨米人都接受了基督教信仰，但近来在萨米人中有萨满教复兴的趋势。

萨满教是历史最悠久、传播最广泛的宗教之一，相信萨满可影响灵魂。萨满群体中的男女被视为"特殊的人"，拥有强大的力量与丰富的知识。在进入一种意识状态被改变，或称之为出神状态之后，他们可以进入另一个世界，与生活在那个世界中的灵魂交流。

与掌控其他世界的强大灵魂进行谈判，是萨满的主要任务。例如，萨满常常要求将猎物（这在有些传统社会中十分重要）从灵界释放到此世，借此获得洞悉未来或治疗疾病的能力。反过来，这些灵魂会（以萨满为媒介）要求人类提供供品，或是约定戒条。

萨满扮演着治疗者的重要角色。这一角色又强化了萨满出神的意义——不是个体和私人行为，而是承担着减轻其他人所受痛苦和遭遇的困难的重要职责。这项职责在一些描述萨满的术语（现在已经很少使用了）中有所体现，如非洲撒哈拉南部的巫医及北美的"医人"。

自4.5万年前直到近代，萨满教是欧洲众多社会中都存在的主要宗教行为。公元8—11世纪的维京人有一种叫作seiðr的萨满占卜；中世纪挪威人奥丁神信仰的神话中有萨满教的因素。神话中讲到奥丁神在一次成年献祭中把自己吊死在世界树（世界的中轴线）上。

我们相信梦境，相信人能活在与真实生活相分离的世界之中，这是一种能在梦中经历的生活。

——纳伦吉雅克（一名奈特斯力克女子）

在不可见的世界之中，强有力的超自然存在掌控着猎物供应和天气变化。  这些世界中也充满着灵魂，正如人和动物都有不朽的灵魂。

这些人可以获取灵魂的帮助，为我们求得猎物或者好天气，或为我们医治疾病。 有一些特殊之人能造访这些灵魂居住的其他世界。

参见：认识世界 20~23，先民社会中的万物有灵论 24~25，占卜未来79。

16—17世纪，在意大利弗里乌里的善行者的"灵战"（一种祈求好收成的仪式）中和苏格兰的夜间精灵"可怜人"身上，都有萨满教的痕迹。在更晚近时期，科西嘉岛的狩梦人明显受到萨满教的影响。

萨米人的萨满教

欧洲关于萨满教的最久远记录在北方斯堪的纳维亚半岛，这一地区现在称为萨普米。这里的萨米人是准诺曼底驯鹿猎人和海岸渔夫，直到18世纪早期他们仍保持着完整的萨满教仪式。近几十年来这里的萨满教在一定程度上复兴。我们既可以追溯历史源头重建其宗教，也可在与亚洲北部和美洲极圈地区相关文化的比较中重建其宗教。

人类并不会因生病或其他意外毁灭了在此世的动物灵魂而终结。我们会活下去。
——纳伦吉雅克（一名奈特斯力克女子）

萨米人萨满的鼓是用来与灵界交流的工具。有些鼓留传至今，而很多鼓都被基督教传教士烧毁了。

萨米人的萨满，或称之为 noaidi，可来自继承长辈的使命，也可由神灵直接选为萨满。在其他有些文化中，被选为萨满之人通常会得一场重病，经历一段重压时期，还可能产生被杀及重生的幻觉。

在萨米人萨满进入出神状态，模仿狼、熊、驯鹿或鱼等动物的形态时，就可获得这些动物灵魂的襄助。据说萨满常常会"变成"他们模仿的动物，当然这是一种内在转化过程而非某种可见的外在变化。

有三样东西可帮助萨米人萨满进入出神状态。第一是身体的极度疲乏，这一状态常常通过在极寒气候下裸体劳作的方式达到。第二是有节奏地击打"神鼓"（在与之类似的民族雅库特人和布里亚特人那里，鼓被称为"萨满之马"）。这些鼓上有天上神灵世界、地下亡灵世界以及人类居住的世界（地球）的图案，这三个领域由世界树连接。第三种让萨满入神的方式是食用一种会改变人的精神状态的菌类蛤蟆蕈。在食用这种菌类之后，萨满进入出神状态，身体僵硬，就像死去一样。在这一过程中，男性萨米人会为萨满引路，而女性以吟唱歌曲的方式讲出要在天上和地下达成的任务，歌曲还能帮助萨满找到回家的路。据传有萨米人萨满再也未从另一世界返回，因为负责唤醒萨满的人忘记了唤醒咒语。据说有一个萨满迷失了三年之久，直到他的引路人想起，要从"梭鱼肠子的第三个回

在一些极圈文化中，人们相信动物有护灵神，会保护它们的安全与健康。萨满具有和这些神灵沟通的能力，站在人类这一方与其谈判，请求动物的护灵神将这些动物从灵界释放到人间，以供人们狩猎。

殊歌曲，召唤可以帮助他的灵物。当进入出神状态之后，萨满以异于平时的声音说话，通常是低沉深邃的声音，有时也用假嗓发出尖锐刺耳的声音。

当萨满进入出神状态时，其灵魂就会上天参拜月人，月人能满足人的求子心愿，还可以让人在狩猎时满载而归。如果萨满献上的祭物能取悦月人，月人就会用各种动物作为回报。奈特斯力克人相信，月亮没有出现在天空的时候，是月人外出狩猎给亡灵觅食了。

升天入海

有一位奈特斯力克人曾说，一天，大萨满库奇亚克想要从冰上的一个裂口抓住一头海豹。他向天上望去，发现月亮正逐渐向自己的方向移动，而后在自己的头顶停下，变成一副鲸骨雪橇。驾驶雪橇的正是月人，他招呼库奇亚克到雪

转处"，才能重新唤回他的灵魂。后来当念出相应咒语时，萨满的双腿开始颤动，接着就苏醒过来，醒来后责骂了他的引路人。

与灵交流

人们相信，萨米人的萨满在进入灵界之前，会飞向一座位于世界中心的山上（这里是宇宙的中轴线）。要么飞到山上，要么飞到山下。萨满通常会骑在鱼灵身上，由鸟灵引导，并由驯鹿之灵保护。为了祈求捕到猎物或寻求其他帮助，萨满要前往上界；而要取回病者的

灵魂，则要到下界。这一切只有用祭品取得神灵的欢心才能实现。萨满之所以可和上界与下界的神灵交流，是因为他们经过萨满培训，掌握了神灵的神秘语言。

奈特斯力克因纽特人的萨满教，是一种存在于现在加拿大极圈地区（哈德逊湾西部）的文化。与萨米人的信仰相似，他们的萨满也有征服风暴、充当医者的职责，同样也是人类世界和土地灵界、空气灵界和海洋灵界之间的媒介。萨满降神仪式常常在光线微弱处，如雪屋或帐篷中举行。萨满通过吟唱特

万物皆来自海神——食物和衣物，饥饿和捕猎收获不佳，物产（如驯鹿、海豹、肉类和鲸脂）的丰富或是匮乏莫不如此。

——纳伦吉雅克（一名奈特斯力克女子）

原始宗教 31

一些居住在加拿大北部夏加黑文小镇的因纽特人一直有萨满教信仰。他们认为萨满与土地以及掌控土地的灵界有某种特殊的关系。

奥对萨满教的神秘阐释

下面是一位名叫奥的伊格卢利克因纽特人萨满向丹麦探险家克努兹·拉斯姆森讲述的关于萨满教的阐释。奥回忆说，在他人生中有一个阶段寻求隐居生活，一度陷入了深深的忧郁，有时会失控哭泣。有一天，一种无以言表的强烈喜悦淹没了他。他说，在这种纯净的喜悦感之中，"我成为一位萨满，但这一切是怎么发生的，我却一无所知。"之后，奥看和听的方式就发生了全然的改变："我顿悟了……不仅能透过生命的黑暗处看见，而且同样的光也从我身上发出，这种光人类无法察觉，但天上、地上和海里的神灵却是能见到这光的，这些神灵如今都向我走来，成为帮助我的神灵。"

橇上来，急速飞驰到他在天上的房子。那房子的入口就像一张正在咀嚼的嘴巴，其中一个房间里，太阳正在喂养一个婴孩。虽然月人请库奇亚克留下来，但库奇亚克很焦虑，担心找不到自己的家。所以他驾着一束月光返回了地面，安全着陆在他离开时所在的那个冰缝处。

不过，奈特斯力克萨满的灵魂有时会造访掌管海洋和陆地动物的女神，她居住于海底深处。女神拥有保留或释放海豹的力量，而海豹是奈特斯力克人赖以生存的物质基础。因此她对人们的生活的影响极大。假如奈特斯力克人胆敢违背她的任何禁令，她都会把海豹关押起来。然而，如果萨满冒险到她的水下世界给她梳一下辫子，她就会平息怒火，并将海豹释放到广阔海域之中。

奈特斯力克人的萨满教传统一直持续到20世纪三四十年代。在奈特斯力克人的群体中，只有萨满（他们有自己的护灵神保护）才无惧于充斥世界的各种危险恶灵。一个奈特斯力克萨满通常有数位可以帮助他的神灵。例如，萨满乌纳拉鲁克拥有的灵魂包括他的已故父母、太阳、一条狗以及一只海蝎。这些灵魂会告诉他，地上、海里和天上都有哪些东西存在。■

克努兹·拉斯姆森（1879—1933年）在他的探险之旅中用多年时间整理了极地民族的文化。

我们为何在这里
创造乃出于某种目的

语境线索

主要信徒
拜加人

时间地点
始于公元前3000年，印度中部中央邦的曼德拉山

此前
人们认为，自史前时期始，拜加人与澳大利亚原住民有共同的祖先。

此后
19世纪中期 英国森林长官开始对贝瓦尔农耕方式进行限制，食物短缺随之而来；拜加人说黑暗时代已经到来。

1890年 环绕8个拜加人村庄划出了一片贝瓦尔保护区。

1978年 一个拜加人发展机构建立起来。

20世纪90年代 逾30万人口的拜加人居住于印度中部。

拜加人属于印度中部的一个本土部落民族，是人们所知的原住民。拜加人自称为大地母亲的儿女，他们相信自己之受造是要成为森林的保护者，这是自时间伊始就开始的一项使命。

在他们的信仰中，创造者薄伽梵如同做印度抛饼一般把世界平平地抛了出去，但世界不停摆动，不能保持静止。第一个男子纳雅·拜加和第一个女子纳雅·拜琴，从大地母亲的森林中出生，他们带走了四枚巨钉，将其掷向世界的四角以稳固世界。薄伽梵命他们照管好世界，让巨钉各就其位，并许诺给他们一种简单自足的生活。

拜加人遵循着纳雅·拜加的先例，在森林中过着自由的狩猎生活，自视为万兽之主。他们认为犁耕的方式会毁坏大地母亲的身体，因此实行一种刀耕火种的贝瓦尔农耕方式（不过他们常常会留下辣木树桩给各种神明居住）。他们每隔三年迁徙到一片新的森林之中。然而，19世纪的英国管理者反对拜加人的这一方式，强迫他们放弃传统的斧锄农耕，而采用他们厌恶的犁耕。他们只能在曼德拉山的拜加人查克保护区实行贝瓦尔农耕方式。■

你们由泥土造成，亦是土地之主，你们不可遗弃土地，必须要保护它。
——创造者薄伽梵

参见：做梦 34~35，与神明终身相连 39，通过仪式更新生命 51。

我们为何会死
死亡的起源

语境线索

主要信徒
毛利人

时间地点
始于史前时期，新西兰

此前
公元前3000—公元前2000年 波利尼西亚人祖先越过太平洋向外扩张。他们有可能是亚洲人种。在这片广阔的区域，他们的宗教仪式和神话相互独立而又保持着平行的轨迹发展起来。

1300年以前 毛利人在新西兰安顿下来。

此后
19世纪早期 欧洲移民开始（来新西兰）定居。一些毛利人皈依基督教。

1840年 《怀唐伊条约》以书面形式确立了白人和毛利人的关系。

今天 约有62万毛利人居住于新西兰。

在毛利人的信仰中，"死亡"一开始并不存在，是一场乱伦行为把"死亡"带入世界。在毛利人的一个神话版本中，森林之神塔内在其父母看护下长大，由于其父母要迫使他生活在黑暗之中，他便将父亲天空之神兰吉和母亲土地女神帕帕分开。他接着要母亲嫁给他，但帕帕说这样不行。于是塔内用泥土造了一个女子，成为自己的配偶。

二人生出一个漂亮的孩子海娜-提塔玛。她后来成为塔内的妻子，但没有意识到塔内还是自己的父亲。不过，有一天海娜-提塔玛发现了这一可怕的事实，因羞愧而堕入阴间的黑暗中，从这一刻起人类就堕入了死亡的阴谷。

当塔内去看望妻子时，她告诉塔内，"留在光明的世界中吧，养育我们的后代。让我留在黑暗的世界中，把我们的后代拖下阴间。"她就是后来人们所知的黑暗与死亡女神。为了改变历史进程，重新让人类获得永生，一个名叫毛伊的草莽英雄在死亡女神沉睡时强暴了她，以为在这之后她就会死去，从而"死亡"就不再存在。但死亡女神在这一过程中醒了过来，用大腿把毛伊碾压致死，这样，人类便永远逃脱不了死亡的命运。■

毛利人认为森林中的树木、植物、生物是森林之神塔内的后代。因此，在砍树之前他们会向神灵们献上祭物。

参见： 为来世做准备 58~59，按神的方式生活 82~85。

永恒即现在

做梦

语境线索

主要信徒
澳大利亚原住民

时间地点
始于史前时期，澳大利亚

此后
公元前8000年 依据澳大利亚的口述史，这一时期，澳大利亚的地貌发生了一些变动，这在地理证据中得到了验证。

公元前4000—公元前2000年 原住民岩画描绘了始祖人类的梦境；一些专家认为关于彩虹蛇的最早描绘还要更古老，可以追溯到8000年前。

1872年 非原住民欧内斯特·吉莱斯最早发现了乌鲁鲁岩，他称其为"巨岩"。1873年，来自欧洲的迁徙者把这一岩石称为艾尔斯岩。

1985年 乌鲁鲁岩的所有权归还给皮詹加加拉人和岩昆加加拉人。

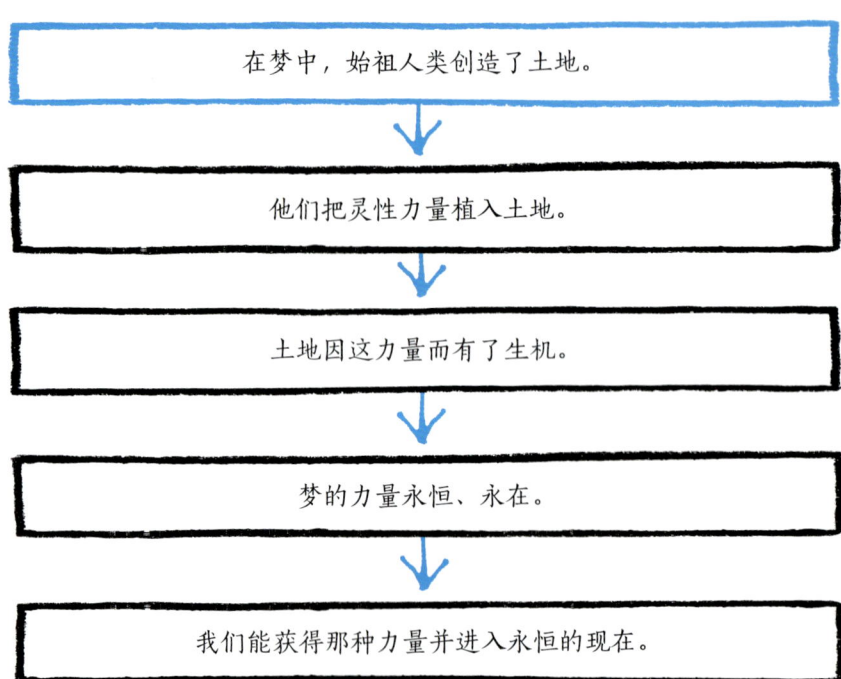

在梦中，始祖人类创造了土地。

↓

他们把灵性力量植入土地。

↓

土地因这力量而有了生机。

↓

梦的力量永恒、永在。

↓

我们能获得那种力量并进入永恒的现在。

在澳大利亚的原住民传统之中，创世时期一度称为梦创时代，但现在被称为"做梦"。这一词语更好地抓住了原住民信仰的关键——创造是持续不断、一直进行的，存在于永恒、真实的现在，与遥远的过去相对。这与原住民的这一信仰相一致——人可以通过一些行为，包括仪式、歌曲、舞蹈和故事，也可以通过一些物质媒介，如圣物，或者沙画、岩画、树皮画、人皮画，甚至帆布画等，来进入梦境。

关于做梦的神话被称为梦境

原始宗教 35

参见：认识世界 20~23，创造乃出于某种目的 32，亡者的灵魂一直存活 36~37，按神的方式生活 82~85。

依据原住民传统，乌鲁鲁岩具有巨大的灵性力量。据说它是始祖"歌之路"的中心，歌之路的标志仍能在巨岩上看到。

神话，讲述了始祖人类的故事。始祖人类就是"最早的人"，或称之为"梦的永恒存在者"，此外，梦境神话还讲述了他们在创造中扮演的角色。原住民的传统讲述了始祖人类如何在原初世界中苏醒过来，而这个世界仍处于一个不断延展、持续形成的过程之中。他们走过的土地、留下的足迹称为"歌之路"，亦称"梦的轨迹"。他们一边走，一边造出人类、动植物和地貌，建构起宗教仪式，确立了万物之间的关系。在此过程中，他们不断地在动物与人类之间变换形象。最后，他们把自己变成了世界中的各种物体，包括星辰、岩石、泉涌和树木。

有生机的土地

在原住民眼中，澳大利亚的地貌乃神圣之物，是他们所敬畏的，因为这些自然界中的种种事物为他们始祖的足迹及其存在都提供了证据。

这种神圣地貌汇集在乌鲁鲁岩，后者是位于北领地的一块巨型砂岩，是向四方辐射开来的"歌之路"的中心。乌鲁鲁岩被人们尊崇为一个储存"灵性力量"的宝库，是澳大利亚这一活动肌体的肚脐眼。

原住民认为，他们虽终有一死，但他们始祖的"神圣力量"却永远存活于现在。■

> 我们说，灵性力量……就在那个神秘的地方……做梦。
> ——卡卡杜人长者大比尔·内杰

乌鲁鲁岩的起源

据传说，在乌鲁鲁岩存在以前，那里是库尼亚人，也就是毡蟒人居住之地。西边住着温都卡人，即岩蕨籽人。他们邀请库尼亚人参加一个仪式。库尼亚人出发了，但在途中遇到了一些睡蜥人女子，就将温都卡人的邀请忘得一干二净。温都卡人去寻找库尼亚人。库尼亚人称他们刚刚结了婚，不能前往了。温都卡人恼羞成怒，就让自己的朋友利如人袭击了库尼亚人。在激烈的征战中，利如人取胜，库尼亚人围绕着他们垂死的头人翁戛塔，在歌唱中共同赴死。于是，就在这次征战中形成了乌鲁鲁岩。乌鲁鲁岩上方的三个岩洞标记着翁戛塔流血身亡之处，岩洞中流出的水就是翁戛塔的血。泉水顺流而下，形成了彩虹蛇水塘，被称为瓦纳比。

我们的祖先会引导我们

亡者的灵魂一直存活

语境线索

主要信徒
盖丘亚印第安人

时间地点
始于史前时期，南美安第斯山脉中部

此后
自公元前6000年 阿伊鲁群体在安第斯山地区发展起来。

公元前3800年 人的尸身被制成木乃伊，并成为人尊崇的圣物。

1200年 印加帝国建立。

1438年 印加帝国穿过安第斯山脉中部向外扩张，在1532年达到巅峰。

1534年 印加帝国在被西班牙征服后土崩瓦解。

21世纪 该地区自殖民时期以来开始的天主教建制化进程得以完成，不过，今天大多数盖丘亚人都将基督教的元素与其传统信仰相融合。

我们从祖先那里继承了土地。 → 祖先的灵魂珍藏于土地中。

↓

如果我们滋养了土地，土地便会哺育我们，祖先也会给我们引导。 ← 祖先和土地都要用血和油膏来滋养。

安第斯高地上的宗教，从本质上说是对亡灵的崇拜。这种祖先崇拜传统可追溯至昙花一现的印加帝国——其文化中最为人熟知的便是其宗教——并一直持续至今。

印加人是安第斯山地区众多说盖丘亚语的民族之一。13世纪，该民族崛起后占领了现在的秘鲁、厄瓜多尔、智利的大部分地区以及玻利维亚和阿根廷部分地区。随着帝国的扩张，他们将与自己同时代、在诸多方面都与中美洲阿兹特克人（见40~45页）文化相类似的文化强加于人。其文化的核心是对至高神太阳神的崇拜。

然而，在印加首府库斯科，除了拥有祭司、宗教仪式以及黄金制品之外，还有普通百姓（即印加人口中的"哈吞·如纳"）所信奉的祖先崇拜和土地崇拜，这一崇拜可向前追溯至史前时期。16世纪，印加帝国土崩瓦解，这种崇拜却保存下来。它最终被弗朗西斯科·皮萨罗率领的西班牙征服者摧毁。

原始宗教　37

参见：认识世界 20~23，创造乃出于某种目的 32，牺牲与血祭 40~45，通过普迦拜神 114~115。

山上的居民

在有文字记录之前，安第斯山地区的各民族便已形成了"阿伊鲁"，这是一种大家族式的团体或部落，每一个阿伊鲁都有自己特定的区域。在这些团体内，人们耕种土地，共享资源，在他们的瓦卡，也就是万物有灵信仰的土地神龛中祈祷，祈求大地哺育他们。在山区耕作艰辛的情况下，这对人们极为重要。除了土地崇拜之外，人们还相信土地哺育了他们的祖先，只要有祖先亡灵的护佑，他们便能继续得到土地的供养。

每个阿伊鲁都会将死者制成木乃伊以供祭拜，相信祖先会维持宇宙秩序，保证土地丰产和动物繁衍。尸体被织物包裹起来，放在石制木乃伊神龛中，并朝向山顶放置。经由寒冷干燥的空气风干之后，人们会抬着木乃伊围绕田地游行，以达到"促进作物生长"的目的。同时，瓦卡、神龛的祭司和占卜者会献上古柯叶、血和油膏等祭品。他们相信，只要土地之灵及祖先之灵得到满足，这些神灵也会"喂养"人民。

一种持续的能力

在17世纪，基督教传教士将大量安第斯山地区的木乃伊付之一炬。在他们眼中，这些都属异教信仰，应将其捣毁。不过，还是有些木乃伊幸存了下来。现代盖丘亚人认为这些木乃伊是人类的始祖或者是古代的人类。木乃伊神龛现仅存在于岩石中，仍是当代占卜者撒血和油膏之处，他们相信这样可以让这里获得生命和能量。即使坟墓中原先放置的木乃伊已不复存在，人们相信这些坟墓还保留着自己的"能力"。11月2日是亡灵节，这标志着旱季的结束和雨季的开始，是播种耕地的时候了。这个节日对于安第斯各民族而言是一年中最重要的时刻，生者在仪式中邀请亡灵重临世界，与他们共享丰收。■

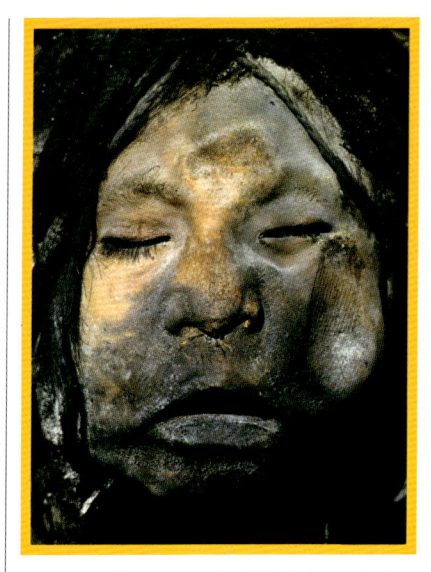

一具死于500年前的印加人女童的木乃伊保存至今；在安第斯各民族中，祖先崇拜具有核心地位。

> "亡灵会到我们这里，协助我们劳作。他们给我们的祝福满满。"
> ——卡塔人长者马塞利诺

一座山峰和一位神明

现代玻利维亚的卡塔人居住于东北部的的喀喀湖边，是9个库拉瓦尤印第安人阿伊鲁团体之一。卡塔人在历史上以善于占卜著称；在15世纪时，卡塔占卜者身兼一项尊贵的使命——为印加帝国皇帝抬龙椅。人们认为，这些库拉瓦尤祭司的能力来自他们祖先在卡塔山的坟墓。除了卡塔山的祖先坟墓，卡塔山本身也受人崇拜——它就像一位巨型祖先，有着人类的生理特质。高地是他的头颅，上面的草是他的头发，有一个山洞是他的嘴巴，湖水是他的眼睛，中间部分是他的躯干，其间有内脏、心脏和肠道，低处的两个山脊是他的双腿。这座山峰是一个活的存在，给卡塔人带来了给养和引导。

我们应当为善
和谐生活

语境线索

主要信徒
奇旺人

时间地点
公元前3000年，马来西亚半岛

此前
自史前时期起，奇旺人是马来西亚半岛上18个土著部落之一，一般被称为原住民。每个部落有自己的语言和文化。

此后
20世纪30年代 欧洲人首次接触到奇旺人；此前，奇旺人因其部落地处偏远，与华人和马来其他族群的接触也极为有限。

自20世纪50年代起 奇旺人面临着将自身融于主流马来社会和皈依伊斯兰教的压力之下；也有很多人选择保持自己的传统。

大多数社会都基于一种对人性善的诉求发展出一套道德体系，而来自宗教和社会权威的制裁手段对此进一步强化。对诸如犯罪和战争此类概念一无所知的文化可谓少之又少，而这种文化就存在于热带雨林中的狩猎部落民族。马来半岛的奇旺人便是其中一员。他们最早接触到欧洲人是在20世纪30年代。奇旺人现在仅有350人存在。

奇旺人没有暴力和竞争，他们的语言中没有战争、争斗、犯罪或惩罚这类词语。他们相信，他们文化中的英雄人物尹鲁格·布德——一位在人类诞生以先的森林精灵，教导最早的人类要行公义之路。尹鲁格·布德给奇旺人定下了最重要的规矩"马洛"，马洛规定人们必须食物共享。吃独食不仅危险，而且错误。只有以平均、共享的精神照顾到整个群体，他们的族群才有生存下来的希望。奇旺人认为，吃独食、因不幸而发怒、有享乐的念头、欲求不满，都违背了他们的道德准则，会遭致超自然报应，如罹患疾病、被虎蛇毒虫噬咬、抑或因动物灵魂的入侵带来心理上的伤害。

> " 人不应吃独食。你须常与他人分享。 "
> ——尹鲁格·布德

参见：创造乃出于某种目的 32，举行仪式的职责 50，舍己带来灵魂解脱 68~71。

万物相通
与神明终身相连

语境线索

主要信徒
瓦劳人

时间地点
始于公元前6000年，委内瑞拉奥里诺科河三角洲

此前
自史前时期开始 瓦劳人就是拉丁美洲低地地区人口最多的土著群体之一。

此后
16世纪 欧洲人首次与瓦劳人相遇，以威尼斯的模式在当地建造自己的居住地，并将之命名为"委内瑞拉"（西班牙语义为"小威尼斯"）。

自20世纪60年代起 环境恶化影响了当地渔业发展，使部落居民迁徙到城市；一些人皈依天主教。

2001年 居住在奥里诺科河三角洲的瓦劳人登记人口超过36000人。

瓦劳人居住于奥里诺科河三角洲，这里由无数岛屿构成。瓦劳人眼中的世界是扁平的，陆地只是水天之间的一层狭窄硬壳。他们相信，灵蛇哈乎巴是全体生物的祖母，她在地上盘旋，潮汐便是她的呼吸。瓦劳人信奉各种各样的神明，称为古老的神明，这些神明居住在陆地四角的圣山上，而瓦劳人就居住在陆地的中心。他们的村庄受到一位神明的特别保护，村庄庙宇中有一块神圣的石头，这位神明就住在这块石头当中。

神明的需要

瓦劳人的神明需要人类用祭物来供养他们，特别是烟草焚烧后的烟雾。反过来，瓦劳人则依靠神明来保全他们的健康和生命。婴儿出生之际就与神明建立了终身的联结。据说孩子的第一声啼哭会穿越世界到达东方的阿里亚瓦拉山的起源神那里；神明会发出一声欢迎的呼喊作为回应。婴儿出生不久，灵蛇哈乎巴会将一阵芳香的微风吹到村庄，欢迎新生命的降生。从那时开始，这个婴儿就成为构成瓦劳人日常生活的自然和超自然因素相互平衡的系统中的一员。■

瓦劳神话认为，长着漂亮羽毛的鸟可以为孩子们提供超自然的保护。据说孩子夭折是被阴间幽灵取去当作了食物。

参见：做梦 34~35，亡者的灵魂一直存活 36~37，象征主义成为现实 46~47，人和宇宙 48~49。

神明需要血祭

牺牲与血祭

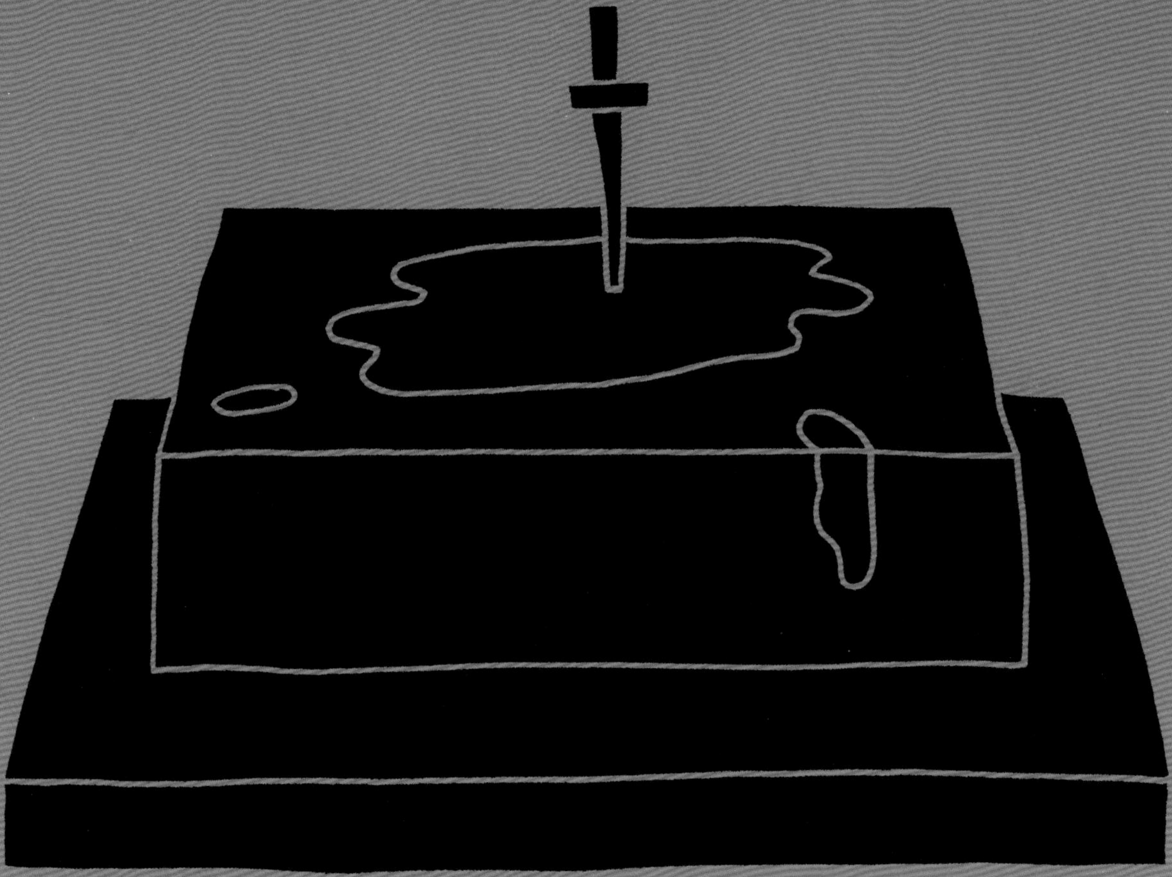

牺牲与血祭

语境线索

主要信徒
阿兹特克人、玛雅人和其他中美洲民族

时间地点
公元3—15世纪，墨西哥

此前
从公元前1000年开始 玛雅文明开始逐渐繁荣，在公元3—10世纪达到巅峰，这就是古典玛雅时期。

自12世纪 阿兹特克帝国建立起来。

此后
1519年 人口数目达到2000~2500万的阿兹特克人被西班牙人赫南·科尔特斯带领的军队所征服。

1600年 被迫皈依天主教以及对欧洲疾病毫无免疫力，让阿兹特克人的文明遭遇重创，其人口减少到100万左右。

以动物和人为牺牲是世界上诸多宗教传统中的一个特征；而对于中美洲古代文明而言，特别是对于玛雅人和阿兹特克人，这种牺牲献祭的观念尤为重要。

中美洲民族居住在今天墨西哥中部和尼加拉瓜地区。玛雅文明（在公元250—900年到达巅峰）比阿兹特克文明出现得要早，后来两者有一段共存的时期，后者于1300—1400年到达其巅峰时期。阿兹特克文化受到了玛雅人传统的影响，这两个民族有一些共同信奉的神明。这些神明名字不同，却具有共性。

以血回馈神明

中美洲文化认为献给神明的血祭能够保证他们生活的世界的延续。这种宗教血祭传统可以追溯到墨西哥的第一个主要文明，也就是在公元前1500—公元前400年兴盛的奥尔梅克文明。根据神话传说的描述，这些神明在创造世界的时候献上了大量的牺牲，包括他们自己的血，他们用这些血创造了人类。因此，他们希望人类也能将自己的血回馈给他们。

牺牲和创造

阿兹特克人的创造神话特别强调血的能力和牺牲献祭的重要性。阿兹特克人相信神明曾经创造并毁灭了之前的四个世代或太阳。在他们用洪水毁灭第四个太阳之后，风神和他的兄弟泰兹卡特里波卡将大地女神（在有些神话版本中是男性神明）撕成两半，创造出新天新地。从她身体上生长出人类生命所需的万物——树木、花草、泉源、水井、峡谷和山峰。这一切让女神极度痛苦，她彻夜号哭，要求人类以人心作祭物来供奉她。

接下来在宇宙中的创造行为都需要牺牲或血祭。有一幅浮雕画描绘了这样的场景：风神刺破自己的舌头，流出的血形成了最早的星辰。最引人注目的是，在创造第五个太阳的时候，必须有一位神明跳进焚烧的烈火。有两位神明为了争

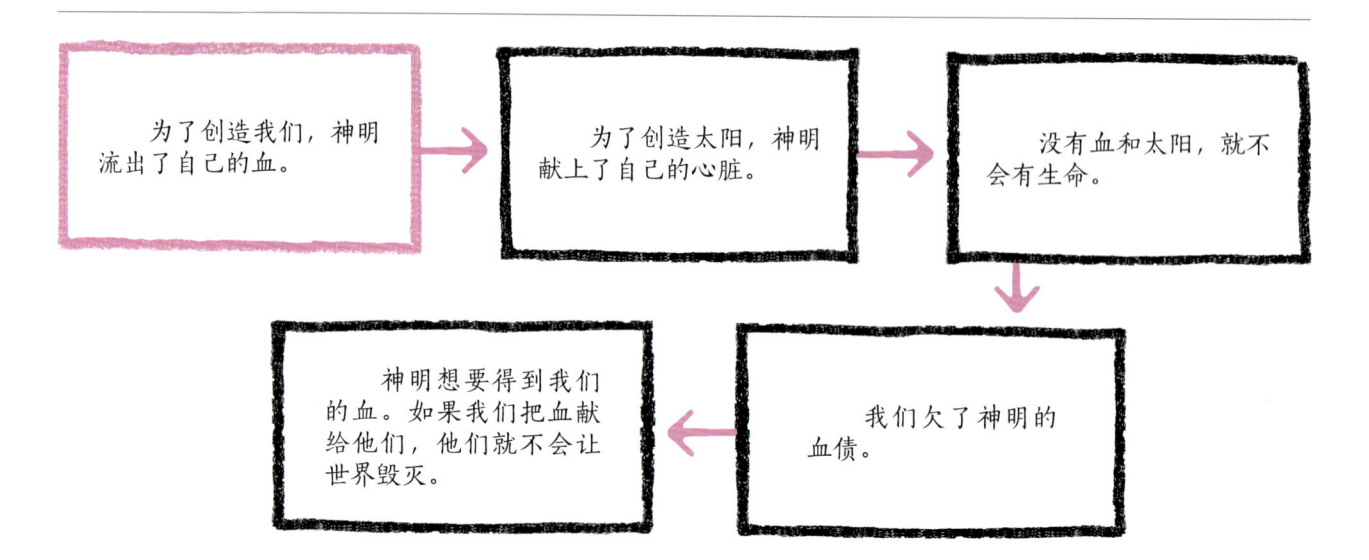

为了创造我们，神明流出了自己的血。 → 为了创造太阳，神明献上了自己的心脏。 → 没有血和太阳，就不会有生命。

↓

神明想要得到我们的血。如果我们把血献给他们，他们就不会让世界毁灭。 ← 我们欠了神明的血债。

原始宗教 **43**

参见：创造乃出于某种目的 32，与神明终身相连 39，举行仪式的职责 50，通过仪式更新生命 51，对新社会的信仰 56。

> 你必须让你的耳朵流出血来，用绳子穿过肘部。你必须敬拜神。这是你在神面前献上感恩的方式。
> ——托希尔（玛雅人的神）

阿兹特克人献的人祭一般是战争俘虏。在战斗中，阿兹特克士兵一般会尽力活捉敌人，而不是将之杀死，这样他们可以获得大量献给神明的祭物。

夺这一荣耀竞相跳入火中。一位神明成了太阳，而另一位神明成了月亮。其他神明为了让这枚新的太阳在天上运行，献上了他们的心脏（用心脏献祭是中美洲神话和宗教仪式中反复出现的主题）。

人的血债

玛雅人和阿兹特克人都因神明对他们的创造之功而欠下了无法还清的血债。在风神降到阴间以后，找到以前人类的骸骨（前四个世代留下的骸骨），诸神明将这些骸骨研磨成粉末。他们将自己的血滴进粉末当中，使其有了生机，便创造出了新的人类。这些人类的心脏可以满足神明们对于血的需要。

在中美洲神话中，每过52年便是一个轮回，每个轮回一结束就意味着世界的结束。人们可以用人类做牺牲来取悦这些神明，祈求他们不要终结这个世代，即第五个太阳的世代。玛雅人相信，要想让太阳每天早晨都能升起，就必须进行血祭。

阿兹特克人的太阳神一直处于与黑暗斗争的过程中，只有鲜血才能给他战胜黑暗的力量，保证太阳能够继续升起。因此，中美洲世界的持存在人们眼中是极其脆弱的，需要人不断牺牲献祭来维系。

为神明献血祭主要采用两种形式：自愿献祭（自己流血）和人祭。玛雅人和阿兹特克人都实行自愿献祭。中美洲的贵族有特权及责任为神明流血。他们用黄貂鱼刺、黑曜石刀，或者龙舌兰的尖刺来刺破自己的身体。血从耳朵、小腿、膝盖、肘部、舌头或者包皮流出。自愿献祭可以追溯到奥尔梅克民族，这种宗教仪式在1519年西班牙征服墨西哥之后依然存在。玛雅人的男女贵族都会参加，男子的血从包皮流出，女子的血从舌头流出。他们用树皮纸采血，然后用火将之焚烧。通过血祭焚烧的烟雾，他们可以和祖先及神明进行交流。

牺牲献祭的仪式

相比于玛雅人，阿兹特克人的人祭现象更为常见。玛雅人只在

牺牲与血祭

> 这女神在夜间不停哭喊，想要吃人心。
> ——关于阿兹特克人的大地女神的谚语

> 在庆祝这个节日的时候，要杀死俘虏和洗净的奴隶。
> ——阿兹特克人献给太阳神的赞美诗

如新建神殿的献祭仪式等特殊情况下进行人祭。

在人祭中，阿兹特克人常常会将作为祭物的人的心脏取出。他们相信，心脏是太阳能量的一部分，因此摘下心脏是一种让能量返回源头的手段。作为祭物之人由四名祭司按倒在神殿内的一块石板上，第五名祭司用黑曜石刀将他的心脏取出，然后将这颗仍在跳动的心脏置于一种叫作鹰嘴葫芦的器皿中献给神明。心脏被摘掉之后，人们将人祭的尸体从金字塔状的神殿台阶上推到底部的石台上。他们会砍下尸体的头颅，也有可能砍下其四肢。头颅骨会被陈列在颅骨架上。祭祀的神明不同，杀死人祭的方式亦有不同——可能是以宗教仪式的搏斗方式，也可能用水淹死、用箭射死或者剥皮而死。

人祭的规模有时候会非常大。比如1487年阿兹特克人在特诺奇提兰太阳神殿的再次献祭仪式中，据说有约80400个人祭献给神明作牺牲，这些人流出的血在神殿附近凝结成了一个巨型血池。即便有人认为当时人祭的数目大约只有20000人，这仍然是一次大规模屠杀。

在阿兹特克人的宗教仪式当中，人们会向各种男女神明献上祭物。虽然人们也可以焚烧香料和烟草，用食物及珍稀物品来供奉这些神明，但神明们最渴望得到的还是鲜血。

仪式和历法

中美洲人的一年有260天，玛雅人和阿兹特克人都遵循这一历法。阿兹特克人在每年年终，会将一个代表阴间神明米特兰特库里的男子当作献祭，在一座名为特拉西考的神殿中献给神明。这个神殿的名字意为"世界的肚脐眼"。有人认为人祭被祭司吃掉了。正如

玛雅人的后裔索西人被迫在西班牙殖民者的土地上劳作，他们将自己的信仰和基督教的崇拜模式相融合，形成了一种混合宗教。

人的肉身可以供奉神明，吃掉神明（该神明包含在人祭之中）也成为一种圣餐的形式。等级较低的祭司会吃下混有人祭鲜血的人形面团。掰开并吃下这些称为tzoalli的人形面团，也就能够和神明相交。

这种将神话表演重现出来的方式是阿兹特克人信仰及其每年宗教仪式的特征。在重要节日西佩托提克节（Xipe Totec，这是一位被剥皮的神明）期间，一位祭司身披从被献祭的俘虏身上剥下的皮扮演这位神明。当人皮因收紧而裂开后，扮演者就如同新生嫩芽般从裂开的皮中生长出来，代表着成长和更新。阿兹特克人的其他献祭围绕着他们的主食玉米进行。每年丰收时节，一个代表玉米女神的少女会被献为祭物。女孩被斩首而死，她的血浇在女神的雕像上，而她的皮则披在一名祭司身上。

原始宗教

征服和同化

当西班牙入侵者埃尔南·科尔特斯及其远征军在1519年登陆墨西哥之际，阿兹特克人误以为他是归来的风神，一部分原因可能是科尔特斯的帽子类似于神明特有的头饰。阿兹特克人将蘸有人血的玉米蛋糕献给这个西班牙人，但是他们的祭物未能取悦"神明"，持续仅400年历史的阿兹特克文明在科尔特斯到来之后最终被西班牙人毁灭。与此不同，玛雅文化并未如此消亡。这可能是因为玛雅人分布得更为广泛。在南墨西哥，玛雅人的后裔索西人今天仍然保留了许多古代文化和宗教的元素，包括一年有260天的历法。

索西教是天主教和传统玛雅信仰的结合物。索西人居住在南墨西哥的恰帕斯高地上，那里到处点缀着木制十字架。这些十字架不仅代表着基督教的十字架，也被人们视为和土地之主进行交流的渠道，这位神明能力非凡，人们在地上劳作之前必须先敬奉他。索西人改造了古代的信仰，将太阳和基督教的上帝关联起来，将月亮和圣母玛利亚关联起来，基督教诸圣徒的圣像也是他们崇拜的对象。■

该阿兹特克石制太阳日历将太阳图形置于代表时间的环形雕纹的中间，反映出太阳在阿兹特克人中的核心地位。

索西人的灵魂

索西教将天主教和一些非基督教信仰相融合。索西人相信每个人有两个灵魂，一个叫作wayjel，一个叫作ch'ulel。ch'ulel是内在灵魂，位于人的心脏和血液当中。神明将这个灵魂放在了未出生婴儿的胚胎里。在死亡的时候，这个灵魂会进入位于世界中心的亡灵之所Katibak。亡者在地上生活了多久，其灵魂就会在Katibak生活多久，但是其成长过程与人在地上成长的过程是相反的，是逐渐回到婴儿时期，直到这个灵魂能够被赐给另一个性别相反的婴儿。

第二个灵魂叫作wayjel，是人与野生动物共有的一种动物灵魂。这个灵魂被索西人的祖先神明所萦绕。人类和动物的灵魂拥有同样的命运，不论人遭遇什么，这个动物灵魂也会遭遇同样的事情，反之亦然。动物的灵魂包括美洲虎、豹猫、土狼、松鼠及负鼠的灵魂。

> 在西佩托提克节上，他们杀死包括男女老幼在内的所有囚犯。
> ——波纳迪诺·德·萨哈干，《新西班牙历史概述》

我们能够建构起一个神圣空间

象征主义成为现实

语境线索

主要信徒
波尼人

时间地点
始于1250年，美国大平原

此后

1875年 波尼人离开故土内布拉斯加，被重新安置到位于俄克拉荷马州的新保护区。

1891–1892年 众多波尼人接受了新兴的鬼神舞宗教，这种宗教相信人们的祖先会复活。

1900年 据美国人口调查统计，波尼人仅有633人。在接下来的40年当中，传统的波尼人宗教习俗渐渐消亡。

20世纪 波尼族主要由基督徒组成，属于印第安卫理公会、印第安浸信会或者全福音派教会。一些波尼人属于北美土著教会的成员。

> 天神提拉瓦哈创造了世界与我们自身。他告诉我们大地是我们的母亲，苍天是我们的父亲。

↓

> 如果我们让我们的土屋环绕大地、包围天空，我们便可邀请我们的大地母亲和苍天父亲与我们共同生活。

↓

> 如果我们让我们的土屋面向东方，提拉瓦哈就可随着朝阳进入我们的土屋。我们的土屋是一个微型的宇宙。

早期宗教的神圣空间是自然形成的一些处所，比如小树林、泉源和洞穴。但是，当人们的崇拜变得越来越仪式化时，人们需要对神圣空间进行界定。用于崇拜的建筑反映出每种宗教的本质特征。

另外，在那些将宗教生活和日常生活相融合的文化当中，用于日常生活的建筑往往具有宇宙的意义。美洲大平原的土著民族之一波尼人，其土屋，亦即其仪式中心便是如此。波尼人的土屋具有神圣的建筑结构，这让每个土屋都成为一个"微型宇宙"，正如创造之神，亦是诸神之首的提拉瓦哈造天、造地、造人之后就立下的规矩那样（见47页）。

每个土屋都由四根柱子支撑起四角。这四根柱子代表四个神明，即四个方向的四颗星辰，在东北方、西北方、西南方和东南方支撑起苍天。波尼人相信，是星辰协助提拉瓦哈创造了自己，在世界的终日，波尼人会变成星辰。

土屋的入口在东边，这能使

原始宗教 47

参见：认识世界 20~23，人和宇宙 48~49，按神的方式生活 82~85。

土屋在波尼人传统中是一个微型宇宙，是按照与宇宙相对应的方式建造起来的。图片是1873年一个波尼家庭站在他们位于内布拉斯加州洛普的土屋门口。

黎明之光照进来。土屋的中心会安置一个壁炉，其后方（西方）有一个小型土制祭坛。一座水牛头骨置于祭坛上，据说当清晨第一束阳光照耀其上时，提拉瓦哈之灵就占据了它。提拉瓦哈在水牛头骨中与人们共同生活，相互交流。神圣的星形捆束悬吊在水牛头骨之上的椽子上，里面装有星空图之类的仪式用品。据说这种捆束能赐予每个村庄以身份和力量。

世界之中的世界

在冬天，人们往往会在土屋内修一个半球形汗蒸屋，创造出第二个"小宇宙"。这些汗蒸屋或桑拿房用于灵修或医治病人，也是一种神圣空间。屋中烧热的石头据说是人们的先祖，深受敬重。人们相信，将热石头置入水中冒出的蒸汽是先祖呼吸的气体。

根据传说，第一个汗蒸屋是捆束守护者之子所造，这是由其动物守护者传授给他的一种仪式。当施行仪式时，他说出如下话语："现在我们坐在黑暗之中，就像提拉瓦哈创造万物时一般。为了我们，他把流星放在空中。罩着我们的杆子代表着他们……当我向杆子下端吹气时，你会看到蓝色的火焰从石头上升起来。这对我们来说是向提拉瓦哈和先祖们祈祷的信号。"

关于提拉瓦哈的传说

在波尼人的神话中，创造神提拉瓦哈创造了太阳、月亮、星辰、天、地以及地上万物之后，开始说话。伴随着提拉瓦哈的声音出现了一个女子。提拉瓦哈创造出一个男子，并将其送到女子那里。他说："我把大地赐予你，你可称之为'母亲'。天可以被称为'父亲'……我现在教你怎样建造土屋，如此你便不会挨雨淋，受寒冷。"过了一阵，提拉瓦哈又说话了，他问男子是否知道土屋代表着什么。那个男子并不知晓。提拉瓦哈说："我告诉你把大地称为'母亲'。土屋代表她的乳房，从土屋冒出的烟就如同从她乳房流出的乳汁……当你吃到（在壁炉处）煮熟的食物时，就好像吮吸她的乳汁，因为你吃了食物以后变得越来越健壮。"

> 我们人类是由星辰创造的。当万物的终日临近时，我们将会变成小小的星辰。
>
> ——扬·布尔

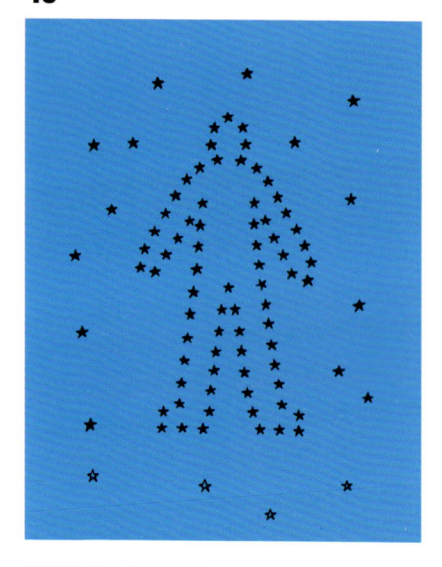

我们与宇宙和谐一致

人和宇宙

多贡人居住在西非马里的班迪亚加腊高原。他们信奉一种传统的万物有灵论的宗教，在他们看来，万物皆有灵性。多贡人宗教信仰的基础在于人类是宇宙的"种子"，人类的外形是创造之初那一刻和整个受造宇宙的反映。因此，每个多贡人村庄的布局都是按人体的形状展开的，多贡人视之为一个活生生的人。

神圣与象征的空间

多贡人的村庄是从北向南布局的，村庄的头部是铸造熔炉，脚部是神殿。这种布局反映出他们的信仰——创造神阿玛用泥土创造了世界，被造的世界就像以这种姿势躺卧的一个女子。村庄里的所有东西都可以在人身上找到对应物。在女子经期棚的东西两侧是双手。家里的宅院是胸部。而每一个大宅院又都是以男子身体形状布局的——厨房是头，中央的大房间是腹部，两排储藏室是双臂，两罐水是胸膛，入口通道则是阴茎。这种建筑反映出雌雄同体的先祖诺莫人（见49页）的创造能力。

多贡人的灵性领袖霍贡居住的小屋是以宇宙为原型建造的。小屋的装饰和家具的每个元素都具有象征意义。霍贡行动的步调和宇宙的节奏协调一致。黎明时分，他向

语境线索

主要信徒
多贡人

时间地点
始于15世纪，西非马里

此前

从公元前1500年起 口传神话和天文知识的相似表明多贡人的祖先可能源自古埃及。后来他们迁徙到今天的利比亚地区，之后是布基纳法索和几内亚地区。

从10世纪开始 在西非早期诸民族混杂的部族中逐渐形成了多贡民族。他们当中很多人都逃离了伊斯兰教的统治。

此后

今天 多贡人有40万~80万人。他们中大部分人依然信奉传统宗教，但是也有相当一部分人皈依伊斯兰教和基督教。

面具舞者在举行丧礼仪式"达玛"。这一传统多贡宗教仪式是用来引导亡者灵魂安全进入来世的。

参见：象征主义成为现实 46~47，终极实在 102~105。

整个宇宙起初都蕴藏在一颗卵或者种子当中。

⬇

万物之存在都始于这颗卵的一次振动。

⬇

人体形态在卵中已预先设计好了，同时也反映在宇宙的形态当中。

⬇

从最小的种子到广袤的宇宙，万物都是相互映照和相互表达的。

⬇

一座村庄、一个宅院、一幢小屋、一粒种子都能包含整个宇宙。

东而坐，面朝朝阳；然后，他按照四个基本方位的顺序走过宅院；最后，在黄昏的时候，他向西而坐。他的口袋被称为"世界之袋"，他的手杖是"世界的轴心"。

宇宙的意义

霍贡的服饰也代表了微型的世界。譬如，他的圆筒状头巾上有七个螺旋式编织图案，代表着撼动宇宙中"世界之卵"的七次振动（见右侧方框中内容）。在一次危机中，首领们聚集在头巾周围，霍贡对着它说话，并将它倒置于地上，就像世界本身上下颠倒了，等着阿玛神将其复原。

多贡人复杂的宇宙象征反映出源于宇宙而后重返"世界之卵"的进程；霍贡的头巾就象征着"世界之卵"的卵壳。宗教、社会、宇宙论、神话、耕种、日常生活，这一切在点点滴滴的细节中都融合起来，并且反映在每一个行为当中。∎

原始宗教   49

诺莫人

诺莫人是多贡人敬拜的先祖。他们通常被描述为两栖类、雌雄同体的鱼类生物。根据神话传说，诺莫人的父亲是阿玛神，阿玛神当时创造了"宇宙之卵"。这个卵据说类似于多贡人种下的最小种子，又类似于夜晚最明亮的天狼星的姊妹星。在卵中孕育着万物的胚芽。

在该神话的一个版本中，两对龙凤双胞胎诺莫人即将破卵而出，从而给世界带来秩序。但是，这个卵遭受了一次振动，其中一个男胎裕茹古早产而出，他用自己的胎盘创造了地。因此，阿玛神派出其他三位诺莫人来到地上。他们建立了制度和仪式，以便生命可以更新和延续。但是因为裕茹古的早产，世界从一开始就是不完美的。

❝

对于多贡人来说，社会生活代表着宇宙的运行。
——人类学家马塞尔·格里奥尔

❞

我们的存在是为了侍奉神

举行仪式的职责

语境线索

主要信徒
蒂科皮亚人

时间地点
始于公元前1000年，太平洋所罗门群岛蒂科皮亚

此后

1606年 欧洲探险者首次登陆蒂科皮亚。

1859年 圣公会美拉尼西亚宣教团开始与蒂科皮亚接触。

1928—1929年 人类学家雷蒙德·弗斯研究了蒂科皮亚人的文化；这一群体可以分为四个部族。

1955年 一场瘟疫之后，宗教仪式"神的工作"遭到摒弃，剩下的非基督教首领皈依基督教。

2002年 蒂科皮亚被飓风摧毁得面目全非，但岛民们寻求避难并且生存下来。

2012年 蒂科皮亚人口约有1200人。

在20世纪50年代基督教传到蒂科皮亚之前，这个太平洋小岛上的全体居民每年都会有两次为期两周的宗教仪式，这就是"神的工作"。在此期间，他们尽自己的责任来安抚神明，他们相信这些神明将会带给他们丰收。

"神的工作"是一种崇拜形式，也可以说是人和神明之间的一项交易。蒂科皮亚人举行宗教仪式，而神明则赐给人们生活之所需。此外，这一宗教是有组织结构的，因此各种以取悦神明为目的的行为，比如修缮独木舟、耕种收割、生产姜黄（具有仪式功能）等，对于蒂科皮亚人来说都具有经济价值。献给神明的食物和卡瓦（kava，一种可以让人喝醉的饮料）只是"在本质上"由神明享用，真正的食物是被人享用了。

参加"神的工作"宗教仪式可以给人带来地位，被人们看成是一种特权。这个宗教仪式也是社会和经济结构的重要基础，将蒂科皮亚人凝聚在了一起。■

一名蒂科皮亚人在做独木舟上划桨的舞蹈动作。在独木舟上舞蹈和击鼓是"神的工作"仪式的一部分。

参见：认识世界 20~23，与神明终身相连 39，牺牲与血祭 40~45，通过普迦拜神 114~115。

宗教仪式维系着世界

通过仪式更新生命

语境线索

主要信徒
胡帕人

时间地点
公元1000年，美国加州西北部

此前
公元900—1100年 胡帕人祖先从亚北极及以北地区到达加州西北部。

此后
1828年 胡帕人最初接触到美洲捕兽者；当时大约有1000名胡帕人居住在胡帕峡谷，在1848年淘金热之前一直从事毛皮交易。

到1900年 胡帕人口因疾病减少到500人。

1911年 第一个现代胡帕部落委员会正式成立。

今天 超过2000名胡帕人以自治民的身份生活在他们祖祖辈辈生活的土地上。

居住在加州西北部的胡帕人相信，他们能够借助自己的宗教歌曲和舞蹈来"更新世界""稳固土壤"，使土地重获生机，确保其为来年的丰收提供充足的养分。他们每年秋季举行的一个最重要的更新世界之舞是"白鹿皮舞"。该舞蹈的目的是再现胡帕人神秘先民齐须奈人的行为。

通过重演齐须奈人的神圣故事，胡帕人希望激起创造的力量，以保佑人们的健康，保证在狩猎季节有丰厚的收获。在为期10天的舞蹈中，人们会陈设出一张精心装饰的白鹿皮，它象征着财富和地位。参与者每天早晨乘独木舟沿河而下，下午和晚上则会用木竿高举鹿的画像跳舞。

先民

胡帕人相信，齐须奈人具有人的外形，但天赋异禀。齐须奈人的行为被后来的胡帕民族传承下来。胡帕人日常生活中的每个细节都已被先民的行为预定好了。根据胡帕人的信仰，齐须奈人后来散布在海洋对面，只有神秘的存在伊曼图文伊留在地上帮助人。■

> "一天晚上，齐须奈人在身上涂上颜色开始跳舞。第二天早晨，他们又跳起舞来。"
> ——胡帕人的神话

参见：亡者的灵魂一直存活 36~37，映射社会的信仰 80~81。

ANCIENT AND CLASSICAL BELIEFS
FROM 3000 BCE

古代与古典文明时期的宗教

始于公元前3000年

引言

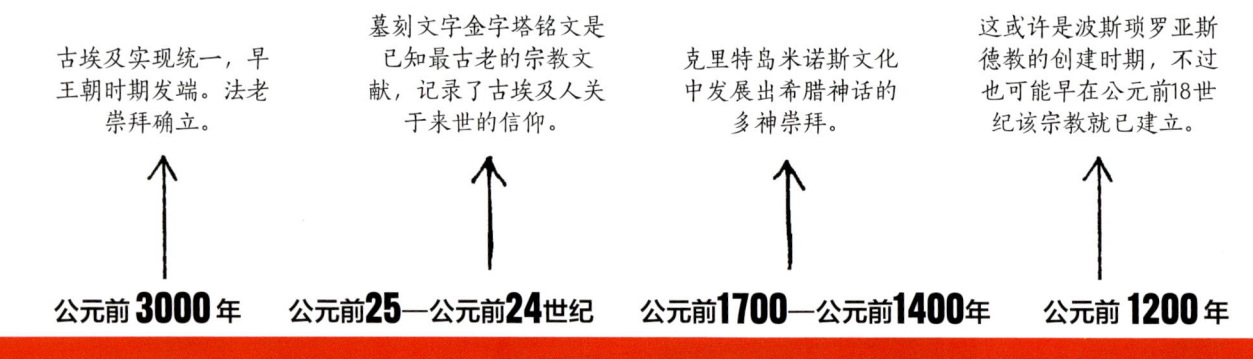

古埃及实现统一，早王朝时期发端。法老崇拜确立。
↑
公元前3000年

墓刻文字金字塔铭文是已知最古老的宗教文献，记录了古埃及人关于来世的信仰。
↑
公元前25—公元前24世纪

克里特岛米诺斯文化中发展出希腊神话的多神崇拜。
↑
公元前1700—公元前1400年

这或许是波斯琐罗亚斯德教的创建时期，不过也可能早在公元前18世纪该宗教就已建立。
↑
公元前1200年

公元前3000年
↓
凯尔特部落分布于欧洲大片领土，每个部落都有自己的部落神。

公元前20—公元前16世纪
↓
位于美索不达米亚的巴比伦第一王朝的史诗《埃努玛·埃利什》是一部神话集。

公元前1600年
↓
斯堪的纳维亚半岛的居民开始为自己的神明造像，并发展出北欧神话。

公元前8世纪
↓
相传罗慕路斯篡取其双胞胎兄弟雷穆斯的王位，建立起罗马城。

游牧四方的部落因耕种稼穑而定居下来，最早的文明便诞生了。之前各部落的宗教信仰及活动得到发展，各部落信仰围绕着共同的神明和神话发生交融。多神信仰由此问世，一种结构复杂的神话体系出现于不同源流的交汇处，讲述了在世界运行过程中分饰不同角色的神明和各种神话造物。

较之从前，现在的宗教形态已初具规模，宗教向人们解释了各种自然现象产生的原因，包括日月星辰、季节气候以及神明的影响等，不一而足。其中往往包含创世故事和各种神人交往的传说。从以古埃及为代表的早期文明留下的墓葬可以看到人们关于来世的信仰，而有关死亡的仪式和葬礼在宗教中扮演着举足轻重的角色。随着人们聚居群体的日益庞大，为神明建造的庙宇成为城镇的中心。

文明也催生了各种书写文字的出现，从而将神明及创世故事记录下来，这些故事在千百年间一直被"加工完善"。宗教铭文最早出现在早期文明的墓穴和庙宇的墙壁上，古埃及就是一例。其他地方，如印度、中国、日本和挪威也都形成了自己独特的传统，而凯尔特的民族宗教还融入初具雏形的民族信仰系统之中。

信仰的融合

公元前1500年前后，世界多地都形成了区域性宗教传统，发达的新兴社会也开始出现，人们需要更为精细复杂的信仰系统。新宗教随之诞生，琐罗亚斯德教就是一例，人们对于它是否为最早的一神论宗教还存有争议，而此时犹太教的基础已经确立。

印度的各种地方宗教信仰都融入以古代典籍《吠陀经》为基础的吠陀传统之中。这后来就成为现在我们熟知的"多元混合型"宗教——印度教。更强调正确生活方式而非神明崇拜的耆那教也产生了。同时问世的还有佛教，有人认为佛教更是一种哲学而非宗教，其关注焦点是无须神明参与的"悟"。

中国和日本的宗教也同样重

古代与古典文明时期的宗教

公元前8—公元前7世纪
希腊诗人荷马创作《伊利亚特》和《奥德赛》，赫西俄德创作《神谱》（诸神起源）。

公元前599—公元前527年
印度圣人大雄确立耆那教信条。

公元前5—公元前4世纪
古希腊文明的古典时期发源于地中海东部。

公元9—10世纪
维京人的宗教传遍北欧以至冰岛和格陵兰岛地区。

公元前6世纪
中国圣人老子创立道教，阐述了"道"（意为道路）的含义。

公元前563年
佛教创立者乔达摩·悉达多出生在印度东北部。

公元前551年
儒教（儒家思想）创始人孔子出生于中国春秋时期的鲁国邹县。

公元8世纪
由《古事记》和《日本书纪》共同构成的神话体系成为日本国教神道教的起源。

13世纪
冰岛史诗中的北欧神话被收入《埃达》（Eddas，冰岛诗集）。

视道德哲学。在社会秩序逐渐成形的中国王朝，宗教和政治组织间形成了密切关联。由传奇式人物老子创立的道教，提倡一种与中国社会相适应的宗教生活方式。孔子在此基础上发展出一套新的信仰体系，该体系以等级观念为根基，借助礼仪得以巩固。其后，日本在整合各传统宗教的基础上产生了自己的国教神道教，强调祖先崇拜，并鼓励信徒借助仪式与祖先建立联系。

公元前6世纪，希腊城邦国家建立，古希腊文明在地中海东部产生了巨大影响。宗教（尽管希腊语中没有确切的词语与之相对应）成为人们生活的一部分，尽管人们认为神与人各居其所，但在人们头脑中，神与人的生活并无二致。在《荷马史诗》中，希腊人民的历史就是诸神的历史。诸神的等级，以及他们极具人类化的生活方式和混乱的关系，都反映出希腊社会的形态。神明除了会对世界的方方面面给予解释，还会为人类的古怪行为寻找借口；而且在神明的帮助下人们可预知未来，可以选择吉时而动，甚至能克敌制胜。大多数时候，神明都与人一道存在，但他们对人的事漠不关心。雅典人为了取悦诸神，会修建神庙，施行仪式，定期举办节日庆典。

伴随早期文明的兴衰，诸多信仰也随之衰退或融入取代它们的信仰之中。例如，希腊神话的多神信仰就融入罗马神话体系当中，再如，凯尔特及其他信仰为基督教所吸纳。一些宗教，如挪威宗教，一直延续至中世纪；而其他宗教，如神道教、耆那教、道教和儒教（儒家思想）则一直延续至今。■

诸神和人的等级秩序

对新社会的信仰

语境线索

主要信徒
古巴比伦人

时间地点
公元前2270年，美索不达米亚（今伊拉克地区）

此前
公元前5000年 优拜德人在两河流域（美索不达米亚）之间的肥沃山谷定居。

公元前3300年 苏美尔人取代优拜德人。

此后
公元前1770年 巴比伦国王汉谟拉比为治理巴比伦而制定法典。

公元前1750年 巴比伦人成为美索不达米亚地区的主要民族。他们对苏美尔人的宗教进行了改革，用它来讲述巴比伦主神马杜克的力量和主权。

公元前691年 巴比伦沦陷于亚述人之手，马杜克神话融入亚述人的阿舒尔神话。

马杜克杀死女神提亚玛特，命其他诸神都尊他为王。

↓

他为宇宙带来秩序，并且创造人类，服事诸神。

↓

巴比伦人接替苏美尔人建立了巴比伦城。

↓

国王汉谟拉比宣称君权神授并制定法典。

↓

马杜克和汉谟拉比宣告自己至高地位的方式，都是通过建立起

↓

一套诸神和人的等级秩序。

位于两河流域的美索不达米亚平原（今伊拉克地区）是西方人口中的"文明的摇篮"。在青铜时代，就在那里，小型群落最早发展成为城镇。随着较大聚居点的扩张，人们开始对新型社会结构、共有的文化与信仰产生需求，以实现人民团结、政治强化。宗教不仅解释了自然现象，还给出一个有序的神话体系。公元前4000年，苏美尔人居于此处。苏美尔人口集中在十几个城邦国家，每个城邦各有其

古代与古典文明时期的宗教　**57**

参见：创造乃出于某种目的 32，通过仪式更新生命 51，映射社会的信仰 80~81，理性的世界 92~99。

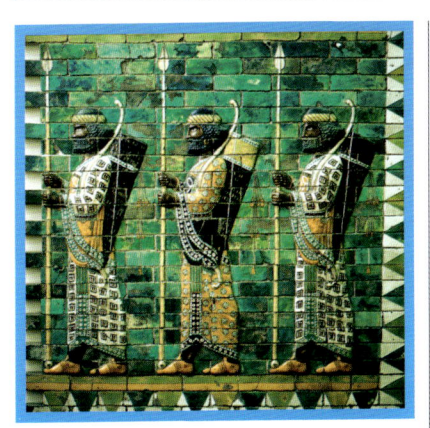

巴比伦士兵的图像排列在通向巴比伦城的伊师塔门上。诸神的肖像从大门顺着游行大道向前列队，行进至城中。

王，但政治实权掌控在城邦大祭司手中。苏美尔人是多神崇拜，崇拜对象包括水神及生育神恩基、天神安努。公元前3000年，巴比伦人开始定居美索不达米亚，他们将苏美尔人及其文化，还有其部分神话内容都吸纳到自己的帝国中。巴比伦统治者利用苏美尔神话强化了他们建立的等级秩序，以维护他们对本国人和苏美尔人的统治。

巴比伦宗教

巴比伦宗教以记录在七块泥板上的创世史诗《埃努玛·埃利什》为中心展开。其中的故事大多改编自早期苏美尔神话，不过，这里的主角是巴比伦诸神，特别是苏美尔的神明恩基之子、安努的合法继承人马杜克。故事讲述了作为年轻诸神之首的马杜克，战胜了包括造物主神在内的老神。提亚玛特（见右框中内容）赋予马杜克创造和构建宇宙的力量，马杜克在他选择的家园巴比伦开始统治宇宙。很明显，《埃努玛·埃利什》讲述了巴比伦王国建立并接管苏美尔人的故事。马杜克作为诸神之首及其建立世界秩序是一个隐喻，彰显出巴比伦国王的王权及其制定、执行律法的权力。

王权的标志

为强化巴比伦的统治地位及帝国统一的思想，人们在新年时节，即每年春分时会讲述并表演《埃努玛·埃利什》中的故事。这种表演（称为阿基图）不仅是辞旧迎新的节庆活动，更是一种象征着宇宙再造和复兴的仪式，让马杜克能够安排来年星辰的运转。在神话和仪式的双重维度下，阿基图从根本而言是为了实现王权合法化。这个节庆向民众宣告：巴比伦王乃君权神授。通过马杜克战胜提亚玛特的场景再现，巴比伦的中心地位也一再得以确认。 ∎

《埃努玛·埃利什》

阿基图仪式再现了《埃努玛·埃利什》中记载的创世故事。创世开始于史前，当时只有阿卜苏（淡水海洋）和提亚玛特（咸水海洋）存在。阿卜苏和提亚玛特孕育了原始诸神，包括安莎尔和吉莎尔——天空和大地的边际；孕育了天神安努、大地和水之神埃阿（苏美尔人的神恩基）。年轻诸神的呼喊打破了阿卜苏和提亚玛特的宁静，所以阿卜苏试图摧毁他们，但被埃阿所杀。在这场斗争中，埃阿为自己创建了一个神庙，以阿卜苏命名，这里是他的儿子马杜克的出生地。提亚玛特为了给丈夫报仇，向马杜克宣战，并派了她的儿子基恩古统领自己的军队。马杜克表示如果其他诸神都接受他作王，统领宇宙主权，他就同意与提亚玛特的军队作战。之后马杜克杀死了提亚玛特和基恩古，恢复了宇宙的秩序。他用基恩古的血创造了人类。

> 我在此将它命名为巴比伦，伟大的诸神家园。我们要让它成为宗教的中心。
> ——马杜克，《埃努玛·埃利什》

善者在奥西里斯的国度享有永生

为来世做准备

语境线索

主要信徒
古埃及人

时间
公元前2000年至公元前4世纪

此前
在埃及前王朝时期，尸体被埋入沙中因脱水得以保存，这或许是后来制作木乃伊的根源。

公元前2400—公元前2100年 塞加拉王陵铭文，即金字塔墓刻文字中有对国王的应许"你尚未死"的字样，由此可见，人们相信埃及法老有神圣的来世。

公元前2100年 首个棺木文字（刻在富人的棺木上）表明拥有来世不再是王室特权。

此后
从公元前4世纪始，希腊征服者接受了埃及人的部分信仰，尤其对伊西斯的崇拜，伊西斯是奥西里斯之妻。

> 我们希望死后再生，就像奥西里斯神那样。

> 如果我们模仿阿努比斯为奥西里斯制作木乃伊，我们就能在阴间与奥西里斯联结。

> 奥里西斯在那里会审判我们，在我们的心灵与罪之间进行衡量。

> 若我们被判配得永生，我们便将享有永生。

古埃及人对亡者有非凡的敬意。他们修建金字塔和硕大的陵园、地下陵墓，墓中还有令人目眩的随葬品和艺术品，但这并不是说他们真的迷恋死亡。相反，他们是在为来世做准备。所有的丧葬仪式，包括防腐、制作木乃伊、下葬入棺、纪念活动都是为了确保死后获得新生。埃及人希望死后作为完美的存在生活在雅芦，"雅芦"意为"芦苇之野"，是比他们所知的埃及更好的"埃及"。

雅芦是冥神奥西里斯的地盘。有福的亡灵在这里收获满仓，埃及墓壁上描绘着五谷丰登、稻米飘香的欢欣景象。

埃及人认为人由多种元素组成，包括肉身、名字、影子、"卡"（ka，即灵魂、生命力）、"巴"（ba，即人格）和"阿克"（akh，可享有天堂福分的完美存在）。为确保进天堂，每种元素都不可忽略。尸身要制成木乃伊，并用一套葬礼用具下葬，包括盛置内脏器官的罐子；举行将死者视为奥西里斯神的仪

古代与古典文明时期的宗教 59

参见：死亡的起源33，亡者的灵魂一直存活36~37，进入信仰224~227，社会圣洁和福音派239，义人的最后奖赏279。

如图所示，最初只有权贵才有资格为进入来世做准备，到后来，全体埃及人都可以期许重生而进入永生。

式，重现奥西里斯神死亡和复活的场景，为死者进入来世做好准备。

制作木乃伊的每个步骤都伴有宗教仪式。防腐香料扮演着亡灵保护神、长着豺狗脑袋的阿努比斯神的角色；阿努比斯创造了用香料防腐的神秘法术，以使被杀死的奥西里斯复活。防腐咒语向死者保证："你会重生，你会拥有永生。"

亡灵之路

用木乃伊保存尸身之所以重要，是因为"卡"需要回到身体才能持存。如果身体朽坏，"卡"就无法依存。"卡"需要从身体获得力量，在来世与"巴"重新结合，然后它们一起创造"阿克"，以此获得来世的入场券。

之后，亡灵踏上从阳间通向阴间之路，并在阿努比斯带领下进入双真厅。在这里，亡灵之心被置于天平上与一根羽毛比重，这根羽毛代表着真理女神马特。如果心灵因罪孽深重而比羽毛重，死者就会被嗜尸女怪阿穆特吞吃；如果天平保持平衡，死者就可以进入由奥西里斯守卫城门的天堂。

位高权重的埃及人死后会陪葬一本手册《亡灵书》，或称《白昼来临之书》，教导亡灵在来世如何说话、呼吸、吃喝。手册中最重要的是一句咒语："不要在阴间再次死去"。■

奥西里斯之死

奥西里斯死亡和复活的故事是为埃及人带来死后新生希望的神话基础。这种关于来世的希望最初专属国王，但到中王朝时期开始属于所有埃及人。

传说奥西里斯神被嫉妒他的弟弟赛斯碎尸并被抛向埃及各地。赛斯说："毁坏神明的肉身是不可能的，但我已经这么做了。"奥西里斯的妻子伊西斯和她的姊妹奈福西斯把他的尸体一块块拼接起来，阿努比斯神将其制成第一个木乃伊。伊西斯自己变成一只风筝，徘徊在奥里西斯的木乃伊周围，一直不停地扇动生命之气回到他身上，直到奥西里斯孕育出一个孩子何露斯（将会为父报仇），并成为阴间之主。

> 哦，我的心啊……不要做证反对我，勿在审判中与我敌对。
>
> ——古埃及《亡灵书》

善良战胜邪恶
要仰仗人类

善恶之战

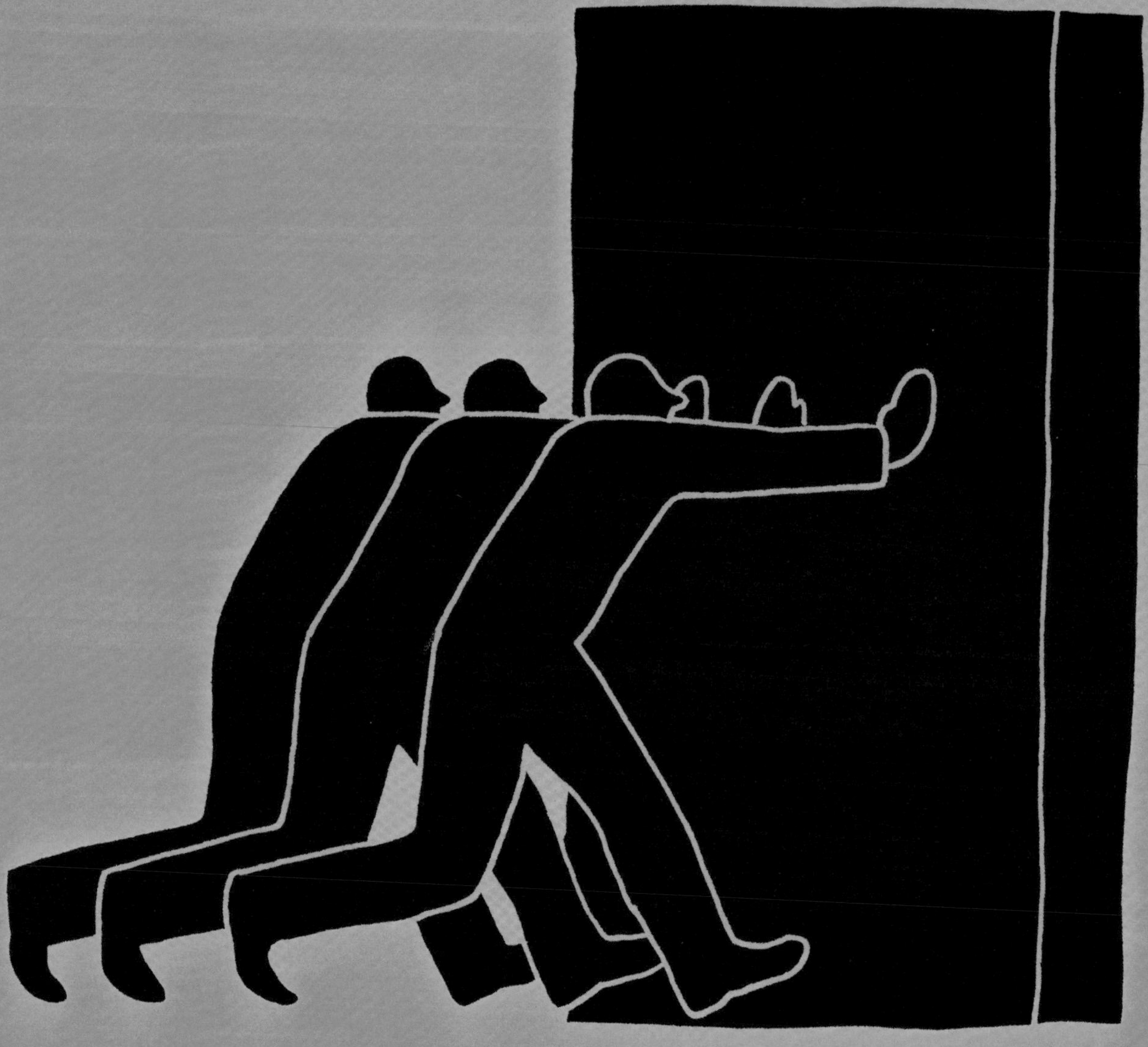

善恶之战

语境线索

主要信徒
琐罗亚斯德教信徒

时间地点
公元前1400—公元前1200年，伊朗（波斯）

此前
自史前时期始，诸多信仰体系都有恶神与善神相对立的特征。

此后
公元前6世纪 波斯帝国和米堤亚帝国实现统一，琐罗亚斯德教成为当时世界上最大的宗教之一。

公元前4世纪 柏拉图等古希腊哲学家曾与琐罗亚斯德教祭司共同学习。据说，亚里士多德认为柏拉图是琐罗亚斯德本人的转世。

公元10世纪 琐罗亚斯德教徒从伊朗迁徙到印度，以避免皈依伊斯兰教。他们成为印度拜火教徒——今天最大的琐罗亚斯德教团体。

造物主是全善的。

↓

但是，世界上善与恶都存在。

↓

恶不能由善而生。

↓

因此，必然有一位全恶的存在与造物主敌对。

↓

我们必须选择善，从而协助造物主与恶作战。

琐罗亚斯德教是留传至今最为古老的宗教之一，也是最早有文字记录的一神信仰之一。该宗教为古波斯（今伊朗）先知琐罗亚斯德创立。

琐罗亚斯德教来源于印度、伊朗诸神体系，其中包括"智慧之主"阿胡拉·马兹达。在琐罗亚斯德教中，阿胡拉·马兹达（有时称为奥尔马兹达）地位得到了提升，成为一个至高神——他是智慧的造物主，是善的源头，代表秩序和真理，反对邪恶和混乱。

阿胡拉·马兹达得到他创造的六位神灵阿梅沙·斯彭塔（意为"丰盛之灵"）的襄助。第七个神灵斯彭塔·玛依纽很难界定，被看作马兹达自己的"丰盛之灵"，并代表马兹达的意志。

根据琐罗亚斯德教教义，善神阿胡拉·马兹达在时间伊始被卡在与邪恶存在阿里曼（亦称为安格拉·玛依纽，或"破坏之灵"）斗争的困境中。阿里曼和阿胡拉·马兹达被视为孪生神灵，而阿里曼堕落了，便不再拥有与阿胡拉·马兹达平等的地位。阿胡拉·马兹达生活在光明里，而他的孪生兄弟在黑暗中挣扎。恶不断地试图吞噬善，他们之间的斗争形成了琐罗亚斯德教神话的整体框架。

阿胡拉·马兹达运用自己身上创造性的能量斯彭塔·玛依纽与阿里曼斗争，三者之间的确切关系，仍是该教悬而未决的一个难题。人类也是阿胡拉·马兹达的创

古代与古典文明时期的宗教 **63**

参见：如我们所知的世界末日 86~87，从单神崇拜到一神教 176~177，耶稣带给世界的信息 204~207。

> 智慧造物主的善从他的创造行为便可推断。
> ——马丹-法鲁克

造物，他们运用自由意志行善，在抑制混乱和邪恶方面功不可没。善念、善言、善行支撑着宇宙的基本秩序（称为"阿莎"）。阿莎时刻面对着其敌对规则"多罗格"（即混乱）带来的威胁，后者生存的土壤是恶念、恶言与恶行。创造和毁灭之间存在本质的对立，邪恶力量总是在威胁和破坏宇宙的秩序。

琐罗亚斯德教创始人琐罗亚斯德的诞生，开启了善的一方的战斗，他肩负号召人类加入善恶之战的使命。根据琐罗亚斯德教教义，善终将获胜。

由善创造的世界

琐罗亚斯德教认为，阿胡拉·马兹达想要创造出一个完美的世界，于是他创造了阿梅沙·斯彭塔和一个完美存在的无形精神世界。这个世界的精神本质意欲挫败阿里曼，而阿里曼也试图攻击它。阿胡拉·马兹达通过念诵琐罗亚斯德教的神圣祷文《圣歌》击败了阿里曼，将他投回黑暗。

阿胡拉·马兹达继而赋予他的精神世界以物质形体。他创造了最初的动物（原牛），而他的完美精神存在成为最初的一个人类原人迦约玛特（意为人类生命）。但阿

琐罗亚斯德教的符号法拉瓦哈是对守护灵的描绘。这些符号在人们与邪恶斗争时能够保护人的灵魂。

琐罗亚斯德

先知琐罗亚斯德（也称为查拉图斯特拉）具体的生活年代人们并不知晓，不过很可能是公元前1400—公元前1200年。虽然他的教义吸收了早期印度教的思想，例如《梨俱吠陀》等文献所显现的，但他认为自己关于这些文献的宗教领悟直接从神而来。起初他的跟随者寥寥，后来他使一个当地统治者皈依该教，这让琐罗亚斯德教成为阿维斯陀的官方宗教。不过，直到公元前6世纪的居鲁士大帝时代，该教才传遍波斯帝国。

主要作品

公元前4世纪　琐罗亚斯德的教义在波斯古经《阿维斯陀》中被编纂成文，其中包括《伽萨》，这是17首赞美诗，人们认为这是琐罗亚斯德自己的话语。

公元9世纪　在《为消除疑虑而论》中，琐罗亚斯德教的二元论特质得到详尽论说。

火焰祭司照管着圣火。他们用叫作巴丹的白布遮口，以防止自己的气息或唾液玷污圣火。

> 善与恶之相异、光与暗之不同并非功用上的差别，而是本质上的迥异……其本性水火不容、相互摧毁。
> ——马丹-法鲁克

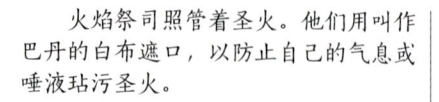

里曼很快就复苏过来，并重新发起攻击。阿里曼在一片烈火中穿过天空，带来了饥馑、疾病、痛苦、欲望和死亡。他还创造出他自己的恶魔。原人和原牛最终死去，但他们死时将精液洒在地上，并得到太阳的滋养；阿胡拉·马兹达降下甘霖，原人的精子孕育出人类的母亲和父亲，也就是玛什耶和玛什艾；与此同时，原牛的精子孕育出世界上其他所有动物。因其完美创造已被阿里曼破坏，阿胡拉·马兹达给时间设置了界限，而在这之前，时间是无限的。

恶与人类意志

琐罗亚斯德教认为人性本善。但是阿里曼作为一种活跃的恶的原则的存在，解释了人们为何会被引诱做错事的原因，还解释了在善神存在的前提下恶如何存在。琐罗亚斯德教典籍中说，"全善完美之物不能产生出恶。如果能产生恶，那它并非完美。若神全善全知，那么无知与恶便不能从其滋生。"就是说，阿胡拉·马兹达不对世界上存在的恶负责；恶来自阿里曼。阿胡拉·马兹达给予人类自由意志的事实表明，人存在的每一刻都要在是非之间进行选择，我们有责任选择善而非恶。

对道德选择的关注让琐罗亚斯德教成为这样一种宗教——个人的责任和道德至关重要，不仅在概念理论层面如此，在日常行为中亦不例外。在阿胡拉·马兹达那里，珍贵、有益的人类美德包括诚实、忠诚、忍耐、宽容、孝顺、守信；而愤怒、傲慢、报复、恶语和贪婪等恶行在今生来世都要受谴责。

善恶孪生

在琐罗亚斯德教中一个现今已消亡的教派祖尔万派信徒看来，阿胡拉·马兹达并非唯一的造物主；他和阿里曼是之前存在的一位神祖尔万（意为时间）的儿子。该教义推理如下：如果（如典籍所言）马兹达和阿里曼是孪生灵魂，他们就需要有一个祖先。祖尔万是一位雌雄同体的中性神，他花费千年时间造出一个儿子。但就在千年接近尾声之际，祖尔万开始怀疑自己是否有能力生出一个儿子。邪恶的阿里曼就出自他的疑虑，而阿胡拉·马兹达则出自他的信心。祖尔万预言说他的长子会统治世界。阿里曼就抢先出生，宣称自己是阿胡拉·马兹达，但祖尔万没有上当，他说，"我的儿子光明芬芳，而你黑暗恶臭。"祖尔万想到自己造出这样一个可憎之物，不禁啜泣起来。

> 为了马兹达，为了穷人的主，要积聚行动的力量，这力量来自怀有良好意图的生命。
>
> ——《圣歌》

审判和救赎

琐罗亚斯德教徒相信，人死后会遭受两次审判，一次是他们死的时候，一次是在末日的最终审判。这两次审判分别评定个人在思想和行为上的道德。两次审判中，被评定为道德堕落之人都要下地狱。但惩罚不是永久的，如果他们在来世纠正自己的德行，惩罚就会停止。当这一切都顺利完成，人就会与阿胡拉·马兹达共享天堂福乐。琐罗亚斯德教义认为，当末日接近时，救世主就会显现并准备更新世界，襄助阿胡拉·马兹达摧毁阿里曼。人会变得更为洁净，禁食肉类，继而禁食牛奶、植物和水，直到最后无所需求。当所有人都选择善而非恶时，世间就不再有罪恶。所以阿里曼创造的欲望恶魔阿兹就会因饥饿攻击它的创造者。阿胡拉·马兹达便将阿里曼从洞口（原本是阿里曼自己打破的）扔出去。此刻，时间终结。

那时，救世主会让死人复活，死人将穿过一条金属熔流，烧尽身上所有的罪。根据琐罗亚斯德教义，这时世界将重新开始，但这一次，世界将是永恒的、至洁的。

火和金属熔流在最后的审判时被用作洁净的手段，这体现在琐罗亚斯德教对火的重视，视其为圣洁的象征。火被当作至洁的元素。阿胡拉·马兹达与火和太阳关联紧密。因此，琐罗亚斯德教庙宇中总是保持圣火燃烧，象征神身上的永恒能力。有些庙宇中的火焰燃烧了数百年。信徒带来木头当作供奉（这是圣火使用的唯一燃料），圣火祭司将其投入火中。造访者则要用灰烬涂抹自己。

斗争持续

琐罗亚斯德教关于善与恶乃永恒对立的两种力量的观念是哲学里讲的"二元论"。波斯还有一种二元论宗教是摩尼教（也称明教），由先知摩尼在公元3世纪创立。摩尼认为摩尼教使琐罗亚斯德、佛陀和基督的教导达到了完满。

摩尼和琐罗亚斯德一样，认为世界是善恶、明暗力量之间永恒的斗争，这将会对基督教思想家产生深刻影响，影响到中世纪基督教异端教派，例如亚美尼亚的保罗派、保加利亚的鲍格米勒派和法国的卡特里派。■

琐罗亚斯德教徒聚集在一起祈祷。这个极重视道德的宗教可用一句阿维斯陀古语概括——"善念，善言，善行"。

领受宇宙之道
道我相契

道,或曰"路",是宇宙的基本原则。 → 道维系着宇宙万物。

道恒久不变,其他万物围绕这一核心运行。

我们不可扰乱这一运行,应抱朴守拙,与自然和谐共处。

我们在静默与无为中接受宇宙之道。

语境线索

主要人物
老子

时间地点
公元前6世纪,中国

此前
公元前7世纪 中国人普遍相信命由神定的宗教思想,施行祖先崇拜。

此后
公元前6世纪 孔子提出的道德体系以德、孝引导一个公正稳定的社会。

公元3世纪 强调个体顿悟的佛教首次传入中国。

20世纪 太极的身心修行戒律吸引着西方道友。

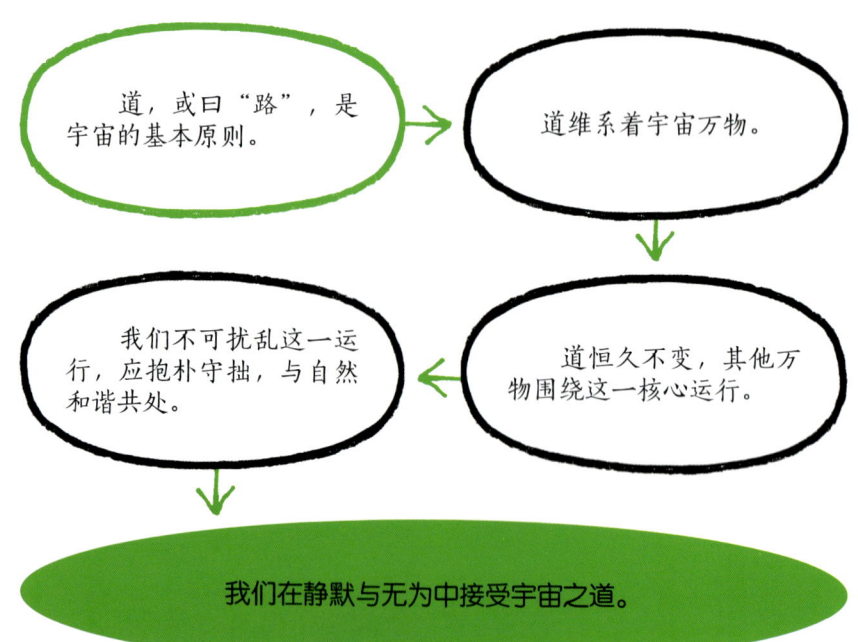

道教发端于以自然与和谐为中心的中国古代信仰,其首部典籍由公元前6世纪的哲学家老子完成。那是一个百家争鸣、思想活跃的历史时代——中国出现了儒家思想,印度有着耆那教和佛教问世,而早期希腊哲学也于此时诞生。老子的著作《道德经》将道或"路"视为万物的根基和宇宙秩序的来源。循道而为而非逆道而行,不仅有助于宇宙和谐,也可引导人的精神发展,使其道德圆满,或可延年益寿。所谓循道而行,用更为现代的表述就是"顺其自然"。

古代与古典文明时期的宗教 **67**

参见：圣人有智 72~77，身心修行 112~113，参禅忘言 160~163。

为让生命顺道而行，我们必须适应于道，提倡简行，以维持自然本有的平衡。

为和无为

道本身永恒不变。生命围绕道运转，人追随道，不可囿于物质困扰和野心、愤怒等不良情绪。人们应该过一种平和素朴的生活，顺遂自然而行，而非冲动行事。这是道里固有的"无为"概念。就像《道德经》所言，"道常无为，而无不为。"老子特别强调日常生活中鼓励无为的美德，如谦卑、柔顺、不干涉、被动和超然。

老子的智慧源于对宇宙本质及其构造的长期思考，这就是中国哲学中的阴阳观。"阴"代表黑暗、湿润、柔软、寒冷和女性，而所有和光明、干燥、坚硬、温暖和男性有关的都为"阳"。万物皆由阴阳调和而成。当两者保持平衡就能实现和谐。道家思想寻求身、心、灵之间的平衡，这要通过静修和练习太极来实现，即为贯穿人身的生命力"气"的运行平衡而采用的一种身心灵的修行方式。

在汉代（公元前206年—公元220年），道家哲学成为一种宗教。静修被视为可让修行者长生不老的行为。《道德经》本身并没有明文提及长生不老的观念。完全领受道之人能到达超越物质的境界，由超脱而至长生。但更多道教徒却仅从字面意思上理解老子所说的"以其无死地"，他们相信，接受道就可在实际生活中实现长生不老。∎

> 吾言甚易知，甚易行。天下莫能知，莫能行。
> ——老子

老子

据传，《道德经》的作者老子曾身为周王朝的"守藏室之官"（管理图书的官员），因其智慧而获"老子"（意为年长的大师）之尊称。据说，身为老子晚辈的圣人孔子曾问礼于他。不过，关于老子其人，几无确实证据。很可能他并非一个真实的历史人物，而《道德经》也可能是后来的一部语录编纂。

传说老子最后神秘消失。孔子本人把他喻为龙，可倚风升天。故事是这样的：老子眼见周朝式微，便离开朝廷，西迁寻找隐居之地。当他离开时，一名边防守卫认出了他，求他留下一点智慧。老子写了《道德经》给他，然后继续西行，后来再没人见过他。

主要作品

公元前6世纪　《道德经》（亦称《老子》）。

五戒

舍己带来灵魂解脱

语境线索

主要人物
大雄

时间地点
始于公元前6世纪,印度

此前
印度沙门学派的苦行僧发展出轮回（意为生死循环）的概念。

此后
公元前6世纪 佛陀开悟,发现逃出轮回之法。

从公元前2世纪开始 大乘佛教推行菩萨（留在世间助人的开悟者）崇拜。

20世纪 印度的耆那教从印度教中分离出来,成为合法的独立宗教。

若论倡导苦行,所有印度宗教中首当其冲的非耆那教莫属。其信徒为了一步步从不断重生到受苦世界的轮回中解脱出来而践行"舍己"。我们知道,耆那教的创始人大雄和佛祖释迦牟尼为同时代人,二人都生活在公元前6世纪。不过,耆那教自认其历史要久远得多,宣称自己的存在从亘古绵延,直到永远。耆那教信仰中,大雄只是24位开悟先师中最近的那一位,属于当前世代。耆

古代与古典文明时期的宗教　**69**

参见：人生四行期 106~109，摆脱无尽的轮回 136~143，佛与菩萨 152~157，义人的最后奖赏 279，锡克教徒的行为准则 296~301。

> 生命是重生永无止境的循环。

只有摆脱因果报应的重担，我们才能开悟，并从这一循环中解脱出来。

要达到这一点，我们必须以大雄这样的已获解脱的伟大导师为榜样。

该道路由五戒铺设而成：不伤生、不诳语、不偷盗、不奸淫、不贪财。

如果我们遵循这一道路，我们也终将开悟。

"胜者"或曰"祖师"的图像，这是耆那教尊崇的开悟者，这些图像在人们祈祷和念经时有助于打坐默想。

那教徒认为，每个世代长达几百万年，在时间的无限循环中不断再现。这些先师称为"耆那"（亦作"胜者"），更常见的称呼是"祖师"，意为"渡津者"。耆那教徒遵循祖师们的舍己之道，期盼自己的灵魂能够摆脱物质的纠缠。若没有这样的盼望，生命就仅仅是生、死与重生的无限循环。

个人的职责

耆那教不相信神明存在，而将责任完全置于人的行为举止中。为了在生命中坚持舍己精神，耆那教僧尼要守五戒：不伤生、不诳语、不偷盗、不奸淫、不贪财。

五戒里重中之重是不伤生，不仅是不要伤害人类，还包括所有的动物以及水里或空气中至微的生命体。其他四戒为僧尼托钵化缘、宣讲教理、斋戒、崇拜及研习做好了准备。

舍己是耆那教的核心。据说，大雄本人在云游之始就曾因沉思而未注意到自己的袍子被荆棘钩落，以至裸身出门。但到了公元4世纪，距大雄离世时间已久，关于舍己应至何种程度的问题让耆那教内部产生分歧，导致白衣派和天衣派的分裂。白衣派僧侣认为超脱和洁净是心灵本有的品质，不因穿不穿简朴的僧袍而受影响；而天衣派却裸身而行，认为穿衣就意味着人没有完全超脱性欲和虚妄的羞耻感。天衣派僧侣化缘时甚至可能不带钵盂，而是用双手捧食物。天

> " 大雄是智者，他自己无罪孽，未诱使别人犯罪，亦不许他人犯罪。"
> ——《阿迦蓝伽集》

舍己带来灵魂解脱

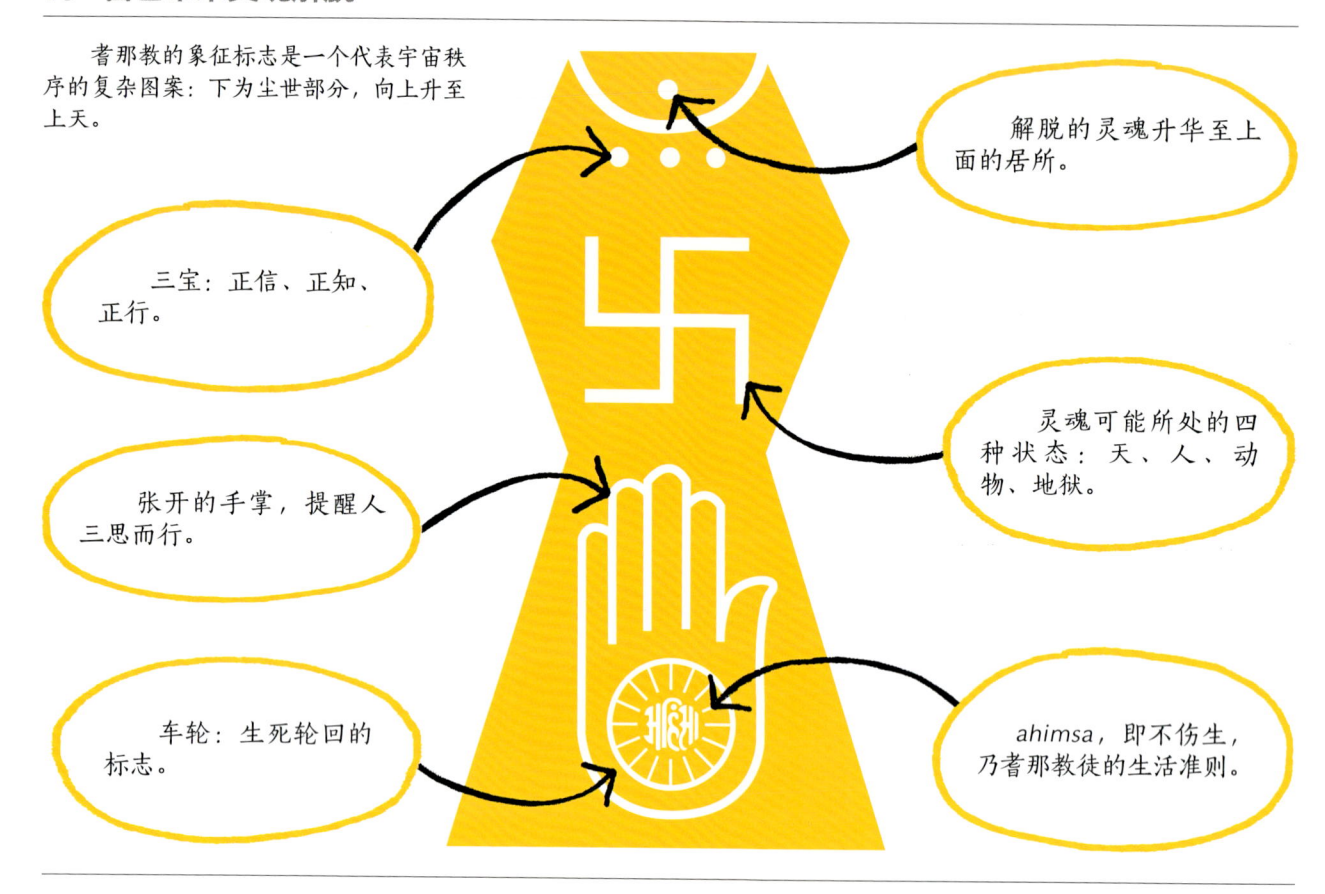

耆那教的象征标志是一个代表宇宙秩序的复杂图案：下为尘世部分，向上升至上天。

- 三宝：正信、正知、正行。
- 解脱的灵魂升华至上面的居所。
- 张开的手掌，提醒人三思而行。
- 灵魂可能所处的四种状态：天、人、动物、地狱。
- 车轮：生死轮回的标志。
- ahimsa，即不伤生，乃耆那教徒的生活准则。

衣派还相信女子只有轮回重生为男子，才有可能从重生中获得解脱。

此岸生活

耆那教居士无须持五戒，但要守类似戒律：不伤生、不诳语、不偷盗、秉持性道德、不执着于物质。所有耆那教徒都是严格的素食者，以尊奉不伤生之戒，也不会从事伤生的行业。有些耆那教徒在崇拜仪式上只用自然凋落的花，认为摘花乃伤生之行。耆那教居士可以结婚，但要严守行为标准。他们在婚姻中同样遵行三宝之路：正信、正知、正行。

有时人们认为还有第四宝：苦修。赎罪苦修在耆那教中非常重要。在每年雨季的"赎罪节"之前，有长达8天的禁食和节欲；人们会向亲友忏悔过去一年中所犯的罪孽，并发誓不再带着怨恨进入新的一年。静坐冥想也同样重要，耆那教的日常礼仪包括48分钟的静坐，以期达到与宇宙合一，宽恕他人的罪孽，亦得到他人宽恕。（48分钟，即1/30天，是印度常用于礼仪的标准时间单位，也叫作mahurta）

耆那教徒奉行的美德还包括：服事他人、宗教修习、不动情、礼貌谦卑。向僧尼布施斋饭可让人获得特殊功德。这些修行与"舍己"精神相合，即便是受戒以求消业（karma，意为过去行为之果）的居士也应遵行。耆那教徒相信，"业"是累积于灵魂上的物质实存。所有的"业"，无论好坏，在追求解脱的道路上都须消除，在渐悟之路上一点一滴、一世一世积累功德。耆那教典籍《谛义证得经》中讲道，灵魂必须经过14个阶段才能最终解脱。第一阶段为"无知"，灵魂在此阶段处于麻木状态；第14个阶段为"全知"，乃是"成就者"的居所。"成就者"意为灵

古代与古典文明时期的宗教　**71**

魂彻底解脱之人。最后这一步非耆那教信徒所能企及。

崇拜仪式

耆那教徒可前往寺庙崇拜神灵和祖师，也可在家中神龛前施行崇拜。耆那教寺庙在信徒眼中是模仿天上殿宇所造，已得解脱的祖师们在寺庙中继续指引着信徒。对信徒来说，膜拜祖师像能给他们带来灵魂上的转变。达显是最简朴的崇拜仪式——信徒凝视着祖师像诵经。这种崇拜仪式同样存在于印度教。耆那教最基本的祷告是Navkar或Namaskar，Mantra（合十祷告），信徒念诵经文namo namahar，表达

耆那教中，只有寺院僧侣才过一种完全禁欲苦修、超脱凡尘的生活，也只有他们才有望踏上14层台阶，获得灵魂的开悟。

> 我求万有生灵之宽恕。惟愿万有宽恕我。惟愿我与万有友善相处。
> ——耆那教祷告词

对得解脱之人的尊崇，并从他们那里获得启示，以让自己开悟。■

大雄

宗教改革者大雄是印度王子筏驮摩那。他出生于公元前599年的印度东北部地区，为国王悉达多和王后特丽莎拉之子。据说，王后在怀孕期间做了很多吉梦。根据耆那教传统，大雄是由因陀罗，即吠陀诸神之王置于王后子宫中的。大雄特别强调不伤生，甚至在母亲体内时都没有踢过母亲，以免母亲疼痛。

30岁时，筏驮摩那王子离开皇宫，过上了苦行生活，弃绝物质享受，专心于静坐冥想。他于12年后开悟，成为一位伟大的导师，也有了自己的新名字——大雄。他建立起一个由耆那教僧尼组成的大型团体（传统上认为有5万多人），从而让耆那教有了现在的形式。大雄72岁时死于印度比哈尔的帕拉，据说他在那一刻得到了解脱（即从生死轮回中解脱出来）。

德非天降

圣人有智

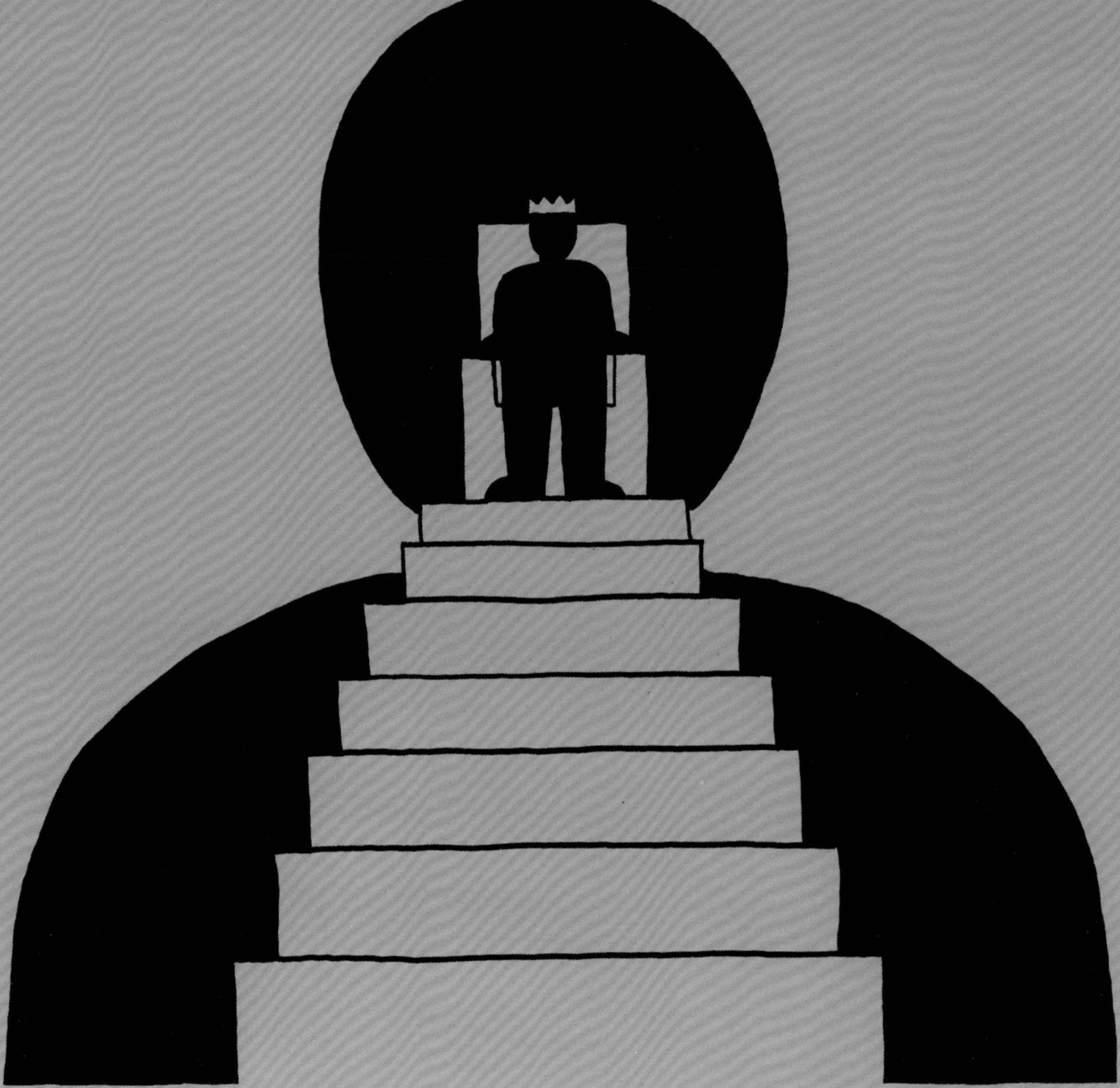

圣人有智

语境线索

主要人物
孔子

时间地点
公元前6—公元前5世纪，中国

此前

自公元前11世纪 周朝一改拜祖传统为拜天，而周王即天的代表。

公元前6世纪 老子提出循道而行，以维持宇宙和谐。

此后

自公元前6世纪 孔子关于道德与责任的理想影响了周朝的统治及后世的政治意识形态。

18世纪 孔子的贤人政治理念得到了反对教派和国家绝对权威的启蒙思想家的赞赏。

在西方人眼中，孔子是最早系统地探究善的理念的思想家之一。他提出：高尚的道德是上天赐予的还是内在于人可得教化的？

孔子出生于公元前6世纪的曲阜，位于今天的中国山东。孔子属新生代文人，这批文人实际上是最早的文官，是中国朝廷的进谏者。他们来自社会的中间阶层，不是通过继承，而是凭借德行上升到权力部门并产生影响的。在等级森严的社会中，这种现象非同寻常，而正是这种异常成为孔子思想的核心。

周朝统治者认为他们的统治受命于天，而"仁"则是统治阶级所应具备的品质。孔子也认为天是道德秩序的来源，但他认为上天的恩赐面向所有人，而人人都可获得"仁"这一品质。实际上，人人都有责任培养恭、宽、信、敏、惠诸品质，这些品质共同构成"仁"。践行这些品质就是奉天命。

> 为政以德，譬如北辰。居其所而众星拱之。
> ——《论语》

《论语》是由孔子的弟子们收录编纂而成的孔子言论及教导集。该书建构起一种新型道德哲学：君子因为"仁"本身而追求"仁"，为了学问本身而学习，为了善本身而为善。有弟子问孔子如何才能求得仁，孔子回答说："非礼勿视，非礼勿听，非礼勿言，非礼勿动。"

孔子不仅重视自我教化，而

天是道德秩序之源。 → 秩序由善维系。 → 善是可学习的品质。 → 故人皆可为善。 → 德非天降。

古代与古典文明时期的宗教　75

参见： 和谐生活 38，道我相契 66~67，无私的行为 110~111，人乃上帝之彰显 188。

且重视人际关系及人在家庭、群体和更大的社会中的合宜举止。孔子认为有教无类，并且相信美德源于自我教化而非高贵的出身。由于中国封建社会等级森严，孔子须寻得一条无须呼吁单纯的贤人政治就可提升个人品德的道路。为此他提出，有德者对自己在社会秩序中的位置欣然接受，以美德践行自己的角色而不僭越之。他说，"君子素其位而行，不愿乎其外。"

贤君的品质

孔子告诫统治者不可独断专行，而应以身作则，以宽惠待人，这会激发人的忠义之行。治人先治己。对于孔子而言，仁君是以其能否践行"仁"而界定的，无仁便有悖天命。孔子的贤君思想在诸多方面与老子之"道"相呼应：统治者所为愈少，其所得就愈多。统治者是国家运转的稳定核心。悉心听取孔子建议的君主也会发现自己需要谏官与文官，这些人须德才兼备，这在孔子的德行观中可以看到。公元前136年，汉王朝基于贤人政治的儒家理念，设立了新型考试制度，以选拔朝廷官员，从而让中国人"天"的观念有了一种明显的官僚政治的意味。而到了宋代（公元960—1279年），天被视为对中国王权的映射，这个"天"由自己的君主以及次级神明组成的庞大天庭。

除了多处提及"天"外，孔子并不认为自己的道德观从神而

> 在中国，皇权通过强有力的统治得以彰显。这强化了中央集权的观念。认真听取谏官意见后作出的决断，很少需要修正。

孔子

据传，孔子在公元前551年出生于鲁国曲阜。孔子最初名为孔丘，到了后来才有了"孔夫子"的尊称。人们关于其生平所知甚少，只知道他出生于一个富裕家庭。父亲去世后，年轻的孔丘须劳作养家。但他仍孜孜不倦地学习，后在鲁国入仕。不过，他向鲁君的谏言不被重视，他便离开鲁国，投身于教育。

他身为老师，游历中国各地，晚年才回到曲阜，卒于公元前479年。他留下来的教导比较零散，其言论以口传形式经弟子们传承，后编纂成集，是为《论语》，另有后学儒生编辑的选集。

主要作品

公元前5世纪　《论语》《中庸》《大学》

五伦

君臣
君仁，臣忠。

父子
父慈，子孝。

夫妇
夫义，妇听。

兄弟
兄良，弟悌。

朋友
长惠，幼顺。

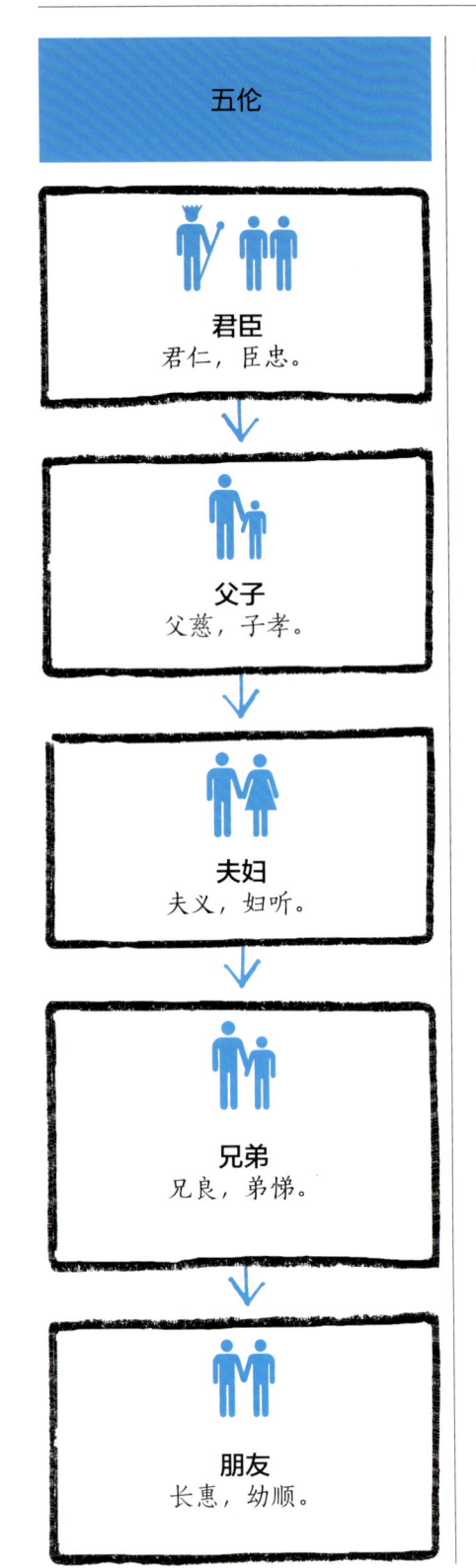

来，而是发现道德观已然存在于人心之中。就此而言，与其说儒家是一个宗教，还不如说是一种道德哲学人文体系。虽说孔子跻身于中国民间宗教诸神行列中，但很多追随者只是把他当作伟大导师和思想家来敬奉。

"礼"是根基

人们之所以把儒家思想视为宗教，很大程度上是因为孔子认为拜祖为必行之礼。孔子认为这是忠于亲友、敬重长者（即孔子所说的"五伦"）的一部分。"礼尚往来"是伦常道德的关键，儒家思想的核心即所谓"金律"——己所不欲，勿施于人。孔子认为，崇尚仁、义、礼和传统、德思、德行及孝敬之间的联系，不仅能让人向善，社会也会有凝聚力，朝积极正确的方向前进。敬祖并施行正确的礼仪，人就能保持天地和谐。君王祭祖，彰显其统治乃奉天命，百姓效仿之，亦奉行拜祖礼仪。孝是孔子所论最重要的美德之一，关系到人生前死后。儿子要到父母坟前祭拜，并在家中祠堂供奉"祖宗牌位"，认为已故长者的灵魂就居于其中。即使是近代，儒家婚庆的关键时刻仍然是新人向摆放新郎祖先牌位的桌子鞠躬，这样就把新娘正式"介绍"给夫家先祖，以确保得到先人的祝福。

孔子周游列国，各处讲学，长达12年。他招收弟子的方式与同时代正在形成的古希腊哲学学派的方式相似。

儒教（儒家思想）的发展

宋代朱熹（1130–1200年）吸收了道教及佛教的部分思想，使儒释道相融合，产生出一种历久弥新的哲学思想——理学。孔子并非中国首位思考永恒真理的圣人，他自谦没有创造出什么新东西，只是思

> 唯天下至诚，为能尽其性。能尽其性，则能尽人之性；能尽人之性，则尽物之性；能尽物之性，则可以赞天地之化育。
> ——《中庸》

古代与古典文明时期的宗教　77

考了前人的思想，将其整理成"五经"。西周时期（公元前1050—公元前771年），文人备受朝廷青睐，从而在公元前7世纪出现了"百家争鸣"的盛况。孔子生活在一个哲学思想萌发同时社会变革动荡的时代，周朝式微，整个社会秩序似乎都在危机之中。他对秩序与和谐的关注恰恰源于对潜在社会崩溃的一种真实关切。汉（公元前206—公元220年）、宋（公元960—1279年）、明（1368—1644年）等后来历朝历代皇帝都认可孔子维护社会秩序的价值观，而儒家思想也成为中国国家推崇的思想。直到20世纪，儒家思想对人们的日常生活和思想都产生着深刻的影响。在"文化大革命"时，儒家思想因其社会保守性而遭到批判。但近些年来中国出现了一种现代新儒学，将孔子思想与中国现代思想及西方哲学融合起来。尽管孔子是在既有观念及实践之上建构其哲学，但他同样因其人性本善的主张而著称。他认为人只是需要被教化、鼓励，而良善并非贵族才有的品质。■

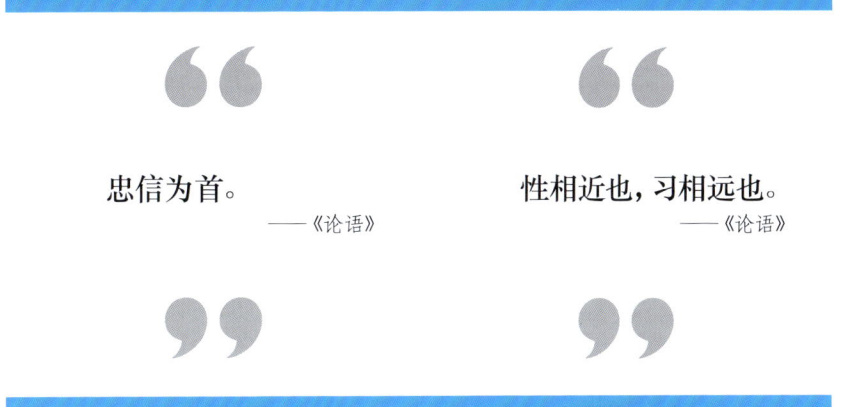

> 忠信为首。
> ——《论语》

> 性相近也，习相远也。
> ——《论语》

尊先敬祖是儒家思想的核心观念。图中中国小学生向孔子像鞠躬，庆祝孔子诞辰。

一个神圣婴孩的诞生

对神话的汲取

语境线索

主要信徒
古代米诺斯人和迈锡尼人

时间地点
公元前14世纪,克里特岛

此前
自史前时期就有早期居民,很可能来自西亚,他们在克里特岛的山洞里留下崇拜仪式的迹象。

公元前25世纪—公元前1420年 克里特岛米诺斯文明的中心是女神崇拜。很多女神都与蛇、鸟或蜜蜂有关。

此后
公元前7世纪 希腊诗人赫西俄德讲述了瑞亚在塞克洛生出宙斯以及宙斯因父亲愤怒而被藏匿起来的故事。

公元前5世纪 罗马共和国的朱庇特神崇拜汲取了宙斯神话的部分内容。

大约在公元前1420年,希腊大陆的迈锡尼人征服了克里特岛的米诺斯人。希腊入侵者吸收了米诺斯文明,克里特岛本土神话与希腊神话产生融合。克里特文明中有一位伟大的母亲女神,神话说她在塞克洛的蒂克塔因洞穴中生了一个神圣婴孩。这个洞穴成为她的圣地,神与人都不得入内。据说洞穴每年都会有一次红光四射的景象,正是婴孩诞生时血液溅出的场景。

这个婴孩成长为一个半人半神的奇异少年,人们常常唱诗祈求他带来丰产及好运。

继迈锡尼人之后,多里安人将自己的至高神宙斯的名字安到了这个克里特少年神的身上。宙斯乃希腊奥林匹斯诸神之首。宙斯的母亲瑞亚因宙斯之父克罗诺斯的嫉妒而把自己的孩子藏起来的洞穴,也成为古希腊诸圣地之一。

瑞亚可能是最初米诺斯伟大女神的名字之一。不过,她在希腊神话中虽贵为诸神之母,但并未位列奥林匹斯诸神;而她的神圣之子则成为众神之神、众神之父。■

这是卡罗·西格纳尼(1628—1719年)绘制的婴孩宙斯的图像。不同神话中的描述也有不同,如图中所绘,住在蒂克塔因洞穴的母羊女神或是蜜蜂养育了他。

参见:象征主义成为现实 46~47,对新社会的信仰 56~57,伟大女神的力量 100。

神谕显现神明的旨意

占卜未来

语境线索

主要信徒
古希腊人

时间地点
公元前8—公元前4世纪，希腊和地中海

此前
从公元前3000年起 瓦吉特神庙中供奉着埃及蛇头女神瓦吉特，她是最著名的神谕者。

公元前800年 在德尔菲建起阿波罗神庙。

此后
自公元前1世纪 肠卜师在罗马帝国的影响力很大，他们用祭祀动物的内脏来占卜，这是伊特鲁里亚占卜法。

自公元1世纪 基督教会谴责异教占卜的行为；圣经《申命记》明令禁止占卜行为。

古希腊人极重视占卜未来，而预言的最主要来源是神谕者，这些人大多数都是女性。神谕者会进入一种出神状态，神明借着她们的口直接"说话"。神明的信息有时晦涩难懂，需要祭司解释。若把供奉献到神谕者的圣所（通常是洞穴），神谕者的回答通常更能让人心满意足。

人们可以问神谕者各种难题，不分巨细，小至婚姻情感，大到国事民运。预言也可用于政治目的。公元前332年，亚历山大大帝征服埃及后曾拜访埃及阿蒙神庙，神谕者宣称他乃"阿蒙之子"，于是他的统治便获得了合法性。然而，神谕者人数有限，通常还需要献上数目可观的供奉，这就意味着接近神明的"个人化"通道仅向权贵开放。寻常百姓则可向预言家或占卜师求助，这些人和神谕者不同，随时可以出行，因此可为行军所用。这些预言家用解梦、从偶发事件中推断意义、观察禽鸟踪迹、用祭祀动物断吉凶等手法来解释神明的"迹象"。■

> 西比尔语无伦次的声音响彻千年，这源于在她心中的神明。
> ——赫拉克利特

参见：萨满的力量 26~31，萨泰里阿教的非洲根源 304~305，五旬节派 337。

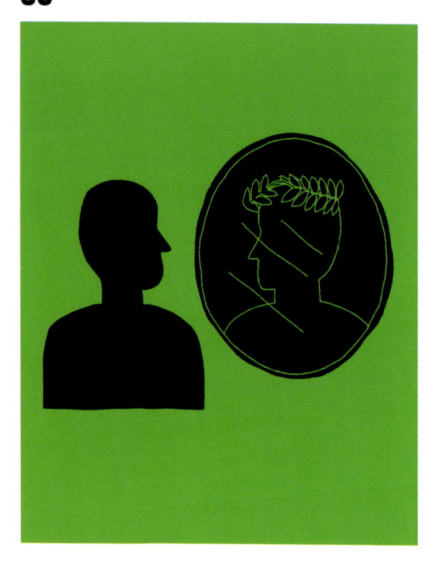

神明与我们无异

映射社会的信仰

语境线索

主要信徒
古罗马人

时间地点
公元前8世纪，罗马

此前
公元前8—公元前6世纪 希腊文明及其多神信仰繁荣发展。

此后
公元前8世纪 罗马建立。

公元前509年 罗马王朝被推翻，建立共和国。

公元前133—公元前44年 内战终致罗马共和国覆灭，尤里乌斯·恺撒在公元前44年被刺杀前，被称为"终身独裁官"。

公元前42年 尤里乌斯·恺撒封神。

公元335年 罗马帝国皇帝君士坦丁一世（大帝）皈依基督教。

公元391年 罗马皇帝狄奥多西禁止异教崇拜。

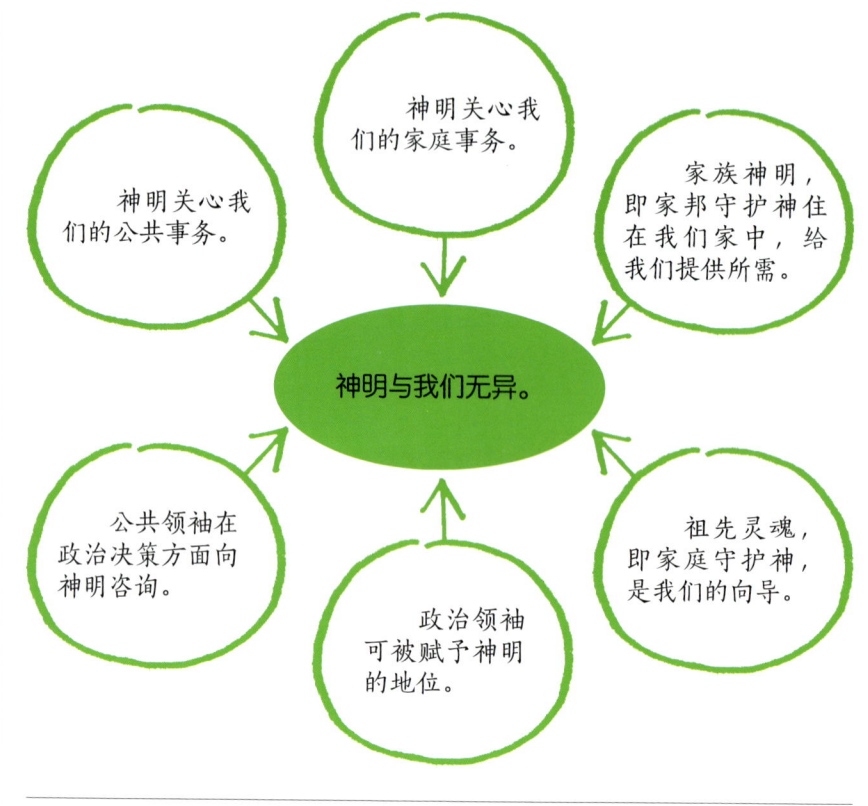

- 神明关心我们的公共事务。
- 神明关心我们的家庭事务。
- 家族神明，即家邦守护神住在我们家中，给我们提供所需。
- 公共领袖在政治决策方面向神明咨询。
- 政治领袖可被赋予神明的地位。
- 祖先灵魂，即家庭守护神，是我们的向导。

→ **神明与我们无异。**

古罗马的多神崇拜很大程度上是适应其他文明的结果，尤其是希腊文化。与希腊诸神一样，罗马众神的生活、恋爱及战斗的方式都映射出人类的生活及历史。不过希腊人认为他们的神是宇宙的遥控者，而罗马人则认为神内在于他们的生活，对存在的各个方面都直接产生影响。他们相信来自神明的襄助是成功统治的关键，因此将崇

古代与古典文明时期的宗教 **81**

参见：对新社会的信仰 56~57，对神话的汲取 78，按神的方式生活 82~85。

拜、礼仪和献祭融于公共仪式中，以确保神明的"配合"。公共仪式有助于巩固政权，而宗教节日通常包括公共假日与竞技活动，这都有助于政权统一。宗教生活和国家生活相互依存，祭司阶层成为政治精英的一部分，而政治领袖也希冀能行使宗教职责。于是，统治者个人适时地与某一个特定神明相关联；他们当中有些人最终也成为神明，要么是死后被封神，要么是在生前就已位同神明。

崇拜和家庭神明

形形色色的崇拜与国教并存。有些崇拜针对某位特定神明，而该神明通常都不在传统诸神之列；有时，被征服之地的外来神也被"诚邀"至罗马众神之列。不过，与大多数罗马人日常生活息息相关的是地方性、家庭性神明：家庭守护神与家邦守护神。他们极为关注人类事务，以至于无处不在；他们欢迎人类来和他们协商事务，而人们向他们的祈祷也常常以谈判的形式进行——"我给予，如此你便会给予"。

家庭是罗马人的宗教基础。家长既是灵魂领袖，又是道德权威。他持有对家庭财产的合法权利，并对其处于社会中的家庭成员负责。家庭对于罗马人来说是神圣的，而壁炉是家庭的中心。家长的灵魂管理着所有家庭神明，这包括家邦守护神、食储之神。人们每餐饭都会在壁炉上向这些神明献上食物。■

罗马诸神有人的性格，他们常被描绘为参加宴乐、酣睡、酩酊大醉的样子。

家庭守护神

家庭守护神是公共神明和家庭神明间的一座桥梁，是典型的守护神，其功能是保护某一区域人们的生计。很多家庭都设有供奉当地家庭守护神的神龛，而家庭守护神比家邦守护神的职责范围要更广。周遭区域的家庭守护神神龛通常设于十字路口，后者标志着广泛意义上的"家"。人们认为，家庭守护神是从早期的英雄祖先崇拜，或是葬于农田的祖先灵魂（他们保护着农耕和牲畜）崇拜中发展而来的。在罗马共和国，他们成为商贸、交通和通信的守护神。家庭守护神与当地团体和日常公共生活密切相关，也是平民（如士兵、船员、农民和商贩）而非贵族统治阶级的神明，成为国教主流神明之外的补充。

> 在罗马和在其他地方一样，要理解神明的社会，就必须去看人类的社会。
> ——乔治·杜梅斯

礼仪将我们与过去相连

按神的方式生活

语境线索

主要派别
神道教

时间地点
公元8世纪，日本

此前
自史前时期，日本的万物有灵论与祖先崇拜混合在一起，君王自称神明的后代。

公元前2000年 中国古代只有统治者才拥有神圣权柄。

公元6世纪 佛教传入日本，开始吸引信众。

此后
19世纪 神道教成为日本国教。

1948年 日本天皇宣布放弃自己家族的神圣血统，神道教失去国教地位，但其宗教影响仍在持续。

神道教是日本本土传统宗教。有人说，神道教算不上宗教，更是日本人的一种生活方式，因为它从本质上讲与日本的地形、历史和传统密切相关。其起源可追溯到日本史前时代，也就是万物有灵信仰和尊崇自然及自然现象占主导之时。

神道教作为一个孤岛国家的普遍信仰体系，在公元6世纪佛教传入日本使其面临挑战之前，没有界定自身之需求。传统日本信仰缺乏复杂的教义理论，为佛教和儒教

古代与古典文明时期的宗教 83

参见：认识世界 20~23，先民社会中的万物有灵论 24~25，对新社会的信仰 56~57，通过普迦拜神 114~115，仪式和诵经 158~159，耶稣的神圣身份 208。

> 大日本乃神明之乡。
> 太阳神把永恒统治赐予此处。
> ——《天皇正义统治记述》

```
在天地之初神明创造了世界。
        ↓
那里充满了神圣的能量，也就是"神"（kami）。
        ↓
一些神是伟大的有创造力的生命，一些是自然力量，一些是祖先灵魂。
        ↓
神创造了我们的国家，塑造了我们的文化。
        ↓
崇拜神的礼仪将我们与过去相连。
```

（儒家思想）在日本成为有影响力的神学和哲学体系提供了机会和可能。作为回应，日本皇庭以"神道教"命名了该日本本土信仰。8世纪初期，应元明皇后要求，神道教典籍《古事记》和《日本书纪》编辑成书。

这些书籍记录了口传日本历史和神话，包括据传为神明后裔的日本天皇的家族序列。这些典籍还界定了一整套礼仪，自那时起成为神道教的核心，甚至比信仰本身还重要。神道教迄今仍渗透于日本生活的方方面面，无论是在精神还是世俗事务中（如在体育赛事中取胜、新建汽车生产线或建设项目等），人们都会举行神道教仪式。在这些极为重视传统的仪式中，被称为"神"的神圣存在是人们尊崇和祈祷的对象。"神道"一词的字面意义为"神圣存在之道"，而"神道"一词在现代日语中为 Kami no michi，意为"神之道"。

万物的本质

"神"意为"隐蔽物"，亦可被译为精神或灵魂。然而，在神道教信仰中，这一术语不仅指形形色色的神圣和精神存在，也指存在于万物并给予万物的"精神能量"或"本质"。譬如，神是自然现象（如风暴和地震）的本质，是地理环境（如河流、树木和瀑布）的本质。山川，尤其是富士山在人们的心目中神圣无比。

实体的神包括男女神明以及家庭祖先和其他特殊人类的灵魂或精神。在神道教中，这些神并非存在于一个超自然星球上，而是和人一样生活于同一个物质世界。他们会回应人们的祈祷并产生各种影响。然而，神和诸多其他宗教传统中的神圣存在不同，他们虽有神性特点，但并非全能——他们有局限性，并且会犯错。而且，并非所有神都是善的，有些神会有邪恶或恶魔的属性。但在他们良善的一面，他们诚实且追寻真理，通过一种叫作"产灵"的创造力维系着宇宙和谐。

神道教的创造神

依据《古事记》，在宇宙创造之初出现了最早的三位神。其中包括神皇产灵尊（高生殖力之神），因其过于抽象而难以成为人们的崇拜对象。经过几代无形的神之后出现了神道教的几个主要神明：伊奘诺尊和伊奘冉尊，他们创造了世界，用另一种说法就是"邀请世界进入存在"。很多神道教神话都是围绕他们及其后代（风暴神须佐之男、月神月读命、太阳女神天照大神）的行为而展开的。

神代表了日本的创造神，也即日本这片土地自身（作为其自然特征和自然力量的精神）及之前离去的日本人的祖先们。因此，对这些神圣存在的崇拜仪式确证了其与日本历史和传统之间的一种强大关联。

神社和寺庙

神与人之间保持和谐关系，靠的是在神社和寺庙中的祈祷和献祭。进入神社要进行洁净仪式，这是神道教的核心。对于神道教来说，洁净与不洁的观念非常重要。神道教没有原罪观，认为人生而洁净，后被不洁所玷污。不洁净的来源是罪（我们可控的行为）和玷污（我们不可控之物，例如疾病或与死亡的接触）。这些不洁净，或称之为"罪"，需要通过仪式得以净化。净化仪式多种多样，但洗手和漱口对大多数人来说最为常见。

在许多日本家庭中都能见到一种叫作"神棚"的小神龛，这是

> **当你为统治者祝福时……我如同捕鱼的鸬鹚一般躬身下拜，借着这丰厚的供奉代他来敬拜你。**
> ——向太阳女神的祷告

用以摆放供奉祖先和其他神的物件的架子。公共寺庙和神社有时大若村落，有时小如蜂巢。它们以简朴著称，许多都是围绕树木、池塘或岩石等自然物而形成的圣地。每座神社都有一个称为"鸟居"的无门入口，一般由两个支柱和一个横梁组成。通常每座神社都有一面祈祷墙，信徒把写有向神祈求的内容的木板挂在上面，这些内容可以是祈求考试过关，或是找到合适的婚姻伴侣等。

在最初的洁净仪式之后，人们在神道教神社祈祷堂中要遵循四个步骤。首先，把钱放入奉献箱中；接着，敬拜者要在神龛前深鞠两躬；继而击掌两次；最后，在祷

男女皆可做神道教的神主（祭司），其白衣助手"巫女"一般是神主的女儿。他们身着的传统服饰凸显出神道教与过去日本的联系。

告结束后，再深鞠一躬。神道教神社除了祈祷和献祭外，还有节日庆典，称为"祭"。每逢节日会供奉神，农历年的一些重要节气（如四月的稻米种植）会标记出来。神道教信徒相信，正确施行这些礼仪能实现纯粹的和谐——"和"能净化世界，使其顺利运行。

神明的后裔

最受人尊崇的神道教寺庙是位于日本本州岛的伊势神宫。在过去的1300年间，人们每隔20年就会对这一简朴的木质神社进行一次修缮；人们认为修缮行为可以取悦神。大多数日本人一生中至少造访伊势神宫一次。

传统上日本天皇被视为天照大神的直系后裔（首位天皇神武天皇于公元前660年登基，据说是天照大神的玄孙之子），而到了公元七八世纪之时，这一观点成为正式

取悦、安抚神明的仪式古已有之，而现在神道教信徒仍在奉行这些仪式。向狐仙或是狐像献上寿司，可以让丰产女神稻荷神听到自己的祷告，从而获得好收成。

教义确立下来。此时神道教的体系化不仅摒除了佛教的影响，而且凸显出其在日本国民中的至高地位。这继而成为解释日本政治和军事野心的理由，19世纪明治维新让日本重回帝国统治之后尤为如此。

天皇及其朝廷有义务施行仪式以确保日本在神的看顾之下国泰民安，这也是"二战"前一直保持的传统。在日本战败、向同盟国投降之后，神道教在日本的地位发生了改变。占领美军认为其军权化与民族主义化色彩过重，1946年神道教被解散，失去了国教地位。同年，日本天皇裕仁宣布放弃自己的神圣地位。不过，如今天皇虽已不再拥有神圣性，但皇家礼仪在人们眼中依然十分重要。神道教非常注重秩序与和谐，其对社会准则、仪式与传统的重视，其对天皇的尊敬，都意味着神道教始终是传统日本社会的基石。■

> 人性本善，其生活的世界也为善。这就是神的世界。如此，恶便不可能出自人或这个世界，而是一个外来之物。
> ——小野祖教

洁净礼仪的起源

称为"祓"的洁净礼仪在神道教中举足轻重。人们认为它起源于两位创造神伊奘诺尊和伊奘冉尊的神话。二者当中的女性神明伊奘冉尊在生育火神迦具土时被烧死，所以她降至黄泉。伊奘诺尊悲伤不已，随伊奘冉尊而去，但是发现伊奘冉尊吃了阴间食物后已无法离开。伊奘冉尊请求伊奘诺尊不要看自己，但伊奘诺尊点燃火炬，看到伊奘冉尊身体腐烂，爬满蛆虫。他逃跑到了生命之地，在海中沐浴洁净自己。这里面明显包含死人会带来污秽的信息。神道教认为，死亡是最大的不洁。因此，神道教祭司不主持葬礼。因此，在日本，无论死者生前有何种信仰，大多数会举行佛教葬礼。

诸神终将死亡
如我们所知的世界末日

语境线索

主要信徒
维京人

时间地点
公元8—12世纪，斯堪的纳维亚

此前
现代丹麦发现的自史前时期保存下来的图伦人是"沼泽干尸"的代表，可见那里存在着人祭仪式。斯堪的纳维亚诸神是以奥丁为首的阿萨神族，在北欧地区广受尊崇。

此后
13世纪 基督教在斯堪的纳维亚地区传播开来，维京人的信仰开始转为神话。诗集《埃达》由斯堪的纳维亚的维京人神话集结而成，维京人的神话得以传世。

自19世纪始 在斯堪的纳维亚地区及跨北欧一带，形成了崇拜阿萨诸神的日耳曼新异教主义运动。

斯堪的纳维亚的维京人神话中始终贯穿着一种命定论，认为万物都要经历一个灾难性时刻，其中两位神明——万物之父奥丁和骗子洛基在诸神和巨人之间带来持久的冲突，并导致了可怕的结局。这就是终极斗争，诸神终将死亡，而世界也终将毁灭。

洛基因诱使奥丁的盲眼儿子霍德尔杀害了自己的兄弟光明王子善神巴德尔，从而遭到惩罚，被绑在三块岩石上永世不得翻身。当他想挣脱时，世界就会震动，树木连根拔起，山崩石裂。洛基会重获力

毁灭和暴力将预示末日的开端。

⬇

生死两界的屏障将被打破。

⬇

诸神在大冲突中将会死去。

⬇

在诸神即将消亡之际，整个世界会被毁灭。

⬇

不过新世界将会出现，给人类带来新希望。

古代与古典文明时期的宗教　**87**

参见：认识世界 20~23，善恶之战 60~65，映射社会的信仰 80~81，进入信仰 224~227。

巨狼芬里厄正在吞噬奥丁，它是洛基与冰冻巨人族一个女子生育的后代。冰冻巨人族是与诸神争战的巨人族中的一支。

量，而自然也将偏离正轨。严冬、风雪、霜冻和强风将顷刻降临，夏日一去不回，世界各处征战不已，兄弟相争、父子敌对，直到整个世界毁灭。当洛基最终摆脱束缚，天会裂开，他的狼孩芬里厄将会吞掉太阳，而洛基将会率领一支由巨人、怪物和阴间亡灵组成的军队，乘坐一艘由亡灵指甲造成的船只而来。

奥丁军队的反击

奥丁是诗歌和魔法之神，也是战斗之神，他从杀场上召集了亡灵士兵，组建成英灵战士军，与洛基的阴间之师展开战斗。

不过，斯堪的纳维亚的维京人神话中有明确的讲述，尽管奥丁有强大的军队，但在斗争中，诸神终将毁灭。奥丁之子托尔将会被巨蛇耶梦加得杀死，而奥丁本人则会被芬里厄吞噬。托尔的兄弟维达将会站出来，从颚骨处将芬里厄撕裂，但这并不能拯救奥丁及受造物。整个世界将会被火毁灭，沉入海中。但是，一个新世界将会从这一毁灭中诞生，海上升起一片新的陆地。一个名叫利弗特拉希尔的男子和一个名叫利弗的女子幸免于难。自他们起将会兴起一个人类新种族。诸神中仅有奥丁之子维达和瓦力以及托尔之子莫迪和马尼幸存。被杀害的巴德尔与被洛基欺骗的盲眼兄弟霍德尔最终从阴间获释，加入幸存诸神的行列。

> **太阳变黑，大地沉海，闪烁的星辰隐匿于天空。**
> ——《埃达》

倒下的战士在奥丁的命令下被火葬。武器、食物和工具也一同被烧，以便来世使用。

维京人的天堂

自然死亡的维京人要面临阴森的冥界，那是一片潮湿阴冷的死亡之境。只有选择上战场，为奥丁这一派的瓦尔基里（一支具有超自然力量的女战士种族）战死的维京人，或是被选为人祭者，才可跨过彩虹桥到达仙宫，那里是诸神的居所。战死沙场之人有一半都属于女神弗雷娅，将会去到"万军之地"的草地上，坐在女神的大厅中。英勇牺牲的巾帼也同样受到认可。另一半死亡战士属于奥丁，他们将会在英灵殿中度过来世。他们在那里终日互相争斗，一到夜幕降临伤口就会痊愈，然后就大摆筵席，享用神猪肉和蜂蜜神羊奶酒。这为他们将来离开英灵殿、为神明的终极斗争做好准备。

HINDUISM
FROM 1700 BCE

印度教

始于公元前1700年

引言

公元前1700年	吠陀传统起源于印度，并发展出祭神仪式。
公元前1200—公元前900年	四部《吠陀经》写作完成。《吠陀经》是最古老的印度教经典，也是最古老的梵文文本。
公元前6世纪	基于至高力量"梵"的概念——梵之思想问世。
公元前6世纪	《奥义书》的最早部分问世，为宗教提供了一种哲学进路。
公元前6世纪	大雄是耆那教的主要创建者。
公元前6世纪	乔达摩·悉达多，即后人所说的佛陀，出生于一个印度家庭。
公元前500—公元前100年	诗人蚁垤创作梵语史诗《罗摩衍那》。

尽管印度教可称为现存最古老的宗教，但"印度教"一词本身却是一个相对现代的概念，且易让人误以为印度教是一套统一的信仰及行为。印度教的起源可追溯至铁器时代，实际上是对印度次大陆诸本土宗教的一种方便表述。虽然这类宗教具有某些共同特征，但其宗教实践各异，传统千差万别。有些传统的信仰内容从一开始就几无变化，持存至今。

印度有逾3/4人口自称印度教教徒。今天，从社会政治学角度看，这一包含各种关系松散的信仰的定义和"宗教徒"近似。"印度教教徒"一词与印度河及印度有共同的渊源，主要意思是"印度人"。该概念将本土宗教与外来宗教如伊斯兰教及后来"分裂"出去的耆那教和佛教相区别。

1995年，印度高等法院颁布的法规是这样界定印度教的："印度教不宣称任何先知；不崇拜任何神明；无任何固定教条；不信奉任何哲学概念；不遵行任何宗教礼仪或实践；事实上，它并不符合任何传统狭义的宗教和信条。只能将其宽泛地描述为一种生活方式，除此以外，别无其他。"

共同的信仰

不过，还是有一些观念可谓印度教各流派的核心观念，尤其是轮回观（自我与灵魂的生和重生的循环）及解脱观，即从无限轮回中超脱的信条。获得解脱的关键在于"法"。"法"有各种译法："美德"、"自然律"、"正当的生活"，或单纯译作"适切性"。

虽然对"法"的解释多种多样，但"法"的实现主要通过三种方式，也就是一般常说的解脱道。有智解脱道（知识或顿悟），业解脱道（恰当的行动或正当的行为），信解脱道（对神的敬虔）。"解脱道"涉及的宗教行为范围非常广泛，以适应不同的传统，包括各种仪式、冥想、瑜伽和日常崇拜（普迦）。

印度教 91

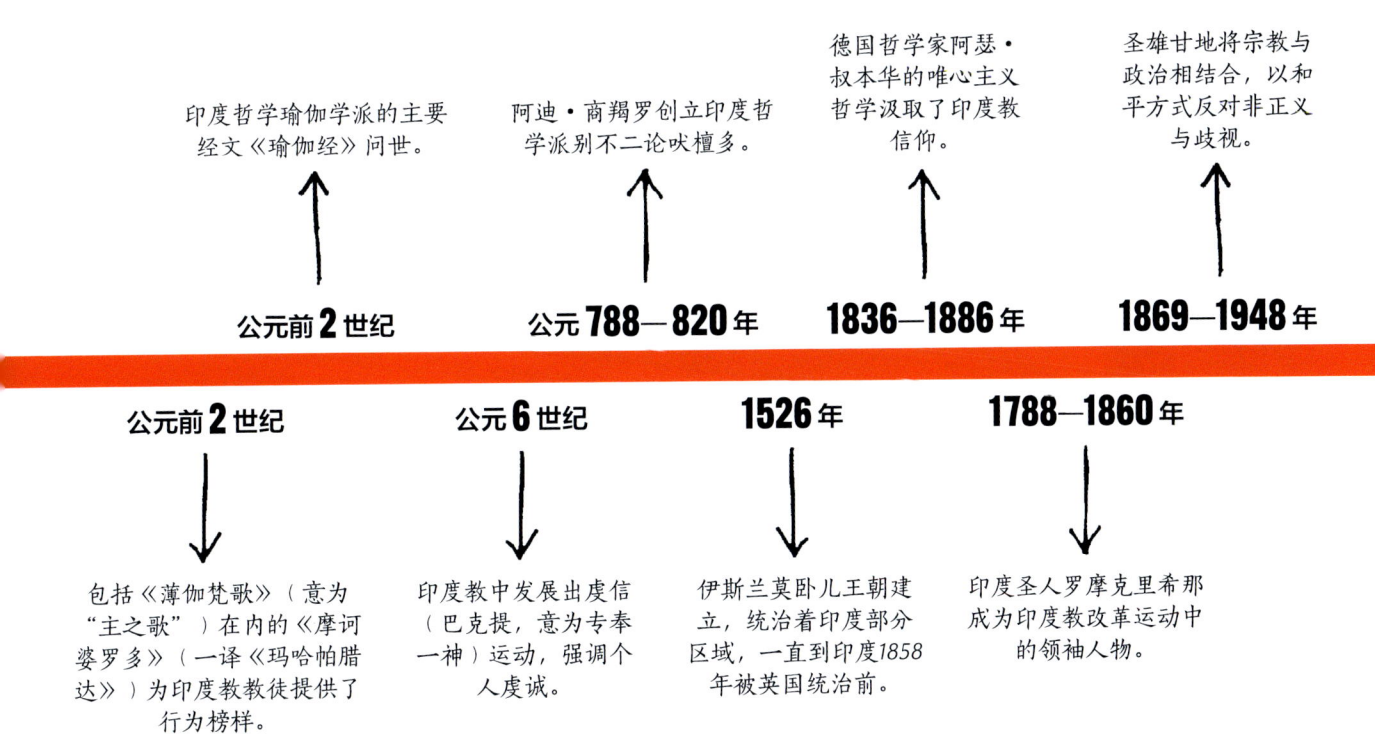

公元前 2 世纪 — 印度哲学瑜伽学派的主要经文《瑜伽经》问世。

公元 788—820 年 — 阿迪·商羯罗创立印度哲学派别不二论吠檀多。

1836—1886 年 — 德国哲学家阿瑟·叔本华的唯心主义哲学汲取了印度教信仰。

1869—1948 年 — 圣雄甘地将宗教与政治相结合,以和平方式反对非正义与歧视。

公元前 2 世纪 — 包括《薄伽梵歌》(意为"主之歌")在内的《摩诃婆罗多》(一译《玛哈帕腊达》)为印度教教徒提供了行为榜样。

公元 6 世纪 — 印度教中发展出虔信(巴克提,意为专奉一神)运动,强调个人虔诚。

1526 年 — 伊斯兰莫卧儿王朝建立,统治着印度部分区域,一直到印度1858年被英国统治前。

1788—1860 年 — 印度圣人罗摩克里希那成为印度教改革运动中的领袖人物。

神的观念

实际上印度教各支派都承认有一位至高的创造者,也就是梵天,另外还有毗湿奴(守护者)和湿婆(破坏者)一同形成三位主神,也就是三相神。而不同传统各有其神,或在其中加入地方或个体神明。甚至连三位主神(还有诸多次级神明)也常以不同化身显现。如此一来,尽管印度教看似一种多神教,但事实上,许多传统中的信徒都信奉一位主神,主神还有许多附属神,这些附属神各有其特殊能力,承担其特有的职责。

神圣文献

不同的印度传统都由四部《吠陀经》所形塑。《吠陀经》由公元前1200—公元前900年的古代文献集结而成。《吠陀经》的注释《梵书》和后来的《奥义书》,都成为印度教的思想基础,而其他文献中较有名的是两部印度史诗《摩诃婆罗多》与《罗摩衍那》,它们对历史、神话、宗教和哲学都进行了详述。印度教诸传统的一个主要特征是包容。印度教早在亚历山大大帝时期就遭到希腊人入侵,而后又相继遭穆斯林、基督徒入侵,自然会受这些宗教文化的影响并进行相应的调适。

殖民影响的一个后果是改革运动的兴起,给这些相互关联的宗教贴上"印度教"的标签,赋予它们以政治影响力和民族凝聚力,从而推进了20世纪的印度独立斗争。圣雄甘地倡导采用印度教的自卫手段——非暴力不合作运动和公民抗命运动,以建立起独立的印度,各宗教在其中不仅极具包容性,而且相互间还发生了融合。■

# 我们通过献祭维持世界秩序

理性的世界

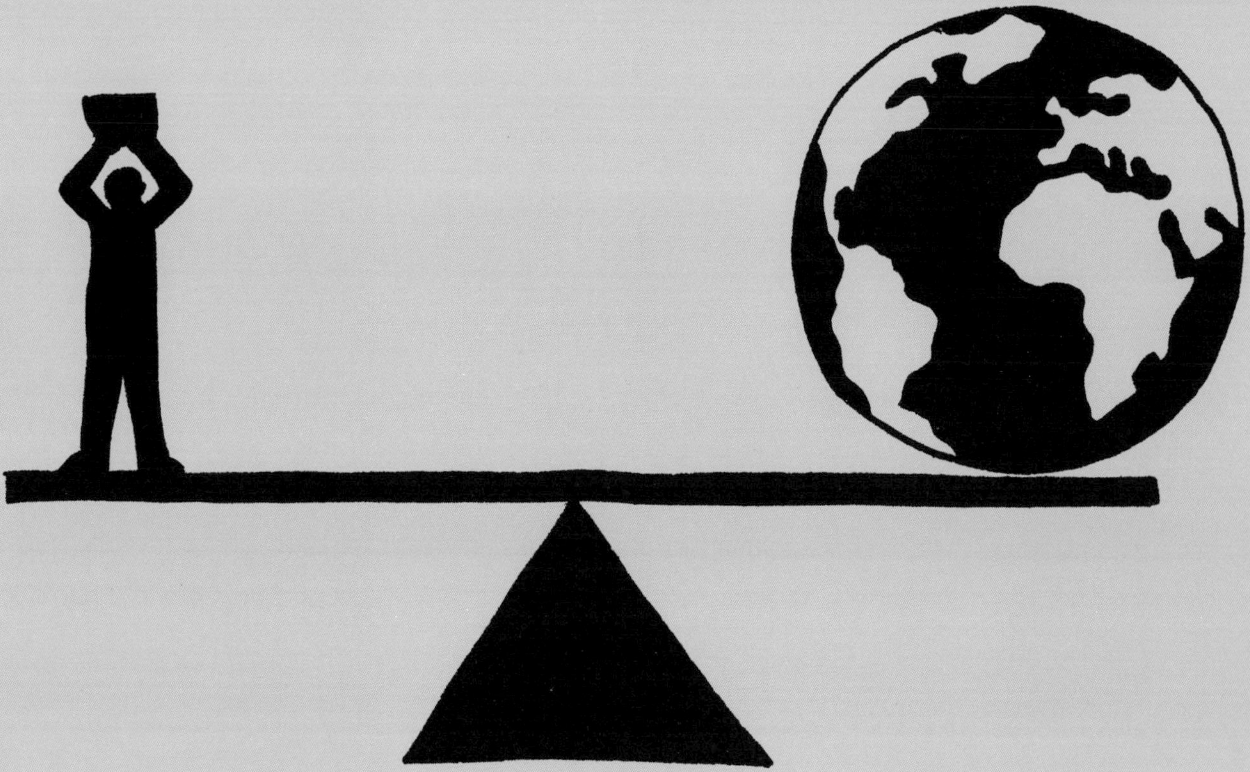

语境线索

主要文献
《吠陀经》

时间
公元前1500—公元前500年

此前
自史前时期 早期信仰认为万事的发生不可预测，可能源于神明一时兴起的念头。

公元前1700年 雅利安民族迁徙至印度次大陆。

此后
公元前6世纪 主持祭祀的婆罗门权力阶层受到佛陀和耆那教创始人大雄的挑战。

公元6世纪 印度教虔信运动或称"巴克提"教派运动流行起来。信徒献上自己的供奉，与神建立起个体关系。此观念与吠陀祭祀制度建立起来的秩序大相径庭。

严格说来，没有哪种宗教可精确地称为"印度教"。"印度教"一词是现代西方用语，用来指代起源于印度次大陆的不同宗教及灵性哲学。然而，这些宗教观念和实践中还是存在着大多数印度人共有的一些基本特征的，它们被共同置于"印度教"术语之下。在实践层面，印度教教徒个人可自由选择崇拜之神；崇拜的场所可以是家里，也可以是庙宇；崇拜的次数和频率也没有规定。但共同的社会与宗教背景使得印度教和其他信仰，尤其与一神崇拜区别开来。

不过，与其他宗教无异，印度教也试图解释人类生命如何与宇宙环境相适应的问题。其崇拜仪式和实践指向三重关系——人与神之间的关系、人与人之间的关系、人与自己的关系，以及这些关系如何反过来与万物的普遍秩序发生关联。

永恒的宇宙秩序

印度教的"法"或称"正道"是表述印度教的一个关键术语。它的最初形式为sanatana dharma，其梵文译为"恒法"，意为"事物的永恒秩序"、"真理"，或"现实"，表达世界有内在结构及意义，在复杂而看似无序的事件中蕴含着一些基本原则，并且在其背后有一个恒久不变的现实。印度教中关于神明的等级秩序体系阐明了这些观念，其中每个神明都彰显出独一真理的某个特定方面。

"永恒秩序"的观念对个人和社会来说都有意义。宗教是人理解自己在世上位置的有效方式。如果世界是可以理解的，并且世界有着确定的等级和结构，那么遵循这一秩序，个人就能与社会及整个宇宙和谐相处。最终形成印度教这一形式的关键特征在于，人在遵循此秩序或曰"法"的过程中须举行仪式、向神明献祭（牺牲祭祀的一种

宇宙有一个内在、理性的秩序。 → 当我们向神明献祭时就认可了这一秩序。

↓

通过祭祀，宇宙的秩序得以维持。 ← 在祭祀中我们明白了自己在这一秩序之中的位置和正确的生活方式。

参见: 认识世界 20~23, 牺牲与血祭 40~45, 人和宇宙 48~49, 对新社会的信仰 56~57, 终极实在 102~105。

> 印度教不单单是一种信仰。它是理性与直觉的联合,难以言说,惟靠体验。
>
> ——伽耶特黎曼陀,《薄伽梵歌》

形式),这在人们看来是维持秩序的必要之举。

印度教的时间观

印度教认为时间是循环往复的,认为宇宙已经过三次循环。每次循环都长达数百万年,经历了形成与消亡的过程。

循环时间观对宗教观念有重要的影响。在西方世界的线性时间观中,每一事物都承接前一事物而来(因果律),因此很自然就会产生世界如何开端的疑问。线性时间观需要某种来自世界之外的推动力,在时间之初要有某物发动因果链条。

与之相反,在印度教思想中,时间的循环往复,与永恒不变的现实,即存在并贯穿于万物的"梵",形成了比照。世俗时间以循环方式运行,而"梵"却不受限于时间。它是让时间循环运行的核心动力,是人类经验世界之生成与消亡进程背后的永恒实在。

若庞大的时间循环全然基于一种永恒的实在,那么,要为瞬息万变的世界确立正确秩序,就要认识到那一实在。该逻辑导致了如下观念的产生——宗教的宗旨之一在于理解并维持世界的正确秩序。

宗教仪式和秩序

早自公元前1700年及此后几百年间,来自中亚的雅利安人逐渐来到印度。他们带来了多神信仰,也带来了与古希腊信仰并行的古老观念。雅利安人融入了印度北部的印度河流域文明,那里有着自己古老的宗教传统。有确切证据证明那里存在着洗浴仪式及伟大的母神崇拜(见100页);被发现的手工制品还包括骨灰瓮和刻有长角、盘腿神明图像的印章。

这并非某种突发巨变,而是一种文化融合。从宗教的角度来说,这里出现的是一种祭祀崇拜的仪式传统,该传统在印度最早的神圣经籍《吠陀经》中有记载。

新的传统、宗教仪式和牺牲献祭都被视为维护宇宙秩序的重要内容。它们确保了参与者对自己在此秩序中所处位置的理解以及自己对这一秩序的适应。

牺牲献祭是吠陀传统中最重

印度教教徒认为,按规定的方式举行仪式,就能将自己与世界的理性秩序相联结并与之合一。仪式中的形象和动作都有丰富的象征意义。

> 我们的心智汇聚于光芒万丈的太阳神，他是天与地及二者中间的维护者。
>
> ——噶雅垂曼陀罗，《梨俱吠陀》

要的仪式，它象征性地重现了世界的受造，并能召唤代表独一实在之普遍特征或个别特征的神明们。正是通过这样的崇拜（仪式），人们可以完成自己最重要的任务——与神联结。人们相信，献祭仪式不仅提供了与无形世界的联系，而且也可构建万物的合理秩序。人们通过献祭就会免受邪恶力量的侵扰并获取现世的报偿，如好收成、好天气、好身体及好生活。

在这一语境中，"牺牲献祭"仅指向神明献上供品，一般来说是食物和酒。火在献祭仪式中至关重要。人们认为，火同时存在于天上和地下，因此具有通向神明的神圣力量。

随着吠陀宗教的发展，由适宜的人选（婆罗门阶层）、以正确的形式进行祭祀开始变得日益重要，包括如何吟唱、怎样做动作都有具体规定。

祭祀场地须精心准备，要根据《吠陀经》中关于祭祀仪式的规定内容选择地点。经文还对用哪种木材点燃祭祀火焰、用哪种容器盛放供品做了规定。祭司要把供品投入祭火里，包括酥油、谷物、水果和鲜花，同时还要颂唱《吠陀经》中的圣歌。

祭祀仪式要择吉日而行。祭祀对象可能是某位特定男女神明，但人们最常献祭的神明有阿耆尼、伐楼拿和因陀罗。阿耆尼是火神，他最主要的职能是在祭坛上作为火烧毁任何企图破坏祭祀的邪恶力量。伐楼拿是掌管天、水和天海之神，也是宇宙秩序的守护者。他负责分开白昼和黑夜，是《梨俱吠陀》（《吠陀经》的礼仪书）中最显赫的神。人们相信他创造了水，阻止海洋河流泛滥，并维护着宇宙。因陀罗是雷、雨和战争之神，他因嗜饮苏摩酒而著名，这是一种祭祀用酒（见下框中的内容）。人们认为得到他的祝福十分重要——他受困于与混乱和虚无力量的永久斗争之中，而只有他的力量才能将天与地分开，并维持其存在。

诸神明构成秩序的各方面

随着印度教的发展，《吠陀经》中的雅利安众神中加入了其他神明，并在很多情况下被其他神明所取代。低级吠陀神明也提升至较高地位。后来印度教文献中将诸多男女神明吸纳其中，折射出印度宗教早期历史中不同传统和不同历史阶段之间的融合。在这些神明中出现了三位主神，分别负责宇宙的存在、秩序和毁坏。这三位神即三相神，也可称为三位一体神，代表

众神的酒

祭祀用酒苏摩酒在《吠陀经》及古波斯宗教琐罗亚斯德教的经籍中都有记载。琐罗亚斯德教和印度教一样，也根源于早期雅利安文化。苏摩酒是从特定植物中压榨出的汁液酿造而成的，具有麻醉、兴奋及迷幻的功效。《梨俱吠陀》将之形容为"酒神苏摩"，宣称"我们饮下苏摩酒，获得永生，获得诸神发现的光明。"祭司备好苏摩酒献给神明，从而让其中致人兴奋的成分帮助并激发众神，而祭司本人似乎也乐享其中。

毒蝇伞或毒蝇鹅膏菌可能是苏摩酒的原料；二者都是萨满教入神仪式中常见的引导剂。也有人使用大麻和麻黄属植物，后者有很强的刺激性，和因陀罗作战前痛饮苏摩酒的情境一致。

印度教 **97**

湿婆之舞代表了宇宙形成与毁灭的循环，也代表着生与死之间的平衡。湿婆既是破坏者，又是改造者。

了现实的不同方面：梵天是创造者（切勿与"梵"相混淆）；毗湿奴为人类的护卫和守护神；湿婆是破坏者，或是生成力量和破坏力量之间的平衡者。

湿婆在图像和雕塑中常以"舞王湿婆"的形象出现。湿婆在火圈中跳宇宙之舞，代表着生与死的进程。湿婆有四只手，他的上方右手中拿着一只鼓，鼓点带来的是创造；上方左手中燃烧着毁灭的火焰；下方双手表达的是有节奏的创造和毁坏的平衡；他的右脚呈抬起舞步的姿态；左脚踏在一只魔鬼身上，代表着愚昧。这一狂野而生气勃勃的形象象征永恒变化的世界中

> ❝
> 你存在于万物之中，
> 你完美、全在、全能、全视……你是众生之生命，
> 而人眼却不能见到你。
> ——节选自一首献给毗湿奴的诗歌
> ❞

的完美平衡。由于时间是循环往复的，湿婆对宇宙的破坏也被视为是建设性的，因为这为良性循环铺平了道路。

社会的秩序

自吠陀时代开始，印度社会就基于"法"的概念划分为四个阶层，将宇宙秩序与结构的理念扩展至人类生活和社会。从历史上来说，很可能是随着浅肤色雅利安人的入侵，在他们与深肤色本土印度居民之间形成对比，而后者被视为低等种族。这导致了四大阶层社会系统的形成，也叫作"瓦尔纳"，这一词语的意思就是"颜色"。

然而，这种历史性解释在印度教中被一种关于阶层制起源的神话叙述所掩盖。在《梨俱吠陀》中，有一首献给普如莎（或作原人）的诗歌，其中原人的身体作为牺牲献祭并被分割，形成了四个主要的瓦尔纳，即四个阶层：婆罗门、刹帝利、吠舍和首陀罗。婆罗门属于祭司阶层，据说是从原人口中生出的；刹帝利属于军事阶层或行政阶层，是从原人手臂生出的；而吠舍属于商人阶层，从原人大腿而生；首陀罗是普通劳动阶层，来自原人的双脚。因为这些部分都源于同一个原人，所以他们相互依赖，在社会秩序中各司其职。他们的角色反映出他们的"法"，即他们的神圣职责。

98　理性的世界

根据印度教传统，四阶层的形成源于原人的不同身体部位。

- 婆罗门（祭司）
- 刹帝利（战士）
- 首陀罗（劳动者）
- 吠舍（商人）

> 万有生灵各有其性、各司其职，这将它们彼此区分。
> ——《往世书》

认识到这一弊端，宪法规定禁止歧视低种姓阶层，不过要消除普遍存在的偏见还有待时日。

个人与社会

前三个瓦尔纳的成员据说会在入法礼中"再生"。入法礼标志着个人接受了身为印度教徒的责任。该仪式通常在儿童8岁或是刚过8岁时举行，有确立其社会地位的作用。在四个瓦尔纳之下还有完全属于阶层系统之外的群体，之前称为无种姓者，现在叫作贱民，意为"被压迫者"。

阶级差别

四个瓦尔纳有时被称为"种姓"，但这一称谓严格来说并不准确。印度种姓制基于一种同样古老的社会划分方式，大体上依据人们的行业进行划分。大量这种社会阶层，或称为"阇提"（jati）都有其相应的社会地位。这两种不同进路在后期吠陀阶段（始于公元前1000年前后）的印度社会发展中似乎混合起来，二者之间的明确分野也变得模糊不清了。

在瓦尔纳系统下，各社会阶层对于形成正确的世界秩序而言都甚为重要。由于每个人都来自同一个原人，因而人与人之间形成了相互依赖的关系。只有婆罗门阶层被塑造为高级阶层，这也是可以理解的，因为在吠陀文献中，他们被赋予管控宇宙秩序的力量和权柄。与之相对，种姓制是歧视性的，强调阶层的划分，从而避免高种姓阶层在与低种姓阶层接触时受到"玷污"。种姓制鼓励社会分裂，设立规条禁止不同种姓之间的融合，尤其是婚姻。1948年起草的印度宪法

在公元前6世纪的印度，佛陀、大雄等云游宗师都成为与社会阶层密切相关的吠陀崇拜的批判者。他们欢迎各阶层信徒，并以平等态度待之。这些宗师强调个体顿悟而非继承特权。他们还拒斥《吠陀经》的权威性，因而被冠以"非正统"之名。但在约公元前500年之际，在整个印度社会，人们对宗教的看法有了明显改变。宗教不再是一种维持秩序的手段，更被视为一种为达到纯净的灵魂存在而逃离肉身束缚的生活方式。从既有秩序中寻求解脱变得比与秩序融合更加重要。在接下来数百年间，印度教传统接受了个人敬虔作为获得解脱之道的观念。崇拜不仅是举行正确的牺牲献祭仪式，更成为个人参与

的事务。个体崇拜和仪式逐渐发展起来，人们在家中普遍建起神龛，而崇拜活动也不再需要婆罗门了。

宗教和社会

在吠陀时代，宗教的焦点主要在于个人在宇宙与社会中寻找到自己的位置，并遵循瓦尔纳系统对个人的规定生活。因此，这里包含个体与社会的双重维度，还明显有一种规定着个人与社会如何互动的理性体系。

早期印度教凸显出所有宗教共同面临的一个问题：宗教应主要基于个人还是基于整个社会。因为宗教内含于社会之中，有时很难把真正的宗教观念与宗教所植根其中的政治、文化土壤中的信念、态度等区分开来。在精英阶层利用宗教规则和传统来维持自己的地位方面，情况亦是如此。

甚至提出宗教应关注个人还是社会这一问题本身就是有问题的，因为这暗含着个人宗教经验比社会宗教经验更为正当之意。■

> 人不因出身而遭遗弃；不因出身而成婆罗门。人因行为才成弃儿，亦因行为才成婆罗门。
>
> ——佛陀论瓦尔纳

要想在21世纪的印度沿用瓦尔纳的概念，就要对其重新界定。那里已经出现了新的社会角色和非传统职业，都对既有的社会等级提出了挑战。

印度教的神圣经典

印度教的神圣经典分为两类，分别为天启书（sruti）以及传承书（smriti）。sruti一词意为"听到的"，用于形容吠陀文献，是祭司和学者在启示或认识真理的过程中"听到的"。这一典籍知识经由一代代婆罗门口传下来。

吠陀诗歌有四部经籍，历时千年形成。第一部《梨俱吠陀》可追溯到公元前1200年。与此相关的天启书是《梵书》，是关于如何施行仪式的教导；《森林书》是讨论冥想和仪式的大纲；《奥义书》是哲学性的阐释。吠陀天启书文献在印度教徒心目中是至高权威。

smriti一词意为"被记住的"，用于形容现存的印度教文献，著名的有伟大史诗《摩诃婆罗多》和《罗摩衍那》。虽因其并非天启而在地位上低于天启书，但其重要性不可忽视，因为关于它们的阐释是面向人们开放的。这些重要的印度教文献仍极具影响力。在所有印度教经籍中最受大众欢迎的，或许非《薄伽梵歌》莫属。

神明有女性的一面

伟大女神的力量

很多信仰中的神主要都是男性形象。印度教中有许多女神，这些女神代表着创造力、繁殖力或力量。常见描述女神力量的词为沙克提，其意为"能"。沙克提化身人形为摩耶夫人，即神母或伟大女神。她代表着神活跃的力量，也代表其养育的能力，印度教性力派尊奉她为最高神。该女神有多种形象，每种形象都表达出一些特质。例如，在作为湿婆伴侣时，沙克提就会显现为温柔慈爱的帕尔瓦蒂，但同时她也是可怕恐怖的迦梨和突迦。

盘旋之蛇

沙克提不但是指神的创造力，还代表"我"当中的女性元素。印度教徒认为我们的性能量和昆达里尼（意为生命力）就像一条盘旋之蛇或一位沉睡女神，位于脊椎底部。通过瑜伽修行意识到此力量并促使其发展，成为灵性释放的一种形式。这些密宗仪式有时采用身体修习，更多的是假借冥想来促进人体当中男女两元素间的融合。■

财富女神拉克希米，是毗湿奴的伴侣，也代表着美貌和生育力。她有四臂、四手，将物质与灵性的礼物赐给崇拜者。

语境线索

主要文本
《吠陀经》

时间地点
始于公元前1700年，印度

此前
在印度河流域发现的公元前3000年的小雕像显示出当时就有对丰产女神的崇拜。

此后
公元前5世纪—公元前3世纪 古代印度教文献《往世书》中有对女性力量的赞美，《吠陀经》中作为男性神明伴侣的女性神明，开始有了自己的追随者。

公元300—700年 密宗仪式使用成对的男女神明形象以帮助人们冥思，性力派成为一个成熟的印度教支派。

公元800年 阿迪·商羯罗创作了《美之波流》，这是赞美帕尔瓦蒂及其性力的诗歌。

参见：身心修行 112～113，通过普迦拜神 114～115，佛与菩萨 152～157，性力派 328。

靠近古鲁（GURU，意为宗师）而坐

高层次的教导

语境线索

主要文献
《奥义书》

时间地点
公元前6世纪，印度

此前
自公元前1200年 《吠陀经》为祭司阶层婆罗门提供了礼仪文献和指导。

此后
公元前6世纪时 在印度诸多云游宗师中，佛陀和大雄吸引了一批门徒。

自公元前1世纪 印度哲学发展出六大门派。

公元800年 阿迪·商羯罗建立起四所著名的玛塔，即寺院学校，传授《奥义书》思想。

1500年 锡克教由梵文shishya得名，意为"古鲁的弟子"。

向所有人传授同样的宗教教义和真理是否现实可行？印度教面向不同对象，提供了不同层级的宗教理解和宗教践行方式。最早的文献《吠陀经》及其后来的释本，为祭祀及各种公共崇拜提供了文本、祷文和指导。之后的史诗，如记录神明言行故事的《罗摩衍那》和《摩诃婆罗多》（见111页），都用于民众宗教崇拜。到公元前6世纪，另一文献《奥义书》问世，为初学者获得更高的灵性知识提供了通道。

若干晦涩观念

"奥义"一词意为"靠近而坐"，该词限用于在古鲁或宗师门下进行宗教研习之人。《奥义书》集中于对我与宇宙本质之抽象概念的探讨，特别是论证了独一、普遍的实在——"梵"，人们只有通过思考与经验分析才可认知梵。因此，《奥义书》在印度宗教讨论中引入了很高的哲学维度。"靠近你的古鲁而坐"的观念隐含着教导分多层次之意，探究宗教观念中普遍、理性的真理，赋予传统信仰以新的深度。■

> "在世上，有伟大成就者乃是靠着专注。"
> ——《奥义书》

参见：终极实在 102~105，自我是不断变化的 148~151，新教改革 230~237，性力派 328。

"梵"即内心之我

终极实在

语境线索

主要文献
《奥义书》

时间地点
公元前6世纪，印度

此前
自公元前2000年 灵魂可与身体分离的观念就已在某些早期印欧信仰中出现，但将精神形容为个人本质的载体，而非与某个终极实在合一的灵魂。

此后
公元前400年 印度哲学影响了古希腊思想家。柏拉图认为有一个至高存在，万有皆从其而出。

公元1世纪 佛教圣人那先比丘否定了静止的"自我"观念，采用了佛陀关于"万物皆在运动流转之中"的思想。

《奥义书》由一系列哲学文本组成，最早的部分完成于公元前6世纪。它包含最高层次的教义，面向受过严格训练、善于冥思的印度教圣人或古鲁。其关注的核心是自我的本质，论证了理解自我就是理解万物。

关于自我的本质，西方哲学传统上有两派观点。一派为"二元论"，自我是非实存性的、与肉身相区别。无论是称其为灵魂还是思想，都是指我们的思维与感知——体验着世界的"我"。正是这个"我"接收着各样感官信息并

印度教　**103**

参见：先民社会中的万物有灵论 24~25，人和宇宙 48~49，以纯净意识来观 116~121，人乃上帝之彰显 188，基督教的神秘经验 238，苏菲主义和神秘主义传统 282~283。

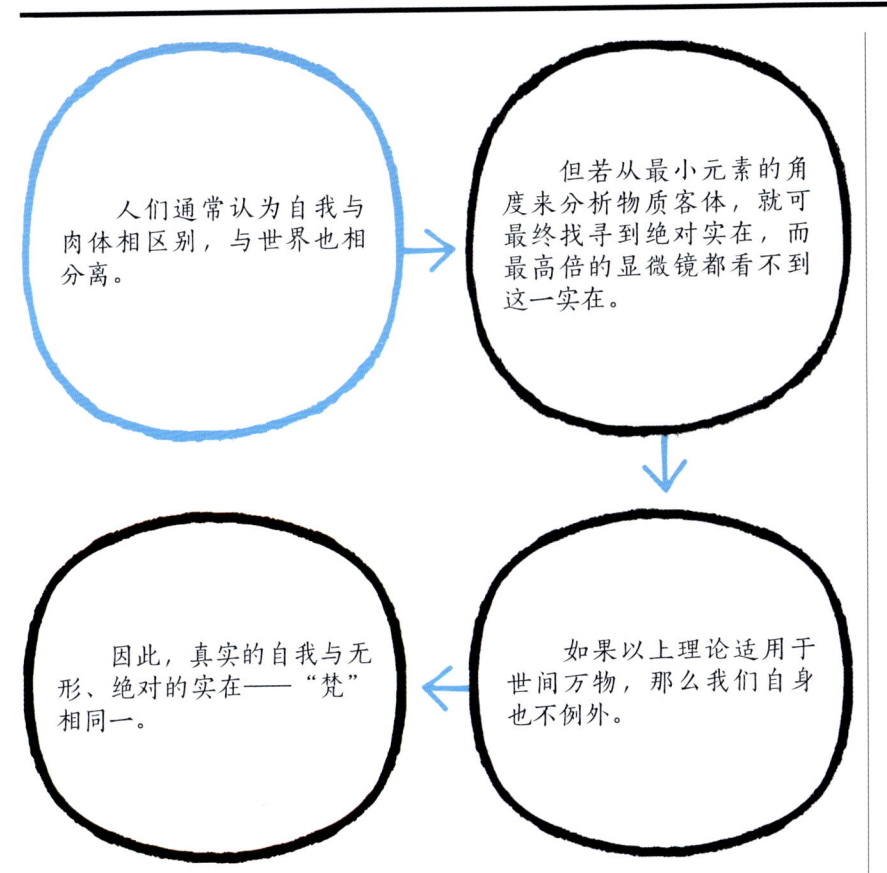

- 人们通常认为自我与肉体相区别，与世界也相分离。
- 但若从最小元素的角度来分析物质客体，就可最终找寻到绝对实在，而最高倍的显微镜都看不到这一实在。
- 如果以上理论适用于世间万物，那么我们自身也不例外。
- 因此，真实的自我与无形、绝对的实在——"梵"相同一。

给出的回答是"什么也看不到"。接着，圣人指出，整棵巨大的无花果树就是由这样的"无"组成的。而这就是其本质、其灵魂、其实在。对话以此作结："汝即彼，施伟多凯徒！"

这句"汝即彼！"（梵语为Tat tvam asi!，可译为"梵我一如"）几乎堪称全部印度哲学中最著名的话语。其理论基础是：对任何显见客观实体的分析最终都会到达一种普遍存在、不可见的本质，也就是"梵"。该理论适用于万物，从无花果到人的自我，概莫能外。印度教中，"我"是超越于自我之物质和精神层面的更大存在，也就是"梵"：独一绝对的实在。我们与神圣的终极实在间并无区分。

且对其进行理解。另一派唯物主义者认为，只有物质实体才是客观存在的，"自我"不过是描述大脑活动的一种方式而已。

然而，在印度教中，《奥义书》发掘出与西方这两条进路不同的观念。这些文献中的"自我"由三部分组成：一是物质的身体；二是更"微妙"的身体，由思想、感觉和经验构成；三是"我"（atman，或作灵魂）。据称"我"与绝对、非人格的实在——"梵"相同一。这样一来，尽管我们可能将自身体验为渺小、脆弱而疏离的个体，但真实的自我实际上与宇宙的基本实在相合一。

自我乃"无"

《奥义书》以对话和图像的方式表达出"我"的概念。最著名的表述可见于《歌者奥义书》，这是圣人乌达罗迦与自己的儿子施伟多凯徒之间的对话。圣人让儿子拿来一个无花果，并且把它打开。当父亲问儿子在无花果里看到什么时，儿子回答说是"种子"。之后圣人又让儿子把其中的一粒种子打开，并且描述出所看到的。儿子

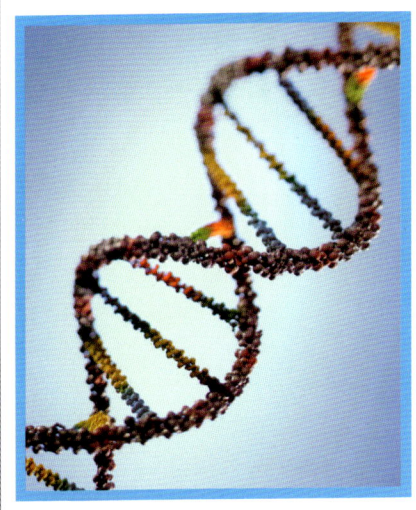

显微技术在科学上帮助我们认识到人由DNA组成，但这是否囊括作为"自我"的那一部分呢？

除非我们能通过实现"我"或"梵"的真正本质，从轮回的劫难中解脱出来，否则我们面前就是永无止境的生命循环。

> 这所有皆"梵"……它便是内心之我，微于谷米……
> ——《歌者奥义书》，第三编14章

我与普遍秩序相适应一样，意识到"梵"乃真我同样是自我与实在本身相适应。

印度教教徒相信，"业"会在外部世界和行为人自身当中产生后果，后果有好有坏。印度教发展出一种转世轮回的思想，自我在轮回中有不同的肉体形式，有多次生命过程。每一世的肉体形式都由前一世的"业"来决定。然而，"梵我一如"的观念可以使人从不断的生、死和重生的轮回中解脱出来。"业"由物质肉身的行为和"微妙的"心灵肉身（如个人的思维、感觉）而产生，但一旦人意识到"我"、从而意识到深藏于自我的"梵"之后，就会超越"业"运行其中的身体和心灵这两个层次。虽然印度教教徒希望产生善业来改善来世的状况，但他们总是面临恶业会让他们堕入低级种姓，甚至变为动物的威胁。不过，这并非如乍看上去那么严重，因为在印度教中，转入下一世（或好或坏）并

理解"梵"

《奥义书》中关于无花果的对话之后还有一个试图让我们了解"梵"的比喻。儿子取来一碗水，并按父亲的吩咐从碗的不同位置品尝水，水的味道十分纯净；之后将盐溶化在水中，虽然表面上看起来没有发生变化，但水的味道却已经变咸。同样地，"梵"这一绝对实在虽然肉眼不可见，却存在于每一角落。

《剃发奥义书》用另一种形象表达"梵"。就如无数火星从大火进出又落回火中，无数存在也由"梵"而出，"不灭者"或"伟大者"被描述为非出生的、无气息、无思想、纯粹的，而气息、思想及所有感觉皆由它出——"它的心便是整个世界，实际上，它是万有之内在自我。"

可以这样认为：我们通过感官体验世界，把世界视为由与我们自身相分离的客观实体组成的，这并非绝对真理；在万物背后都存在一个维系此物的实在；它不可见，并内在于自我的最隐秘处。

"业"和转世轮回

更早的吠陀宗教相信，祭神行为维系着宇宙秩序。《奥义书》将这一进程内在化，认为实在是一个绝对单纯、静止的点，位于自我深处；并且这一实在是普遍而非个别的，就如以正确方式祭神是自

> 当一支蜡烛点燃其余许多蜡烛的时候，在许多蜡烛上燃烧着的是同一火焰；即便如此，一"梵"乃有万象。
>
> ——圣人瓦西斯塔

不是终极目的。与一神教对死后生命之应许的盼望不同，印度教的旨归在于从生死轮回的苦难中解脱出来。

有意识的直觉

《歌者奥义书》中阐述的无花果种子和盐水的故事及其探讨很有逻辑性。从某种意义上说，它们只是对物质的一种科学分析，不过，它们是以前科学时代的语言表述出来的。这样的表述在今天可能就会是：万物都是由亚原子微粒、能量及力组成的。

不过，《奥义书》中对话的目的和含义与现代科学截然不同。在《奥义书》中，理性论证本身并非目的，而是一种引导人获得言语之外的直觉的手段。关于"梵我一如"的论证逻辑仅是理解它们的起点。《奥义书》的教义旨归是要鼓励弟子思考这些讨论并将其内化，直到弟子能超越理性与语言，直接体验到它们当中包含的实在。据说这一超出语言的意识能够将人带入一种至福的境界。

可能会有人对此提出反驳，认为仅由感官经验及理性形成的"自我"便足以实现人生目的。《奥义书》中圣人的对话向这一观点提出挑战。《羯陀奥义书》以战车类比自我。感官乃拉战车的马匹，而心灵则是车夫，但真正驾驭战车的是"我"。这一比喻是要告诉人们，对于意识完全被限定在理智和感官经验之中的人，战车的飞驰毫无目的，因为这里没有发起旅程的乘客。这就是"我"的直觉所储藏的东西。

印度教认为要想认识"我"并非易事。只有在其他可能的身份被查ँ并因其不充分而被弃置后才能获得。这不是某种可以认识的事实，而是一种直觉，这种直觉能逐渐使人获得自我的意识。■

死亡之后

如果说自我或灵魂是非物质性的，故而是与物质性身体相分离的，那么逃脱死亡、以另一形态继续生活就具有逻辑上的可能性。大多数西方宗教都认为个体的灵魂都是在某个时间点受造的，但在身体死后仍能无时限地活着。印度教的思想视自我为无时间性的，并没有开端，与独一、未分化的实在相同一。这一自我在连续的生命之中采取了物质的形式，这就是轮回的思想。对于西方一神教来说，问题在于灵魂是否真的与身体相分离，而如果二者相分离，又如何能保持二者间的同一。对于印度教教徒而言，问题则是凭直觉领悟到自我及今生只是更大的某物中的极小的一部分，而这一自我与宇宙的基本实在相合一。

> 隐藏于万物内心的乃是"我"，是灵魂；它小于至微的原子，大于广袤的宇宙。
>
> ——《羯陀奥义书》

梵行，家居，林栖，遁世

人生四行期

语境线索

主要文本
《摩奴法典》

时间地点
公元前5世纪，印度

此前
自史前时期 诸多早期信仰体系都有与年龄相关的规则和通过仪式。

自公元前1700年 吠陀宗教包含一种禁欲苦行的传统，但强调大多数人都要以社会责任为核心。

公元前6世纪 转世和解脱的观念成为印度教的主导，更多人放弃社会和家庭生活而选择禁欲之路。

此后
今日 大多数印度教教徒仍持守家居生活的方式。

人的一生有各种目标，正确的生活方式可以达到这些目标，这是所有宗教都有的观念。印度教认为，生命中有几个主要目标：法（正确的生活方式）及与之相关的利（财富）、欲（快乐）和解脱。追求"法"，即按责任要求来生活，能让人持守正义之道；对利和欲的追求能让人接受有益的教训，还能生育后代、养育家人，并可施舍他人；人的最终目标是从对世俗世界的牵挂和事务中解脱出来。

公元前6世纪，印度宗教中存

参见: 舍己带来灵魂解脱 68~71，理性的世界 92~99，无私的行为 110~111，佛陀的觉悟 130~136，寺院戒律的旨归 145。

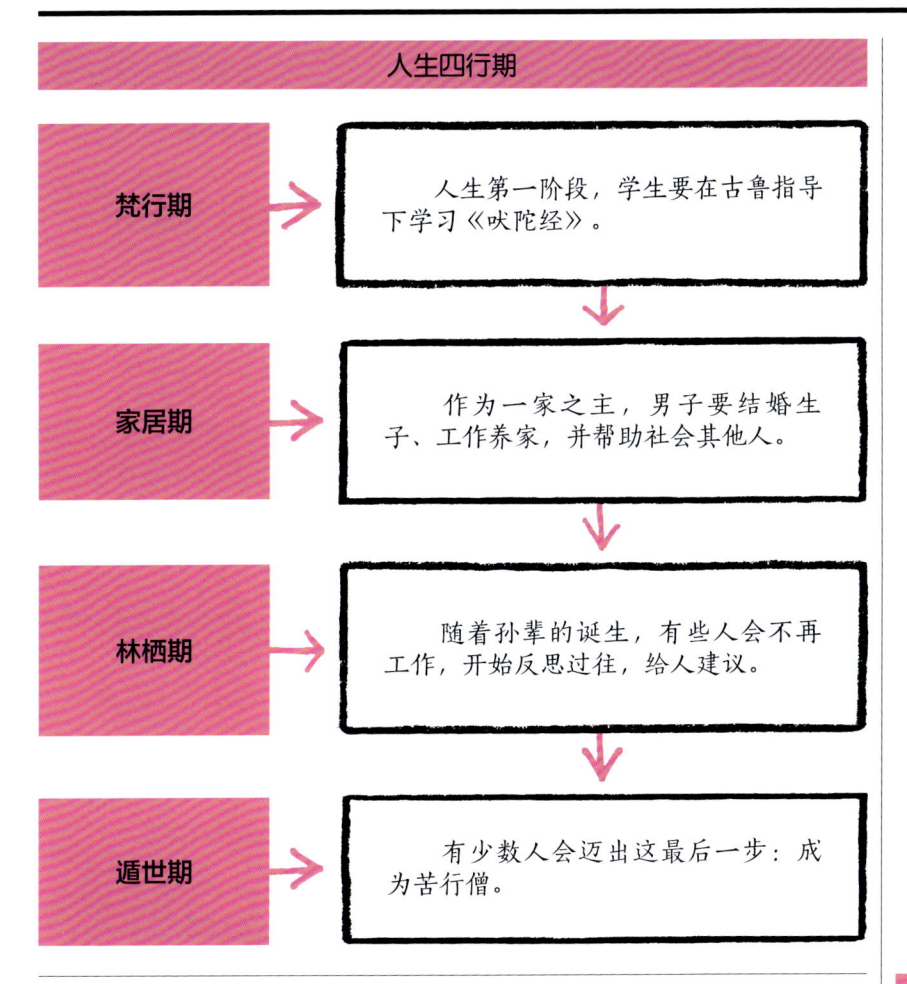

人生四行期

梵行期 → 人生第一阶段，学生要在古鲁指导下学习《吠陀经》。

家居期 → 作为一家之主，男子要结婚生子、工作养家，并帮助社会其他人。

林栖期 → 随着孙辈的诞生，有些人会不再工作，开始反思过往，给人建议。

遁世期 → 有少数人会迈出这最后一步：成为苦行僧。

在两个截然不同的传统。印度绝大多数人都遵循吠陀传统，祭神以求富足与快乐，并遵循"法"规定的道德和社会原则。而有些人则为另一种生活方式所吸引，这就是苦行禁欲的生活方式——为获得灵魂解脱，要遵循极为严格的身心戒律，杜绝一切财富和快乐。该苦行禁欲传统称为"沙门"（此梵文词语可译为"苦行"），该传统对佛教和耆那教的发展都产生了很大影响。

在规定正确行为的经籍《法论》中提到，习"法"（指美德或"正确的生活方式"）之人一般会面临三条可能的道路：继续研习《吠陀经》，这成为生活的主要目标；追求财富和幸福生活；或者弃绝万物成为苦行者。最后一种选择其实在那时的印度社会并不少见，最著名的例子就是佛陀。他放弃了自己身为王子乔达摩·悉达多的富贵生活，离开妻儿成为一名云游宗师。

然而，沙门传统的持守者坚持的是禁欲主义立场，认为禁欲主义比追求财富和快乐更具精神价值，这恰与吠陀传统相反。一千年来，《吠陀经》一直在教导人们：只要方法正确，物质享受和自我实现是生活的崇高目标。那么，是否必须从这大相径庭的两条道路中做出选择呢？人们能否从上述四个传统目标中获益？

经历一切

在大约公元前5世纪的时候，关于"法"的注释"经论"提出了一条新进路——人无须做出唯一的最终选择，而是可以经过人生四阶段，即四行期，相继完成不同的目标：梵行、家居、林栖、遁世。于是，正确的生活目标及相应的正确行为便不仅由个人的种姓或所属社

> 无论是婆罗门、刹帝利、吠舍，还是首陀罗，哦，阿朱那，各样责任都根据他们生来的不同特质分配给他们。
> ——《薄伽梵歌》

> 一旦弃绝心中升起的所有欲望……一旦人在自我之中得到满足,他便是有大智慧之人。
>
> ——《薄伽梵歌》

会阶层(见92~99页)决定,而且还与所处人生阶段相关。

并非所有人都能经历这四个阶段,女性常常不在其列,同样被排除在外的还有首陀罗(劳动阶层)和在阶级分层之外的贱民。只有来自最高的三个种姓婆罗门(祭司)、刹帝利(士兵或国家的保卫者)和吠舍(商人、农夫)的男子才能在他们年满8岁时施行一种"圣线礼"。他们通过该仪式得到重生,由此开启人生之旅。

学习与生活

人生的第一阶段是梵行期,也就是学生阶段。男孩子进入学校跟随古鲁或老师学习吠陀文献,以一种学术的方式研习"法"(正确的生活方式)以及历史、哲学、法学、文学、语法和修辞学。传统上这种教育一直持续到25岁或30岁左右。在这一阶段,学生不仅要学习尊敬师长,同时还要杜绝性行为,一心一意,专注学习。

学习结束时,他们会结婚并组建家庭。这是家居期之始,在此阶段他们须参与经济生产活动,供养妻儿,赡养老人。传统的印度家庭一般包括三、四代人,他们共享收入,公用一个厨房。无论男女,这种几代同堂的家庭一般都是按照阶层构建。人在家居期时还须供养苦行僧。

身处家居期之人有责任奉行正确的方式生活,承担其所在阶层应负之责,但不同于其他三阶段,他有追求财富和快乐的职责,包括享受性的愉悦与传宗接代。要形容这一人生阶段就是:财富和快乐乃主要目标。但这一阶段的目标易被曲解,因为它包括对几代同堂的大家庭的照顾,还要供奉外人。

从世界中隐退

第三个人生阶段是林栖期,即退休阶段。一般该阶段始于第一个孙子的诞生。最开始要求成为林栖者,虽然夫妻可以共同栖居,但此阶段禁止性生活,要过一种简单、冥思的生活。基本上就是把手头的生意或经济事务交到下一代手里,但仍会保留学习的时间,并为年轻一辈提供建议。

大多数印度教教徒最终都停留在退休阶段,而没有进一步选择苦修生活。只有在他们完成对家庭的所有责任之后才会进入人生第四阶段。在这个阶段,个人放下所有的俗务牵挂和束缚,追求最终的解脱。

复合式准则

用一个定义道德与生活方式的概念来形容人生四阶段和人之社会阶层间的联合,就是:"瓦尔纳之法",其字面意思是依据人所在社会阶层、所处人生阶段而展开正确的生活秩序。作为规定"如何正确生活"的准则,这与其他宗教面向所有人的统一道德要求有很大区别。这是一套灵活的道德系统,认识到人所在处境的不同。它还旨在阻止较高等级人士出现骄傲情绪,

一男子在自己店中丈量布料。男子在家居期要养家糊口。

在一生中要完成印度教的各种灵修要求似乎并非易事。然而，把人生分为不同阶段，每一阶段都有不同的侧重点和特定的任务，目标似乎就更易实现。

要求他们必须接受严格的教育，从而消除头脑中世俗利益的执念，培养将来生活中的责任感。它肯定了家居期劳动的价值，认可了处于人生第二阶段者在经济上和实践中对他人的供养。它赋予老者以尊严，认为他们对工作和家庭职责的放手为其灵性精进提供了有利契机。

现代世界

直到近期，几代同堂的大家庭一直是印度社会的主导家庭模式，这成为人在自己的道德和灵性原则下经历其人生四行期的大背景。在这种传统中，女性在男性人生的第一和第四阶段是隐形的，而婚姻与其说是浪漫的结合，不如说是以家庭为单位的契约关系。如果一位新过门的妻子与丈夫在"法"、瓦尔纳或人生四行期不相适应，就明显会出现问题。这就解释了印度社会的一些观念和传统（如包办婚姻）产生的根源。但在今天，诸多传统与一些在更强调个体、更世俗的社会中成长起来的印度人的世界观产生了冲突。

印度教在很大程度上更是实践而非信仰，并且与人的社会阶层及年龄密切相关。西方的人权、平等观念与一些印度教早期教义很难适应，随着现代印度的西化与社会流动性的加强，以及全球范围内印度教社区的发展，都为四行期是否仍能作为印度教教徒所秉持之人生模式打上了问号。■

道德原则

印度教有着五大道德原则：不伤生、诚实语、不偷窃、纯洁行、不执着。以上每一原则都基于人生所处阶段而实行。如家居期就无须禁欲，因人有传宗接代之责。这些原则对外在道德有所界定，但人生四阶段中还有一种培养内在修为的传统。这包括对五项品质的追求：洁净、满足、专注、集体学习和虔诚。这五项品质反映出从基于礼仪的早期吠陀传统向一种更加强调个人灵性发展与注重虔诚的宗教的转变，而后者是在千百年后发展起来的。

杀戮或为你的职责

无私的行为

语境线索

主要文献
《薄伽梵歌》

时间地点
公元前2世纪,印度

此前
自公元前1700年 "法",即维持宇宙秩序的正确生活方式,是早期印度教思想的核心。

公元前6世纪 佛陀倡导"舍己(无私)之行",但同时教导不可杀戮。

公元前3世纪 印度阿育王向所有百姓施行不伤生和慈悲的统治。

此后
自15世纪 锡克教把保护弱者和护卫信仰的责任纳入信仰体系之中。

19—20世纪 圣雄甘地面对不公义提出非暴力消极抵抗策略。

《薄伽梵歌》是一部关于美德和责任的古印度教经卷。它讲述了克里希那神(至高神毗湿奴的化身)和王子阿朱那的对话。阿朱那即将投入一场与家族另一支系争夺王国统治权的战斗。作为刹帝利阶层(战士或统治贵族)的一员,他身负战斗的义务,但对于要杀死自己的"敌对者"——要么是他的亲人,要么是他敬为师尊之人,他深感绝望。

在《薄伽梵歌》开篇,阿朱那说自己宁愿放弃王权争夺也不愿卷入这场屠杀。要杀死自己家族的成员和自己敬重的老师,这不仅违背自己的意愿,而且他也害怕自己的行为会给所有卷入之人带来"恶业"(印度教认为杀死亲属会让全家人堕入地狱)。

阿朱那陷入了两个明显对立之原则的僵局中:他是履行自己作为战士阶层一员的责任,还是应逃避因杀戮而带来的可怕业报?他的车夫给出了建议,其实这个车夫不是他人,正是克里希那神。

克里希那神告诉阿朱那,他应履行自己战斗的职责。只有当杀戮是出于错误原因时(例如出于憎恨和嫉妒),才会造成恶业。无论是否违背个人意愿,无论在多大程度上违背了个人意愿,人都应承担其职责,出于无私的动机来行事。这样的行动不但不会带来损害,反而对个人解脱有助益。

克里希那神提出,个人动机是考虑采取某种行动时的价值所在。他赞许了出于无私动机、放下所有自私偏好而行使职责的意愿。克里希那神接着提出支持阿朱那上战场的第二个原因:自我是不朽

> " 完成天赋之职责,人便永不会悲伤。 "
> ——克里希那神

参见: 和谐生活 38, 理性的世界 92~99, 政治时代的印度教 124~125, 以慈悲治国 146, 在主的道路上努力奋斗 278, 锡克教徒的行为准则 296~301。

阿朱那

- 一想到要去参战我就绝望。
- 我不愿杀害我爱、我敬之人。
- 一想到我的同族和老师们的死,我就深感悲凉。
- 但是,难道我杀戮就不算犯罪吗?

克里希那神以"杀戮是一个正义战士在一场正义之战中的职责"这一观念来消除阿朱那的疑虑。

克里希那神

- 你是王子,你的职责就是战斗。
- 你的感觉不值一提,弃之一边,履行职责。
- 自我乃不朽永存的,所以认为某人会死的想法是不对的。
- 只有在正义之战中不履行你的战斗职责时,你才有罪。

史诗

《薄伽梵歌》以意象和语言之美著称,关于无私职责的教导只是其诸多主题之一。它是记录一个家族中两派斗争的编年史诗《摩诃婆罗多》中的一部分内容。

另一部伟大的印度史诗是《罗摩衍那》,讲述了王子罗摩和妻子悉多之间的关系,后者遭恶魔罗波那劫持。故事中有多位令人津津乐道的角色。

这些史诗正面宣扬了婆罗门和吠陀祭祀的观念,并凸显了王室斗争的可怕后果。这些作品探究了道德困境,颂扬了人类品性,为印度塑造出榜样角色。这两部史诗的创作历时漫长,很可能始于公元前4或5世纪。

的,会经历一次次轮回,所以实际上没有人真正被杀死;死的只是身体,灵魂将在另一个身体中存活。

变化的处境

当《薄伽梵歌》写成之时,印度存在两个截然不同的宗教思想流派。较古老的一派要追溯至吠陀时期,推崇道德的基础在于社会秩序和责任;而新兴哲学,亦即以不

为对吠陀阶层体系及其传统职责的偏离。阿朱那的困境反映出道德优先性受到了冲击,而克里希那神的建议是在应对以因果报应和轮回为核心价值的哲学的批判时,做出了维持阶层职责的选择。■

复仇魔王罗波那是《罗摩衍那》中的反派角色。图中来自南印度喀拉拉邦的舞者扮演的就是这一角色。

修习瑜伽以使灵魂解脱

身心修行

语境线索

主要文本
《瑜伽经》

时间地点
公元前2世纪,印度

此前
公元前1700年前 印度河流域发现的一块陶板上有一个呈现出瑜伽坐姿的盘腿坐像。

公元前1000年 印度阿育吠陀医学对人体进行分析研究,并倡导身体修习。

公元前6世纪 道教和佛教都推崇身心修炼,以达成和谐和内省。

此后
12世纪 日本禅宗专注于静思,发展了禅定修行。

20世纪 瑜伽在西方成为一种大众流行、有益身心的锻炼方式。

梵语"瑜伽"一词常用于形容一系列的身心修行,以助人摆脱肉体束缚、达到灵魂内省。

瑜伽思想起源于公元前6世纪的早期印度教哲学文献《奥义书》,而古梵语经籍《薄伽梵歌》中有一部分是关于瑜伽的内容。首部关于瑜伽的系统论述是《瑜伽经》。一些学者认为《瑜伽经》的作者是公元前2世纪的哲学家帕坦伽利。但现在人们普遍认为《瑜伽经》问世于公元2—4世纪,作者不止一人,其内容包括自更早时期以来的传统与实践。《瑜伽经》中讲到一系列如何达到静心和专注的技巧,而静心与专注被视为达到更深层次内省的必经之路。

虽然瑜伽最初是针对苦修人群的,但后来发展成为一套人人皆可练习的修行系统。其中的身体姿势和呼吸调控技巧本身不是目的,而旨在达到心灵平静,专注于其焦点——"奇点"。只有感官得到控制,才可心如止水,而后达成内在自由和内省。

释放之路

《瑜伽经》说,瑜伽能使修习者去除无知、自我中心的观念和极端情绪等心灵上的"烦恼"。《瑜伽经》还为解除贪、嗔、痴这"三毒"提供了解药(这也是佛教追求的目标)。

《瑜伽经》为瑜伽修行设立了8个步骤。前两个步骤是预备阶

瑜伽运用身体姿势与呼吸调控技巧以使身心平静。如果技巧精进,能导向更高的意识境界。

印度教 113

参见：道我相契 66~67，以纯净意识来观 116~121，参禅忘言 160~163。

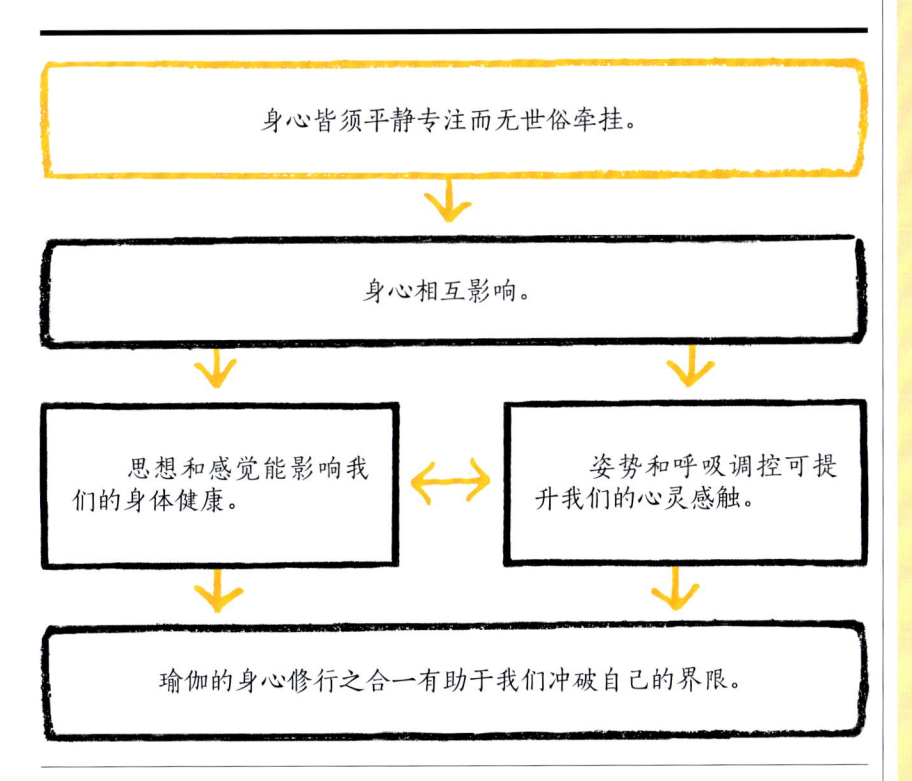

```
┌─────────────────────────────┐
│   身心皆须平静专注而无世俗牵挂。   │
└─────────────────────────────┘
              ↓
┌─────────────────────────────┐
│         身心相互影响。           │
└─────────────────────────────┘
         ↓              ↓
┌──────────────┐   ┌──────────────┐
│思想和感觉能影响我│←→ │姿势和呼吸调控可提│
│们的身体健康。   │   │升我们的心灵感触。│
└──────────────┘   └──────────────┘
         ↓              ↓
┌─────────────────────────────┐
│瑜伽的身心修行之合一有助于我们冲破自己的界限。│
└─────────────────────────────┘
```

段，这是瑜伽产生效果所需的环境。第一步要实行道德节制，尤其要践行"不伤生"的原则。第二步是关注个人修行，如学习哲学著作、思考神明，从而获得灵感。接下来三个步骤旨在控制身体与感官：采取一些姿势来控制身体；调控呼吸；弱化感官知觉。最后三个步骤是：专注于某物；冥想此物；达到凝神状态。这些步骤循序渐进，引导心灵从关于自我和世界的凡尘意识及其带来的烦恼中最终解脱出来，升华至一个更高的意识境界。

今日，瑜伽作为一种有益身体健康与心灵平静的修习方式，已被广泛传播。但有一点须谨记，"瑜伽"一词在印度教语境中包含的修行实践不仅仅是身体姿势，还有道德、冥思、知识和敬虔，所有这些方面综合在一起，旨在将神我从物质的纠缠中解脱出来，从而使其回归到自然状态。因此，尽管很多西方人把瑜伽当作一种身体锻炼的方法，但对于印度教教徒而言，它是通向终极自由之道。■

无神的哲学

瑜伽并不是对任何外在神灵的信仰，而是一种清除物质经验、释放真正的自我、实现自我与绝对存在相同一的自然进程。但这只有在其所处的数论派哲学背景中才可理解。

数论派是印度哲学中最古老的学派之一，论证了物质与神我（即纯净意识）的绝对二元论。一些哲学将身心相对立，但数论派认为心灵是一种精致的物质形式。因此，人由三个部分组成：物质的身体、世俗的自我（包括所有的心理活动和感官经验）和纯粹、永恒的自我，它与永恒的神我相同一，并且超越于任何时空界限。

数论派没有将自我归于任何神灵，而是以释放自我、体会纯粹精神本性，从物质局限中解脱出来为旨归。瑜伽就是实现这一目标的工具。

> 瑜伽是让心灵静若止水的修习。
> ——帕坦伽利

我们在日常仪式中向神明言说

通过普迦拜神

语境线索

主要派别
虔信派的发展

时间地点
公元6世纪，印度

此前
自史前时期 许多文化都有向神像献祭的崇拜特点。

自公元前1700年 吠陀宗教和其他早期文明一样，由祭司阶层来代表民众施行宗教礼仪。

公元前6世纪 《奥义书》把更抽象的概念引入印度宗教思想。

自公元前2世纪 在大乘佛教中，人们开始拜佛像和菩萨（开悟者）像。

此后
15世纪 锡克教的崇拜围绕着赞美诗歌展开。

印度宗教中一直都有仪式崇拜的成分。在最早的吠陀传统中，在圣火旁举行牺牲献祭的仪式不能出现丝毫偏差，只有婆罗门祭司阶层才能施行。不过，在公元后最初几百年间，不再固守从前的崇拜仪式，开始发展出虔信（巴克提，意为爱的修行）的崇拜行为。人们修建寺庙，里面供奉着神像，渐渐地，在由祭司主持的从人出生、成年、结婚到死亡的各种仪式外，发展出一种个人崇拜的传统——"普迦"，普迦崇拜的神明面向所有人开放，不受阶层限制。

拜神

普迦是一种简单的献祭方式，可将素食、香烛或鲜花摆放在神像面前，在寺庙或家中都可进行。拜神者往往会在额头涂粉，以示对在普迦仪式中获得的神明祝福表达感恩。在普迦仪式的最后，拜神者会获得供奉给神明的任何一种食物。供品本身是什么并不重要，重要的是其背后

一位信徒通过普迦仪式向神像献祭，如同在喂神像吃东西一般。人们相信，这种神像可以充满神明的精神能量。

所要表达的意图。有时只要去庙里看一下神像就足矣。

通过普迦仪式，人们可向神明献上敬意，也可向神明祈福。人们对印度教诸神的称呼往往表明该神明管辖的任务，如象头神

参见： 牺牲与血祭 40~45，按神的方式生活 82~85，新教改革 230~237，敬拜亲切的神 322。

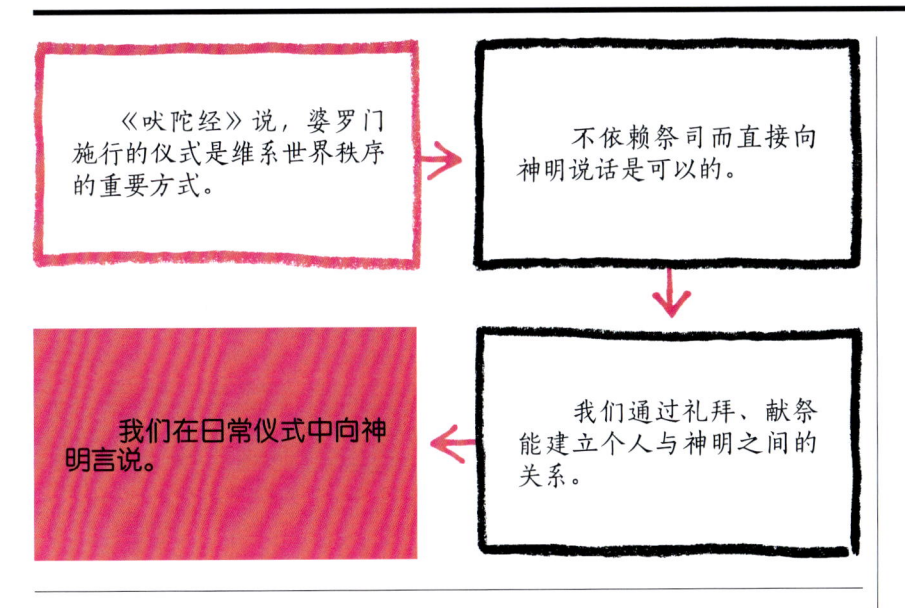

《吠陀经》说，婆罗门施行的仪式是维系世界秩序的重要方式。

不依赖祭司而直接向神明说话是可以的。

我们通过礼拜、献祭能建立个人与神明之间的关系。

我们在日常仪式中向神明言说。

清除障碍者伽内什。印度教教徒可根据自己的需求来选择不同的神明帮助自己，并通过普迦请求该神明实现自己的愿望。不过，普迦并非仅与个人的请求与感恩相关。人们还可以在节日聚众举行普迦，杜加女神节就是一例。这一年度节庆历时9天，是纪念拥有女性神力的杜加女神杀死可怕的牛魔摩西娑苏罗的日子。崇拜者献上祭物，伴随祷告、跳舞、唱颂歌，禁食或大摆筵席以纪念杜加女神。

神爱

人在崇拜时要将神明（借助神像显现）视为可与自己发生联系之人。崇拜者通过虔信的崇拜方式与自己选择的神明间形成亲密的情感纽带；继而该神明便进驻崇拜者心中。到12世纪，虔信派成为印度教主流派别，其寺庙崇拜仪式包括歌颂与舞蹈，崇拜者与其神明间的关系就如同恋人间的爱情一般。

尽管虔信派的崇拜方式广为人们采用，但其中多种形式都是以毗湿奴为崇拜对象的（见左下框中内容）。宏大史诗《罗摩衍那》和《摩诃婆罗多》中都讲到毗湿奴以多种化身下凡助人的故事。毗湿奴的第8种化身是克里希那神，而克里希那神的崇拜者认为，虔信是通向解脱的最高之路。■

崇拜毗湿奴的9种形式

在《罗摩衍那》中，以罗摩形式现身的毗湿奴描绘了9种虔信的崇拜仪式，"以确保能接近我、取悦我"。"第一种是'沙特桑'，意为与沉浸在爱中的崇拜者联合。第二种是培养倾听我甜蜜的故事的品位。第三种是对古鲁的侍奉……第四种是集体吟唱……颂经，或重复念诵我的圣名，而第五种表达方式是颂唱祈祷歌……要严遵经文教导，学会感官控制，练就高贵品质和无私的服务精神，这是第六种敬拜方式。第七种是在万物之中能看到我的显现，崇拜我的圣人要甚于对我的崇拜……宽以待人、知足常乐是第八种……第九种，也即最高的境界是全然依靠、顺服于我的力量。"

> 心中充满爱恋……你们要时常用眼中流出的爱之泪，以充满感情的哽咽之声，用舞蹈、音乐与颂歌来满足我。
>
> ——《提毗梵歌》

世界即幻象

以纯净意识来观

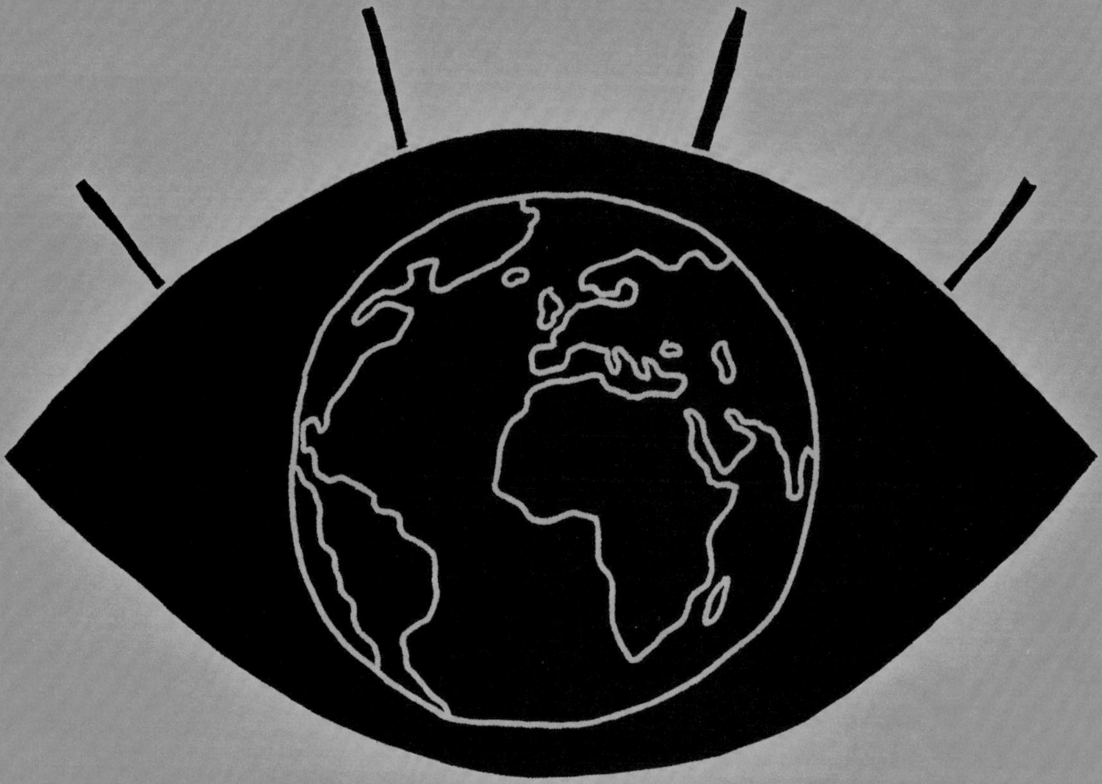

语境线索

主要人物
阿迪·商羯罗

时间地点
公元788—820年，印度

此前
公元前6世纪《奥义书》将"梵"描述为终极实在。

公元前4世纪 希腊哲学家柏拉图将感官经验的客体与实在本身进行比照，在柏拉图后期思想中，这种终极实在开始等同于一位"超验者"，或谓之"神"。

公元2世纪 龙树创立佛教中观学派，该学派的核心概念是"空"。

此后
13世纪 随着纯净意识思想的发展，禅宗曹洞宗追求对感官经验世界意识的超越。

9世纪，印度哲学家阿迪·商羯罗通过其作品发展出印度哲学派别吠檀多（意为"吠陀之终极"）。该流派系统阐释了古代文献资料《吠陀经》，并依照《奥义书》（《吠陀经》最后一卷）的探讨方式探寻"梵"的本质。

吠檀多有多个分支，商羯罗创立的支派称为"不二论"吠檀多。该支派认为，即便我们可能会以不同的方式体验到"实在"，但"实在"只有一个。这种"不二论"信仰与后来的吠檀多类型不同，后者中的神被人格化了。

商羯罗提出，人类的理性受限于感觉经验的客体，也就是说，人不可能超出感官的界限去认识世界。即便是在经验世界内也有可能出错，因为所有的感官认识都是模棱两可的。用商羯罗所举之例来看，人可能会将一条绳子误当作是一条蛇，反之亦然。进一步讲，某人或许知道他有可能被所见、所闻或所触之物愚弄，但如果用感官搜集信息本身便是一种幻象，那又会怎样呢？

不可知之"梵"？

《奥义书》教导说，只有一个终极实在"梵"，"梵"与最内在的"我"同一。然而，问题在于"梵"不是感官经验的客体，因为它并非（如世间事物那样）是实在的一部分，而就是实在本身。普通事物之所以可被人认识，是因为它具备通过感官可觉察的性质，从而与其他事物相区分。与之相对，"梵"没有物质属性，因此无法通过感觉获得的信息所把握。

那么，至高存在，即宗教中的"神"应由什么组成呢？《奥义书》中的哲学论证与《吠陀经》中关于男女神明崇拜的实践行为之间看似有天壤之别。如，"梵"如何既是人格化的（可知的）又是非人格化的（不可知的）？如果它是

我们关于世界的知识来自感官，因此总是容易出错。

↓

我们惯常认识到的世界是幻象。 ← 我们不是通过感官认识绝对实在的。

↑

我们不是通过感官，而是直接认同于我们的内在自我或灵魂来认识"梵"的，即绝对实在。

印度教　119

参见：高层次的教导 101，个人对真理的探求 144，现代性的挑战 240~245，面向所有宗教开放的信仰 321。

> 不二论要解决的是这一问题：由人和事物构成的非纯净世界是如何从纯净的"梵"中成为现实存在的。
> ——马德万

> 梵是真实的；世界是一种幻象；所谓灵魂是"梵"本身，而非其他。
> ——阿迪·商羯罗

意识和知识

商羯罗提出只有一个实在，但可通过两种截然不同的方式来理解这一实在。从习惯和实用的角度看，我们拥有的是丰富多样的感官经验世界。但从绝对的角度看，我们必须认识到人经验到的世界并不真实：它只是一种幻象。因此，我们只能通过来自纯净意识的认识体验到这一脱离幻象的终极实在。

商羯罗可能从佛教中汲取了双重真理观。佛教在实用真理与绝对真理之间做了类似的区分。对于印度教和佛教思想而言，这一区分是将宗教的基础哲学观念与实际应用相结合的必要步骤。在第一个千年期间，宗教行为逐渐朝向不同男女神明的崇拜发展（在佛教中，是崇拜各种菩萨形象）。每位神明都被视为对实在的某个方面的真实反映。对于印度教和佛教而言，这不

永恒、绝对的，又何以能用语言表述？

商羯罗的回答

商羯罗通过区别唯靠纯净意识才能认识的"无性梵"（无属性的实在）和更类似于存在并行动于世界中传统的神的概念"有性梵"（有属性的实在）来回答这些问题。"梵"一直是同样的实在，但可通过不同的方式来认识。有一种表达方式是：世界上没有不是"梵"的东西，因为"梵"是基本实在；然而，也没有什么东西是"梵"，没有单独、可知的事物能与"梵"的概念相对应。商羯罗以太阳为例进行解释：阳光照射在很多装满水的盆子上，每个水盆都反射出阳光，但太阳仍只有这一个。那么人们如何认识到"梵"呢？商羯罗的回答乃基于梵我一如，"我"即纯净意识最深处的自我。他指出，人不可通过外在感官的方式认识"梵"，而只能从内在认识它，因为它是我们最内在的本质。

在商羯罗的哲学中，人类理性受限于我们靠感觉搜集到的信息；我们需要一种截然不同的知识或是理解力来把握绝对实在。

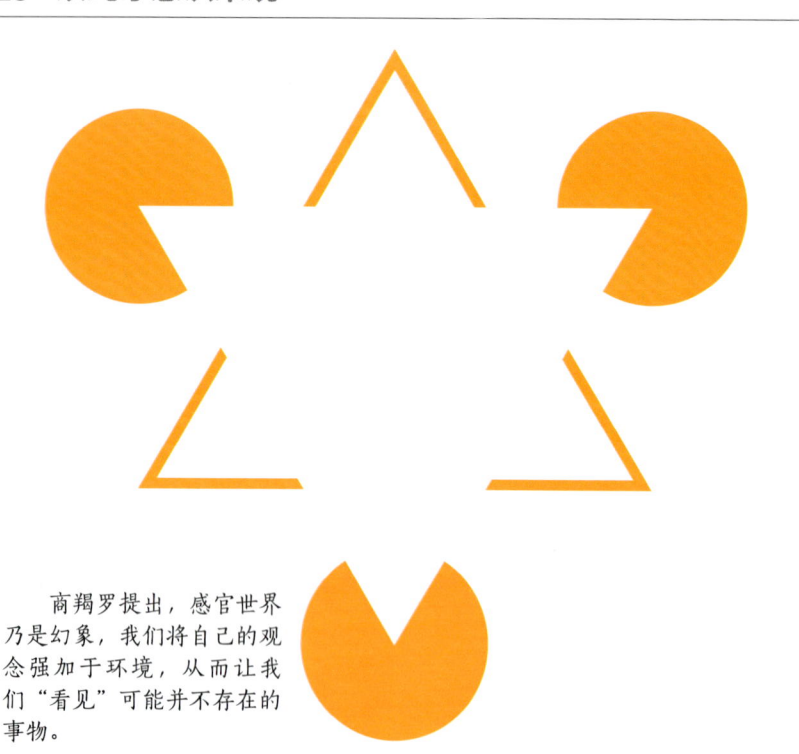

商羯罗提出，感官世界乃是幻象，我们将自己的观念强加于环境，从而让我们"看见"可能并不存在的事物。

> 世界转瞬即逝。出生在这个世上的人就如同活在梦中一般。
> ——《涅槃奥义书》

是对传统宗教的贬低，而是将之放在了更广阔的哲学背景之下。

不尽然是幻象

商羯罗对世界的认识，简单说来就是世界乃一种幻象（摩耶，maya），不过他的主张比这更为精妙。商羯罗认为"实在"有两个层次，而这两个层次从某方面看都是虚妄的：表面的世界（我们可见、可触的周遭世界）、实际的世界（按我们既有观念形成的对世界的认识）。表面的世界源自感官的解读，而实际的世界源自人们投射向外的思想，是人们的观念加诸周遭环境之上（如将绿色、长而尖的形状加诸"一片叶子"之上）。这两种关于世界的观念都是有误的，因为它们不过是人们对这个世界的描绘。所以可以说，我们体验到的世界是一种幻象，而并非世界本身（超越感官所得的认识）是一种幻象。从感观所得的世界是幻象。这就是商羯罗哲学被叫作"不二论"的原因——没有两个不同的实在：世界和"梵"，而只有一个实在。

在人获得对真我之身份和"梵"（独一的实在）的认识那一刻，就会承认原来认识到的自我（世界诸多客体中之一），在某种程度上也是幻象。这种觉悟意识是对我们是什么的领悟——我们是纯净意识的"真我"；与此相比，不断变化的表象肉身是相对虚幻的。

诸神指明方向

对"无性梵"与"有性梵"的区分，以及通过感官经验获得的知识与通过纯净意识获得的理解之间的对比，是至关重要的，不仅对印度教的理解如此，对广义的宗教亦是如此。

这些区分表明宗教有两个层次。在民众层次上，可能会是对某位选定神明的崇拜（正如虔信传统），以及将男女神明描绘为有特定品质或在世界中运行的诸神。但这种虔诚只是迈向知识和解脱之路上的第一步。解脱只能通过心智修习而获得，而这种修习要求达到可引向顿悟的一个冥想境界。在商羯罗看来，那种顿悟是唯一的实在，并不存在一个分离的神明世界。这就是说，如果只存在一个通过内心意识而可知的实在，那么便不再需要什么宗教仪式；人需要做的就是通过冥想修行以达成顿悟。

认为商羯罗推进了哲学而非宗教的发展是一种颇有吸引力的说法，但严格来讲这并不正确；对"梵我一如"意识的寻求需要冥想训练，这更是一种宗教修习而非某种哲学质疑。达成顿悟所需的那种自控力并非纯智识性的。商羯罗的方法是把两个大相径庭的传统——《吠陀经》的宗教仪式及后来的相关注解，和自视超越宗教仪式阶段的禁欲苦修者的心智修行——融于同一个体系中。

科学和实在

现代科学理论乃基于这一前提：宇宙由可认识与可衡量的物体、结构、事件和感官经验构成。然而，尽管此类理论在很多人看来是理解世界的一条可靠道路，但它们通常只反映出科学家对于他们所观察现象的阐释，随时可进行修正。比如说，感觉经验的世界，即便是在科学知识所能达到之极限内进行探索，也仅是通过现有工具测量的实在的一个近似值，而非实在本身。

另外，在认识实在的过程中使用的科学方法实际上可能会干涉、影响到所观察事物的本质。比如，在实验中以量子标准进行观察和测量，会得出明显不同的结果。

在商羯罗的哲学思想中，科学可能视为真理或实在的东西仍被看作一种幻象，因为存在两种完全不同层次的真理。诸神和科学法则一样，都只能是接近超越理性和感官经验的终极实在。而只有通过冥想、超越幻象才能获得纯净意识。■

> '我'的纯真掩藏在幻象之下……可通过通晓梵者之法，如冥想、沉思及其他灵性修习来获得……
> ——阿迪·商羯罗

阿迪·商羯罗

印度哲学"不二论"传统的创始人阿迪·商羯罗公元788年出生于印度喀拉拉邦的一个婆罗门家庭。7岁起受教于一位古鲁（老师）。后来搬到瓦拉纳西，在那里他有了最早的追随者，而后前往伯德里纳特，当时年仅12岁，据说他在那里创作了一部《大梵经》评注。

后来，商羯罗成为一名古鲁，并吸引了众多追随者。他在印度教的复兴和大量寺院的修建中也起到了重要的作用。商羯罗于32岁逝世，留下了大量作品，主要是对《奥义书》的评注。其哲学思想让《奥义书》中的吠檀多传统有了系统性发展，为印度教教义的发展做出了伟大贡献。

主要作品

公元8世纪　《大梵经疏》《分辨宝鬘》《示教千则》

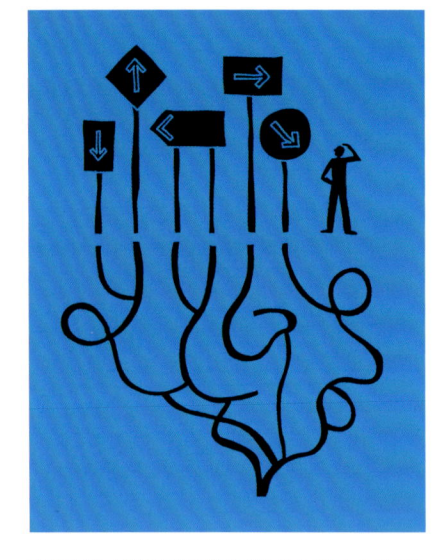

诸多信仰，诸多道路

关于神的意识

语境线索

关键人物
室利·罗摩克里希纳

时间地点
19世纪，印度

此前
从公元前3世纪起 随着佛教思想的传播，图像崇拜和行为开始出现多样化。

6世纪 印度教虔信传统允许人们借助数目不等的神像来拜神。

15世纪 锡克教创始人那纳克上师将自己的新宗教面向所有爱神之人开放，无视其属于哪个阶层和传统信仰。

此后
20世纪 信仰间的对话成为常态。

20世纪 不论人们的文化和宗教背景如何，林林总总的新兴宗教运动为所有人提供了灵性修行通道。

> 每个有灵性追求之人都可能会崇拜某位神明，或追随某一条道路、某一种宗教。

> 但正如印度教不同男女神明代表了"梵"的不同方面，不同宗教也都是通往独一精神实在的道路。

> 试图让人从一种宗教皈依到另一种宗教，未若让每个人追随自己的宗教。

所有宗教都会走向同一位神的观点是由19世纪的一位神秘主义者室利·罗摩克里希纳提出的。他奉行虔信精神（印度教中的宗教敬虔运动），遵循最初由阿迪·商羯罗（见121页）教导的"不二论"哲学。该哲学围绕独一的实在——"梵"的概念展开，即梵我一如。罗摩克里希纳的思想始于这一观点：人在冥想中可参悟内在的神性，而且无论他们崇拜哪一位神，都只有一个灵性实在。因此，在印度教中，每个人都可以按照自己的方式自由崇拜，同时承认在终极层面只存在一种"神力"（梵）。对于罗摩克里希纳而言，

印度教 **123**

参见：终极实在 102~105，阶层制度和信仰 302~303，旨在统一所有信仰的高台教 316，面向所有宗教开放的信仰 321。

> 我们不仅相信普遍的包容性，我们还承认所有宗教都为真。
> ——辩喜

这表明，正是通过这同一条内在或个人的道路可体验到所有宗教，因此，所有灵性之路都可能殊途同归。

内在转化

对罗摩克里希纳所言"内在转化"一说，可从其自称曾一度成为穆斯林的经历来理解。他沉浸于伊斯兰教义中，描述了自己进行伊斯兰教礼拜的方式。他一度觉得自己真的成了穆斯林，完全不愿将目光投向印度教神像。

大多数穆斯林都不会视此为真实的伊斯兰教经验，因为他并未参与到伊斯兰教的文化和社会活动中。不过对于罗摩克里希纳而言，这全部的内在体验让他得出以下结论：任何一种自我发现的内在之旅，都会让人与罗摩克里希纳的弟子辩喜后来所说的那种"全宇宙灵性独一的永恒理念"相同一。对罗摩克里希纳来说，如果宗教意味着一种内在转化的过程，如果神代表了终极实在，那么采用任何一套宗教观念都是行之有效的。个人可以沿着一条注定会和所有其他有类似追求之人所走之路汇合的道路前行。罗摩克里希纳认为，个人通过任何一种宗教传统都可以与"内在之神"相遇，而且这超越了宗教间任何外在的、文化的或教义的差异。因此，他得出结论，在一个真正的宗教信仰者眼中，其他所有宗教都是通向同一真理的道路。他不是试图让人从一种宗教皈依另一种宗教，而是鼓励每个人遵循自己的宗教之路，允许一种自然而然的精神转变的发生。■

一位伊玛目在华盛顿特区国家大教堂内宣礼，这是一场由基督徒、犹太教徒、穆斯林共同参与的联合礼拜。

室利·罗摩克里希纳

1836年，罗摩克里希纳出生在孟加拉一个姓查特吉的贫穷婆罗门家庭。后来他成为加尔各答市外的一座寺庙的祭司。那里供奉着伽梨女神，他在那里成为一个克里斯玛式的人物。早年间他就有宗教出神的经历，在各处都能看到宇宙之母伽梨女神，他甚至看见伽梨女神在她的图像前癫狂舞蹈。

1866年，一名印度苏菲派信徒将伊斯兰教介绍给罗摩克里希纳，据说他有几天接受了这一信仰，并在冥思中看到过基督的形象。

他的弟子辩喜（1836—1902年）将其思想传播开来，并使其有了系统的形式。辩喜强调印度教并非让人相信某些教义或哲学命题，而是进入一种体验。1893年，辩喜在世界宗教大会上陈述了这些观点。他还建立了罗摩克里希纳派，以推进室利·罗摩克里希纳的事业。

非暴力是强者的武器
政治时代的印度教

语境线索

关键人物
圣雄甘地

时间地点
1868—1948年，印度

此前
从公元前6世纪起 不伤生或非暴力就已成为耆那教和佛教的重要道德原则。

公元前3世纪 阿育王皈依佛教，受非暴力主义的激发，发起社会改革。

公元前2世纪 印度教的《薄伽梵歌》对不伤生主义和武士阶级在正义战争中所担负职责间的矛盾关系进行了探讨。

此后
1964年 浸信会牧师马丁·路德·金宣扬以非暴力手段反对美国的种族不平等现象。

甘地在南非反种族歧视的工作中创造了satyagraha一词，意为"坚持真理"。这成为他在南非及后来在印度发起的非暴力不合作运动中的关键主题。

尽管甘地是一名印度教教徒，但他深受耆那教非暴力和为万有生灵谋福祉思想的影响。不过，他反对人在面对社会不公时退隐到个人灵性修行、躲避对抗的观点。

印度教一直处于两派分裂当中，一派认为人应依据自己所属的阶层、所处的人生阶段承担其社会职责；一派选择从社会中隐退，走一条强调个人宗教修习的禁欲苦修之路。甘地坚定地寻求政治及社会公义，并同时坚持非暴力的禁欲苦行价值观。他也看到了以暴制暴只会带来自我毁灭，是徒劳无益的。

他认为，一个人唯有忽略自

不作为和不问世事让社会不公继续横行。

↓

而暴力则只会导致报复和进一步的暴力，这是自我毁灭。

↓

因此，只有通过非暴力抵抗和下定坚守真理的决心，才可以最佳地实现社会和政治变革——不论这会导致何种结果。

印度教

参见： 舍己带来灵魂解脱 68~71，无私的行为 110~111，以慈悲治国 146~147，为福音而死 209，在真主的道路上努力奋斗 278。

> "神是真理。通向真理之路要借着非暴力才能抵达。"
> ——圣雄甘地

己的社会地位和个体利益，才能真正地寻求真理。因此，他提出，反对不公的方式就是鼓足勇气和力量坚持真理，而不要顾忌给人带来何种结果，对他而言，其结果就是身陷囹圄数年。他把不合作和非暴力抵抗看作个人或团体在协商无果的前提下不惧使用的"真理的武器"。只要在道德层面有对真理的确信，那么，接受因我们的行动而导致的后果便是一种力量的标志。

爱所有人，不恨一人

甘地强调应从最积极的意义上理解不伤生（非暴力），换言之，它应指培养对所有人的爱，而非单纯地节制杀戮。这种哲学会带来更进一步的社会、政治影响，因为它需要支持被压迫者。例如，甘地为捍卫处于四大种姓之外的"贱民"（因其从仪式上讲是不洁的）的权利而奋斗。他认为将贱民视为"不可触碰的"是一种反人类罪。这后来在印度被宣布为非法。他也强烈地支持宗教自由，反对任何形式的剥削。

不幸的是，甘地在自己人生的最后一年亲历了印巴分治时发生的流血事件和大规模民众的流离失所。然而其学说，尤其是非暴力抵抗的思想传播到世界各地，激励着众多的领袖人物和政治运动，包括南非的反种族隔离运动以及美国等地的民权运动。■

莫罕达斯·卡拉姆昌德·甘地（圣雄甘地）

1869年，莫罕达斯·卡拉姆昌德·甘地（被人尊称为"圣雄"或"伟人"）出生于印度的博尔本德尔。他在英国伦敦取得了律师资格，回印度作了短暂停留之后，在南非度过了21年，给当地印度民众提供法律援助。在此期间，他发起了消极抵抗运动，反对针对印度人的强制登记和指纹采集政策。

1914年，他回到印度，反对英国统治者实行的不公平政策。20世纪20年代，他发起了不合作主义运动，并为此入狱两年。他继续推动类似运动，并继续遭遇牢狱之灾。他希望看到一个摆脱英国统治的印度。所有宗教团体都能拥有自己的权利。1947年印度终于实现独立时，他反对印度的分裂，因为这与其宗教统一的愿景相冲突。

1948年，甘地在德里被一名印度教狂热分子暗杀。此人指责甘地过于同情国内的穆斯林。

BUDDHISM
FROM 6TH CENTURY BCE

佛教

始于公元前6世纪

引言

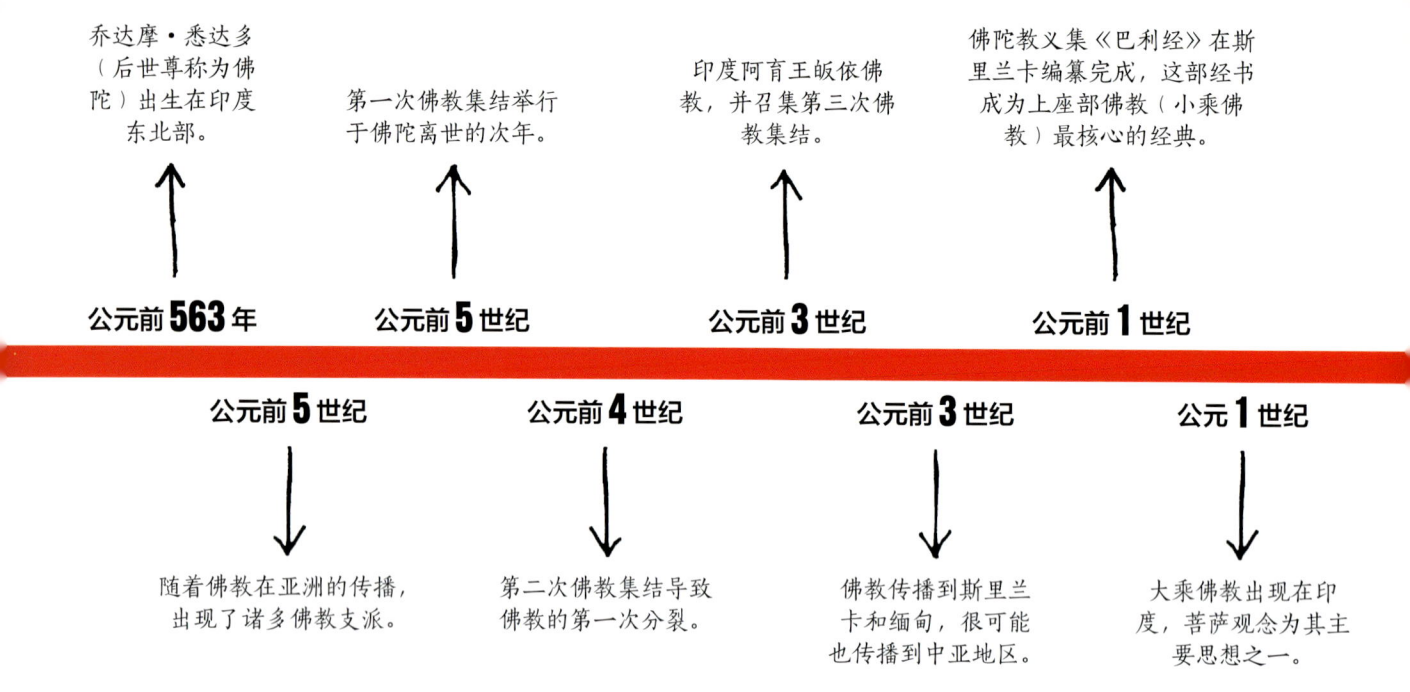

公元前563年	乔达摩·悉达多（后世尊称为佛陀）出生在印度东北部。
公元前5世纪	第一次佛教集结举行于佛陀离世的次年。
公元前3世纪	印度阿育王皈依佛教，并召集第三次佛教集结。
公元前1世纪	佛陀教义集《巴利经》在斯里兰卡编纂完成，这部经书成为上座部佛教（小乘佛教）最核心的经典。
公元前5世纪	随着佛教在亚洲的传播，出现了诸多佛教支派。
公元前4世纪	第二次佛教集结导致佛教的第一次分裂。
公元前3世纪	佛教传播到斯里兰卡和缅甸，很可能也传播到中亚地区。
公元1世纪	大乘佛教出现在印度，菩萨观念为其主要思想之一。

有人认为，佛教更是一种哲学体系而非宗教，这是因为在佛教中并无确切的神明。佛教的起源也同样不具有典型性：其创立者乔达摩·悉达多，即佛陀（"觉悟者"）的思想并非建立在某种神秘异象或启示之上，而是他在长年阅历和思想的积累，即觉悟后得出的心得。乔达摩的思想和神并无太大关联，因此他既没有肯定也没有否定神的存在。不过一些佛教派别后来具有较强的有神论色彩，但神明在其宗教实践活动中并不占中心地位。

在乔达摩的出生地印度，当时盛行的是婆罗门教，以及印度教信仰中的轮回思想，即灵魂处于生死轮回的无限循环中。佛教对于如何打破这一轮回提出了截然不同的观点。乔达摩倡导通过转变生活方式来代替印度教对崇拜和仪式的依赖。佛教不是从神圣典籍中获取神旨与权柄，而是以其创始者的教导为冥思之起点的。

基本教义

佛教教义是口口相传的，最初传到乔达摩直系弟子那里，然后通过他所创寺院的法师进行传播。直到公元前1世纪，乔达摩去世数百年后，他的教导才首次以成文形式问世，即《三藏》。这部经书由斯里兰卡的一种方言巴利文写成，而非学术语言梵语。在这部称为《巴利经》的经籍之后出现了很多注释，如《大乘佛经》就是对佛陀教义的解释。

佛教缺乏神学思想，但它分析了灵魂陷入轮回的原因，探索了人如何觉悟、涅槃（即彻底消除贪、嗔、痴诸般欲念）之法。乔达摩解释道，避免陷入轮回的最大障碍是由于欲望和执着无法满足而导致的痛苦。他提出"四圣谛"的概念来解释痛苦的根源以及如何摆脱痛苦的方法，这一概念成为佛教的核心教义。"四圣谛"即"苦谛"（人生皆苦）、"集谛"（人受苦的

佛教　129

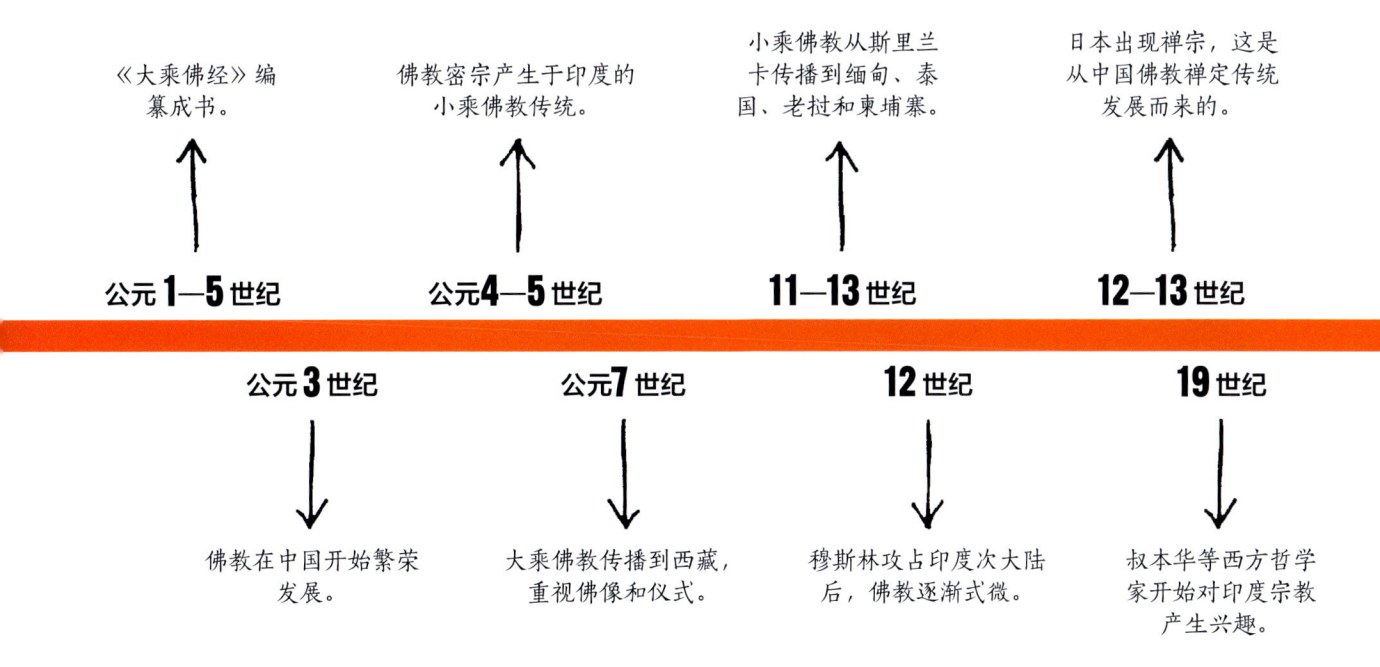

公元 1—5 世纪	公元 4—5 世纪	11—13 世纪	12—13 世纪
↑《大乘佛经》编纂成书。	↑佛教密宗产生于印度的小乘佛教传统。	↑小乘佛教从斯里兰卡传播到缅甸、泰国、老挝和柬埔寨。	↑日本出现禅宗，这是从中国佛教禅定传统发展而来的。

公元 3 世纪	公元 7 世纪	12 世纪	19 世纪
↓佛教在中国开始繁荣发展。	↓大乘佛教传播到西藏，重视佛像和仪式。	↓穆斯林攻占印度次大陆后，佛教逐渐式微。	↓叔本华等西方哲学家开始对印度宗教产生兴趣。

原因）、"灭谛"（消除痛苦）和"道谛"（消除痛苦的方法）。"道谛"暗示了佛陀提倡的"中道"的生活方式，这个观念看似简单却很难企及。

传播和分化

佛教从印度北部向南传播到印度次大陆，向北传到中国，在此过程中产生了许多不同派别。大乘佛教和小乘佛教是两个主要佛教派别，它们以地域界限划分，并延续至今。

小乘佛教侧重于保守和严格的律令，它较多地保留了佛陀原初的教义，在印度南部尤其是斯里兰卡逐渐发展起来。随着贸易的发展，小乘佛教在12世纪得到振兴，传到缅甸、泰国、老挝和柬埔寨。

大乘佛教走上了一条"宗教性"程度更高的道路，它给信徒提供了寺庙、宗教仪式、丰富的宗教象征物以及佛陀的图像。与小乘佛教类似，大乘佛教在印度也逐渐式微，却在中国西藏和内地、越南、韩国及日本发展起来。大乘佛教的一个核心要素是尊崇被称为菩萨的宗教领袖，菩萨即已经觉悟却留在世上普度众生之人。

随后两大派别内部也出现了分化，导致一些相互对立的派别产生，如在没有仪式、经籍和推理的情况下通过净化心灵而达到自我觉悟的禅宗；以色彩鲜艳的寺庙、图像和宗教仪式著称的形色各异的藏传佛教。

在今天，全世界大约有5亿佛教信徒，佛教由此成为继基督教、伊斯兰教、印度教之后的世界第四大宗教。然而，尽管西方世界对同时身为宗教与哲学的佛教之兴趣与日俱增，但在20世纪50年代初曾为世界第一大教的佛教自20世纪后半叶以来一直处于衰落的态势。∎

寻求中道

佛陀的觉悟

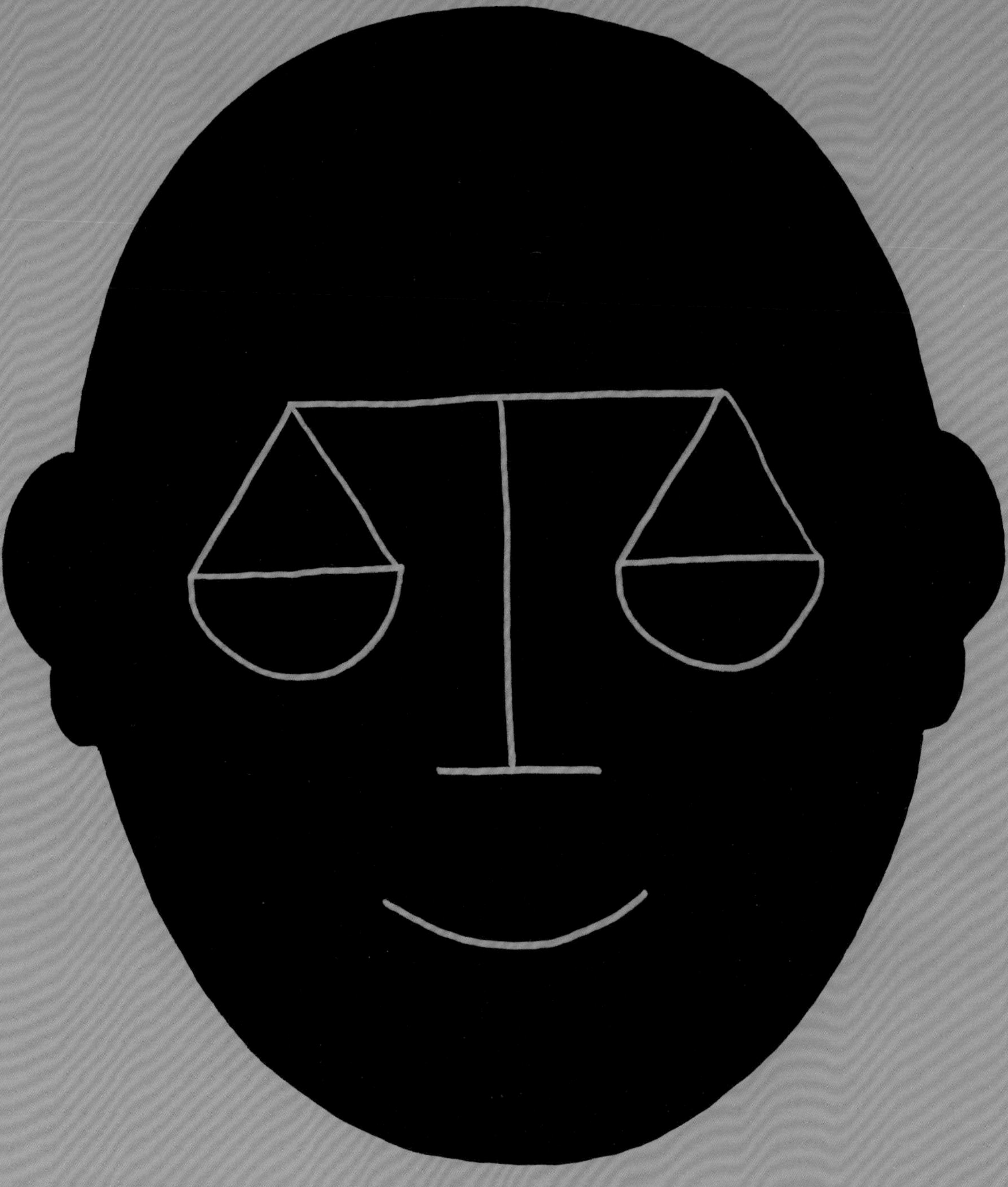

佛陀的觉悟

语境线索

主要人物
乔达摩·悉达多

时间地点
公元前6世纪，印度北部

此前
从公元前1700年开始 印度北部的吠陀宗教中盛行多神崇拜。

公元前6世纪 中国的道教和儒家思想提出了以培养个人精神发展为核心的哲学思想。

公元前6世纪 乔达摩·悉达多放弃王子身份，成为一名苦行僧；他的教义成为耆那教的经文。

此后
公元1世纪 记载乔达摩·悉达多教义的首批经文问世，不久佛教传入中国。

公元前6世纪是印度北部地区社会和政治发生重大变化的时期。统治权力从部落集团转移到新兴王国手中，其间战事频发。城市不断扩大，商业贸易日益繁荣，人们产生出摆脱简单农业生活的愿望。与此同时，人们开始探索有关人生和宗教的基本问题。

一方面，当时印度有以献祭和吠陀权威文本为基础的吠陀宗教，但除了婆罗门阶层（即祭司阶层）以外，很少有人能接触到这些经籍。吠陀宗教是有严格规定、墨守成规的宗教，它要求服从传统，维系社会阶层的划分。另一方面，诸多云游宗师开始挑战吠陀宗教，其中一些人退出社会潜心苦修（即舍弃物质享受），追求朴素和贫穷，作为灵修手段。他们拒斥现存的社会准则以及身体的安逸，生活在社会体制之外。另一些云游宗师信奉顺世派唯物主义哲学，

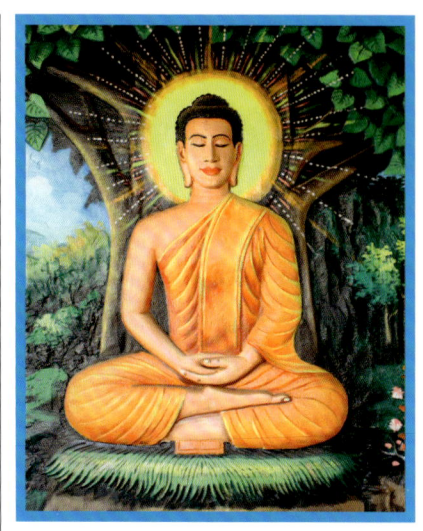

乔达摩·悉达多在菩提树下经过一段时间的冥思之后达到"觉悟"的境界。公元前288年，原菩提树的一个分枝被栽种在菩提伽耶，如今成为佛家弟子朝圣之地。

认为在现实世界之外别无他物，他们拒绝传统的精神教义，追求舒适的生活。

乔达摩寻求答案

出身富贵的乔达摩·悉达多

乔达摩·悉达多

公元前563年，乔达摩·悉达多出生于印度北部释迦族王室，作为王位继承人，他自小在舒适的环境中长大，并接受良好的教育，16岁时结婚，育有一子。

然而在29岁时，他对王室的生活产生厌倦，于是他离开王宫，花费数年修行。在获得"觉悟"的体验之后，他成为一名云游宗师，尤其在恒河平原的一些城市吸引了众多的追随者。他建立起供僧尼修行的寺庙，同时越来越多的世俗修行者加入进来。他还与王侯统治者以及其他信仰的宗教导师进行对话。在他80岁离世时，佛教已经成为一个重要的宗教派别。

主要作品

公元前29年 佛陀早期教义的结集《法句经》成为《巴利经》（见140页）的一部分内容。

参见: 道我相契 66~67, 舍己带来灵魂解脱 68~71, 圣人有智 72~77, 理性的世界 92~99, 面向所有宗教开放的信仰 321。

在即将成年之时，发现舒适的生活与他对人生之苦及人终有一死的认识之间格格不入，此外，物质上的享受并没有给严酷的现实生活提供保障。因此，他决定从宗教中寻找痛苦的根源以及解决之道。

乔达摩用7年时间苦修，将自己的生活降低到最低水平，但这并没有帮助他找到答案。于是，他放弃了这种修行方法，但仍坚持寻找痛苦的原因。据说，在通过一整夜的冥思之后，乔达摩获得了"觉悟"（即意识到现实的本质），找到了痛苦、衰老和死亡问题的答案。从此，他的追随者尊称他为"佛陀"，意为"觉悟者"。

> 生活中无论拥有多少物质都不能使我免受苦难。
>
> ↓
>
> 拒绝物质享受，过一种禁欲的生活也不能使我免受苦难。
>
> ↓
>
> 每个人都需要根据自己的情况找到一个平衡的、遵守适度戒律的生活方式。
>
> ↓
>
> **找到中道。**

中道

佛陀的教义称为"中道"。这显然是指介于乔达摩否定的两种类型之间的中间道路。这两种类型一种是纵欲，试图通过物质享受来避免痛苦，另一种是极端禁欲，除了精神之外别无追求。佛陀找到的方法是遵守适度的戒律，过一种符合伦理的生活，既不要沉迷于声色犬马，又避免禁欲主义。佛陀的中道也介于常见（即永恒主义，指人的精神不朽）和断见（即虚无主义，指极端怀疑主义，否定人生的一切价值与意义）两个极端之间。

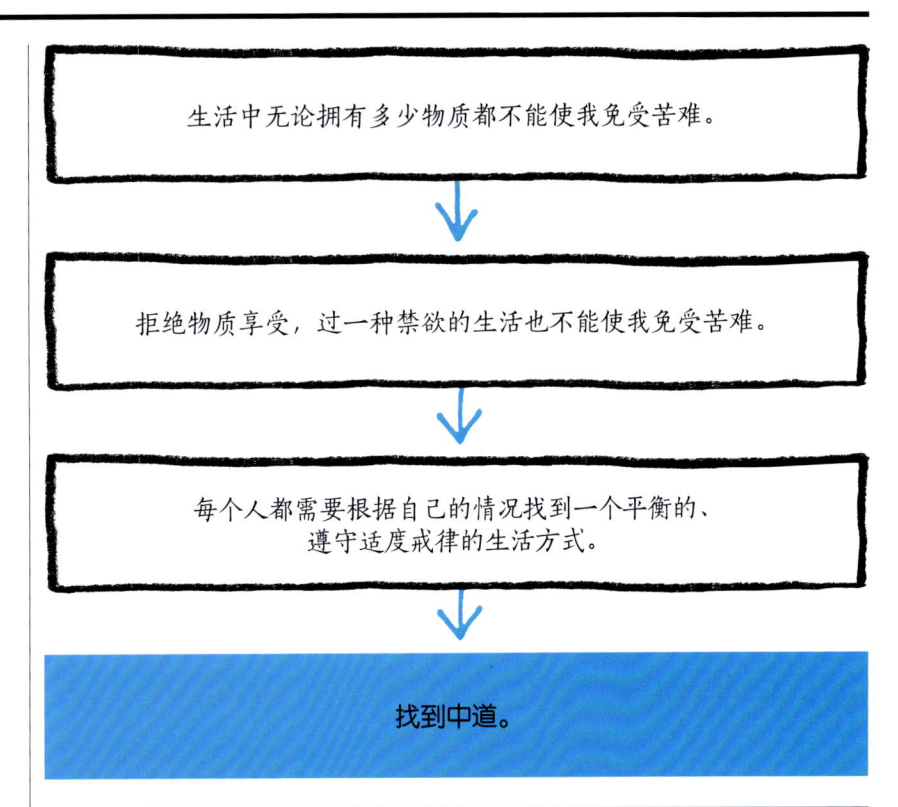

常见（永恒主义）和断见（虚无主义）

吠陀宗教，尤其是其经典《奥义书》（见105页）认为人的本性就是"我"。它是永恒的，在生命间不断轮回转世。"我"与身体的联系是暂时的，它在本质上独立于身体之外。

关键之处在于，吠陀宗教将"我"等同于内在于万物中的神圣实在"梵"。世上万物（如树、动物和石头）都是幻象，即"摩耶"。真理和实在超越了这些物质。当佛陀否定自我的永恒性时，他其实否定了印度教思想的一个重要方面。

同时，佛陀也否定了另一个极端——虚无主义，虚无主义否认一切事物的价值。虚无主义表现为两种，这两种方法佛陀都曾修行过。一种途径是禁欲，通过极端苦行来净化身体，否定一切有价值之物。另一种途径是拥护物质主义，这是印度非正统的顺世派哲学。他们认为，如果万物仅是物质元素的短暂组合，那么就不存在能够被人生中的善恶行为影响的永恒灵魂。而如果生命在死后终止，那么在此生尽享快乐才是正确之选。

然而，在反对这两个极端的同时，佛陀并没有选择一条简单的折中道路。相反，他将自己的观点建立在"互联性"的概念之上，这成为理解佛陀教义的关键。

三法印

佛陀指出，生命中的一切事物都是有特定原因和存在条件的产物，当原因和条件不存在时，这些事物也就不存在了。因此，世间不存在永久或独立存在的事物。在梵语中，这种相互依赖的关系被称为"因缘"，字面意思是"事物联系在一起"。这一术语有时也被翻译成"缘起"，更好地表达出"不存在起源于自身的事物，万物皆依赖于前因"的观点。换句话说，在我们生活的世界中，一切事物都是相互关联的，没有任何事物起源于自身。

这种对世界简单而深刻的观察产生了后来我们所知的"三法印"。第一法印是"诸行无常"，即世界万物并非永久存在，随时都会产生变化。这虽不如人愿，但事实如此。

佛陀说，对永恒性和事物本质的追求导致人类对生活的不满，即"苦"，这就构成了第二法印"涅槃寂灭"。"苦"有时也被翻译为"苦难"，它并不仅仅意味着肉体上的痛苦或不可避免的死亡，还指生活的无奈。人生并不全是我们想要的东西，它还包括我们不想要的事物和人。生活中没有什么能让我们完全满意，万物皆有其局限性。

第三法印是"诸法无我"。一切事物都在不断变化，因此不存在一个固定的自我或本质。我们以往孤立地看待事物（如树木），并在此基础上对其界定。然而在现实中，由于一切事物都取决于促成其产生的因素，如没有土壤、水和阳光，树木就不能成长，因此不能用常识或语言设定的方式界定万物。

互联性及其隐含的"三法印"观点更是一种观察而非某种论证。它不是对世界应该如何的看法，而是反映了世界的现状，企图否认这种现状是人生苦难的根源。

佛陀的因缘教义受到互联性观念的影响。这一思想将"苦"或"不知足"与变化的进程联系起来，表明通过某种方法或在某种条件下可以将苦难化解到最小。佛陀在其教义中解释了这些方法，即人们所说的"四圣谛"和"八正道"（见136~143页）。

在日常生活运用"中道"

在现实中"中道"精神形成

佛教僧侣并不因为苦难本身而修行。他们适度饮食，并靠施主施舍斋饭，这是相互依存的一个实例。

佛　教　**135**

了许多佛教的践行方法。例如，一些佛教派别强调寺院生活的重要性，却并不主张终身都过寺院生活。许多人做了几个月或几年的僧尼之后又回归家庭（见145页）。同样，为免引起不必要的痛苦，佛教徒主张素食。但如果坚持素食有困难或身体状况需要摄入肉食，那么荤食亦可。以接受他人施斋为生的僧侣不应对所受斋饭挑剔。所有这些都不是一种妥协，而是对事物间相互依赖关系的正确认知。

"中道"对人们认识宗教、伦理和哲学都产生了深远的影响。如"中道"认为现实生活是不断变化的，衰老和死亡都不可避免，物质保障和自我克制都不能阻挡这些事情的发生。由此通过内心塑造人的价值观和伦理观，并影响他们如何选择自己的生活。

> 此有故彼有，此生故彼生；此无故彼无，此灭故彼灭。
>
> ——佛陀

正如有花开必有花落，佛陀的"三法印"观认为世界万物都是在不断变化的（即"诸行无常"）。由此引出了"诸法无我"的概念，即事物没有固定的本质，因为万物皆处于变化流转中。

变通哲学

从宗教的角度看，佛教对印度教《奥义书》中永恒自我的否定是革命性的。它反映出传统的宗教信仰已经不能解释人生及苦难。如果将佛教看作一种宗教而非伦理哲学的话，那么它并不否认神或某种永恒灵魂的存在，而是将其视为不必要的干扰。当被问及世界是否永恒，或觉悟者死后是否重生等一些被看作宗教信仰核心的问题时，佛陀拒绝回答。在哲学方面，佛教认为知识来源于经验分析而非抽象思考。这意味着佛教一方面能对新文化理念保持变通、开放的态度，另一方面又能坚持自身的观点。事物间的互联性表现为连续和变化之间的平衡，这成为佛教哲学的基础。

佛陀的思想在心理学上也有重要意义。通过指出"自我"并非简单和永恒的，而是复杂和变化的，这使人们有可能探索"自我"的多样性。此外，佛陀提出的"中道"观对所有人都是开放的，因此尽管佛教中缺乏神的概念，它仍能对一个注重传统与仪式的社会产生吸引力。■

苦难可以终结

摆脱无尽的轮回

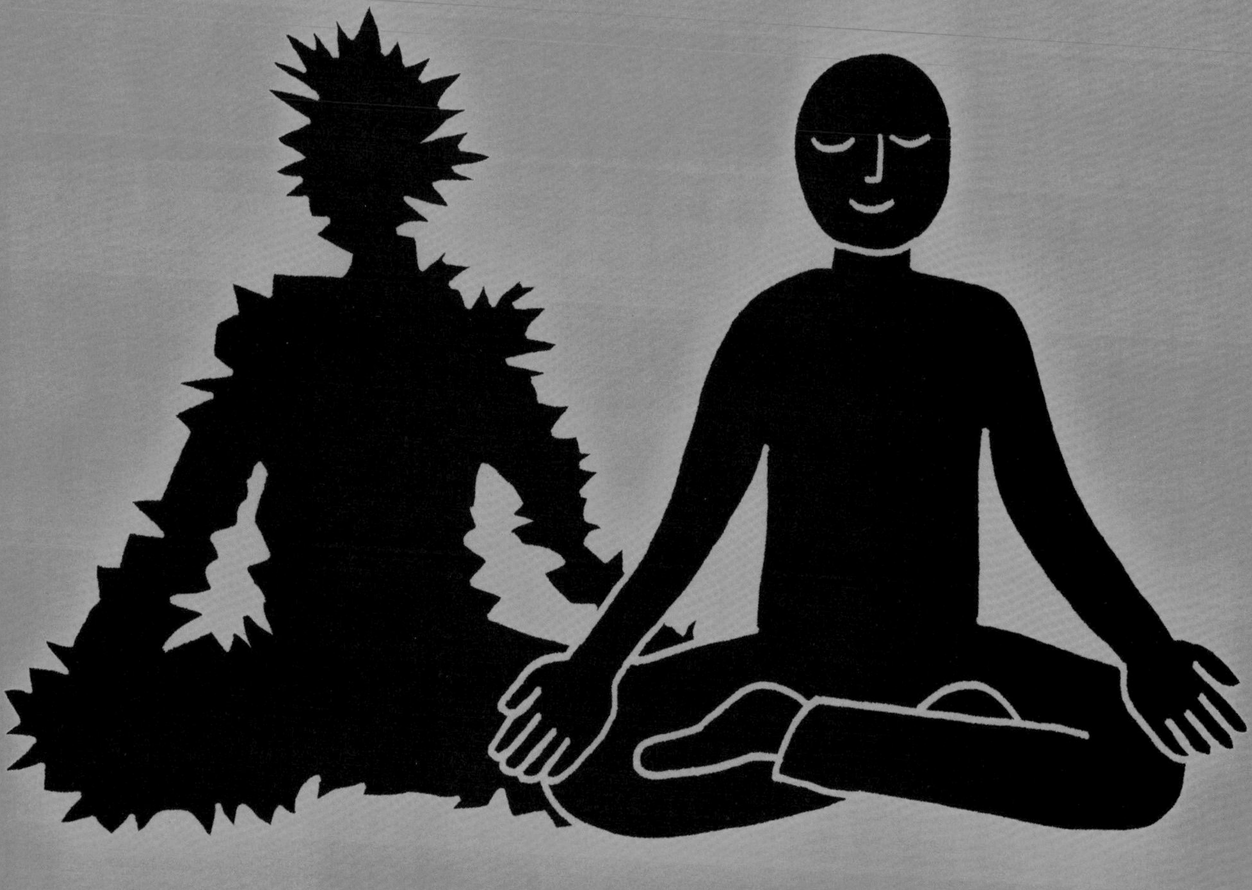

语境线索

主要材料
佛陀的第一次讲道《转法轮经》以及之后的一些教义

时间地点
公元前6世纪，印度

此前
从史前时代开始 苦难就被视为神明的惩罚。

公元前700年之后 印度教教徒把苦难看作业报轮回（前世的业力）不可避免的结果。

此后
公元前3世纪 孔雀王朝的阿育王试图通过从实践和政治层面修习佛法来减少痛苦。

公元前2世纪 那先比丘指出，认识到自我本质的不断变化可以消除对人生的不满。

> 佛陀慈悲，他寻求众人的福祉；佛陀传授佛法出于慈悲心。
> ——《如何经》

佛陀的教义，即"法"的核心目标是消除苦难。所有无益于此目标之物皆无关紧要。佛教思想本身并非目的，它们也不是思考世界的本质得来的结果，而是对生活的观察以及可以付诸实践的原则。

四圣谛

佛法始于四个真理，即"四圣谛"，概括了人生之苦及解决之道。四圣谛是佛陀在菩提树下觉悟后第一次宣讲佛法的主题，围绕着人生之苦展开。

佛陀四圣谛之第一为苦谛，

面对葬礼或其他悲伤之事，人们往往感动落泪；但在佛教徒看来，这些痛苦源于执着于某物或某人的错误愿望。

参见： 道我相契 66～67，理性的世界 92～99，身心修行 112～113，佛陀的觉悟 130～135，苏菲主义和神秘主义传统 282～283，天理教和康乐生活 310。

揭示了苦的真谛。此即众生皆苦的观点，是佛法的核心，开启了乔达摩·悉达多寻求真理的漫长之路。佛陀说，人生脆弱，不堪一击，苦是生命的特性。苦的内涵非常广泛，不仅指强烈的痛苦，还包括更广泛的不满足感，可以是因所爱者死去带来的感情创伤，觉得人生失去了意义；也可能仅是陷入某种不愉悦的状态，如因堵车带来的不快。苦是在引发压力、不适和不满的状态中产生的一种感觉，它让我们渴望身处别处或成为他人。

佛陀认为对快乐的追求会使人误入歧途。人们追求感官愉悦、财富、权力以及物质，希望这些东西能令自己快乐。但这一思想的虚妄恰恰是第二圣谛——集谛的根源，即苦的根源在于欲。佛教中表示欲望的术语是"贪爱"，表明人们试图留住喜爱的事物，觉得只要能拥有某物，所有问题便能迎刃而解。"贪爱"也可译为"渴求"，表明这种欲望对我们而言看似是自然和必要的。佛陀认为，尽管如此，对欲望的追求是适得其反的，只会带来更多的痛苦和不幸。

据佛陀讲，欲望不仅包括对物质和权力的追求，还包括对特定观点、思想、规则和戒律的执着，后者同样也是有害的。绝大多数宗教都把人们对宗教教义和仪式的遵守当作救赎的根本途径，佛陀在这一点上提出了截然不同的看法。尽

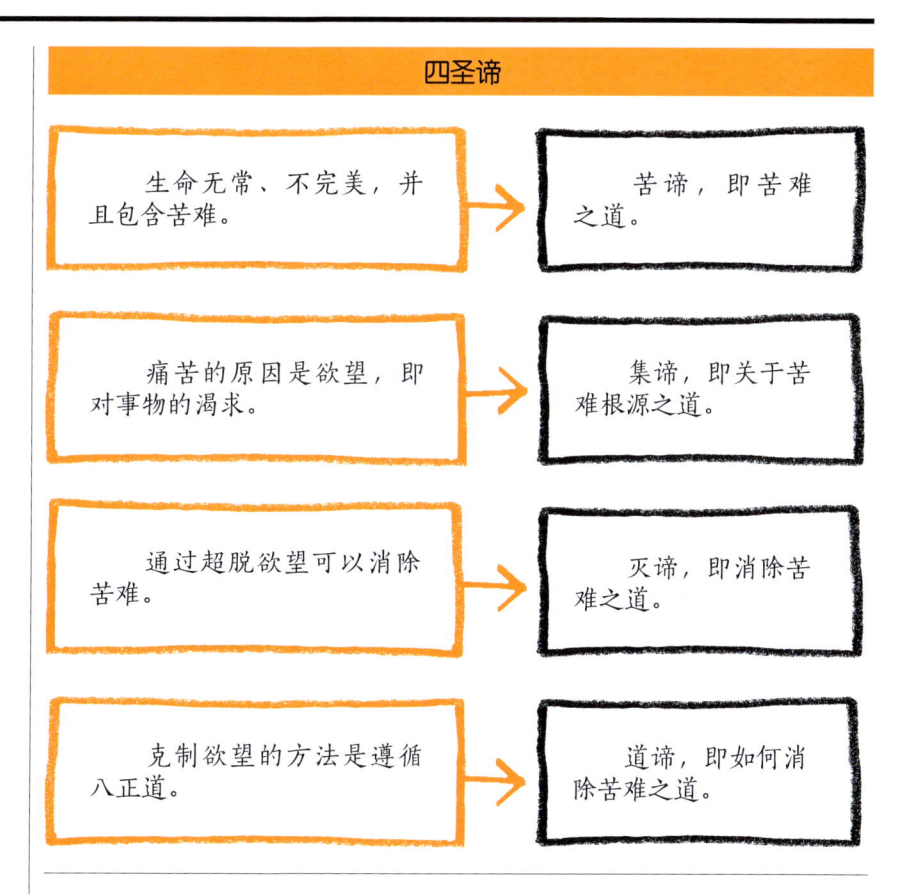

四圣谛

生命无常、不完美，并且包含苦难。	苦谛，即苦难之道。
痛苦的原因是欲望，即对事物的渴求。	集谛，即关于苦难根源之道。
通过超脱欲望可以消除苦难。	灭谛，即消除苦难之道。
克制欲望的方法是遵循八正道。	道谛，即如何消除苦难之道。

管佛陀并未直接指出这些信仰本身是有害的，但他却告诫人们不要以为执着于这些信仰就能自动走向消除苦难的道路。

追求涅槃

对于佛教徒来说，世间万物皆随缘而来，意思是指苦必由某物引起，一旦该原因被排除，苦就会停止。第二圣谛中提到的欲望（"贪爱"）就是此原因，因此佛陀指出，一旦欲望消除，苦就会停止。第三圣谛——灭谛（消除苦及其原因）指消除欲望。消除欲望并不是停止正常的生活（如佛陀在觉悟之后仍旧传播了45年佛法，在此期间也同样受到困扰人类的普遍问题的影响），相反，它指的是人对生命理解的一种状态——不渴望生命中没有的东西。

第三圣谛会带来一种安宁的状态，即梵语中所称的"涅槃"，这是一种超越一切欲望的境界。它不同于灭绝一切，佛陀批评了那些试图通过灭绝欲望来逃避现实的人。相反，与人生苦难相随的三毒——"贪"、"嗔"、"痴"，应该像蜡烛一样被熄灭。换言之，

类似鞋这类物质商品会用"必需品"等广告语来激发人们心中购买的欲望。正是这种难平之欲壑带来了苦难。

展示如何达到这种觉悟的境界。第四圣谛指脱离苦海的方法。这就是"道",即"中道",亦称"八正道"。

八正道

消除痛苦的方法包含八个步骤。这八个步骤可以帮助佛教徒克服欲望,获得幸福。这不是一系列行为,而是八项原则,因此不需要严格按顺序进行。八正道涉及佛教徒生活的三个基本方面:"慧"(前两步)、"戒"(中间三步)、"定"(最后三步)。对于佛陀来说,"慧"是由转变思想的两方面组成的:正见和正思维。第一点非常重要,使我们能够看清并分辨苦难的原因,从而寻求解决之道,正如四圣谛所示。没有探索正见的意

通过消除有害的欲望,人的精神才能从痛苦和不幸中解脱出来。由此产生"人间福报",即从善行而来的一种幸福。

涅槃不同于任何他物,并非因果关系的产物,而是超越其外的。涅槃被视为永恒不变的——尽管周遭一切以及我们自身皆为无常,是特定条件的产物,但涅槃是一种无条件的、独立存在的状态,因此也就成为佛教徒追求的绝对真理。在现世生活中,这种极乐状态是可以达到的。与大部分宗教鼓励信徒从现世的高尚生活中获得来世的快乐不同,佛教认为消除痛苦在此世就可以实现。

佛陀在35岁时达到涅槃境界,之后他试图通过教导向其他人

《巴利经》

佛陀去世400年来,佛法及对寺院生活所立的规则通过当地语言而非印度教经文所用的梵文口口相传。公元前1世纪,佛法在斯里兰卡编纂成文,使用的是接近佛陀所说语言的巴利语。这些经文统称为《巴利经》,构成了上座部佛教的经典(见330页)。

《巴利经》也称为《三藏》(在巴利语中)和《大藏经》(在梵语中),意为"三个篮子",因为它是由三部分组成的:《律藏》,是对寺院生活的指导;《经藏》,是佛陀言行的集合;《论藏》,是对佛法的哲学分析。

> 此等有四取,爱取、见取、戒禁取、我论取也。
> ——《正见经》

> 通过中道可以保持安宁、获取知识、得到觉悟，并最终达到涅槃。何谓'中道'？'中道'就是八正道。
>
> ——佛陀

愿，接下来的步骤就毫无意义。正思维还可称为正志，指遵循正道的意愿，如果没有意愿践行正道，仅靠单纯的理解毫无用处。

第三、第四、第五步骤提供了实用的道德指引。佛教道德观不是提供用来遵守的规则，而是创造有利于实现涅槃的条件。第三步，我们必须使用"正语"：不撒谎、不恶口或苛责，不散播谣言、搬弄是非，说话要真诚、积极、友善和目标明确。

第四步，我们必须通过遵循五戒达到"正业"，这五戒是不伤生、不偷盗、不淫邪、不撒谎以及不饮酒（最后一点对处于完成八正道最后一步精神修行中的人尤为重要）。第五步同样也是一种道德要求，暗示我们必须追求"正命"，即以一种不违背佛教道德准则的方式生活。

培养正心

最后三步提供了如何进行正确的心智训练以达到涅槃境界的方法。第六步指出"正精进"的必要性，要求一个人留意并消除消极或有害的想法，代之以积极的想法。举例来说，在《法句经》（即"佛法篇"）的开篇，佛陀说那些憎恨别人的行为、对过去曾经受到的伤害耿耿于怀的人永远都不能脱离憎恨。"正精进"即有意识地打破憎恨及其负面反应的恶性循环。

第七步告诉我们要追求"正念"。我们太容易分心，总是从一件事跳跃到另一件事。锻炼心念的重要一步是充分感知当下，让心灵安静专注于一件事。这在冥思技巧中被称为"出入息念"或"打坐"，是佛教冥思训练的起点。

最后的第八步鼓励我们练习"正定"。冥思是遵循佛法的重要训练。这一步使我们意识到消除苦难的核心是控制心念，因为要解决的问题不是身体上的痛苦或死亡

八正道，或曰"中道"，给出了我们需要的八个方法，以助我们消除苦难。

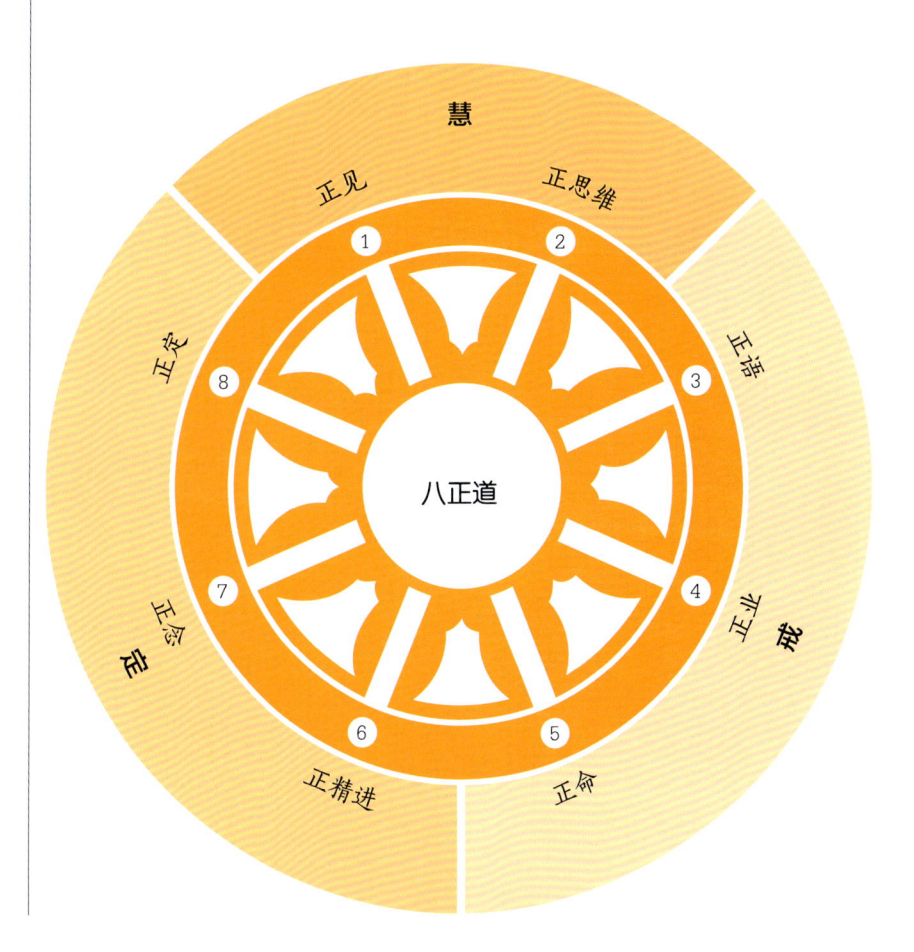

慧
正见 1
正思维 2
正语 3
正业 4
正命 5
正精进 6
正念 7
正定 8
戒
定
八正道

> 若人放弃了欲望、愤怒和妄想，那么他的目的既非毁灭自身，也非毁灭他人……他没有了精神上的痛苦和悲伤。这就是人生可以达到的涅槃。
>
> ——《增支部》

本身，而是随之产生的感受。通过内观冥思，一个人能够冷静或有意识地思考一些别人试图逃避思考的事情，如死亡。在对慈心的冥思中，很容易培养出对他人的积极想法，无论是对我们爱的人还是对与我们关系不佳之人。这个修习方法鼓励我们培养慈悲心，并有利于构建积极的心智。

八正道提供了一套自我修行之法。佛教不要求必须严格遵循一系列诫命或教义；而是提供了一种可以减轻痛苦的生活方式。不同的人会根据自身情况采纳不同的侧重点。此外，道路本身也并非径直从第一步到第八步。在前往某一步骤之前并不需要以其他任何步骤为前提。"慧"、"戒"、"定"这三个主要方面可以相互促进。然而一些步骤，如涉及伦理问题的步骤，或可有益于我们建构起让冥思真正发挥作用的生活方式。

生命轮回

佛法的核心思想是"互联性"，即一切事物都是由先前的原因和条件所产生的（见130～135页）。因此，佛教修行方法总是与所处环境相关；它的目的是创造条件，使我们能够用知足和幸福取代焦虑和痛苦。

这是说如果仔细观察生活中的因果链条，找到并改变其中一环，那么我们的人生将会产生不同的结果。如果不能重新选择并改变结果，那么人们的命运和他们的行为都将会是固定的，苦难也将无法避免。所以，尽管佛教从印度教中吸取了因果报应（即任何行为都会产生一定后果）的思想，但它并非机械地接受。我们的行为总会有选择余地。

佛教对行为和因果的看法体现在"六道轮回图"中。这是一个复杂的图式，描绘了苦难及消除苦难的方法。车轮里的事物代表无尽轮回重生的世界，在这个世界中，众生都受业力行为后果的影响。车轮本身由一个可怕的恶魔——死亡控制。

车轮的中心是三种动物：公鸡、蛇和猪，代表"贪"、"嗔"、"痴"三种有害的思想。佛陀视这三种态度为"不健康"的生活，即人类苦难的起点或根源。围绕中

四圣谛的佛法可喻为医生诊疗疾病。

医生的处方

佛教的现实目标是消除世间疾苦，这跟医生很相似。信仰的四圣谛可以根据医疗过程的各阶段来设定：诊断、查找原因、明确"如果根源消除，苦难将被治愈"的事实、找到祛除病因的方法。

佛陀描述的人类状况非常类似于一个被毒箭射伤、却直到了解毒箭及其制造者的全部细节后才肯将其拔出的男子的状况。这个男子的当务之急应该是将毒箭取出。佛陀抛弃了西方哲学提出的大部分问题，如关于"世界何以如此"的思考。因此，佛教被看作一种疗法，而不是宗教——一个有益健康的可遵循机制，而非一套让人相信的思想。

佛 教　143

> 人遇险境会向神灵、庙宇或圣树求助，但这并不能给人庇护。
> ——《法句经》

心的是一个圆圈，里面的人或上升或下降，他们需要经历一系列境界，如人、畜、神、阿修罗（好斗者）、饿鬼和地狱（最低的境界）。这意味着人可从一个境界转向另一个境界。人遵循佛法就可从人界上升到更高境界。

车轮最外层的圆圈对于理解佛教徒如何消除苦难来说至关重要。其中的十二因缘轮回以图形的方式描述了佛教教义核心的互联性观念。轮回从一个盲人（代表精神无知的起点）开始，最后到带有五个窗户的房子（代表心灵和感官的成熟），人和建筑是其中的主要标记物。在第七和第八轮回之间存在一个关键时机，描述的是一个被箭簇瞎眼睛的男子（代表疼痛的情感）和一个向男子提供饮品的女子（代表渴望的情感）。从外部世界中获得的痛苦或欢愉和由此产生的渴望之间存在着重要的联系。如果联系存在，轮回就永远进行下去。如果联系破裂，就有可能逃脱存在和苦难的循环。

联系的破裂标志着回归到佛陀消除苦难之路的起点，即脱离从执着和失望中产生的欲望。为了打破轮回的链条，人们应遵循八正道，由此才可能达到涅槃。佛教认为，拯救人类的神不存在，人需要培养的是智慧而非信仰。∎

佛教的"生命轮回"代表了宇宙及生死的无尽循环，除非遵循"中道"，否则人们将一直困于其中。

不杀生得善果
以慈悲治国

语境线索

主要事件
阿育王皈依佛教

时间地点
公元前3世纪，印度北部

此前
公元前2000年以来 吠陀宗教和印度教发展出非暴力教义，但同时承认特定情况下战争的合理性。

公元前6世纪 佛陀告诫弟子勿要杀生；大雄创建耆那教，禁止杀害任何生灵。

此后
17世纪 锡克教允许在防御压迫和捍卫信仰时杀生。

19世纪 具有印度教背景的圣雄甘地将非暴力用作一种政治策略。

若有人被杀害，其家人、亲友都会伤心痛苦。

↓

因此好领袖不会杀生，并命他人也照此行事。

↓

通过培养自己及他人的慈悲心，他建立起一个更好的社会。

↓

不杀生得善果。

佛教脱胎于印度教，而印度教对杀戮的态度模棱两可。一方面，印度教提倡不杀生，另一方面，印度教团体要求以动物献祭，也允许食荤，并认为为正义而战乃不可推卸的责任。与包括耆那教创始人大雄在内的大多数宗师一样，佛陀提倡不杀生，这成为奠定佛教徒道德基础的五戒之首。

五戒

五戒是不杀生、不偷盗、不邪淫、不妄语、不饮酒。其中每一戒都有一个积极的对应，形成了人所应遵循的五项守则。第一守则是爱众生（慈悲）。事实上，佛教禅定的一个主要内容就是培养对众生的慈爱，用同等的关怀对待朋友、陌生人，甚至那些让人很难平等视之的人。第一守则中宽容、积极的态度奠定了其他四守则的基础。对他人的积极善意是慷慨（布施）守则的根基；不侵犯（第三守则主要

佛 教 147

参见: 和谐生活 38, 舍己带来灵魂解脱 68~71, 无私的行为 110~111, 政治时代的印度教 124~125, 为福音而死 209, 锡克教徒的行为准则 296~301。

是用来禁止通奸、强奸以及其他形式的性侵犯);诚实;保持头脑清醒以确保正确的决策和行动。

尽管从一开始不杀生就是佛教的主要特点,但首次将此守则运用于整个社会的人则是公元前3世纪的阿育王。他颁布的许多法令都反映出这一点。后人挖掘出刻在柱子或岩石表面的32条法令。除了宣扬不杀生之外,阿育王还推进了济困救贫、保护奴仆、建立救护中心以及兽医服务等工作,这些都直接体现出"慈悲"精神。

和平的理想

尽管佛教中存在少数自我伤害的案件(如一些僧侣自杀,这被看作政治抗议的极端表现),但总体来看,它从不用武力强行向社会推行其观点,也从未卷入过战争。

不杀生的原则表明,理想的佛教徒应是素食主义者。然而,佛陀的"中道"(见130~135页)思想则指出,舍己应以不危及生命为前提,因此,如果有利于健康,或所在区域果蔬稀缺(如中国西藏山区),佛教徒就可以吃肉和鱼类。若肉和鱼是别人的布施,且不是因他们而丧生,那么僧尼亦可食用。■

对于佛教僧侣来说,所有生命都是神圣的。他们相信众生可和平共存,即便是人和老虎也可如此。泰国北碧府的虎庙就是一例。

阿育王

公元前304年,阿育王在印度出生。他是孔雀王朝皇帝宾头沙罗的儿子。公元前268年,阿育王取得摩揭陀国的统治权,为了确保王位,他杀死了自己的兄弟和其他潜在对手。阿育王经过一系列残酷的扩张战争巩固了自己的统治,建立起一个印度除最南部以外所有地区在内的帝国。

一场血战后,战争的惨象深深震撼了阿育王,他决定永不再发动战争。阿育王向佛教寻求答案,并在找到答案后皈依佛门。阿育王皈依佛门后态度发生了戏剧性转变:他开始在全国推广佛教思想,颁布道德法令,禁止动物献祭,提高百姓福祉。他还派人到海外弘扬佛法,但与此同时他对所有宗教都持肯定态度,他颁布的道德律令是以帝国境内各宗教团体都能够接受为前提的。

人为何物不可说

自我是不断变化的

语境线索

主要人物
那先比丘（或作龙军）

时间地点
公元1世纪，印度

此前
公元前6世纪 印度《奥义书》在由思想和经验组成的物质自我和永恒自我之间做了区分。

公元前6世纪 佛陀提出世间万物都在变化之中，并无固定的本质。

此后
12世纪 禅宗大师区分了自我的"小心"和"佛心"。

20世纪 如同佛教徒一般，存在主义思想家认为人的决定塑造了自己的生活。

几乎所有宗教传统都认为人由身体和灵魂两方面组成。由此形成了我们对死后生活的基本设想：以某种方式生活在天堂或地狱，或者灵魂轮回转世到一个新的身体中。对灵魂不灭和神的信仰看似成为宗教的本质，然而佛陀却否认了这两点，认为我们并无固定不变的自我。

我们没有永恒的自我，而是处于不断的变化中。这一思想将佛教同其他大多数信仰体系和哲学派别区分开来，成为佛教的核心。佛陀的"中道"观（见130~135页）

佛 教 149

参见：为来世做准备 58~59，终极实在 102~105，以纯净意识来观 116~121，佛陀的觉悟 130~135，基督教的灵魂不朽观 210~211。

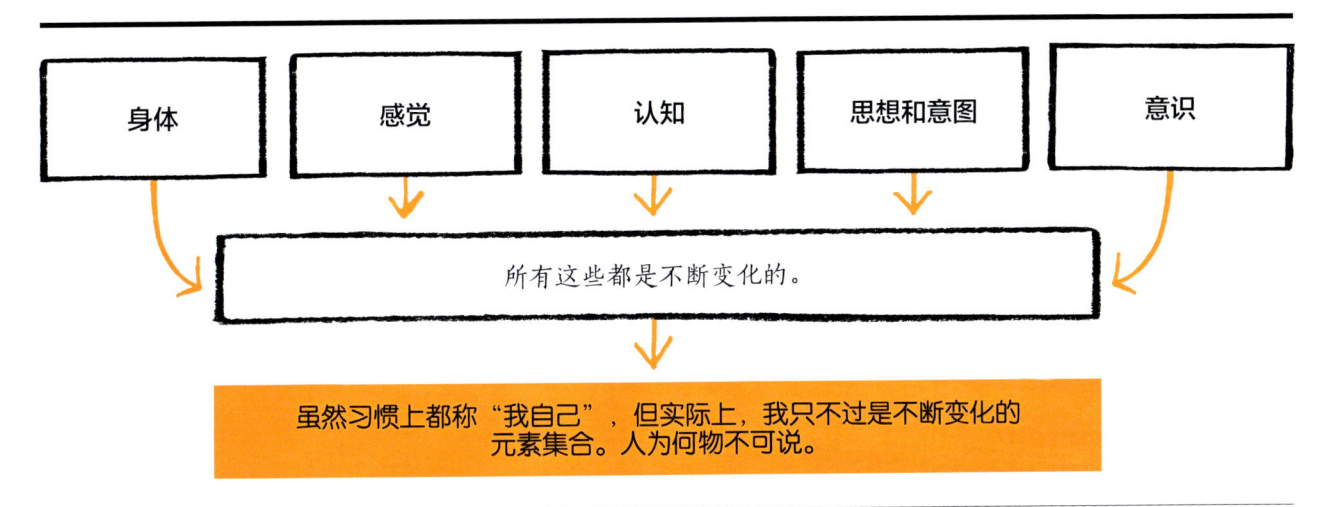

| 身体 | 感觉 | 认知 | 思想和意图 | 意识 |

所有这些都是不断变化的。

虽然习惯上都称"我自己"，但实际上，我只不过是不断变化的元素集合。人为何物不可说。

及其万物"互联"的思想也都体现出这一点。不过，对自我变化观做出最佳阐释的非1世纪的《弥兰陀王问经》一书莫属。此文献描述了佛教尊者那先比丘与公元前150年西北印度的印度-希腊王国统治者弥兰陀王之间的讨论。

分析自我

开始，弥兰陀天真地问他打招呼的对象是否是那先比丘，那先比丘直接进入讨论中，他说，尽管人们一般用"那先比丘"一名称呼他，但实际上却没有与该名字相对应之物。这个词只是一个指称，不过是一个"名字"而已，因为"这里并无人们能够理解的一位真实的人"。在绝对意义上，"那先比丘"并不存在。

弥兰陀满脸彷徨地问，那先比丘明显就站在他面前，怎么又不存在呢？那先比丘用一个比喻回答了这个问题。他看到国王是驾战车而来的，那么战车显然是存在的。接着他开始分析战车的各个部分——车轴、车轮等，然后问国王这其中的任何一个是否就是战车，答案显然是否定的。因此那先比丘问道，如果战车不是车轮、车轴等，那是什么？很明显战车并不存在于各组成部分之外。战车是对各组成部分总和的一个称谓。同样，那先比丘指出，在构成我们的各部分之外并不存在一个固定、永恒的"自我"。弥兰陀抬手可指的"那先比丘"也并不代表任何事物。同战车一样，"那先比丘"指的也是存在于一种相互依存状态中的一系列元素集合。

佛教徒认为，人由相互依存

那先比丘修证阿罗汉果，乃十六（有说十八）罗汉之一。

> 我被称为'那先比丘'。这只是一个常用的指称或名字。其中并无永恒之个体性（灵魂）。
> ——那先比丘

150 自我是不断变化的

的五蕴（字面意思即"集合"）组成。它包括"色"（物质肉体）、"受"（我们对世界的感受）、"想"（通过感受获得的对世界的意识）、"行"，即心理构成或冲动（我们对所感知事物不断产生出的观念、意图和思想）。第五蕴是"识"，即我们对自己作为生命的总体感觉，包括对源于我们思想、观念和情感之信息的一种意识。

那先比丘论证的关键点在于，这五蕴都处于持续变化中。这在"色"，即物质肉体上表现得最为明显，如：随着年龄的增长，我们从一个婴儿长成为大人。对于其他四蕴来说也是如此，它们同样不是固定不变的。五蕴反映出人的经历和感受随着生活的变化而变化。这意味着，我们不仅无法定义"那先比丘"，而且无法判定不同时间的某人是否还是同一个人。然而，我们认为人乃固定的客体。但那先比丘却说自我是一个不断变化的过程，它和运动本身一样，都是非恒定的。

我们一般认为那仍是同一个人，正如每个人都有过去和将来。那先比丘指出，那种认为他随着时间的推移却"保持不变"的说法是荒谬的，但说他不再是同一个人一样荒谬不堪。

那先比丘指出，事实上，这些问题本身就是错误的，因为它们预设了一个固定的自我，而非一个依赖于身体的自我。那先比丘进一步举例证明了"自我"的依赖性。他让弥兰陀思考奶汁、奶酪、醍醐和酪酥的关系。虽然这些是不同的事物，但如果没有奶汁的话，后三者——奶酪、醍醐和酪酥就不会存在。也就是说，醍醐之所以存在是因为奶汁存在，奶汁是它存在的前提。那先比丘说，"存在的各元素之间也是这样彼此相互承接的：一个元素消亡，另一个元素产生，彼此相联。"

不同文化间的交汇

弥兰陀王同那先比丘的会面发生在文化交汇的背景下。此前大约100年，阿育王遣人到印度北部弘扬佛法，佛教随即传入。与此同时，希腊古典文化的影响范围向东延伸，通过地中海到达印度北部，当地统治者接受了这种文化（这一过程被称为希腊化）。弥兰陀，或希腊人口中的米南德国王就是其中之一。公元前2世纪，他在现今印度西北部地区统治着一个印度-希腊王国。于是我们可以猜测，那先比丘于公元前2世纪－公元前1世纪生活于那个区域。

尽管弥兰陀王的形象在硬币上和经典作家的文献中都曾出现过，但我们对那先比丘却所知甚少。唯一出现其形象的文本就是他与弥兰陀王的对话，即《弥兰陀王问经》。该文献编写于公元1世纪，小乘佛教对其极为重视。传说在定居华氏城（今印度的巴特那）期间，那先比丘塑造了一尊身披金衣的玉质佛陀塑像，现保存在泰国曼谷的玉佛寺内。

佛 教

范畴性错误

20世纪，英国哲学家吉尔伯特·赖尔批判了物质肉体与非物质心灵相关联的观点。他使用了一个跟那先比丘类同的例子来证明自己的观点。一个访客去参观由多所学院、图书馆等部分构成的牛津城，然后问："但是大学到底在哪儿呢？"赖尔说，在这些组成部分之外并不存在大学。

同样，与身体相分离的"心灵"也并不存在。认为心灵独立于身体而存在的人都犯了一种"范畴性错误"——表面上看从属不同类别的事物实际上乃属于同类。当"心灵"指能力和性情的集合时，将心灵视为物质的客体是错误的。

从20世纪末到21世纪，大多数西方哲学家对心灵持唯物主义（或身体主义）的观点，认为"心灵"仅是描述大脑机能的一个词汇。从现代科学的角度来看，超越身体之外的"自我"是不存在的；大脑行使着一系列复杂的经验、反应过程，我们将之视为心灵或自我。

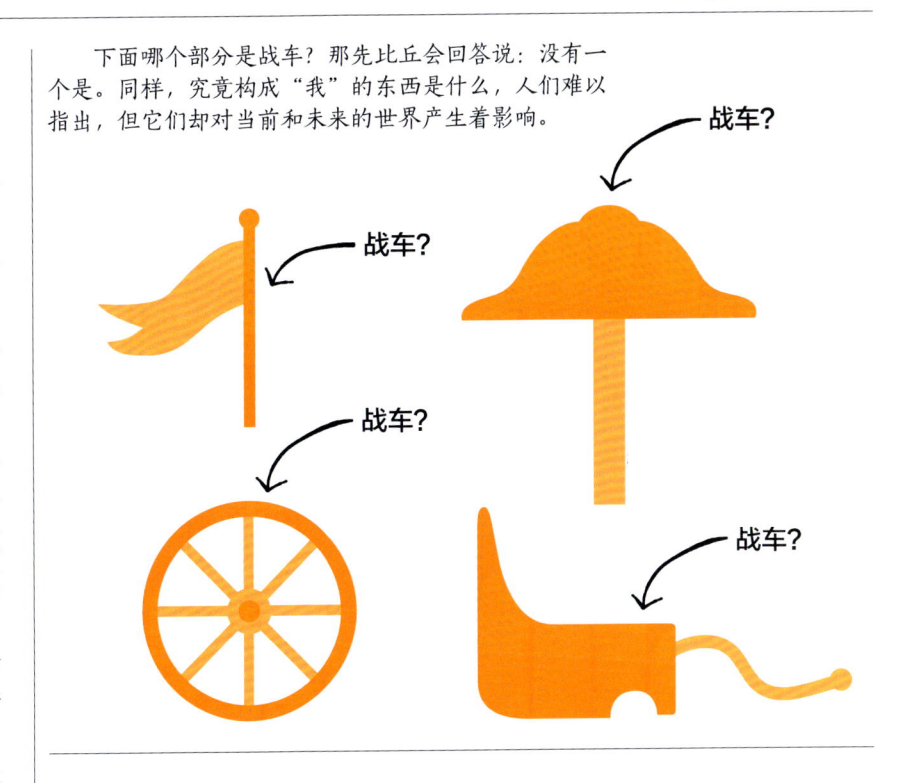

这与那先比丘的区别仅在于后者对我们将自我体验为思想、感觉和反应的方式做了进一步深究。正如他向弥兰陀王所讲，尽管我们有这些行为，但这并不是说存在一个可称为"自我"的独立事物。

另一种无意中与此佛教观相类似的西方哲学思想是存在主义。存在主义通常可概括为"存在先于本质"，指人的出生和存在先于人生对意义的获得。存在主义认为我们的选择塑造了我们的生活。我们应承担起这样做的责任。我们即自身所做之选择，我们并没有什么某种内在的"真实"自我或本质。

绝对真理

对自我的讨论突出了佛法的一个重要特征，即对普通真理（俗谛）和绝对真理（真谛）的区分。为了正常运行，我们必须假定一种具有可操作性的实用方法，以事物好像具有某种可认识的、永恒的、独立的存在的方式来指称它们。

如果我们只能用事物的组成部分来描述事物，就难以展开交流。因此，佛教认为俗谛乃为方便指称之用，并时时警醒勿将其与真谛相混淆。■

下面哪个部分是战车？那先比丘会回答说：没有一个是。同样，究竟构成"我"的东西是什么，人们难以指出，但它们却对当前和未来的世界产生着影响。

> "我们今日之所是乃我们昨日之所思，而我们此刻之所思建构了我们明日之生活：我们的生活为我们的心智所塑造。"
> ——佛陀

佛与菩萨

语境线索

主要事件
大乘佛教的发展

时间地点
公元2–3世纪，印度

此前
公元前1500年后 印度教《吠陀经》提及诸多男女神明，每个神明都代表自然与生活的一个方面。

从公元前2世纪开始 宗教仪式开始在印度教中占有重要地位。

此后
公元7世纪 中国西藏出现了使用复杂图像和仪式的大乘佛教。

公元8世纪 和佛像及菩萨像一样，佛教师尊的像也开始用来启发僧众。其中一个很受信众欢迎的佛教师尊的像是将佛教密宗带到西藏的莲花生大士（又称珍宝上师）。

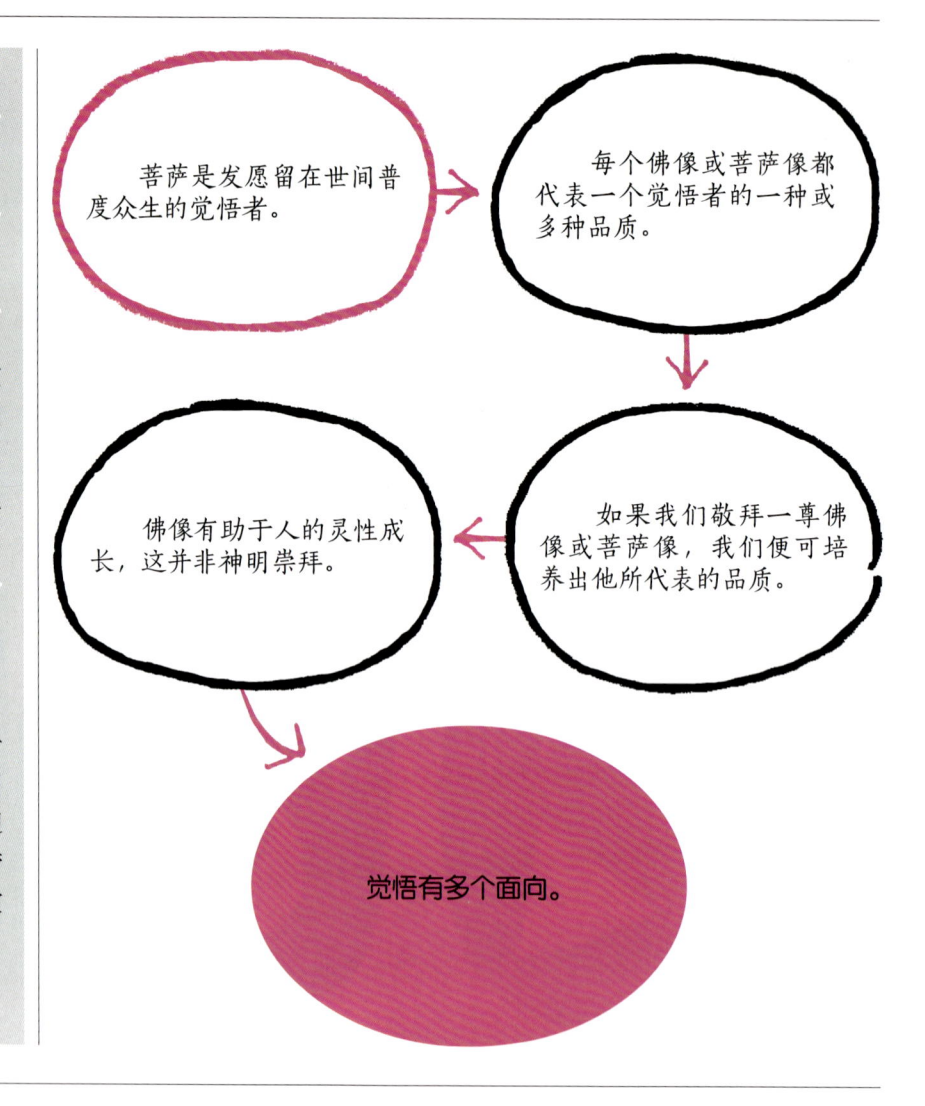

- 菩萨是发愿留在世间普度众生的觉悟者。
- 每个佛像或菩萨像都代表一个觉悟者的一种或多种品质。
- 如果我们敬拜一尊佛像或菩萨像，我们便可培养出他所代表的品质。
- 佛像有助于人的灵性成长，这并非神明崇拜。
- 觉悟有多个面向。

佛陀的四圣谛和八正道（见136~143页）教义可谓深入浅出。遵循佛法需要修心、践行，但无须形而上的玄思（对什么存在、什么不存在的思考）、宗教仪式或佛像（至少在最初几百年间是这样）。然而任何一个参观中国内地或西藏大乘佛寺的现代游客都能看到各种精致的佛像和宗教仪式。

佛像有多种，颜色各异，性别不同，有些令人生畏，有些静坐安详。在外人看来，这些作为崇拜对象的佛像和其他宗教的神明崇拜并无不同。既然佛教一直自称理性，那么这种佛像崇拜又是如何产生并合法化的？

菩萨道

受印度宗教中普遍存在的转世轮回观念的影响，人们很快就开始思考佛陀一步步走向涅槃的前世及其在前世的行为、品质如何。这些思考促成《本生经》的成书，即佛陀出生的故事。其中包含许多形象，有人也有动物，描写了佛教推崇的爱、慈悲和智慧等走向觉悟过程中所必需的品质。反过来这些故事也导致了"菩萨"观念的产生——可以觉悟或成佛、却选择留

参见：终极实在 102~105，身心修行 112~113，以纯净意识来观 116~121，参禅忘言 160~163，人乃上帝之彰显 188。

> 我有此意愿，希望通晓万物，乃为了众生皆得解脱。
>
> ——《大乘集菩萨学论》

在世间轮回转世以度众生的人。这一观念极大地改变了对成佛之道的看法：与其努力成为一个阿罗汉（"应供"，即应受供养者，指已经达到觉悟的佛陀弟子），不如选择一条更崇高的修佛之路，即成为在现实生活中普度众生的"菩萨"。

大乘

相较于之前范围狭窄、被称为小乘（"小的车乘"）的佛教传统，这种新理念被其追随者称为大乘（"大的车乘"）。大乘佛教的修习者认为大乘代表了隐藏在最初佛法中的更深层教义。其经籍，尤其是《法华经》，描述了向众生讲经传道的佛的形象。众生生活在由多重世界组成的宇宙中，现世只是其中很小的一部分。大乘佛教徒认为早期佛法是有局限的，而他们自己的佛法数百年来一直隐而未发，在等待合适的机缘宣扬给世人。

大乘佛教产生于印度，之后向北传播至中国内地，而后是中国西藏地区。早先的传统仍以上座部佛教（长者的传统，又称小乘）的形式存在，在今天主要分布在泰国、斯里兰卡和东南亚地区。

两位菩萨

早期派别小乘佛教只承认两位菩萨：佛陀在历史上的化身（也称释迦牟尼佛），以及将在未来现身传授佛法真谛的弥勒菩萨。但在大乘佛教中，无论是居士还是寺院僧伽都以达到涅槃、成为菩萨为旨归。一旦人们接受了菩萨数目众多、每位菩萨都致力于普度众生的观点，佛像就蓬勃发展起来，人们可凭想象将这些菩萨描画出来，以启发观者。

象征主义和佛像

每一位菩萨都立誓成佛（觉悟者），并引领他人走向觉悟。为此，他们必须修"六度"：布施、持戒、忍辱、精进、禅定和般若。这些特质在每个菩萨身上各有显现。例如般若的特质反映在文殊菩萨的形象中：一名年轻男子手持莲花（代表觉悟的灵魂）并挥舞着燃烧之剑（代表消除无知的智慧）。

最受人尊崇的当属大悲观世音菩萨。他的名字是梵文，意为"朝下看之主"。他对待众生如照看儿女之慈父，给他们提供帮助，并力图通过慈悲将众生从错谬和苦难中解救出来。观音菩萨在藏传佛教中称为Chenrezig，在中国和日本都是以女性形象出现的。通常观音被描绘为有四臂，双臂交叉于胸前，第三只手持莲花，第四只手持念珠。双臂交叉象征菩萨的慈悲之

这个唐卡（即丝绸壁挂）描绘的是度母，她立誓要成为一个女菩萨，以此来显示男女间的差异无关紧要，此类观念无非虚妄。

佛教徒在佛像前点香献花是一种崇拜行为。这并不是对神明的崇拜，而是对觉悟者的尊敬。

心向众生撒播。莲花代表觉悟和智慧，念珠则代表观音将众生从无尽轮回中解放出来的意愿。

有些大乘佛教的佛像很简单。禅定的佛像如阿弥陀佛仅身着朴素长袍，盘腿闭目打坐。无论是精致还是简朴，无论距历史上佛陀的直接教导有多远，这些佛像都是用来表达觉悟，而不是用来崇拜的神，但佛教徒在寺院庙宇供奉他们时却很难时刻谨记这一点。

凝神禅定

人们认为菩萨像和佛像有助于自己的灵命精进。通过打坐禅定，人们将自己选择的佛像形象化，能够依据自身意愿进行想象建构。因此禅定修行者与一个特定佛像间有一种持续关系。选择佛像时通常会听从法师的建议，选择代表个人所需提升品质的那尊佛像或菩萨像。这种修行并非一个自动运行的过程，需经过一段时间才能有成效，需要修行者对佛像所代表的品质和理念进行持久的凝神关注。

无常的曼陀罗

另一种用于灵命精进的佛像是曼陀罗，可用于禅定或教导。它是一个由各种图形、字母、佛像和菩萨像错综交织形成的复杂几何图案。

曼陀罗图案由五色沙精心打

> **愿我成为绝望者和被遗弃者的无穷宝库，愿我应他们所需，在他们身边显现。**
>
> ——寂天菩萨

佛 教 **157**

造，在节日期间展示，节日之后就会被销毁。销毁曼陀罗非常重要，它暗示了"万物无常"的思想。如果试图保存这些佛像，就会导致执着和渴望，这违背佛法并会引发沮丧和痛苦。只有学会放手，超然物外，觉悟之路才能真正开始。

空和佛

佛教哲学家龙树（见右侧方框中内容）提出万法本身皆空的观点，即世间万物包括众生都无"自性"，因此便无内在本质（或固有本质）。他指出此观点体现在佛陀最初的"互联"观念（见130~135页）中，该观念认为世间万物都依赖于先前存在的东西，因此并无本质（或"自我"存在）。

既然我们自身没有独立、内在的本质，那么打坐禅定的目的便是超越感官及从中而来的想法，直观真谛。

禅定过程中可能会浮现出佛和菩萨的形象，这就表明他们既不是实在（换言之，他们没有物质实体），也不在宇宙别处。禅定中出现的每个图像并不代表这个人，而是代表坐禅者拥有的部分真谛。种类繁多的佛像和菩萨像仅是暂时的工具，旨在让人认识到众人皆可成佛。■

菩萨分三类，他们用不同的方法助人觉悟。

船长："我会携带其他人跟我一起觉悟。"

王："我会先成为觉悟者，然后带领并帮助他人觉悟。"

牧羊人："我会先引领大家觉悟，然后自己才去寻求觉悟。"

龙树

龙树被视为地位仅次于佛陀的最重要的佛教哲学家。公元2世纪，他出生在印度南部的一个婆罗门（祭司）家庭。一个圣人曾经预言龙树会在8岁时死去，因此当他7岁时，父母把他送到一个寺院跟随著名的法师萨罗诃学习。据说龙树在8岁生日当天不间断地念诵一个真言，从而免于一死。之后他在寺院出家。

龙树因传授佛陀的《般若波罗蜜多经》而著称。据传说他从那伽（龙形精怪）手中夺得《般若波罗蜜多经》，并因此获得龙树大师之名。龙树自己也著有多部佛经，同时建立了佛教哲学的中观学派。

主要作品

公元200年《中论》《大智度论》

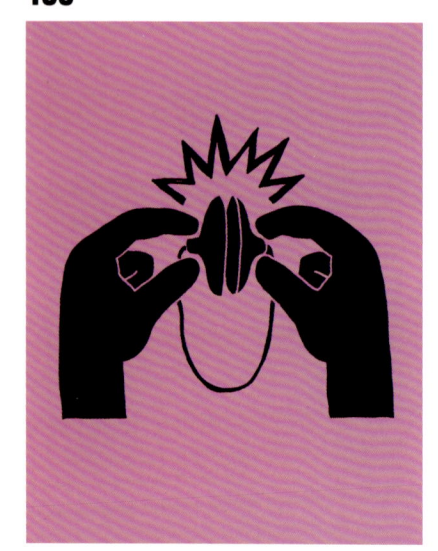

将你的信仰表演出来
仪式和诵经

藏传佛教使用色彩鲜明、富有想象力的宗教仪式。

→ 旨在不仅从理智上而且在情感和身体方面践行佛教。

↓

将你的信仰表演出来。 ← 这可让佛教徒体验到觉悟之感。

语境线索

主要派别
藏传佛教

时间地点
自公元8世纪始，中国西藏

此前
公元300年 印度教一些支派中出现了密宗仪式，运用戏剧化的形式表达灵性实相。

公元4—5世纪 佛教唯识宗认为我们对现实之所知实际上是大脑所做的一种解释；因此想象的、象征的行为对我们而言都是"真实的"。

此后
19世纪 西方的东方学家开始对密宗瑜伽产生兴趣。

大多数佛教派别的仪式都很简单（可能只是在佛像面前摆上供品），而藏传佛教则凸显出鲜明的色彩与戏剧性的仪式。僧侣在崇拜仪式中会反复诵经（真言），他们头戴高耸的冠巾，口吹号角，并伴以各种复杂的手势（手印），同时还经常手握小型法器（金刚杵）和铃铛。居士也可以念诵经文，旋转经筒，悬挂五彩经幡。节日期间会有大型的表演和舞蹈，寺院的墙壁及各处都会悬挂大幅唐卡，其间还会制作精致的曼陀罗沙画（见156页），这些曼陀罗沙画在节日后会被销毁。这些看似与佛教早期的简单仪式大相径庭的仪式该做何解？

千余年以来，佛教和印度教在印度共存并相互影响。当藏传佛教创始人莲花生大士在公元8世纪

佛　教 159

参见：象征主义成为现实 46~47，按神的方式生活 82~85，通过普迦拜神 114~115，佛与菩萨 152~157，苏菲主义和神秘主义传统 282~283，敬拜亲切的神 322。

初将佛教带到西藏时，佛教正处于已传入中国内地的大乘传统和已在印度发展数百年的印度教虔信派传统的双重影响下。虔信是指在崇拜过程中加入更具个人和情感色彩的信仰表达。随着密宗的发展，虔信派运动在印度教和佛教中都有了进一步发展。

密宗修行不仅是对灵修之所得的思考，同时还是一个"表演出来"的过程。例如，修行者不单是去观想一尊佛像，而是想象自己就是那个佛。这种情感投入的过程涉及的不仅是人的理智，而且是人的全部，它鼓励修行者去体验觉悟者的感受。

举例来说，密宗仪式中的手印（意为手势）与佛像和菩萨像的手印一致。每个手印代表一个特定的品质：手掌朝外的张开手势是"与愿印"，表示布施；右手抬起的"无畏印"似乎在向人问候，给人祝福，甚或让人"停下"，人们相信这一手印包含一种决断力。佛教徒做出这些手势来模仿佛像或菩萨像，从而与其代表的品质相认同。密宗仪式中的诵经、手印及其他种种行为，都意在让崇拜者在一种戏剧性的表演当中深切体验觉悟之路。这不仅是一种理性阐释，更是要营造一种身临其境的氛围。

藏传佛教的喇嘛

在大乘佛教中，菩萨是留在世间（可能会长达多世）的助人者（见155页）。藏传佛教把这一概念称为"活佛"，即"转世喇嘛"；"喇嘛"一词是对藏传佛教长老的称谓。人们认为当某大喇嘛去世时，会有新喇嘛诞生来接任其工作。活佛转世灵童要经过一番寻找和认定，备选灵童会认出自己前世使用过的东西，以证明自己确实是活佛转世。

个体化仪式

密宗仪式通常在一位法师或喇嘛的指导下进行，后者会针对不同的个体选择意义不同的仪式。换言之，他们会根据修行者的个人倾向及其所望达到的目标，采用符合其个体需求的佛像、真言和手印让修行者去观想、诵读和模仿。虽然藏传佛教有一些公开仪式，但大部分仪式是在私下举行的，其间细节通常不外传。不过无论是在私下举行或公开举行，其共同特点是使用秘传文字和动作来表现信仰和价值观。■

僧侣们在举行宗教仪式。他们穿戴色彩鲜艳的衣服和头巾，是为了能在情感上更加吸引信众。

发掘出你的佛性

参禅忘言

语境线索

主要事件
禅宗的发展

时间地点
12—13世纪，日本

此前
公元前6世纪 佛陀教导说禅定可通向觉悟。

公元6世纪 菩提达摩把禅宗带入中国，据传在少林寺开始推行武术修炼。

此后
20世纪五六十年代 禅宗思想在西方反文化潮流中极为流行，这在垮掉派诗人作品和罗伯特·波西格的《万里任禅游》中有明显表现。一大批禅宗组织建立起来，加利福尼亚的首座禅宗寺院出现。

禅的意思是冥思。人们普遍认为作为佛教修行的一种传统，禅宗为印度僧人菩提达摩所创。公元520年，他将禅宗传到中国，并将"禅"界定为"超乎传承和经文而直接传达觉悟"。

该定义指出了禅的主要特点：它追求觉悟的自然生发；觉悟乃是净心之果，无须假借理性论辩、经文或仪式。换言之，在人心绪杂乱、偏离净心之时，它可创造机缘，以顿悟取代烦心。

禅宗自视为原初佛法的延

参见：道我相契 66~67，苏菲主义和神秘主义传统 282~283。

> 在祈祷或论辩中使用词句会扰乱心灵。

↓

> 思考和默读只会在头脑中产生更多的词句。

↓

> 当我们努力寻找答案和顿悟时，我们的欲望会遮蔽心灵。

↓

> 如欲发掘出我们的佛性，必须空心不受此等事物干扰。

↓

> **空心，无须假借语言即可得顿悟与理解。**

续。据传有一天，佛陀当着众弟子面拈起一朵花一言不发。一位弟子迦叶窥其中意，不禁破颜微笑。据说此不立文字之顿悟经师徒传承至二十八代菩提达摩那里，他将之带到中国，继而传至日本。因此禅宗自视为独立支派，而非大乘和小乘佛教两派系之产物（见330页）。

佛心

佛教的核心观念在于："苦"因人皆有"我执"之幻象引起，"我"与世界万物相分离却执着于世界，想要把握世界的变化。

禅宗视此为肤浅的"小心"，这是人在出生时即得，而后发展并受周遭事物影响之心。禅宗同时认为人也拥有"佛心"，不受自我中心的概念式思维所限。"佛心"是人与生俱来的，但为"小心"所遮蔽。人在追求佛心上只会一无所获，只需承认自己本身已有之物即可。

道元禅师曾说，真自我并非每个人当前表面上的自我，而是在

西田几多郎

日本哲学家西田几多郎（1870—1945年）对禅宗和西方哲学史都有研究，他试图用西方哲学术语来表达佛教顿悟的思想。1910-1928年，西田几多郎在京都大学任教，其间建立了京都哲学院。

西田认为纯粹经验产生于主客体以及我和世界分离之前，这种分离正是禅宗所提出的以自我为主的心灵跟无差别统一的佛心之间的区分（见左边文字）。他把这一点与德国哲学家伊曼努尔·康德的思想做了比较，康德就人对事物的经验（现象）和事物本身（物自体）做了区分，并认为后者不可知。西田甚至引入了神的观念，视之为现实和我们"真自我"的基础，同时他把禅宗与海德格尔、亚里士多德、柏格森和黑格尔的思想也做了比较。

主要作品

1911年 《善的研究》

出生和受生活经历影响之前的原初面貌。只是在人们发展出自己的当前"面貌"时，才将自己视为分离的存在，并开始以自我为中心。因此，道元禅师提出，人们应该在被生活经历影响之前努力认清自己的原初面貌。

日本禅宗

日本禅宗主要有两支：临济宗和曹洞宗。12世纪义玄禅师在日本创立临济宗，18世纪白隐禅师对其进行改革。该派提出一种禅宗思想，认为世界是一种幻象，现实乃一个简单不可分的整体。禅宗没有经籍、不立文字，是弟子以心领神会之法接受师父教导的传统，因此跟随有经验的师父修行非常重要。

善用公案（打破常规思维的无解之题）是临济宗的鲜明特点，这要归功于白隐禅师。最著名的公案可能是白隐禅师的"单手拍响的声音是什么"。自认知道公案解答之人应抛弃先入为主的观念，须三思而行。理性考察公案或禅宗问答很难让人顿悟，因为人极易受个人混乱思维的影响。禅师应谨防此类情况发生。

人通过禅修可能会顿悟。这是一时的顿悟体验，并非一次性或永久性顿悟，而有可能多次出现。据说这种顿悟的发生是偶然的，非强力所能达，渴求顿悟本身便为一种执念。禅宗并不打算界定现实或顿悟的本质。

13世纪，道元禅师在中国游历期间遇到了一个名为"曹洞宗"的禅宗派别，遂将其带入日本。其禅修方法与临济宗大相径庭。曹洞宗不求顿悟，而以打坐为其根本，曹洞宗中，要觉悟只需打坐与参禅即可。心静可驱除"我"之幻象。

以求渐悟。

曹洞宗对宗教传统和仪式不以为然，只需坐禅修行便可觉悟。坐禅时要盘腿挺胸、面壁而坐，其间穿插"经行"（意为慢走）修习。坐禅时要净心，无所思虑，如此打坐过程本身便是觉悟。人并不为得觉悟而打坐；而是在打坐中已然觉悟。心静，清除我执幻象即为觉悟。

忘言

人坐禅时会看到一些无以言表之物。沉浸于书法作品或是园中筛沙皆为禅宗修行，有助于心灵不受持续思绪所困，人与自然亦可实现更高境界的和谐。这便是禅宗在诸多艺术形式中（从插花到电脑设计）都能得以表达之原因。

> 若你知晓禅宗之首字，便知晓其末字。首字和末字，并非同一个字。
> ——《无门关》

佛 教

> **倘若你在路上遇到佛陀，杀死他！**
> ——禅宗公案

坐禅即创造可带来顿悟的环境，而无须借助理性来解释或表达。若试图描述坐禅的目的，便无法理解它。坐禅旨在让心灵从内容中释放出来，它并非内容中的一部分。它不是一种学习，而是一种修行。如果最终能觉悟，那么所知的也都是已知的，你所需知道的就是不需知道任何事情。禅宗刻意包含许多悖论，目的是逐步打破惯常的逻辑思维过程。

试图解释某物便是想获取之，而这正为佛陀所言"苦"之根源。在一个人们总是寻求获取一些东西、如同占有财物般占有知识、获得觉悟的世界中，禅宗表达出一种终极的反对态度。搜罗精美的禅宗艺术品不会获得对其背后深意的理解。相反，禅乃放手。

在某些方面，禅宗回到了佛教的最早时期，回到了佛像和菩萨像、崇拜修行及经籍文献产生以先。众人皆可觉悟，只要人认识到这一点即可。禅宗几乎摒弃了一切与宗教相关之物，将自身呈现为一条不受宗教局限的觉悟之路。

禅宗还刻意语焉不详，故事不合常理。禅师经常声名狼藉，时遭诘难。当有人问达摩佛教究竟是什么时，他的回答是："诸物皆空，无物神圣"，这虽非人们期待的答案，却直中要害。■

此公案要证明的是风、幡和心并无本质区分。外化是我心而非佛心之为。

我说是幡动。

我说是风动而非幡动。

"非风动，非幡动，仁者心动"。

JUDAISM
FROM 2000 BCE

犹太教

始于公元前2000年

引言

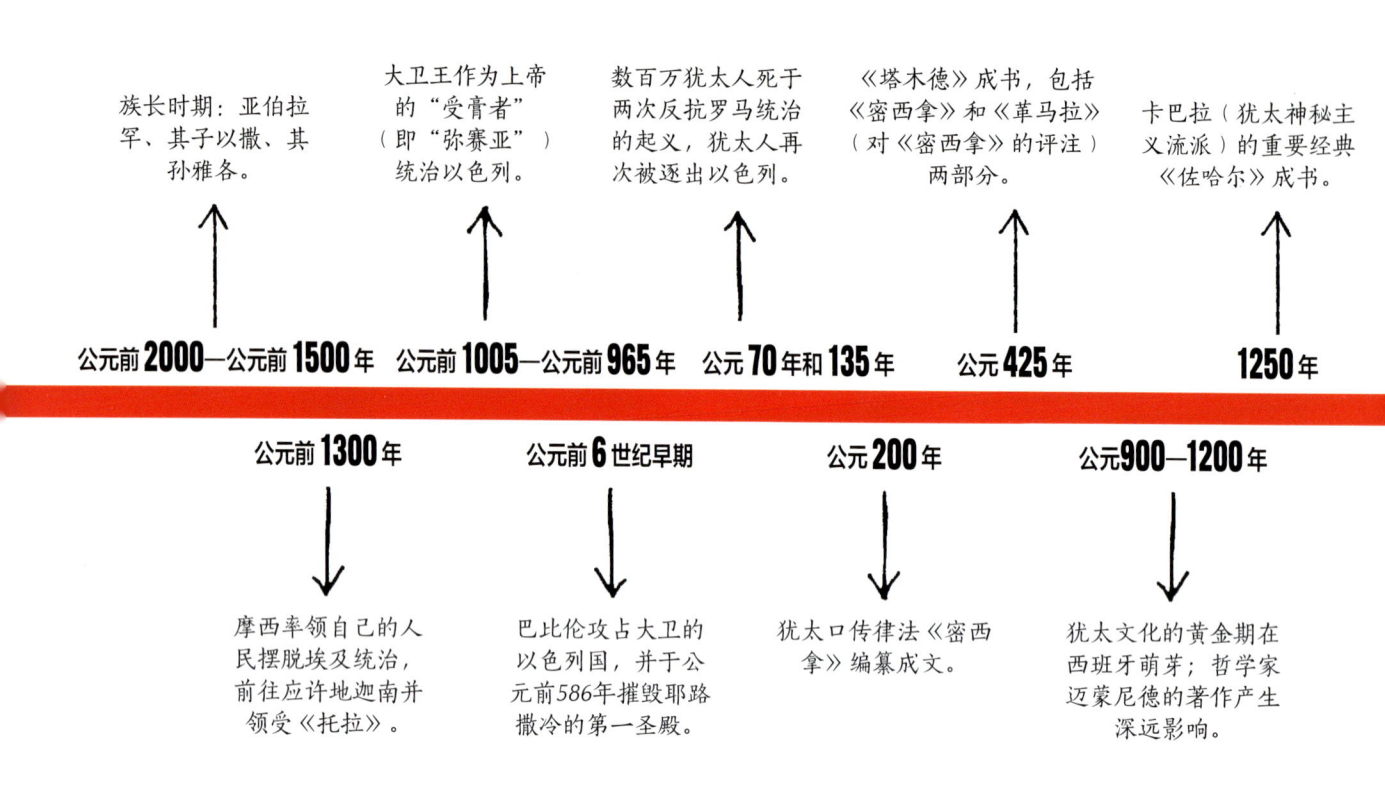

公元前2000—公元前1500年	族长时期：亚伯拉罕、其子以撒、其孙雅各。
公元前1300年	摩西率领自己的人民摆脱埃及统治，前往应许地迦南并领受《托拉》。
公元前1005—公元前965年	大卫王作为上帝的"受膏者"（即"弥赛亚"）统治以色列。
公元前6世纪早期	巴比伦攻占大卫的以色列国，并于公元前586年摧毁耶路撒冷的第一圣殿。
公元70年和135年	数百万犹太人死于两次反抗罗马统治的起义，犹太人再次被逐出以色列。
公元200年	犹太口传律法《密西拿》编纂成文。
公元425年	《塔木德》成书，包括《密西拿》和《革马拉》（对《密西拿》的评注）两部分。
公元900—1200年	犹太文化的黄金期在西班牙萌芽；哲学家迈蒙尼德的著作产生深远影响。
1250年	卡巴拉（犹太神秘主义流派）的重要经典《佐哈尔》成书。

作为世界现存最古老的宗教之一，犹太教发源于迦南人的信仰，始于3500多年前的南黎凡特地区，其发展与犹太历史密切相关。希伯来圣经《塔纳赫》讲述了上帝创世及其与犹太人的特殊关系的故事。

上帝与犹太人的约定或契约始于上帝对亚伯拉罕的应许：他将成为一个伟大民族之父。上帝告诉亚伯拉罕说他的子孙必须遵从上帝，并以"割礼"作为立约标记；作为回报，上帝会指引和保护他们，将以色列赐予他们。亚伯拉罕因自己的信仰从上帝那里获赐一子——以撒，以撒有一子——雅各。在《塔纳赫》的讲述中，雅各是以色列十二支派之父。亚伯拉罕、以撒和雅各都称为族长，是犹太教物质与精神的祖先。

《塔纳赫》讲述了雅各及其后裔如何沦为埃及的奴隶，以及摩西如何在上帝的指引下带领犹太人出埃及、获自由的故事。按照摩西与上帝的约定，他在西奈山领受《托拉》（即《摩西五经》）。摩西带领自己的人民重返并定居以色列地。之后，上帝任命"受膏者"（或"弥赛亚"）大卫为王，从此形成了这一信仰：大卫的一位后裔弥赛亚将会到来，给犹太人带来新纪元。大卫之子所罗门在耶路撒冷建起一座永久圣殿，标志着犹太人对以色列地的占领。但是之后犹太人两次被驱逐出"应许之地"，圣殿也两次遭到摧毁：一次是在公元前6世纪被巴比伦人所毁，一次是公元1世纪当犹太人回归并处于罗马统治之下时被毁。

大流散

犹太人在外来势力的统治压迫下开始向四处流散。定居在西班牙、葡萄牙、北非和中东的犹太人被称为塞法迪犹太人；而大多数移居中欧和东欧的犹太人被称为阿什肯纳兹犹太人。地理位置上的分离导致两个团体发展出不同的犹太教

犹太教

1775年和1789年 ↑ 法国革命和美国革命让犹太人获得充分的宗教权利与自由。

19世纪 ↑ 犹太教分裂为改革、正统和保守三派。

1896年 ↑ 西奥多·赫茨尔《犹太国》一书的出版引发了现代锡安主义运动。

1948年 ↑ 以色列建国。

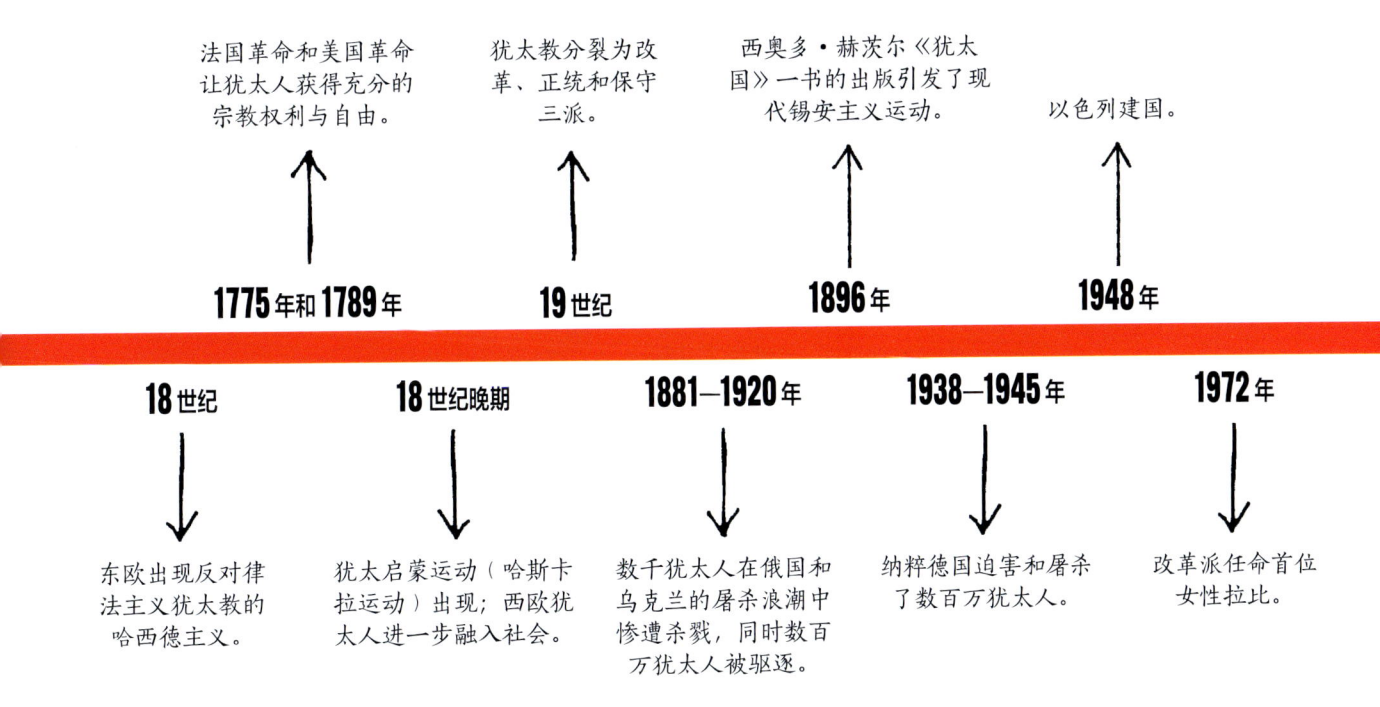

18世纪 ↓ 东欧出现反对律法主义犹太教的哈西德主义。

18世纪晚期 ↓ 犹太启蒙运动（哈斯卡拉运动）出现；西欧犹太人进一步融入社会。

1881—1920年 ↓ 数千犹太人在俄国和乌克兰的屠杀浪潮中惨遭杀戮，同时数百万犹太人被驱逐。

1938—1945年 ↓ 纳粹德国迫害和屠杀了数百万犹太人。

1972年 ↓ 改革派任命首位女性拉比。

群体以及宗教传统。公元10—12世纪的西班牙是犹太思想发展的黄金期，涌现出摩西·迈蒙尼德等伟大的犹太哲学家。这里同时也是中世纪犹太神秘主义流派卡巴拉的中心。东欧很多相对独立的小型犹太人聚居区发现钻研自己的宗教并无益于增强自己团体的凝聚力，一种更具灵性主义的派别哈西德运动便由此发端。接下来数百年间，犹太教因律法问题的争端出现进一步分化。正统派犹太教笃信《托拉》的神圣起源，因此严格遵守《托拉》；而改革派和保守派却未固执于此，他们认为《托拉》更是一套指导方针而非严格的宗教义务。

区分20世纪犹太教不同支派的一个特征是女性地位问题。尽管犹太教规定犹太人身份仅可从母亲一方延续，但只是到了近期，女性在宗教仪式方面才取得了一定的主动权。

压迫与认同

犹太人在历史上之所以时常遭受迫害，主要源于其移民身份及特有的信仰。犹太人在许多地方都生活在隔都里，遭受着诽谤和攻击。自18世纪，美、法等国开始赋予犹太人完全公民权，犹太人进一步发起融入当地社会的运动。然而这也引发了一个认同问题：犹太群体是宗教的、种族的、文化的抑或是民族的？锡安主义作为一种回应，迫切要求建立犹太国。纳粹大屠杀之后时机成熟，1948年以色列建国。犹太教徒的人数现在很难估算，原因是很多自认犹太人的人并非虔诚的信徒。不过，据统计全世界共有逾1300万犹太人，大部分居住在北美或以色列。■

我要以你们为我的百姓，我也要作你们的神

上帝与以色列立约

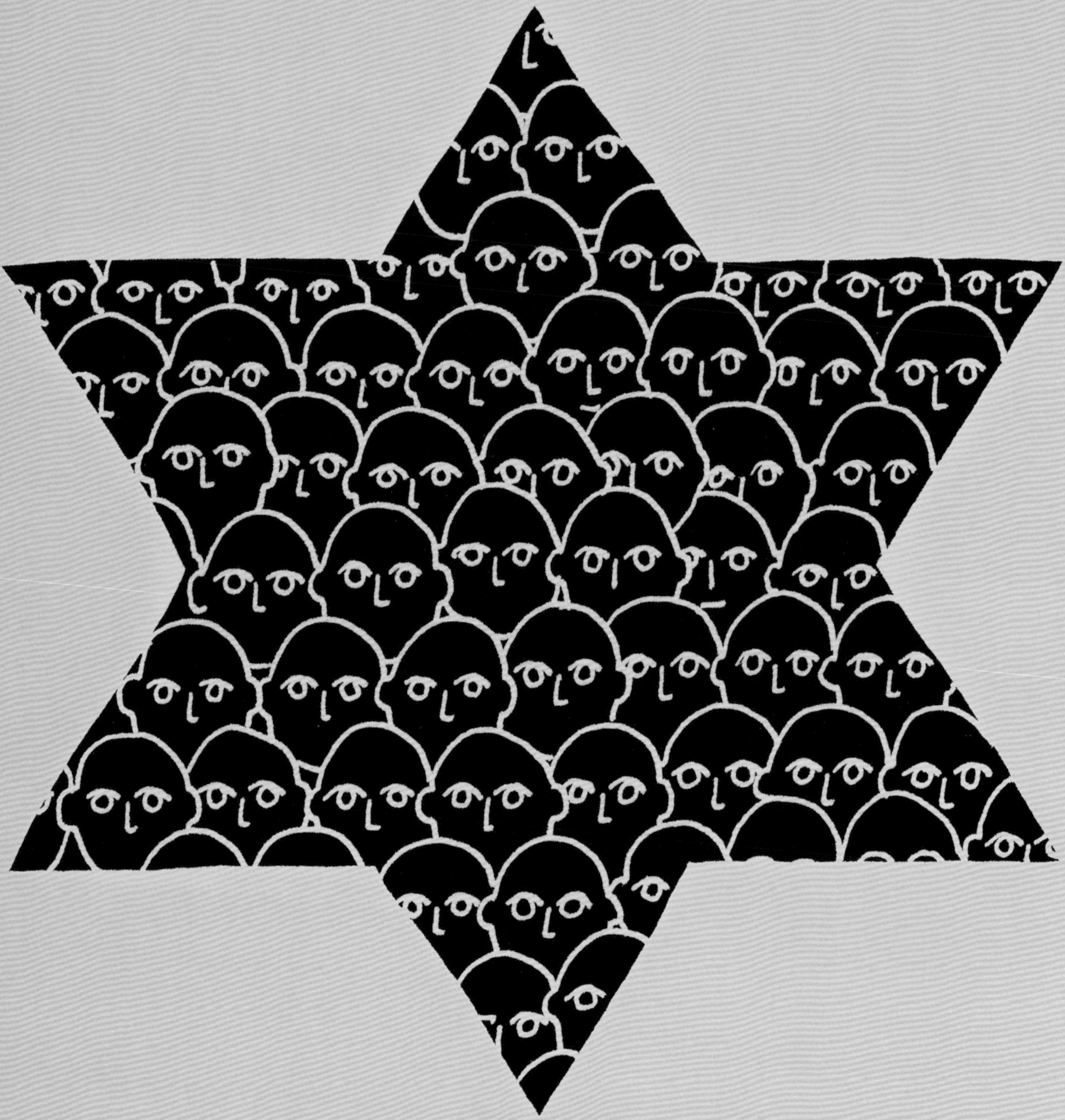

上帝与以色列立约

语境线索

主要文本
《托拉》

时间地点
公元前1000—公元前450年，中东地区

此前
公元前1300年 赫梯王室条约为《托拉》对立约的描述提供了摹本。

此后
公元200—500年 《密西拿》和《塔木德》将口传律法（拉比教导的内容）编纂成书，这两本经典对立约做了进一步解释和指导。

1948年 "二战"后，以色列建国，允许犹太人重返其历史上的家园。

1990年 美国神学家朱迪思·普拉斯科主张犹太人重新解释将女性排除于契约之外的传统文献。

上帝要亚伯拉罕离开家园和家族，前往另一片土地。

↓

如果他这样做，上帝应许给他报偿。这一应许即人们所知的"契约"。

↓

契约的内容是，只要亚伯拉罕及其后裔遵从上帝的诫命，上帝就会保护他的后裔，并将迦南地永久赐予他们。

↓

"我要以你们为我的百姓，我也要作你们的神。"

与上帝立约是犹太教的核心概念，可追溯至古代中东以色列人的信仰。事实上，犹太人认为自身与上帝是由一系列契约联系起来的。最早的契约为上帝与亚伯拉罕所立，特别指出以色列人是上帝的选民，之后上帝与摩西立约，重申了这一约定。

以色列人，有时也称为希伯来人，早在公元前15世纪就占领了迦南地，大致是今天的以色列和巴勒斯坦地区。公元前1200年前后，该地区处于埃及统治下，其间出现了刻有"以色列人"字样的碑文。

公元前6世纪，大量以色列人被驱逐至巴比伦王国。在这一流亡过程中，希伯来《圣经》（即犹太《圣经》）中的大部分内容形成文字。它记录了以色列人的历史及其宗教信仰的起源。

第一次立约

以色列人同大多数生活在古代中东地区的民族一样，也是多神论者，但只崇拜一个"民族神"，他们认为这位神可以给予本民族特殊的保护。犹太人认为神的名字至为神圣，不可读出，他们去掉了其中的元音，只保留了四个辅音，即YHWH（很可能读作"雅威"）。雅威还有其他称呼，如El和Elohim，意思都是"上帝"。

犹太教

参见： 先民社会中的万物有灵论 24~25，牺牲与血祭 40~45，举行仪式的职责 50，对神人之约的一个挑战 198。

根据《创世记》，即《托拉》（希伯来《圣经》的第一部分）五经之第一部所讲，上帝命令以色列人定居迦南。他召唤了出生在美索不达米亚吾珥国（位于今天的伊拉克）一个名叫亚伯拉罕的人，命令他迁往迦南地，即后来以色列人的家园。据《托拉》记载，上帝在迦南地与亚伯拉罕立约，立约形式类似于当时的王对忠诚的下属进行王室赏赐的方式。依据契约，作为对亚伯拉罕忠诚的奖励，上帝会赐予他众多子孙继承土地。作为立约的标记，亚伯拉罕和家里所有的男性成员都要行割礼。直到今天，犹太男孩在出生后的第8天仍行割礼，作为他们遵从誓约的标志。

亚伯拉罕有两个儿子，以实玛利和以撒。上帝为以实玛利祝福，应许他将成为一个伟大民族之父。但是上帝却选择以撒继承其父之约，并向他显现。以撒以同样的方式把约传给其子雅各，雅各从上帝那里获得"以色列"的名字，并把约传给他的所有子孙。

亚伯拉罕、以撒和雅各被称为以色列的族长，因为他们代表了与上帝立约的最早三代人。

西奈山之约

据《托拉》记载，当迦南地遭受饥荒时，雅各和他的儿子们迁往埃及，其子孙随后在埃及沦为奴隶。数百年之后，随着埃及的以色列人口逐渐增多，上帝拣选摩西，一个在埃及宫廷长大的以色列人，带领以色列人逃离奴役回到迦南地。以色列人从埃及逃离出来（《出埃及记》）的过程中出现了许多神迹：上帝向埃及降下灾害，如让那里的人生疮以及将尼罗河水变成血，同时他把红海割开让以色列人穿行。上帝通过这些神迹证明了他的能力以及他对契约的遵守。

在将以色列人从埃及解放出来之后、带领他们回到迦南之前的这段时间，上帝把他们带到西奈山

当上帝要亚伯拉罕将儿子以撒献祭时，其实是为了考察亚伯拉罕的忠心。在最后一刻，上帝派遣一位天使阻止了亚伯拉罕。这幅18世纪的画作描述了这一场景。

希伯来《圣经》

作为犹太民族的神圣经典，希伯来《圣经》（即犹太《圣经》）成书经历了千年时间（公元前第一个千年），它是一部主要以希伯来文写成的文献集合。这些文献的顺序和内容稍加改动，形成了基督教《圣经》中的《旧约》。

根据犹太传统，《圣经》可分为三部分。第一部分称为《托拉》或《摩西五经》，描述了上帝创世、与以色列立约以及以色列人必须遵守的诫命等。通常认为《托拉》的作者是摩西，但当代学者认为它是由多位学者经过几个世纪才完成的。

《圣经》的第二部分是《先知书》，概括了以色列的历史，包括从犹太人进入迦南到都城和圣殿被毁、犹太人遭流放、王国灭亡的历史，还包括先知的著作。

最后一部分称为《圣文集》，由后来许多风格迥异的文献组成。

（又被称为何烈山）。摩西登上山顶与上帝交谈，于是上帝与以色列人之间达成了一个新的契约。西奈山之约重申了上帝对以色列人的救赎，并许诺犹太人，如果他们遵守上帝在西奈山给予摩西的诫命，那么犹太人就会成为上帝的子民。

据《托拉》记载，上帝从云和火笼罩的西奈山顶宣读这些诫命，以色列人在山底倾听。传说上帝亲自将诫命刻在两块石板上，摩西把它们带下山，但《托拉》在这一问题上语焉不详。当摩西下山后得知以色列人建造了一个金牛犊作为神时，愤然将石板摔碎。他重回西奈山，得到了刻有诫命的新石板，这些石板置于称为约柜的镀金箱子里。约柜上装有便于以色列人抬着前往迦南的杠子。

> **我要将你现在寄居的地，就是迦南全地，赐给你和你的后裔为永远的领地，我也必作他们的神。**
> ——《创世记》17: 8

十诫

西奈山之约中最著名的诫命是十诫，或曰摩西十诫。摩西十诫包括以色列与上帝所立的契约中最基本的几项原则，如禁止崇拜他神、为神雕像；还规定以色列人每周都要守神圣的休息日即安息日；同时也禁止谋杀、奸淫等行为。

除摩西十诫外，《托拉》还包括上帝在西奈山或其他地方通过摩西向以色列人降下的其他律法。这些律法同样也是契约的一部分。根据《塔木德》（拉比对犹太律法的解释）的统计，《托拉》共包含613条诫命，涉及以色列在迦南地生活的方方面面。有些诫命内容涉及我们所说的民法，说明政府体系、调解财物纷争，并制定裁决谋

当以色列人逃离埃及时，上帝赐予他们食物。15世纪的作品《收集吗哪》就是对此情景的描述。

犹太教

杀、偷盗案的原则；另一些关乎建立敬拜上帝的圣殿及由世袭祭司主持的祭祀仪式问题；还有一些用来指导以色列人的行为规范，包括饮食、婚姻以及平等、友爱地对待同胞等。总体来看，诫命的目的是建立一个在当时标准看来公正的社会，该社会有其特有的崇拜上帝的仪式。

《托拉》的最后一部《申命记》描写了进入迦南地之前，上帝与以色列人在摩押地（当今约旦）立的第三个约。据《申命记》记载，上帝命令摩西与以色列人另立一个约。这是摩西的最后一次宣告，他未能进入迦南地便离世了。摩西重申了上帝对以色列的救赎，并传达了上帝在西奈山赐给他的其他诫命，同时宣告如果犹太人遵从诫命，上帝就会祝福他们，一旦违背就会受到惩罚。摩押之约重申了以色列人对上帝及其诫命的忠诚。

践行契约

原则上，传统犹太人都认为《托拉》中的律法具有永久的约束力。然而千百年来，人们一直对诫命进行各种阐释，很多诫命在现实生活中已不再适用。例如，自公元前6世纪犹大国灭亡后，有关君王统治的律法已经失去效用；而公元70年罗马人在耶路撒冷摧毁犹太人的圣殿后，主流犹太人便不再践行牺牲祭祀仪式。同时《托拉》中许多有关农业的律法也被视为仅在以色列地才需遵守。今天的犹太人对诫命及其解释持有多种观点。传统犹太人奉行守安息日、过各种节日、遵守饮食法（如禁食特定的肉，不可将肉和奶混食）等各种规定。但对多数现代犹太人来说，最基本的律法有两个：爱邻人以及公正待人。进步的犹太人常引用拉比希勒尔黄金法则的一句格言："己所不欲，勿施于人，这便是全部《托拉》的内容，其他只是注解。"

应许之地

在与亚伯拉罕立的约中，上帝应许将迦南地赐予其后裔作为永久的领地。《圣经》在别处还说到

在安息日点蜡烛、守安息日等犹太仪式，可提醒犹太人与上帝的立约。

与诺亚立约

除了上帝与以色列人立约之外，《托拉》还记载了上帝与整个人类立的约。最初的一场洪水几乎毁灭了地球上的所有生命，只有诺亚一家活了下来。上帝与诺亚立约，保证再也不会用洪水毁灭世界。同以色列的族长一样，诺亚也被许诺生养众多，遍布各地。上帝与诺亚立约的标记是彩虹，因此彩虹成为上帝对世界安全承诺的记号。

之后的犹太传统认为诺亚的约包括七诫，所有人都应该遵守。诺亚律法禁止拜偶像、谋杀、渎神、偷盗、不道德的性交（如乱伦），禁食特定的肉，同时要求建立公正的法庭。

诺亚不仅在犹太教和基督教中是一个重要人物，在伊斯兰教中亦是如此；他与上帝立约也是《古兰经》的一部分。

以色列对上帝的忠诚经受了流放旷野40年的磨炼。住棚节就是为了纪念这一事件。犹太人建造简易的棚屋，象征他们在旷野的家。

犹太人只有遵守诫命才能占有迦南地。有人认为，这解释了以色列人何以被敌人征服并遭驱逐的原因。《托拉》中有以色列人因违背西奈山和摩押地之约而受到诅咒、只能出逃的内容；现代许多学者认为这些篇章是基于这些事件写成的。

> 你们若听从我的话，遵守我的约，就会在万民中成为属于我的子民。
> ——《出埃及记》19:5

《托拉》还指明上帝从未背弃他与犹太族长所立之约。以色列人在出逃过程中有悔过的机会，上帝也带领他们重回自己的土地，遵守了他与亚伯拉罕的约定。如此一来，对土地的应许虽然是有条件的，但也保持了永恒性——以色列人因其罪孽可能会暂失土地，但他们无须放弃重返家园的希望。

"选民"

《托拉》对上帝为什么选择与犹太族长及其后裔立约没有做出过多的解释，不过却指出以色列人因其与上帝的契约关系而有超乎其他民族的特权。《圣经》的作者并不认为犹太民族天生就高于其他民族，相反他们笔下的犹太人往往是有罪的、一文不名的，但他们显然认为犹太人有特殊的地位。当犹太人开始相信他们的上帝是统治全世界的神时，他们作为上帝选民的地位就开始获得更重要的意义。

纵观历史，犹太人一直试图理解上帝为什么选择他们以及这个选择对他们在世界上的地位有何影响。一种古老的观念认为，与其说是上帝选择了以色列人，不如说以色列人选择了上帝。这种说法认为上帝给世上的所有民族都降下了诫命，除了以色列人之外，其他民族都拒绝了诫命，认为诫命对他们而言是一种负担。从这个角度来讲，以色列人的地位不是上帝选择的结果，而是自由意志的产物。不过，让个人去承担祖先决定的责任似乎是对自由选择的一种否定。一些发源于中世纪的犹太神秘主义传统提出了不同看法，认为犹太人在创世之时就已被拣选，他们在质上优于非犹太人。不过，现代主要犹太教派别（现代正统派、保守派和改革派）的著名思想家都强烈反对任何有关犹太人和非犹太人有本质差异的说法。现代犹太思想家倾向于把立约看作犹太人遵照上帝旨意生活，并将上帝的真理传给世界的一项使命。一些思想家还认为，以色列人被上帝拣选并非独一无二

犹太教　175

> 犹太历史的意义围绕以色列人对契约的忠诚展开。
> ——波兰裔美籍拉比亚伯拉罕·约书亚·海舍尔

的，其他民族也可能被拣选完成其他使命。一些自由派犹太人否定这种"选民"观，认为它预设了犹太人相对于其他民族的优越感，从而会激发一种民族中心论。

加入契约

传统犹太教认为上帝与犹太人所立之约由母亲一方传给子女，因此一个犹太母亲的孩子自然就是受诫命约束的犹太人。这种得自遗传的身份不会丧失：一个不守诫命的犹太人违背了契约，但他或她的犹太人身份不变。另外，非犹太人也可皈依成为犹太教徒。根据拉比律法，皈依犹太教须接受犹太诫命并举行浸礼仪式（男性还须行割礼），只有这样，他或她才拥有犹太教徒的所有权利和义务。

传统上，皈依犹太教要遵守一套严格的仪式制度。今天，进步犹太教更强调个人在犹太身份和义务上的自主性。美国犹太教改革派和英国犹太教自由派均认可，其父为犹太人而其母为非犹太人者，只要自认是犹太人，无须皈依便为犹太教徒。

契约观在所有犹太教派别中都是核心概念，尽管不同派别在其观念和实践方面有所不同。契约观反映并界定了犹太人个体在世界上的目的，它跨越历史长河将他们与犹太民族和犹太人的上帝联系起来。■

个人如何成为犹太教徒，要么基于自己的信仰，要么基于其父母的信仰。犹太教一般不主动让人皈依，但接受真诚委身的皈依者。

♂+♀	♂+♀	♂+♀
如果你的母亲是犹太人而父亲不是，那么你就是犹太人，并且非得是犹太人不可。	如果只有你的父亲是犹太人，一些现代犹太教派别认为你无须皈依就是犹太人。	如果你的父母皆非犹太人，你遵从正确的礼仪程序，也可皈依犹太教。

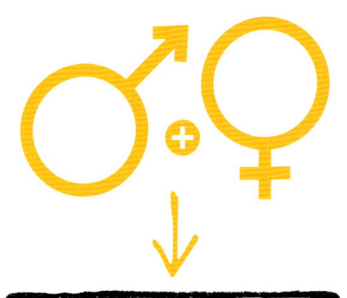

除我之外别无他神

从单神崇拜到一神教

语境线索

主要文献
《以赛亚二书》（指《以赛亚书》40~55章）

时间地点
公元前540年，巴比伦/犹大王国

此前
公元前1400—公元前1200年 先知琐罗亚斯德创立了一个新宗教，尊奉一位至上神。

公元前1000年 《出埃及记》里的一篇诗文《海之歌》宣称雅威高于他神。

公元前622年 犹大国王约西亚禁止拜雅威之外的其他神。

此后
公元前20年—公元40年 亚历山大的斐洛认为《圣经》的一神论影响了之后希腊哲学关于神的观念。

公元7世纪 真主向先知穆罕默德启示伊斯兰教，由此一神论取代了阿拉伯半岛部落的多神信仰。

雅威是至上神；他的权力至高、普遍和永恒。

↓

因其全能，他不需任何次级神。

↓

没有他物能反对他的意愿。

↓

甚至其子民以色列人所经历的灾难也是他安排的。

↓

世间的善与恶皆为他的计划。

↓

除雅威外别无他神。

犹太《圣经》的早期作者看似承认多神存在，但一直强调雅威的至上地位以及以色列人只可崇拜雅威。后来，在《圣经》时代的某个时间点，犹太人从只崇拜多神中之一神的信仰（单神崇拜）转变为仅有一神存在的信仰（一神论）。

雅威统治所有民族

除了《圣经》作者的观点外，考古发现也证实早期以色列人崇拜多个区域神。雅威神的先知们，亦即《圣经》很大一部分内容的作者们，严厉斥责了这种行为。我们很难确定这些先知是否都是真正的一神论者，但他们确实都认为雅威是全能的，统治所有民族。

公元前722年，亚述人攻占北部以色列王国，驱逐了犹太人。大约130年之后，巴比伦攻占南部犹大王国。在古代中东，此类攻占通常被解释为胜利者之神对失败者之神的战胜，因此雅威的至高无上遭到挑战。不过，先知强调说此类事件实际上也是雅威的作为：他利用

参见： 对新社会的信仰 56~57，善恶之战 60~65，上帝与以色列立约 168~175，对不可言说者的言说 184~185，神性之统一乃是必然 280~281。

犹太教 177

如尼尼微城亚述王辛那赫里布宫殿的浮雕所示，公元前8世纪，以色列人被亚述人打败，之后遭到流放。

其他民族去惩罚违背契约的以色列人（见168~175页）。

除雅威外，别无他神

公元前538年，在波斯（琐罗亚斯德教信仰占主导地位）皇帝居鲁士大帝（或作"古列"）颁布法令的许可下，犹太人从流散地巴比伦重返家园。这一时期在《圣经》中的《以赛亚二书》中最早出现了明确的一神论观念。它强调雅威单独创造并统治世界。犹太人回归迦南地即是雅威管控历史的证明，这种管控既是超验性的又是人格化的——雅威决定着君王的行为，同时他会像带领自己羊群的牧羊人那样领导自己的子民获得拯救。

恶的问题

一神论会引发"恶的问题"，即若如《圣经》所载，世间只有一位公义仁慈的上帝，那么他为何执掌一个义人受苦的世界。此问题是《圣经·约伯记》的主题，该书讲述了一个义人质疑上帝为何令他遭受厄运的故事。上帝的回应暗示这一问题的答案是不存在的，因为上帝对世界的统治超乎人类理解的范畴。■

《以赛亚二书》

《圣经·以赛亚书》据称是由生活在公元前8世纪晚期至公元前7世纪早期的一个叫以赛亚的先知所作。然而书的后半部分描述的是公元前6世纪犹太人从巴比伦流散中回归的故事。因此当代学者把这部分内容称为《以赛亚二书》，认为它出自一位或多位生活在公元前6世纪的作家之手。

《以赛亚二书》效仿了前半部书的语言和主题，同时论述了新的观点和主题，其中包括明确的一神论思想。同早期先知作品一样，它将以色列的流散解释为对其罪恶的惩罚，但同时也认为惩罚终会停止，即当以色列最终只敬畏雅威时，便会得享永恒的荣耀。

许多学者认为书的最后一部分完成的时间更晚，构成《以赛亚三书》。

> 在我之前没有真神，
> 在我之后也必没有。
> ——《以赛亚书》43: 10

弥赛亚将拯救以色列

关于新时代的应许

语境线索

主要文献
《死海古卷》

时间地点
公元前150年—公元68年，巴勒斯坦

此前
公元前1005—公元前965年 大卫王作为上帝的"受膏者"，即"弥赛亚"统治以色列。

公元前586年 巴比伦王国攻占并驱逐犹太人，终结了大卫王朝。

此后
公元1世纪 耶稣宣称自己是弥赛亚。

公元2世纪 巴尔·科赫巴被称为弥赛亚。

20世纪 哈西德派领袖曼纳汉姆·门德勒·斯齐尔松把严守犹太戒规作为推动弥赛亚到来的途径；其追随者称呼他为弥赛亚。

有史以来，以色列人一直由君王统治。上帝称其为"受膏者"（即希伯来语中的"弥赛亚"）。对君王的拣选是通过一种"膏抹"的宗教仪式，即把油倒在君王头上，类似于加冕礼。"弥赛亚"一词最初可指称任何受膏的领袖，但随着时间的推移，它仅用来指一个特定的君主，即会在未来出现、把以色列人从敌人手中拯救出来并带来黄金时代——弥赛亚时代的人。犹太传统对弥赛亚时代的

参见: 上帝与以色列立约 168~175, 信仰和国家 189, 现代政治锡安主义的缘起 196~197。

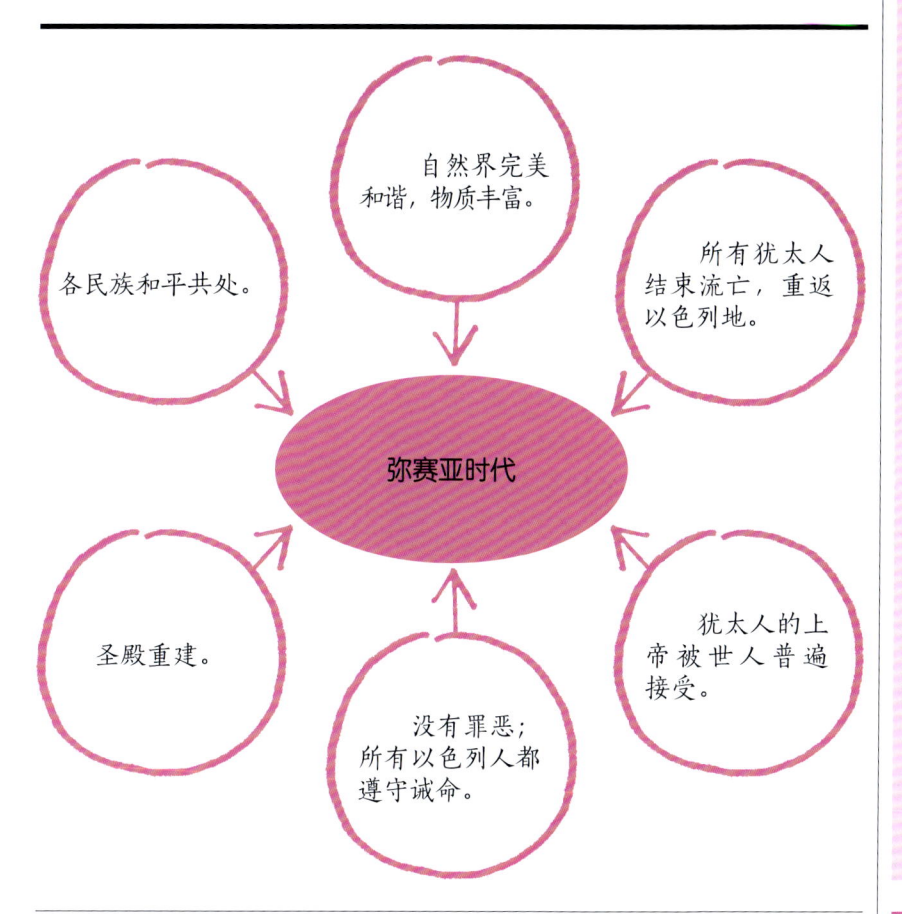

```
                   自然界完美
                   和谐，物质丰富。
                          ↓
   各民族和平共处。              所有犹太人
                              结束流亡，重返
                              以色列地。
              ↘   弥赛亚时代   ↙

   圣殿重建。                   犹太人的上
                              帝被世人普遍
                              接受。
                   没有罪恶；
                   所有以色列人都
                   遵守诫命。
```

特征有诸多猜想，绝大多数人认为那将会是一个充满友爱和荣耀的时期，到那时，神迹随处可见，干戈化为玉帛，狼和羊和平共处。

有些传统认为弥赛亚会是一位世间的统治者（他与上帝有密切的关联），另有传统认为他是一位天上的人物，在创世以先就被委以弥赛亚之重任。与此类似，诸多传统都认为弥赛亚时代是正常历史进程的一部分，而另有传统则视其为一个神迹时代，届时上帝之灵将统治世界。

来自大卫一支的弥赛亚

大卫王是以色列联合王国最早的君王之一，他于公元前1005-公元前965年在位。据《圣经》记载，大卫王联合以色列人抵御了非利士人的进攻。《圣经》记述上帝爱大卫，称他为自己的"儿子"，同时与他立约，应许他的后裔将永久统治以色列。

然而，在公元前586年，巴比

犹太教 179

以色列人和犹太人

亚伯拉罕的儿子以撒有两个儿子：以扫和雅各。《圣经》记述上帝将雅各的名字改为"以色列"。雅各12个儿子的家族逐渐发展为以色列的十二支派，占据约相当于现代以色列的土地。公元前10世纪晚期，以色列分裂为两个王国：南部支派建立了犹大王国，北部支派建立了以色列王国。这两个王国相继被攻占并被摧毁：以色列在公元前722年被亚述摧毁，犹大则在公元前586年被巴比伦摧毁。然而犹大王国的遗民却作为一个有独特宗教的独特群体生存下来。因此，尽管他们仍自视为以色列人，却被称为"犹太人"，其宗教也被称为"犹太教"。现今以色列的公民被称为以色列人。

> 他们要将刀打成犁头，把枪打成镰刀。这国不举刀攻击那国，他们也不再学习战事。
>
> ——《以赛亚书》2: 4

伦攻占了犹大，大多数居民被驱逐，圣殿被摧毁，大卫王朝的统治走向末日。王朝的终结似乎表明上帝打破了他与大卫的约定。然而，犹太人却仍期盼未来将有一个大卫的子孙会作为上帝的弥赛亚重新统治以色列。

先知预言

甚至在王朝衰落前就有一些先知预言说，一位来自大卫家族的王将统一两个王国，把他们从敌人手中拯救出来。尽管这些预言记载于不同时期，其中一些指历史上特定的王，但后人认为它们都预测了未来弥赛亚将会降临之事。在巴比伦攻占犹大王国之后，一些先知预言犹太人最终将回归家园并重建圣殿。有些人还预见到，未来所有民族都会信仰以色列人的上帝，并到耶路撒冷崇拜他。不过，这些美好未来的异象并非无条件的。先知们认为以色列遭遇的苦难是上帝对以色列人民及其领袖所犯罪恶的惩罚，以色列人只有悔过才有可能在未来重建往昔的辉煌。

外族统治

当波斯王居鲁士大帝击败巴比伦人，允许犹太人重返家园、修复圣殿时，先知的预言实现了一部分。的确，《圣经》中的居鲁士被称为"上帝的弥赛亚"。但犹太人重返家园后遭到包括希腊和罗马帝国在内的外族长期统治。这一次，他们再次寄希望于《圣经》中关于弥赛亚和民族复兴时代的预言。

犹太人相信先知的预言，认为未来将有一场善恶交锋，上帝将以胜者形象出现，罪人将受到惩罚。这一时期的犹太启示作品，包括《死海古卷》在内，都详细描述了这场战争同时伴随以瘟疫和洪水、地震、日食、月食及流星等不

> **我的仆人大卫必作他们的王。众民必归一个牧羊人。他们必顺从我的章典，谨守遵行我的律例。**
> ——《以西结书》37: 24

祥之兆。这些将出现于弥赛亚到来之前的事件被喻为"弥赛亚诞生前的阵痛"，因为所有的痛苦都是弥赛亚时代到来的先兆，到时邪恶会从世上消失，不再有统治者的压迫，人类不再烦恼，也不再陷入罪恶。

弥赛亚的出现

人们把史上杰出人物当作弥

《圣经》原稿大约占《死海古卷》的一半内容。大部分《死海古卷》是用希伯来语、阿拉米语、希腊语和纳巴泰语写于羊皮纸上。

《死海古卷》

1947年，一个贝都因牧羊人在死海西北部昆兰的一个山洞里发现了埋藏的经文。人们认为这些经文出自古代的一个犹太支派——艾塞尼派之手。在公元66-70年犹太起义期间，艾塞尼派成员为了逃避罗马人，将经文埋藏在那里。艾塞尼派反对掌管耶路撒冷圣殿的祭司群体，他们在沙漠建立了一个团体，等待末日的到来。艾塞尼派认为弥赛亚时代到来时将会出现一个崭新、洁净的圣殿和祭司群体，而只有他们才能获得救赎。《死海古卷》包括《希伯来圣经》每章的原稿以及之后的一些犹太文稿，对我们理解那个时期的犹太思想极为重要。

一些犹太思想家认为，流散的犹太人重返家园和重建耶路撒冷是预示弥赛亚降临的两个重要先兆。

赛亚的情况层出不穷。拿撒勒的耶稣就是一例。他被追随者称为"基督"，即希腊语中表示"弥赛亚"的词语。耶稣的追随者称为基督徒，他们在耶稣被罗马人处死后仍坚信他是弥赛亚，但大多数犹太人对此断言持拒斥态度。

另一个自称弥赛亚的人是巴尔·科赫巴，他在公元132年领导了反抗罗马的起义。这场起义以惨败告终，导致犹太人在耶路撒冷及周围区域居住历史的终结。幸免于难的犹太人被驱逐至罗马帝国各地，许多人被贩卖为奴。

反抗罗马起义的屡次失败及犹太人再次丧失耶路撒冷这一宗教中心，都让人们重新联想到流散巴比伦时的预言。

复活和来世

最初有些传统预想的弥赛亚时代将会是一个民族复兴的时代，在那时，以色列将会获得救赎，压迫者也终将灭亡。不过，后来人们逐渐开始相信弥赛亚时代将会是一个审判众人的时代，所有人无论生死都要接受审判，义人得奖赏，恶人受惩罚。

《希伯来圣经》很少提及来世。大多数《圣经》的早期作者都持一种古老信仰，认为死人会继续生活于阴间，但对此主题却没有过多描述。诸多犹太人开始相信人的最终命运取决于今世的行为。有人说义人会在天堂继续生活，而恶人则会堕入地狱遭受惩罚。还有人指出在弥赛亚时代会进行最终审判，届时死人都将复活。这两种观点都存在于犹太信仰中，而弥赛亚时代和个人的来世通常都指"即将来临的世界"。

今天的犹太弥赛亚主义

弥赛亚拯救的应许一直是正统派犹太教的核心信仰。很多宗教领袖都认为，如果犹太人作为一个群体崇拜上帝、服从诫命，就能加快弥赛亚的到来。弥赛亚的观念在犹太人遭受压迫之际尤为流行，而犹太人在现代社会享有相对自由的状态弱化了其对民族复兴期盼的迫切感。

尤其是改革派犹太教，他们拒绝弥赛亚王、重返犹太家园和重建圣殿的观念，尽管这些观念中有些方面多年来受到了重新审视。不过，在所有犹太教派别中都居核心地位的弥赛亚主义有这样一种信仰：人类，尤其是犹太人，借着公义的行为能够创造一个更好的未来。∎

> "弥赛亚王，人子，将在未来兴起，重建大卫王朝古代的荣光。"
>
> ——摩西·迈蒙尼德

在日常生活中贯彻宗教律法

记录口传律法

语境线索

主要文献
《塔木德》

时间地点
公元2—5世纪，巴勒斯坦和巴比伦

此前
公元前140年—公元70年 法利赛人主张遵循口传律法。

公元2世纪 对罗马统治的反抗导致多所犹太经学院（学习《托拉》的学校）被毁；拉比记录口传律法。

此后
11世纪 拉比所罗门·本·以撒（即拉什）为《塔木德》作注，成为刊印标准本。

1170—1180年 犹太哲学家迈蒙尼德编纂《密西拿托拉》，对《托拉》中的律法进行了总结和评述。

《塔木德》的每一页都包括密西拿文本，即以希伯来文记述的口传律法。

↓

《密西拿》文本的外圈文字是《革马拉》，即口传律法注释。

↓

在《密西拿》和《革马拉》文本外圈还有稍晚时期的文献和评述。

↓

《塔木德》文本本身便是一个探讨。

↓

其论证引导读者来到真理的核心。

犹太传统认为上帝赐予摩西一套律法和教义，并由他传给以色列人（见168~175页）。这些律法和教义大多被记录在《希伯来圣经》前五章即《托拉》中，但有些犹太人认为摩西在西奈山还领受了其他教义（以口耳相传的手段传给团体领袖，并代代相传），这就是人们所知的口传律法。口传律法包括对《圣经》律法更详尽的说明和解释。

犹太拉比（"拉比"一词意为学者或老师）自公元2世纪起开始记录口传律法，由此产生大批新的文字作品。诸多拉比作品收录于《塔木德》中，对于严守教规的犹太人来说，《塔木德》是除《圣经》外最重要也最有权威的宗教典籍。

口传律法之所以如此重要，一个原因是《圣经》对律法的记录往往语焉不详。例如《圣经》禁止在安息日工作，但并未解释何种工作是被禁止的。《塔木德》通过明

参见： 上帝与以色列立约 168~175，犹太教进步派 190~195，通向和谐生活之途 272~275。

《塔木德》的主要目的是通过先辈学者之手记录下对犹太传统的解释，激励新一代学生寻求自己的真理。

确禁止的39种行为（包括建筑、做饭和写作等）解决了这一问题。

《塔木德》除了记录上帝传给摩西的律法外，还包括众拉比对律法解释的广泛讨论。由于律法的解释权源于摩西，这些讨论也列为口传律法的一部分。

《塔木德》的每页文字都反映出这种讨论：居中的是奠定律法基础的早期文本《密西拿》，其四周文字是讨论文本《革马拉》，因此《塔木德》可视为拉比间的一系列探讨。

《塔木德》得到认可

口传律法的概念并未在犹太人中得到普遍认可。在《塔木德》成书之前，口传律法仅为法利赛犹太人所接受。而圣经派和撒都该派对此都持拒斥态度。圣经派产生于公元8世纪的巴格达，与撒都该派不同，它一直延续至今天。圣经派有其独特的释经传统，认为除《圣经》记载的摩西律法外再无其他律法。而其他犹太教派别承认《塔木德》为圣典，正统派将其起源追溯至上帝向摩西传授口传律法。很多现代犹太人并非真的接受这种观点，而是将《塔木德》视为现存传统的一部分，它为历代犹太人保存并解释了犹太律法，并鼓励了神学争论。■

《塔木德》的版本

《塔木德》是数百年间数以千计拉比的作品集，根据包含律法和传统的不同可分为六卷，各卷又可分为短篇和长篇。《塔木德》有两个版本：一是《耶路撒冷塔木德》，公元4世纪在以色列编纂完成，二是《巴比伦塔木德》，公元500年在巴比伦（现今伊拉克）成书。两个版本之间有颇多相似之处，但《巴比伦塔木德》在内容上比《耶路撒冷塔木德》多6000页，因此更具有权威性，犹太教学生更多使用前者。由于以色列犹太人遭到迫害，《耶路撒冷塔木德》最终并未完成，因此比《巴比伦塔木德》内容少得多，也较多语焉不详之处。

> 摩西从西奈山接受《托拉》，然后把它传给约书亚，约书亚传给长者，长者传给先知，先知传给犹太大会的成员。
> ——《先贤篇》

上帝无形、不可分割、独一无二

对不可言说者的言说

语境线索

主要人物
摩西·迈蒙尼德

时间地点
12世纪，北非

此前
公元前30年—公元50年 犹太哲学家斐洛用希腊哲学术语描述《圣经》中的上帝，认为其没有亚里士多德所说的属性。

公元933年 拉比萨撒底亚·加昂在《信仰与意见》一书中对上帝的统一性提出了多种论证。

此后
13世纪 犹太神秘主义作品《佐哈尔》指出，上帝的无限性和统一性体现在创世和十次"流溢"中。

1730年 拉比摩西·哈伊姆·卢扎托的《神理》一书认为，上帝拥有全然的完满，但这些完满以单一、本质的属性存在于上帝之中。

《圣经》时代以来，对独一神的崇拜成为犹太信仰的核心特征。而上帝对"一"有多种解释：上帝可以是诸多神圣存在中之最伟大者，或上帝可以是由多种不同因素组成的单一存在。中世纪时，数位生活在穆斯林势力范围的犹太哲学家试图证明上帝的"单一性"，可将之理解为"排除了其他可能性"。

摩西·迈蒙尼德是其中最有影响的哲学家。他用古希腊哲学解释

- 上帝没有我们可以描述的物质或精神属性，因为这些属性不可存在于其单一性之外。
- 上帝是全能的，因为万物都在他的掌控之下。
- 上帝是无限的，因为我们难以想象他的存在和能力会受何限制。
- 上帝是永恒的，因为我们难以设想一个他不存在于其间的时间。

↓

上帝的统一性和本质不同于我们所能理解的任何事物。

参见： 从单神崇拜到一神教 176~177，神秘主义与卡巴拉 186，神性之统一乃是必然 280~281。

犹太教　185

犹太教一神论教义，认为上帝是"单一的"，即没有任何部分或属性。

迈蒙尼德认为，上帝的"单一性"与其他任何事物都不同：他是一个单一的、独特的、不可分的实体，超越人类的理解和语言，因此难用特定属性界定他。

不可对上帝进行范畴归类

迈蒙尼德指出，上帝并非"某物种中的一个"，他不属于任何一个共有某些特征的群体。例如，三个不同的男子都是单独的个体，但他们却共有"男性"的属性，因此属于男性群体。然而上帝没有属性，因此不属于任何存在的范畴，既非神灵范畴，亦非其他群体范畴。

上帝的单一性与身体的单一性也不相同，后者是可分割的。这就是说上帝跟可分割的物质客体不同。但迈蒙尼德又进了一步，认为在思维中上帝也不可分割：他没有任何属性（如亚里士多德的界定），否则他就同时具有本质和属性。例如，如果说上帝是"永恒的"，那么实际上就会有两个神：上帝和上帝的永恒性。

迈蒙尼德关于上帝没有属性的观点来源于"否定神学"派别，该派认为用任何肯定的方式来描述上帝都是不准确的。由于人类语言的有限性，我们可以把上帝描述为"永恒的"，但事实上我们只能确定上帝不是非永恒的：其本质超乎人类理解范围。迈蒙尼德把上帝的单一性列为其关于犹太信仰的十三条原则之一，这些原则还包括上帝存在古远以及《托拉》出自上帝之口等内容。很多人都视这些原则为犹太信仰的基本要素。■

> **上帝不是两个或多个实体的组合，而是一个单一性的实体，其单一性和独特性超过任何单一的造物。**
> ——迈蒙尼德

迈蒙尼德认为，上帝先于万物存在，并是万物的创造者。他的存在独立于任何事物之外，但万物的存在却须依靠他。

摩西·迈蒙尼德

摩西·迈蒙尼德（又名Rambam）1135年出生于西班牙科尔多瓦的一个犹太家庭。迈蒙尼德的童年受多元文化的影响：他学习了希伯来语和阿拉伯语，同时他的父亲——一个在西班牙伊斯兰文化下生活的拉比法官还向他教授了犹太律法。1148年柏柏尔人穆瓦希德王朝掌权时，迈蒙尼德随家人逃离西班牙，辗转十年，最后定居在菲斯（今摩洛哥），之后到达开罗。为了补贴家用，迈蒙尼德通过学习成为一名医生，他凭借才能几年之内便谋得了一个皇室的职位。迈蒙尼德同时也兼任拉比法官一职，他认为不应从此职位中获得报酬。1191年，他被推举为开罗犹太社区的首领。1204年迈蒙尼德去世之后，其墓地成为犹太人的一个朝圣地。

主要作品

1168年　《密西拿评述》

1168–1178年　《密西拿托拉》

1190年　《迷途指津》

上帝和人皆于宇宙中流放
神秘主义与卡巴拉

语境线索

主要人物
以撒·卢里亚

时间地点
16世纪，巴勒斯坦

此前
从公元前1200年开始 琐罗亚斯德教信徒认为，人类的善行有助于宇宙中善对恶的作战。

公元10—15世纪 基督教神秘主义盛行于中世纪欧洲。

此后
18世纪 当哈斯卡拉运动（犹太启蒙主义运动）驱散神秘主义思想时，以色列·本·以利撒在乌克兰基于以撒·卢里亚对卡巴拉的阐述创建了哈西德派。

20世纪80年代 洛杉矶的卡巴拉中心因其犹太神秘主义教义吸引了大批名流信徒。

犹太教经典除了《希伯来圣经》（见171页）和《塔木德》（拉比阐释的合集）之外还包括许多神秘主义作品，这些作品总称为《卡巴拉》。它最初是一种口传传统，在13世纪晚期于西班牙收编于《佐哈尔》（"光辉之书"）一书中。《佐哈尔》及其卡巴拉思想对于流亡的犹太人具有特殊意义，巴勒斯坦萨法德地区的犹太学者在15世纪90年代被逐出伊比利亚半岛（现今西班牙、葡萄牙和安道尔）之后尤为如此，以撒·卢里亚就是其中之一。他对《佐哈尔》的诠释为理解犹太人的流亡生活提供了独特的视角，同时也对善恶以及救赎的方法做出了解释。

根据卢里亚的解释，在创世之前只有上帝存在。为了腾出空间创造世界，他收回到自身（神光隐退），即一种为了创世而进行的自我流放。神光以十种源质（即上帝神圣属性的流溢）的形式照向造物界。原人亚当造出承载源质的容器。但容器过于脆弱无法承受神圣之光，最上面的三种源质破损，而下面的七种源质完全损坏，神光散播出去。容器的破裂打乱了创世的过程，从而将宇宙分裂为有益于和有害于创造的元素，即善和恶、上层和下层的世界。

卢里亚解释说，通过将下层世界邪恶力量附着的神光的火花分离出去，并让它们回归上层世界的根源，便可修复这一毁坏：这是一

耶路撒冷的犹太男子在念诵忏悔文。依据卡巴拉，遵守诫命可以引导人们从流亡走向救赎。

犹太教 **187**

参见：关于新时代的应许 178~181，人乃上帝之彰显 188，苏菲主义和神秘主义传统 282~283。

```
上帝收回到自己体内，腾出空间，从而在保持其自身超越性的同时创造了世界。
        ↓
继而出现十种流溢，     但是盛放源质的容器
即源质，共同形成神光，→ 并不坚固，在灾难中受到
揭示出上帝的意旨。     摧毁。
        ↓              ↓
这就是善恶的源头，具体表现为亚当的堕落。
        ↓
当神光重新聚拢时，损坏才能得到修复，到那时
        ↓
上帝和人皆于宇宙中流放。
```

以撒·卢里亚

以撒·本·所罗门·卢里亚·阿什肯纳兹1534年出生于耶路撒冷。他幼年丧父，与母亲搬到埃及与舅舅生活在一起。以撒在埃及跟随当时一些著名学者，包括拉比比撒列·阿什肯纳兹学习拉比文献和犹太律法，并成为一名商人。他15岁时结婚，从未停止过学习。6年后以撒迁至尼罗河的一个岛上学习《佐哈尔》和早期卡巴拉思想。他很少与人交谈，即使交谈也仅用希伯来语。在这期间，以撒声称与早已去世的先知以利亚交谈，后者让他搬到萨法德，那里是巴勒斯坦的一个卡巴拉学习中心。

以撒与摩西·科尔多维罗一起工作，他很快因教授卡巴拉而闻名，他的弟子尊称他为HaARI，意为"狮子"，这是"神圣的拉比伊扎克"之希伯来文首字母的缩写。1572年以撒在萨法德去世。

个世界修复的过程。这一修复世界的责任落在犹太人肩上；他们遵守一次神圣诫命，便会释放出一个神圣火花，而如果他们犯一次罪，则又将一个火花归还给邪恶力量。只有当所有神圣火花全部在善的世界中集合时，救赎才能实现，人类才不再流亡。尽管卢里亚关于卡巴拉的解释并没有留下文字记录，但他深奥的教义却通过弟子留传下来。在他死后，卢里亚的思想在欧洲得到快速传播。卢里亚的卡巴拉思想因其合理性和全面性而成为犹太思想的重要支柱，为18世纪强调与上帝之间神秘联系的哈西德运动奠定了基础。■

> 《托拉》隐晦难懂。唯有义人才可究其精义。
> ——《塔木德》

神圣火花内住于众人之中

人乃上帝之彰显

语境线索

主要人物
以色列·本·以利撒

时间地点
18世纪40年代，乌克兰

此前
16世纪 以撒·卢里亚等人唤起人们对卡巴拉神秘主义的兴趣。

此后
19世纪 哈西德派在反对犹太教理智化和世俗化的过程中赢得众多拥趸。

1917年 俄国十月革命的爆发导致大量哈西德派团体解散。

20世纪30年代 纳粹主义兴起，迫使德国、东欧和俄国的犹太人逃亡美国；"二战"期间，几乎所有欧洲哈西德派团体都遭到摧毁。

1948年 以色列建国。大批哈西德派犹太人移居到那里。

犹太教哈西德派由以色列·本·以利撒在18世纪40年代创立，以在一位精神领袖（即扎迪克，意为"义人"）的带领下举行群体入迷的狂热宗教仪式为特征。哈西德派现在是犹太教极端正统派的一个主要分支。其主要教义之一是神圣内住于众人当中。

哈西德派最早出现在18世纪中欧和东欧的犹太团体中。这些团体通常规模较小且相对独立，其生活方式与其他地方的城市犹太人大相径庭。当时的主流犹太哲学思想逐渐趋向理智化，神学趋向律法化。这些变化与居住于小村镇的犹太人（如波兰南部地区）的需要发生了冲突。

为了维系这些团体内部的凝聚力，尤其是面对哥萨克人（东斯拉夫人）的迫害时，宗教领袖频繁穿梭于各团体之间，他们不仅给信徒带来了信仰上的指导，同时给他们提供了更加积极参与宗教活动的契机。在拉比教义越来越远离民众的地方，像以利撒这类"克里斯玛"型领袖指出，阅读、阐释《托拉》不是拉比独有的特权，所有人都可以进行灵性修习。卢里亚在卡巴拉神秘主义传统中所说的"神圣之光"，亦即"神光"，是上帝的彰显，在每个人身上都能找到。■

哈西德派男子在一场婚礼上跳舞。哈西德派犹太人独特的服饰来源于早期的东欧款式，使得他们与犹太教其他派别信徒区分开来。

参见：神秘主义与卡巴拉 186~187，基督教的神秘经验 238，苏菲主义和神秘主义传统 282~283。

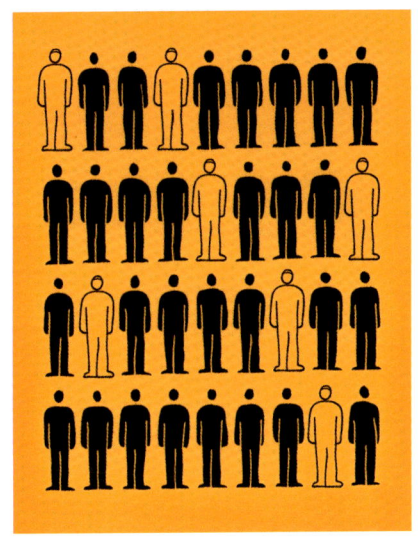

犹太教是一种宗教，而不是一个民族
信仰和国家

语境线索

主要人物
摩西·门德尔松

时间地点
18世纪晚期，德国

此前
公元135年 罗马人将犹太人从以色列地逐出。

此后
1770—1880年 哈斯卡拉运动，即"犹太启蒙运动"中，犹太人，尤其是西欧犹太人，逐渐融入社会。

1791年 法国大革命期间，法国犹太人获得解放，荷兰犹太人、被拿破仑占领的国家的犹太人也相继获得解放。

1896年 西奥多·赫茨尔出版《犹太国》一书，开启了现代锡安主义运动。

19世纪 犹太教改革派受到哈斯卡拉运动的启发。

1948年 以色列建国。

哈斯卡拉运动，又称"犹太启蒙运动"，是在欧洲启蒙运动的影响下产生的，主要是受到了德国犹太哲学家摩西·门德尔松著作的启发。门德尔松认为犹太人遭受迫害和屠杀主要是由他们与所在社会分离所导致。

他对犹太人与异教徒（非犹太人）分离状态的批评同时引发了这一问题："犹太"究竟为何意。在门德尔松看来，犹太教是一种宗教，在宽容、多元的社会中，它应该与其他宗教一样受到平等对待，犹太教信徒在所处社会中，也应与其他公民一样享有信仰自由；相反，作为犹太人并不意味着归属一个独立的国家或民族。

在《耶路撒冷：论宗教权力与犹太教》一书中，门德尔松指出犹太人不仅应得到解放，还应"走出隔都"，在世俗文化生活中发挥更为积极的影响。他还特别指出，犹太人应该学习当地语言，如他所做的那样，以更好地融入非犹太社会，他还出版了自己翻译的德文版《托拉》。

尽管门德尔松本身是一个重实践的正统派犹太人，但他的观念及受其影响的哈斯卡拉运动为19世纪犹太教改革派的兴起奠定了基础。■

> 国家拥有在必要时可以运用的物质力量；而宗教的力量是爱和仁慈。
> ——摩西·门德尔松

参见：上帝与以色列立约 168~175，犹太教进步派 190~195，现代政治锡安主义的缘起 196~197。

勿忘历史，把握当下，着眼未来

犹太教进步派

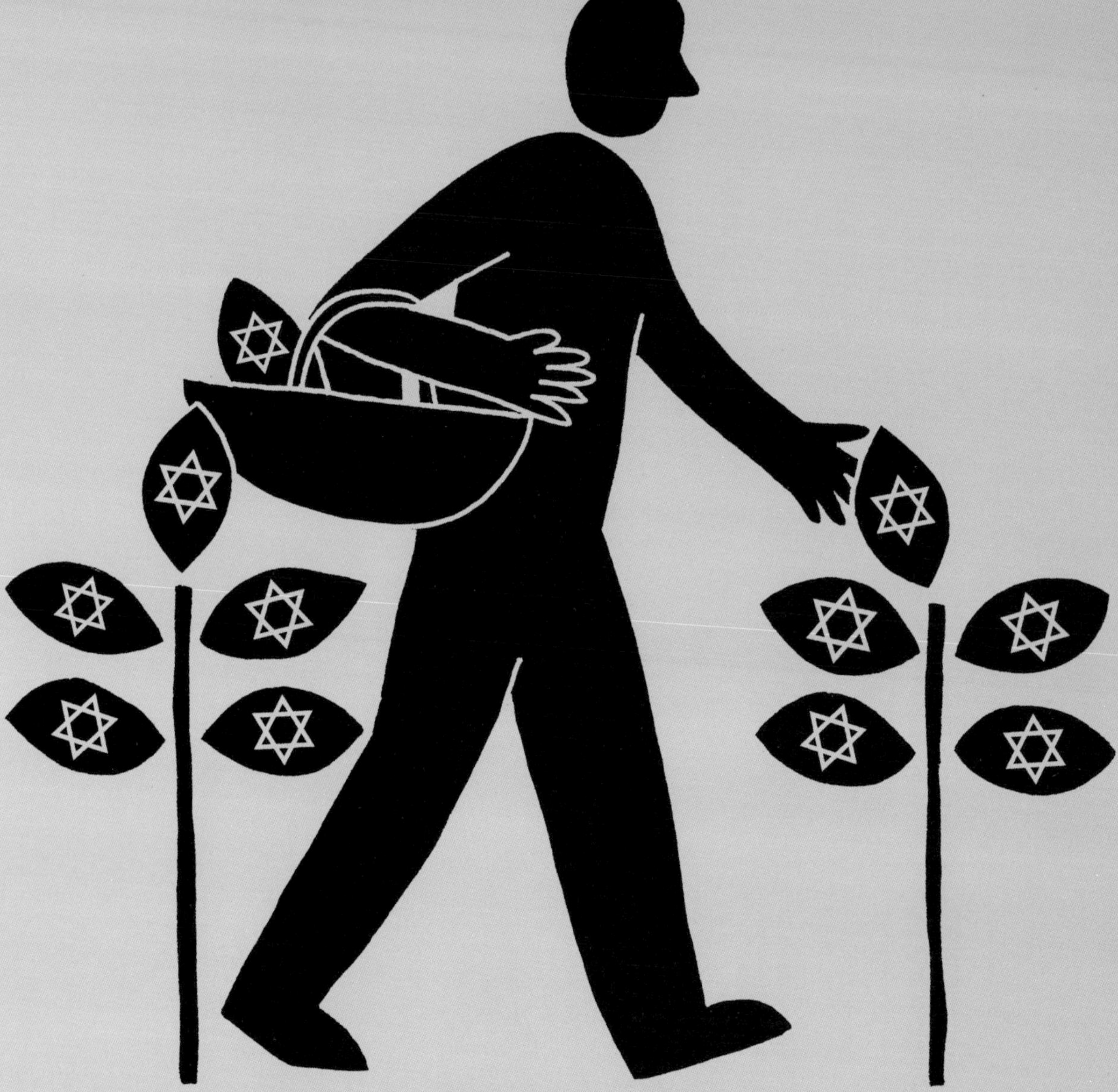

192　犹太教进步派

语境线索

主要派别
犹太教进步派

时间地点
19世纪，欧洲和美国

此前
19世纪　德国启蒙运动给犹太人提供了接受世俗教育和参与社会的契机。

此后
1840年　临西伦敦犹太教堂建立。

1872年　改革派学院——犹太学高等学院在柏林建立。

1885年　犹太教改革派在美国繁荣发展。《匹兹堡宣言》确定了改革派的主要原则。

20世纪　进步派会堂和团体组织在世界各地纷纷建立。

犹太人在欧洲获得解放最早始于18世纪的德国。之前犹太人被限制在居住地，禁止进入大学和职场，但欧洲启蒙运动赋予了他们平等的公民权。操意地绪语的犹太人开始学习德语，进入现代社会，感受到个人自由。许多犹太人开始接受犹太教育之外的世俗教育，以改善自己的境遇。伴随德国改革运动产生的犹太教进步派，是针对这些变化、现代化和新自由的一种回应。

人们看到的最早改革出现在柏林和汉堡。这些改革与会堂仪式相关，如以德语讲道、男女混坐而非隔离开等。现代《圣经》研究对改革产生了更为激进的影响，有些犹太人开始质疑《圣经》文本的神圣权威，质疑将他们与社会隔离开来的传统。古代拉比的权威在此时也受到了质疑，人们认为他们只是在他们所属的那个时代才发挥作用。

> 《塔木德》讲的是它那个时代的观念，在当时它是正确的。我讲的是我这个时代更高的观念，在此时我是正确的。
> ——19世纪德国极端改革者

面对新观念及其产生的新契机，一些人抛弃了犹太教信仰，转向世俗国家主义。一些人则借助犹太教的历史学术研究（犹太学）来实现犹太教的现代化。而对有些人来说，变革的步伐太快，开始有各种团体从中退出，这些团体可能会选择更为正统的拉比带领其宗教信仰。

亚伯拉罕·盖革

1810年，亚伯拉罕·盖革出生于德国美因河边的法兰克福。他接受了犹太和德国经典的教育，为了撰写博士论文《穆罕默德从犹太教中汲取了什么？》，他还学习了阿拉伯语。作为一位积极推进犹太学（意为关于犹太教的学术研究）之人，盖革试图通过开创性的学术研究提炼出犹太教的永恒精神和伦理核心。他力图全面实现犹太教的现代化，而不是创立出一个独立派别，同时摒弃一些不再适用于当前现实的宗教行为。1838年，在他当选布莱斯劳第二拉比时，他发现自己的权威受到当时在任的传统派拉比的挑战。之后盖革还担任过法兰克福和柏林的拉比，并在1874年去世前在新建的改革派学院任教两年。

主要作品

1857年　《圣经原文本和译本》

犹太教 193

参见：关于新时代的应许 178~181，现代政治锡安主义的缘起 196~197，新教改革 230~237，伊斯兰复兴主义的兴起 286~290，信仰的互通 291。

质疑神学

神学创新推动了礼拜仪式的改革，1818年新的改革派祈祷书在汉堡出版。诸如亚伯拉罕·盖革这类学者和拉比开始质疑神学的关键预设。盖革认同调整犹太传统以适应新情况的历史惯例，认为有些宗教仪式可予以改变，以适应现代生活方式。

一些传统的犹太教神学思想也遭到摒弃。德国改革家认为，人们不能再向一位会带领犹太人重返以色列地、重建圣殿以及恢复传统祭祀仪式的弥赛亚式人物祈祷。他们用一种弥赛亚理想——全体犹太人共同努力带来的"世界和平"，取代了弥赛亚观念。他们还提出了一个更大胆的新想法——犹太人不再处于流亡状态，而可以作为一个现代国家的公民实现犹太人的使命。

> 少数族群经常被迫思考。这是作为少数族群的福气。
> ——利奥·拜克，犹太教进步派拉比

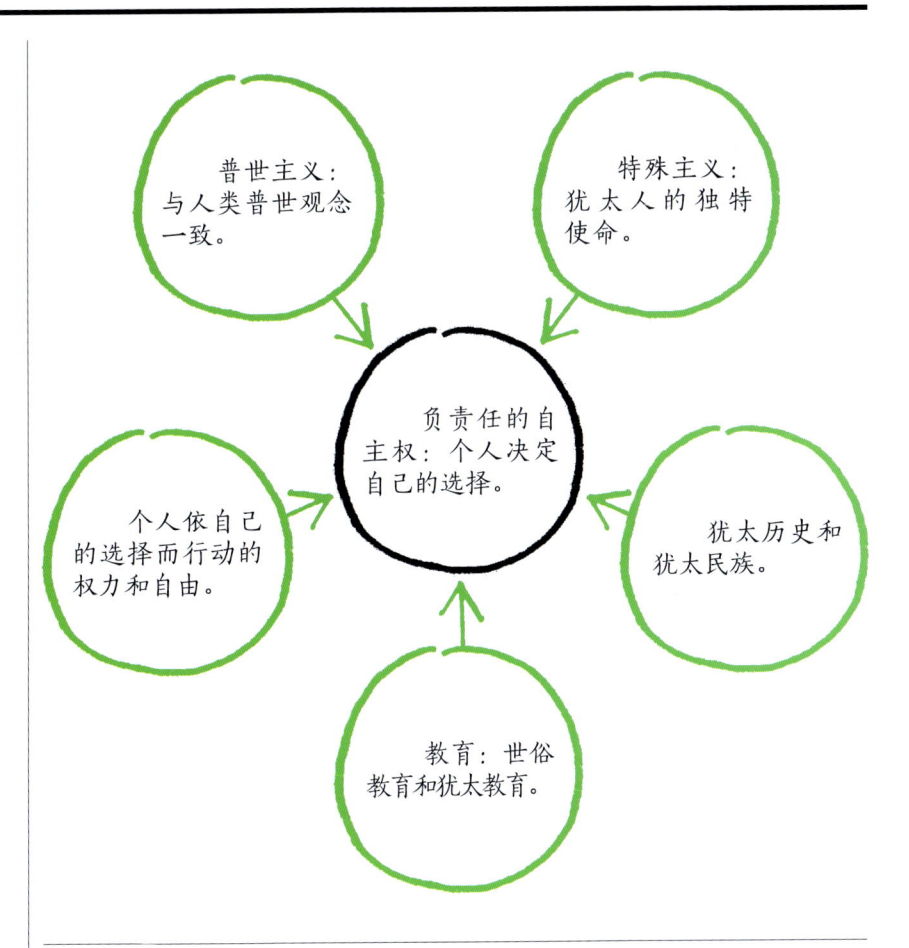

- 普世主义：与人类普世观念一致。
- 特殊主义：犹太人的独特使命。
- 个人依自己的选择而行动的权力和自由。
- 犹太历史和犹太民族。
- 教育：世俗教育和犹太教育。
- 负责任的自主权：个人决定自己的选择。

从某些方面讲，这个梦想只是昙花一现。对于很多犹太人来说，除了皈依基督教外很难实现真正的社会融合。纳粹德国和"二战"的大屠杀更让人们看到了对人类文明之盼望的局限。

宗教自主

同今天的其他宗教流派一样，犹太教进步派内部也存在一种张力，即作为一个国家或团体的一部分（普世主义）和拥有一种独特命运（特殊主义）之间的张力。进步派犹太人的不同点很可能在于其对自主性的现代关注——他们有决定自己犹太生活方式的自由。犹太教进步派指出，负责任的自主性要求人们在伦理、犹太教育、忠于犹太民族、尊重历史与着眼未来的基础上做出选择。

犹太神学一直在发展。尽管一神论仍是信仰的核心，犹太教进步派神学却将一种"威严的"上帝的观念扩展为与上帝间保持一种持续关系的观念，每个犹太人都在这种关系中行使着个人自由。"诫命"便是这一关系的表达。

一元论

还有一个进步派思想家团体认为上帝是自我中不可分割的一部分，而非一个外在的神。有人汲取了犹太神秘主义观念，认为全体造物都发生于上帝之内，可谓万物皆神。一神论，即只相信一个神的信仰，开始成为一元论：仅有"一"存在，这个"一"就是上帝。犹太教进步派神学思想的这些转变表明，个人的角色与诫命在人们看来不再一成不变。在对个人、上帝和诫命之关系重新界定的同时，犹太教进步派还重新审视了对《希伯来圣经》的传统解释。现在，他们认为《希伯来圣经》只是不同时期人神相遇的文献集合，而非对上帝话语的记录，这就是说《希伯来圣经》的权威并不是直接来自上帝。由于上帝的意旨并非固定不变的，那么启示也就是一个持续不断的过程。

犹太教进步派还承认了历史和作为作者的人对犹太律法——哈拉哈的影响。传统上认为哈拉哈来源于《圣经》诫命和古代拉比的法规。哈拉哈在进步派和正统派犹太社区中都经历了转变。一种进步派观点认为，哈拉哈经历了持续的调适以回应当代犹太社会中存在的伦理和实践问题。这种观点考虑到如干细胞研究等现代科学的发展，并深受包括临终关怀等问题在内的现代伦理学的影响。另有进步派人士提出一种后哈拉哈犹太教，他们可能更认同于古希伯来先知及一种受伦理驱动的先知式犹太教。

仪式与戒规

现代宗教仪式也反映出犹太教思想的不断进化，从中可见神圣权威没有局限于《托拉》。以安息日为例，这一天被视为不同于工作日的休息日，具有神圣性。进步派犹太人尊重安息日，他们依旧会在礼拜五晚上点燃蜡烛守安息日，但不是所有人都认为必须在日落前（如果日落时间非常早）做这些。他们也可能会拒绝禁止安息日开车去会堂的传统规定。

饮食法

在饮食法方面，一些进步派犹太人可能会摒弃所有传统规定，而有些人尽管不食《托拉》所禁之肉，但对后来出现的蛋、奶及其盛放器皿分离的拉比禁令置若罔闻。有些人则把饮食法的规定看作关于饮食意识的一种表达，或许会将此延伸至食用有机的、公平交易的产品或"食物里程"①短的食物。还有一些人把素食主义视为最佳饮食方式，认为这才是遵循犹太教饮食法的现代的、进步的方式。

今天的礼拜仪式

从历史上看，随着数百年间新祷文的不断出现，犹太教礼拜仪式也相应变得冗长繁复。进步派礼拜仪式只保留了整体的流程和核心祷文，删除了重复的内容以及与进步派信仰不符的祷文及其译文，

正统派犹太人相信《托拉》是上帝在西奈山赐予摩西的；而进步派犹太人却认为《托拉》是由受神启示之人撰写的，因此要对之做出回应。

① 译者注：指消费者与食物原产地之间的距离。

犹太教

进步派犹太团体为女孩举办成人礼；而犹太传统禁止女性参与任何宗教活动。

如关于死人复活、圣殿重建以及动物献祭的祷文等。许多进步派祷文避免在上帝和团体的称谓上使用封建的和涉及区分性别的词语，如用"永生者"代替"主"，用"先辈"代替"先父"，并在提及《圣经》中的男性族长时同时提及女性族长。

犹太教进步派有时也会在礼拜仪式中使用新作品，如跨信仰理解的诗歌和祷文，还有每个礼拜会诵读从《托拉》中摘选的简短章节。诸多会众的礼拜仪式会同时使用希伯来语和当地语言，并常伴有音乐。与生活于以色列的所有犹太人一样，犹太教进步派也遵守《托拉》里规定的犹太节日。这与流散时期正统派和保守派犹太人不同，后者传统上将节日多延续一天，这是公元358年希伯来历法确立之前流散地的习俗。

在犹太教进步派团体中，两性在领导权（包括任命拉比）和宗教仪式（无论是在会堂还是在家）上都享有平等权。女孩在13岁时会像男孩一样通过在会众面前诵读《托拉》、甚至带领会众祈祷，以庆祝自己的成人礼。

当代犹太教进步派别

德国犹太教改革派核心理念的生根发芽促进了当今世界许多国家犹太进步团体的发展。英国出现了犹太教改革派和自由派，随着德国犹太人移民美国，美国也出现了犹太改革派。这进一步推动了美国其他犹太进步团体的发展，如犹太教重建派和保守派兴起，其神学是现代的，而宗教实践却遵循传统。世界各地包括以色列也出现了其他犹太教进步派别，与其他流散地区相比，以色列的犹太教信仰更传统一些。

最近世界范围内对犹太宗教文化兴趣的增加推动了对希伯来经典文献的研究，以探究其精神、文学和伦理价值。今天的信徒受到犹太教和世俗世界的广泛影响，因此一生之中只委身某一种犹太教派别的可能性也越来越小。■

> 历史有投票权，但没有否决权。
> ——进步派神学家摩迪凯·M.开普兰博士

若你愿意，梦将成真

现代政治锡安主义的缘起

```
┌─ 解决"犹太问题"的方      ┌─ 自从被驱逐流亡，犹太
│  法不是同化，而是建立一个    │  人就梦想回到锡安——以色
│  犹太民族国家。            │  列地。
└──────────┬──────────┘   └──────────┬──────────┘
           ↓                          ↓
┌─────────────────────┐   ┌─────────────────────┐
│  这需要对国际社会进行   │→ │  如果有人数充足的犹太   │
│  游说……              │   │  人都想要回到锡安，这一梦│
│                     │   │  想就可实现。           │
└─────────────────────┘   └──────────┬──────────┘
                                     ↓
                        ┌─────────────────────────┐
                        │    若你愿意，梦将成真。    │
                        └─────────────────────────┘
```

语境线索

主要人物
西奥多·赫茨尔

时间地点
1896年，奥匈帝国

此前
公元前586年 巴比伦的尼布甲尼撒国王摧毁耶路撒冷的圣殿，并驱逐了犹太人。从公元前538年开始，依据波斯王居鲁士大帝颁布的法令，犹太人开始迁回以色列地。

公元70年 罗马人摧毁第二圣殿，犹太人再次遭到驱逐。

公元635年 伊斯兰教哈里发帝国攻占耶路撒冷；1516年，奥斯曼帝国控制该地区。

此后
1882—1948年 流散的犹太人大批迁回以色列地。

1948年 以色列建国。

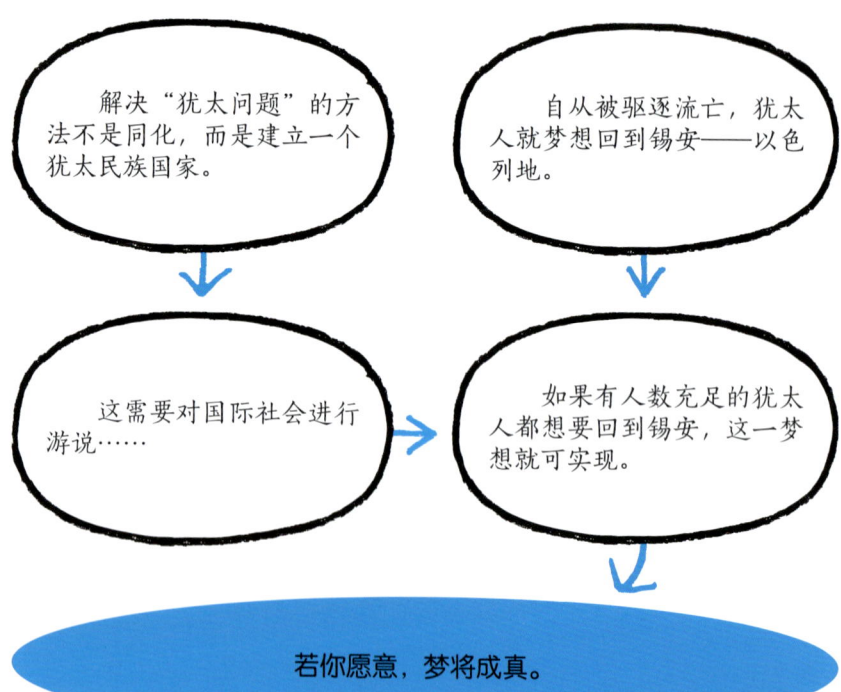

自从被巴比伦人和罗马人逐出家园后，许多流散的犹太人都渴望有朝一日回归以色列地，即"锡安"（因为耶路撒冷有座锡安山）。然而直到19世纪晚期，他们的愿望才凝聚成为一场政治运动——锡安主义，目的是在巴勒斯坦为犹太人建立一个民族国家。

在哈斯卡拉即犹太启蒙运动期间，受摩西·门德尔松启发的犹太思想家们鼓励犹太人与周围社会文化同化以免遭迫害。西欧很多地区及美国的解放让犹太人，尤其是中产阶级犹太人融入当地社会。

参见： 上帝与以色列立约 168~175，信仰和国家 189，拉斯·塔法里是我们的救主 312~315。

> **我认为犹太问题既不是一个社会问题，也不是一个宗教问题，而是一个民族问题。**
> ——西奥多·赫茨尔

身为记者和作家的西奥多·赫茨尔就是这样一位犹太人，起初他坚持这种同化的观点，直到经历了法国（表面看似自由）强烈的反犹浪潮，他才意识到隔都化倾向和反犹主义是无法避免的：犹太人倾向于迁往貌似不会遭到迫害的地区，但一旦迁入的犹太人数达到一定程度，反犹情绪就会产生，迫害也随之而来。同样，即便是在犹太人努力与社会融合、并恪守公民义务的地区，他们仍被视为外族人而受到孤立。赫茨尔断定解决这些问题的方法不是融合与同化，而是让犹太人大规模迁往一个单独的地区。反犹主义难以克服与根除，但可通过建立一个犹太民族国家避免其发生。

犹太人的家园

赫茨尔在其1896年出版的小书《犹太国》中提出了一个"解决犹太问题的现代方法"，即建立一个犹太人的家园。最佳的选择显然是以色列，这里当时是奥斯曼帝国统治下巴勒斯坦的一部分。该建议的提出标志着现代锡安主义作为一个政治运动而非某种神学愿景的开始。次年，即1897年，赫茨尔召集了一场国际会议：第一届锡安主义大会，明确了建立犹太国的政治意图，并指出如果有数目众多的犹太人为犹太国的建立向国际社会施压，该意图就能够实现。"若你愿意，梦将成真"，这是赫茨尔的小说《古老的新土地》中的一句话，后来这句话成为锡安主义运动的口号。■

1948年以色列建国时使用的旗帜来源于第一届锡安主义大会的设计。它是受犹太蓝边祈祷披巾和大卫星的启发。

西奥多·赫茨尔

1860年，西奥多·赫茨尔出生于佩斯（今布达佩斯的一部分）。18岁时，他随家庭移居维也纳。赫茨尔在维也纳学习了法律，从事短期法律工作后他迁往巴黎，成为《新自由日报》的记者和一名剧作家。

19世纪90年代，赫茨尔报道了一个犹太官员被军队污蔑为叛国罪的德雷福斯事件，由此他得出在以色列地锡安建立一个犹太民族家园的必要性。赫茨尔在《犹太国》中提出了他的观点，并在小说《古老的新土地》中详细阐述了这一点。之后赫茨尔一直致力于推广锡安主义思想。1897年他在瑞士巴塞尔召集了第一届锡安主义大会，并担任世界锡安主义运动的主席，直至1904年去世。1949年，他的遗体从维也纳被运回并埋葬在耶路撒冷。

主要作品

1896年 《犹太国》
1902年 《古老的新土地》

大屠杀时上帝在哪儿
对神人之约的一个挑战

语境线索

主要运动
大屠杀神学

时间地点
20世纪中期，欧洲

此前
1516年 威尼斯共和国建起第一个隔都，这成为全欧洲孤立犹太社区的隔都模板。

19世纪50年代 欧洲反犹主义向更为世俗主义和种族主义的方向发展。

19世纪80年代 俄国爆发了一系列反犹暴力事件。

20世纪30年代 希特勒成为德国总理，发动犹太种族灭绝运动。

此后
1945年 "二战"结束后，犹太人从集中营中被解救出来，大多数人移居美国和后来新成立的以色列国。

犹太人在公元70年被罗马人逐出以色列后一直遭受流散和屠杀。而"二战"期间针对约600万犹太人（占欧洲2/3犹太人口）的大规模种族灭绝式大屠杀却是史无前例的悲剧，它试炼了犹太人对其与上帝之约的信仰。这一挑战提出了一个重要问题：纳粹大屠杀是上帝所为吗？还是说上帝站在一旁默许了大屠杀的发生？犹太神学力图给出解答，而大批犹太人丧失了信仰，认为上帝抛弃了他的子民。

最大的试炼

不同的犹太群体对纳粹大屠杀给出了不同的解释。一些人认为纳粹大屠杀跟犹太历史上遭受的其他迫害除规模外并无不同。他们视其为世间苦难的极端例子，是对信仰的一种试炼，是肯定生存意义的启示与呼召。另有人则认为大屠杀是对人抛弃上帝及律法之罪的惩罚，上帝的缺席即是对此所做的回应。还有群体认为大屠杀是与上帝的分离，证明了人的自由意志不堪一击，卡巴拉神秘主义中上帝从世界收回自身的观点或许就可对此做出解释。

一个全新的研究领域"大屠杀神学"由此诞生，它探究了上述对大屠杀的各种回应，并在大屠杀的语境中重新审视神人之约。■

> 我永远不会忘记那些让我的上帝和灵魂惨遭荼毒的时刻。
> ——埃利·维塞尔

参见： 上帝与以色列立约 168~175，神秘主义与卡巴拉 186~187，现代政治锡安主义的缘起 196~197。

女性亦可作拉比

性别和神人之约

语境线索

主要运动
犹太教中的女性主义

时间地点
20世纪晚期，美国和欧洲

此前

19世纪 犹太教改革派出现，随之产生了女性在神人之约中进一步发挥作用的问题。

1893年 芝加哥世界宗教议会召开之后，美国犹太女性委员会成立。

1912年 美国女性锡安主义组织哈达萨成立。

1922年 美国拉比中央会议讨论了任命女拉比的问题，但意见不一。

1935年 第一位女性拉比蕾吉娜·乔纳斯在德国柏林接受任命。

尽管犹太身份传统上是从母亲一方延续（见175页），但形成悖论的是，女性在历史上大部分时间里却不得参与犹太宗教仪式。甚至到19世纪，女性在会众面前宣读《托拉》或主持祈祷都被视为异端，而女拉比更是不可想象。

然而，随着犹太教改革派的出现，尤其是重建派的发展，妇女在神人之约中的作用成为改革的一个重要议题。1935年，德国犹太教改革派任命史上首位女拉比。20世纪70年代，女性主义在美、英和其他欧洲国家的兴起推进了对这一问题的解决。1972年，美国犹太教改革派任命了首位女拉比，三年之后任命了首位女领唱。随后，犹太教其他派别也进行了改革，如允许女性参与宗教仪式，同时推行女孩成人礼（与男孩成人礼相对应）。20世纪80年代，妇女获许进入拉比学院。如今只有正统派犹太教仍反对任命女拉比，而在犹太教的所有派别中，女性在犹太会堂中尽管不占主导，其地位却越来越重要。■

意大利第一位女拉比芭芭拉·艾洛在主持光明节仪式。犹太女孩被赋予平等的宗教教育权，这极大地改变了她们在犹太教中的角色。

参见：上帝与以色列立约 168~175，记录口传律法 182~183，犹太教进步派 190~195。

CHRISTIANITY
FROM 1ST CENTURY CE

基督教

始于公元1世纪

引言

公元前 4 年 — 耶稣出生于罗马统治的犹太地；基督徒相信他是上帝借着圣母玛利亚生出的神子。

公元 30—36 年 — 耶稣被犹太地的罗马统治者钉在十字架上，基督徒相信他在三天后复活、升天。

公元 313 年 — 罗马皇帝君士坦丁颁布《米兰敕令》，允许人们自由信仰基督教。

公元 380 年 — 基督教成为罗马帝国官方宗教，著名皈依者有希波的奥古斯丁。

公元 26 年 — 施洗约翰为耶稣施行洗礼，耶稣开始传道生涯。

公元 44—68 年 — 耶稣的门徒中除约翰之外全部殉教。

公元 325 年 — 尼西亚公会议确立了《尼西亚信经》，这后来成为基督教会普遍接受的信经。

1054 年 — 基督教在大分裂中形成西方基督教（罗马公教，或作天主教）和东方基督教（正教）两支。

基督教的名称来源于 christos，这是希伯来文"弥赛亚"，即"受膏者"的希腊文译文。一个认为耶稣是弥赛亚的犹太支派将此称谓赋予耶稣，他们认为耶稣就是《塔纳赫》，即《希伯来圣经》中预言的救世主，上帝道成肉身的儿子。基督徒相信耶稣的降世预示着新约的到来，这一新的契约是继以色列人与上帝所立旧约而来的。

基督教的主要信仰乃基于耶稣的生命和教导，这由耶稣的门徒在公元1世纪记录于《新约》的福音书（意即"好消息"）和使徒书信中。

基督徒认为，耶稣被钉十字架、复活和升天意义非凡。基督教的核心信仰是：耶稣受苦、死亡、埋葬、复活——从而给信他之人带来拯救——而后升天，与天上的父一起管辖万有。

该信仰中包含接受耶稣为上帝之子、是上帝道成肉身、既是人又是神而不仅是先知的观点。这就带来三位一体的概念：一位上帝以三种不同的形式存在——圣父、圣子和圣灵。

耶稣的生平也为基督教崇拜礼仪设立了基本框架，其中最重要的是圣事（圣礼），尤其是洗礼和圣餐（圣体）。圣餐礼源于耶稣在最后的晚餐中给门徒们吃饼及喝葡萄酒的教导。其他礼仪还包括坚振、圣秩（圣职任命）、告解（忏悔）、终傅、婚姻。但并非所有基督教派别都接受全部圣事。

从迫害到接纳

从最早罗马犹太时期到现在成为世界上信徒最多的宗教，基督教乃构成西方文明的主要因素。早期基督徒受到犹太统治者和罗马帝国的双重压迫，殉教人数众多。不过，这一信仰在早期教会的带领下传承下来。罗马统治者对基督教的态度逐渐宽容，尼西亚公会议确立了一个人们普遍接受的信经，基督教最终在公元380年成为罗马帝国

基督教 203

1095—1291年 ↑ 罗马教会发动一系列宗教战争，以夺回被穆斯林占领的耶路撒冷。

1350年 ↑ 与罗马对立的教廷在法国阿维尼翁建立。

1517年 ↑ 马丁·路德出版《九十五条论纲》批判教士腐败，在德国引发了新教改革。

17—18世纪 ↑ 约翰·卫斯理发动循道宗运动，其他新教团体在欧洲出现。

1274年 ↓ 托马斯·阿奎那出版《神学大全》，成为公教会教义的基础。

1478年 ↓ 最臭名昭著的宗教裁判所——西班牙宗教裁判所成立，这是国王斐迪南和王后伊莎贝拉为镇压异端而设立的。

1562—1598年 ↓ 公教与新教在法国开战（即人们所知的宗教战争）。

1925年 ↓ 斯科普斯猴子案件引起了进化论与《圣经》创造论之间的争执。

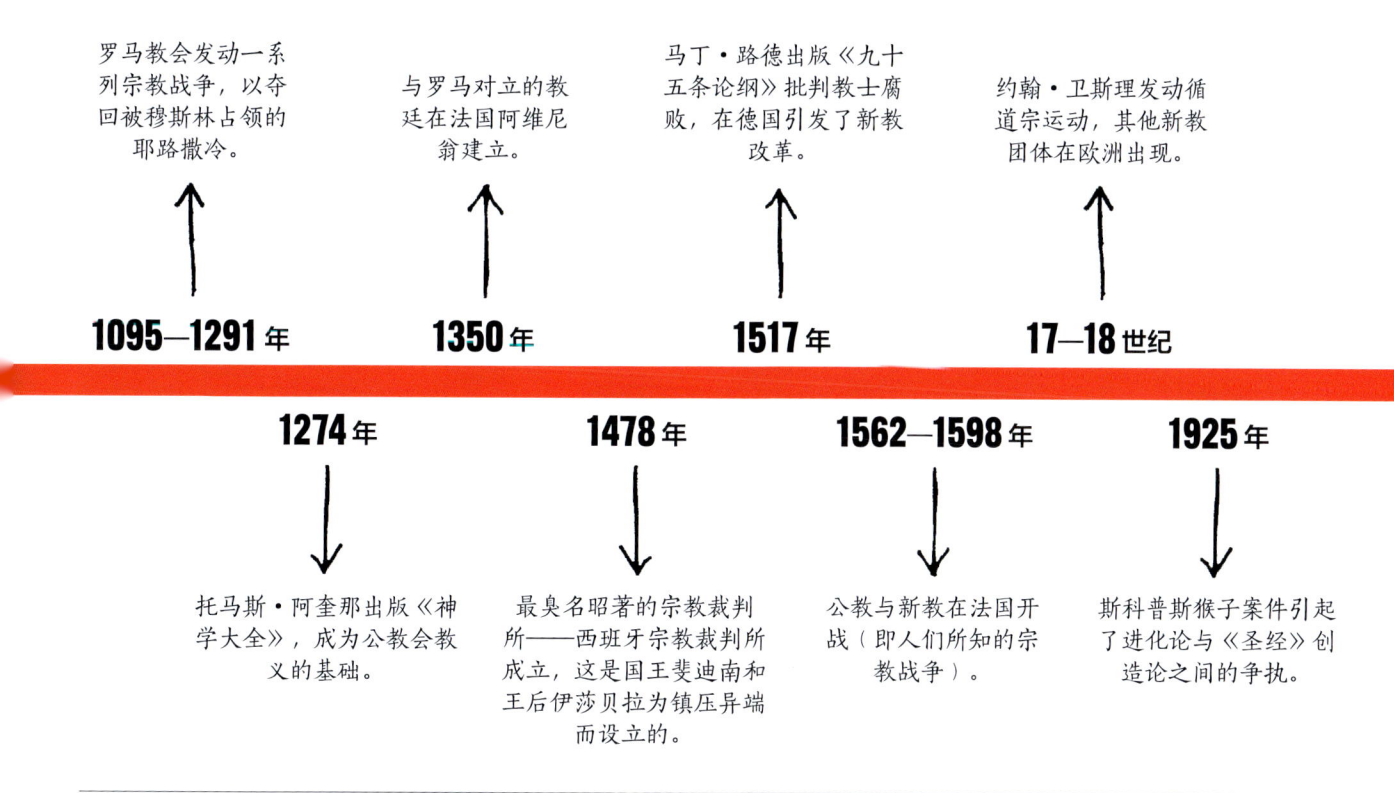

的官方宗教。

自此，基督教开始成为欧洲及中东政治文化生活中的一股强大力量。其影响迅速扩大，出现了一众思想家，希波的奥古斯丁便是其一，他皈依了基督教，将希腊哲学观念融入教义之中。随着罗马帝国的衰亡，欧洲的权力中心逐渐转到教宗手中。教宗被视为使徒与初期主教们的继承人。11世纪，关于教宗权柄问题的争执导致教会大分裂，基督教会分裂为两大不同支派：西方教会（罗马公教会）和东方教会（正教会）。自公元8世纪以来，基督教还面临来自伊斯兰帝国的挑战，在12、13世纪屡次发动旨在从穆斯林手中夺回耶路撒冷的宗教战争。

教会的力量

公教会保持着在欧洲的影响力，其教义在中世纪主导着学术与文化。哲学及科学观念常被视为异端，甚至一开始托马斯·阿奎那在基督教神学中运用亚里士多德的推理方法都受到了谴责，只是在托马斯去世数百年后，这种做法才为人认可，托马斯的思想也成为公教会官方教义。

14—15世纪的文艺复兴预示着人文主义及科学黄金时代的开始，教会权威面临前所未有的挑战。古典文化旨趣的复兴激发了人们对公教会的批判，而新教改革随着1517年马丁·路德《九十五条论纲》的发布而爆发。新教开始在北欧繁荣发展起来，为各新兴基督教派的诞生铺平了道路。今天全世界的基督教徒约有22亿人（约占1/3世界人口），其中一半以上是公教会信徒，约有1/3是新教徒，其余是东正教徒。■

耶稣是末世的开端

耶稣带给世界的信息

语境线索

主要人物
拿撒勒的耶稣

时间地点
公元前4世纪—公元30年，犹太地

此前

公元前700年 犹太先知以赛亚预言上帝将来的统治。

公元前6世纪 以色列人流放到巴比伦，先知但以理看见地上压迫统治结束的异象。

公元前450年 犹太先知们预言的一个主题是"主的日子"的来临。

此后

公元1世纪 初代基督徒将耶稣的信息传遍罗马帝国。

20世纪 上帝国成为基督教神学和伦理学中的一个重要主题。

公元前63年，罗马将军庞培征服耶路撒冷，结束了犹太人长达百年的自治状态，使这一地区沦为罗马的附庸国。在罗马征服之前的500年间，这里先后遭到巴比伦、波斯、希腊、埃及、亚述的入侵。一次次的主权丧失践踏了犹太人的民族尊严，让犹太人视自身为上帝选民的宗教观念受到了挑战。

在之前数百年就形成的犹太宗教典籍中（如有关以赛亚预言的作品）就有这样的应许：到了时候，以色列人的上帝将会成为全世界的主宰。他将借着他指派的代

参见： 关于新时代的应许 178~181，耶稣的神圣身份 208，进入信仰 224~227。

> 由人统治的王国缺乏公义与和平。

> 上帝应许在末世由他统治的国度里会实现我们对公义与和平的盼望。

> 耶稣教导我们并为我们做了上帝应许的宽恕、和平、公义的榜样。

> 因此，耶稣的传道标志着上帝国的开始、末世的开端。

表弥赛亚（意为"受膏者"）为所有人带来公义与和平。这会成为世界历史的巅峰，因此有预言说，旧的、现有的世代结束，上帝世代开始。然而由于刚被罗马占领，上帝国似乎成为一个遥远的梦想。

宣告新世界

在约公元1世纪20年代晚期，一位名叫耶稣的犹太拉比在罗马统治的以色列地区开始了一段时间不长但是影响深远的传道。耶稣传达的核心信息是：人们长久以来期盼的上帝国现在到来了。一些听到这

耶稣给门徒讲道，表达了他传道的核心信息：人们期盼降临的上帝国成为现实。

拿撒勒人耶稣

耶稣出生在罗马行省犹太地的伯利恒，据传在公元前4年前后，耶稣的母亲玛利亚为童贞女怀孕。耶稣早年的生活没有太多文字记载，但他很有可能是在犹太《圣经》及犹太教的教育环境中长大的。人们认为他可能和父亲一样是个木匠，生活和工作都在拿撒勒城。

大约30岁时，耶稣开始在他所生活的地区传道、医治百姓。据福音书记载，他的教导和故事以及他所行的神迹吸引了众人聚集，但他给予了12位跟随者、亦即12门徒特殊的关注。然而，耶稣关于上帝国的信息很快就遭到了当局的责难。耶稣被12门徒之一的犹大背叛，被捕并被伪造的指控定为死罪。据说耶稣被钉十字架后三天，人们发现耶稣的坟墓空了，他复活并向门徒显现。

一信息的人以为他意图召集一支驱逐罗马人的军队。然而，他的目标并非以色列的政治独立，而是要将整个世界从罪恶中解救出来。从耶稣的登山宝训（见《新约·马太福音》）中可见，耶稣宣称上帝国如今已统治着天与地，在这一新的统治下，人类世界混乱的价值次序会被推翻。他说，上帝国乃属于虚心、温柔以及使人和睦之人，而不属于贪婪、自负、好斗之人。

门向所有人敞开

耶稣的信息通过他的行为得以彰显。几世纪前，犹太先知以赛亚曾预言，上帝国的降临会伴有医治的神迹：瞎子得看见、聋子得听见上帝为君王的信息，瘸腿的人也将欢喜跳跃。《圣经》中关于耶稣的传道就记载有各种此类医治的故事。耶稣还宣告说，进入上帝国的障碍已经被移除了。直到那时，犹太人一直认为非犹太人和不遵循上帝律法之人（"罪人"）一样，是不会得到拯救的；而耶稣却说，即便是这些人，上帝国的大门也会向他们敞开。耶稣通过与被社会排斥者、叛教者共同用餐的方式来表达对罪人的宽恕，而共同用餐是犹太传统中最能表达亲密关系的行为。未来（天国）被喻为上帝预备的一场筵席，来自世界各地的人都将受邀赴宴。

但人们不禁疑惑：难道上帝国不应是历史的巅峰吗？若是如此，为什么世界并未随着耶稣的宣告而终结？耶稣的回答是，上帝国的到来并非如大多数人想象的那样是一蹴而就的。在他用的多个比喻（用故事来解释他的信息）中，有一个是把上帝国比作面团中的酵母，在另一个比喻中，耶稣把上帝国喻为土里的种子。酵母和种子都需要时间才能看到结果，或许

耶稣所行神迹（如让瞎眼人能看见）要证明的是：正如耶稣走到穷人与被遗弃者当中，上帝也会邀请所有人——无论他具有何种身份——进入他的国。

人们难以察觉，但事情确实在悄然变化。

一种新宗教

耶稣请他的听众勿要耽搁，让上帝国的信息及价值进入自己的生命。他教导说，上帝国既是"已然"，又是"尚未"，一旦人们选择按照上帝的旨意生活、信奉他的价值观、接受上帝的医治与宽恕，上帝国便已降临。而耶稣还指出，在现今世界秩序的巅峰终结之时，未来会有一个时刻，上帝的统治将胜过其他所有国度。当这一审判日到来之时再做决定加入上帝的新世界就为时晚矣。这就让他传达的信息有了紧迫感，人们需要当机立断。末世并非一个遥远的梦，而是已然开始的事实。

> 虚心的人有福了，因为天国是他们的。
> ——耶稣，《马太福音》5: 3

末世怎么会有一个开端？耶稣说，上帝国最终取代我们现在的世界会有延迟，从而让人们有时间借着相信他为自己在上帝国中获得一个位置。

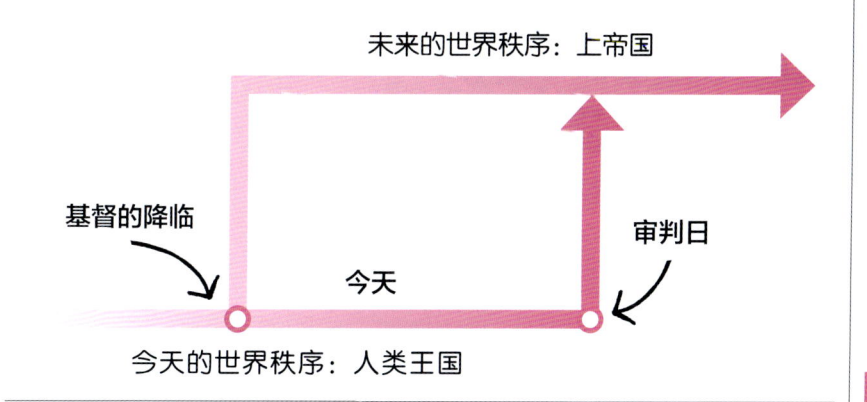

未来的世界秩序：上帝国

基督的降临　今天　审判日

今天的世界秩序：人类王国

> 日期满了，上帝的国近了！你们当悔改，信福音！
> ——耶稣，《马可福音》1:15

耶稣标志着"末世开端"的观念直接导致了基督教从犹太教中分离出来。耶稣早期的信徒宣称他们无须再去寻找谁将是上帝的弥赛亚，因为耶稣就是那位弥赛亚，是上帝派遣将上帝国带到世上的那一位。然而，耶稣的反对者却不相信这一点，决定杀死他，使他不能再发声。耶稣的信徒在他死后并未放弃自己的信仰，而实际上又将此信仰向前推进了一步：上帝让耶稣从死里复活，从而挫败了耶稣的对立者，而对这一战胜死亡之人的信仰，就成为宗教范畴中一种前所未有的新东西。

从一开始，基督教便是由该信仰界定的：耶稣的传道是末世的开端。在基督教中最重要的祈祷文之一、耶稣亲自教导的主祷文中，耶稣求上帝国降临，求上帝的旨意行在地上"如同行在天上"。基督徒通过献上这一祷告祈求上帝国在今天就降临到地上，即便他们仍在等待，在当下世界历史到达终末之际，上帝国才能以完全的形式降临。

今天的上帝国

从历史上看，基督教会有时把"上帝国"或"天国"单纯地理解为纯粹属灵的领域，有形的世界并不受其影响。但在20世纪初，《新约》学者开始对耶稣传道所处的犹太语境产生了新的旨趣。自此之后，耶稣关于上帝国的信息在基督教神学中开始有了极为显著的位置。通过对耶稣所传达最原初信息的背景进行深入分析，上帝国降临所具有的政治及经济内涵开始显现。今天的基督徒相信，只要当下的现实及其价值观因上帝的统治而发生转变，上帝国就已降临。此信仰激励众多基督徒发起社会变革的运动：马丁·路德·金领导的美国民权运动、古斯塔沃·古铁雷斯倡导的南美穷人解放运动、在德斯蒙德·图图的带领下南非种族隔离的结束，都是例证。

万物的终末

耶稣的传道标志着"末世的开端"这一观念在神学中被称为"已开始的末世论"。"末世论"一词由两个希腊词"最后"和"研究"构成，意为对于最后之事，亦即万物终末、世界末日的研究。对于基督徒来说，耶稣关于上帝国的信息赋予基督教一种已开始的末世论：万物的终末因着耶稣的信息已经开始（已经开始但尚未完成）。上帝国现在就在基督徒生命中临在，仅可被称为末世的开始，这对基督徒而言是一个提醒：他们仍需在自己的信仰中期盼上帝在末日采取最终的行动。∎

上帝将他的子赐给我们
耶稣的神圣身份

语境线索

主要信徒
早期基督徒

时间地点
公元1世纪，地中海沿岸团体

此前
自公元前500年 犹太《圣经》中用"神子"一词指代上帝在地上的代表。

公元30年 耶稣因自称"神子"被犹太当局逮捕，并被指控犯有渎神之罪。他因煽动叛乱的罪名被带到罗马官员本丢·彼拉多面前进行审判，被判死罪。

此后
公元325年 《尼西亚信经》中说耶稣是上帝的儿子，用了"与父一体"的说法。

公元451年 《卡尔西顿信经》断言耶稣既是全神，又是全人。

诸多古代帝王都宣称自己是神明所选，从而给自己的统治赋予一种神圣的合法性。在他们死时，其中有些人如尤利乌斯·恺撒就被尊奉为神，受人崇拜。

在福音书中，耶稣多次称呼上帝为父，对于这一称谓中的关系有诸多解释，有最宽泛的解释——创造者上帝是全人类的父亲，有象征意义上的解释，还有字面意义上的解释。初代基督徒从字面意义上理解这种关系。他们指出，福音书中记载的耶稣所行神迹，尤其是他从死里复活，都证明他在上帝的计划中具有的独一无二的地位。

上帝成为人的样式

早期基督徒还宣称耶稣的神圣地位与其他统治者不同。耶稣不是因其顺服而得到被上帝收养的奖赏，耶稣在他还未出生之前就已是上帝的儿子，他在自己作为人的整个一生中也具有上帝的神性。

这一观念被称为道成肉身，是基督教的核心信仰。这与封人为神恰恰相反；在道成肉身中，具有永恒神性的上帝之子借着耶稣的人的位格获取了人性。上帝把神子派到世上成为人，为的是把天上的上帝国带到尘世。■

> "你是基督，是永生上帝的儿子。"
> ——《马太福音》16: 16

参见：对新社会的信仰 56~57，关于新时代的应许 178~181，神圣三位一体 212~219，先知与伊斯兰教的缘起 252~253。

殉教者的血是教会的种子
为福音而死

语境线索

主要发展
对早期基督徒的迫害

时间地点
公元64—313年，罗马帝国

此前
公元30年 耶稣被钉十字架，他告诉门徒他们接下来也会遭到迫害。

公元1世纪 面对罗马当局在耶路撒冷的压迫，基督教成为一种地下运动，基督徒们离开耶路撒冷，分散到帝国各处。

此后
公元3世纪 一支分离出来的基督教派别反对接纳为免遭迫害而背弃信仰者重新加入教会。

16世纪 欧洲的公教会和新教间相互迫害，双方都视受苦为信仰的确据。

公元203年3月9日，两位年轻的母亲、罗马贵族佩蓓图及其女仆斐丽西达与其他基督徒一道被带到迦太基竞技场，在那里她们被迫与野兽搏斗直至死亡。这两位女殉教者的事迹记录于《佩蓓图与斐丽西达殉道记》一书中，激励着其他基督徒在生命受到威胁和迫害之际仍能坚守信仰。

向死而生

当时的神学家德尔图良在迦太基发展出基督教对殉教的理解，他这样写道："基督徒的血是种子"。罗马皇帝掀起一次次迫害的浪潮，以制止民众接受令耶稣的权柄高于国家的信仰。不过，正如德尔图良所言，迫害非但没有阻止基督教的发展，反而推进了基督教的传播。基督徒宁愿赴死，也不愿背弃自己关于耶稣是上帝指派到世间的正当统治者的信仰，这激发着非基督徒的好奇心，吸引了他

早期殉教者自愿赴死，相信自己的榜样会将基督教信息的"种子"撒播到人们的心田。

们的兴趣。

对殉教的这种理解在历史上促进了基督教的发展，因其给基督徒带来了信心：即使是对福音最残暴的压迫也并非失败的标记，而是成功的种子。■

参见：上帝与以色列立约 168~175，信仰和国家 189，新教改革 230~237，伊斯兰复兴主义的兴起 286~290。

肉身会死但灵魂永生

基督教的灵魂不朽观

语境线索

主要人物
奥利金

时间地点
公元3世纪，埃及和巴勒斯坦

此前
公元前4世纪 希腊哲学家柏拉图将苏格拉底关于死亡是不朽灵魂与会朽之身相分离的学说推广开来。

公元30年 耶稣受难时，犹太思想发生了分裂：法利赛派相信，忠于上帝之人死后肉身会复活；而撒都该派否认任何形式的来世。

此后
13世纪 但丁的《神曲》讲述了中世纪关于人死后灵魂之旅的观念。

1513年 第五次拉特兰公会议宣布灵魂不朽为基督教正统教义。

上帝永恒不变。
↓
因此，上帝与人的关系不变。
↓
人的肉身会死，那么上帝与人之间不变的关系便不能受限于肉身。
↓
人必须有不朽的灵魂，这样他们与上帝的关系才能恒久。
↓
肉身会死但灵魂永生。

我们死后会发生什么？我们仍以某种形式存在，还是我们的全部存在像肉身那样烟消云散？古代很多思想家都会思考此类问题。希腊思想在罗马帝国很有影响力，柏拉图关于这些问题的观点早在耶稣降生、死亡及复活前数百年就已受到普遍的欢迎。

柏拉图的思想有二元论的特征。他认为人的生命由两部分组成：处于不断变化、终有一死的物质肉身，以及会思想的永恒灵魂。

公元3世纪，亚历山大神学家奥利金运用希腊哲学术语来阐释基督教信息。特别是他将柏拉图的思想融入了基督教对于灵魂的解释中，而这一影响持续了数百年。

灵魂才是重要的

奥利金和柏拉图一样，相信人的肉身会朽坏死亡，而灵魂不朽。不过，对于奥利金来说，灵魂不朽直接揭示出上帝不变的本质。既然上帝不会改变，那么他与人之间的关系就不会随着人身体的消亡而终止。因此，人当中必然存在

基督教 211

参见: 身心修行 112~113, 人乃上帝之彰显 188, 义人的最后奖赏 279。

在奥利金那里，灵魂在我们死后是会回归上帝的那一部分。艺术家们发现，如若不赋予灵魂，尤其是赋予上帝以人的样貌，便很难传达出他们想要表现的内容；这幅16世纪的绘画表达的就是圣保罗和三一神的画面。

灵魂在死亡之前的状态以及在死亡之后的命运。拒绝上帝之人的灵魂被视为精神已死，并将永远堕入地狱。而接受耶稣福音之人的灵魂将会升入天堂，享有与上帝同在的完美境界。

一种现代视角

近来的基督教思想家提出，奥利金过于倚重柏拉图主义。基督教神学中逐渐兴起一股反对二元论（灵肉二分）的浪潮，而是推行这一教义：只有当上帝也同时让人的肉身复活，死后灵魂才有可能再生。今天还有一种广为流传的信仰："有条件的不朽"，即不朽只赐予相信耶稣之人，而非所有人。■

着一个不会死亡的部分，这便是灵魂。身为典型的柏拉图主义者，奥利金认为灵魂远比肉身重要，后者是对灵命的一种干扰。

地狱和天堂

从此，奥利金的思想便形成了通俗的基督教救赎观。希伯来《圣经》的作者们并未像柏拉图主义者那样将灵魂和肉身相分离。如果真的有某种死后的生命，那么人的肉身就需要与灵魂一道从死里复活。对于基督徒来说，耶稣的肉身从死里复活显示出这种可能性。然而，在奥利金之后，人们不再强调肉身复活，很多基督教思想都聚焦于

> 灵魂有着自己的实质和生命，在与世界相分离之后，将会得到应得的奖赏。
> ——奥利金

奥利金

约公元185年，奥利金出生在北非亚历山大的一个基督徒家庭。在奥利金17岁的时候，其父殉教，他开始了一种严格自律的学习生活，成为教会内外受人敬重的思想家。亚历山大主教委派他做教理学校校长，负责新信徒在受洗之前的教导工作。在与主教发生争执后，奥利金前往巴勒斯坦的该撒利亚，在那里他写了八卷本护教作品，反对他的批判者之一哲学家塞尔苏斯。

约于公元250年，罗马当权者为逼迫奥利金放弃信仰严刑拷打他。奥利金坚决不从，后被释放。但他在公元254年就去世了，很可能是由于当时受迫害时留下的旧伤所致。

主要作品

220年《第一原理》：这是史上第一部基督教神学的系统阐述。
248年《论祷告》《论殉道》《反对塞尔苏斯》。

上帝是三，上帝是一

神圣三位一体

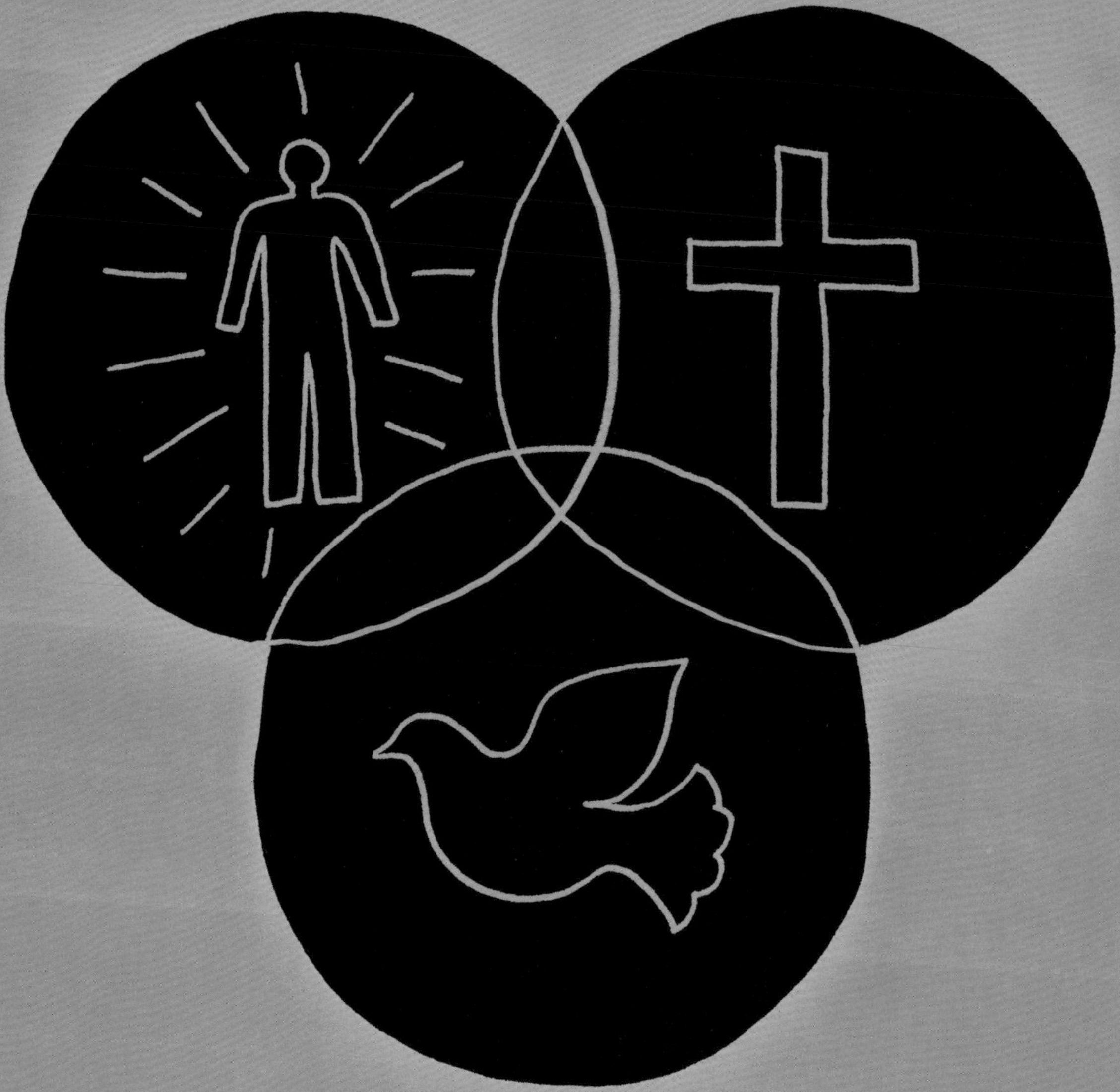

神圣三位一体

语境线索

主要文本
《尼西亚信经》

时间地点
公元4世纪,尼西亚和君士坦丁堡

此前

公元前500年 犹太人每日的祷告包括《施玛篇》,确认只有一位神(一神论)。

公元1世纪 基督徒敬拜耶稣、圣灵及以色列的上帝。

公元200年 德尔图良将三位一体解释为"一个本质的三个位格"。

此后

公元400年 圣奥古斯丁在《论三位一体》中将三位一体喻为人的三部分:心灵、知识与爱。

20世纪 基于三一论的"三一神学"在神学家卡尔·巴特那里得到发展。

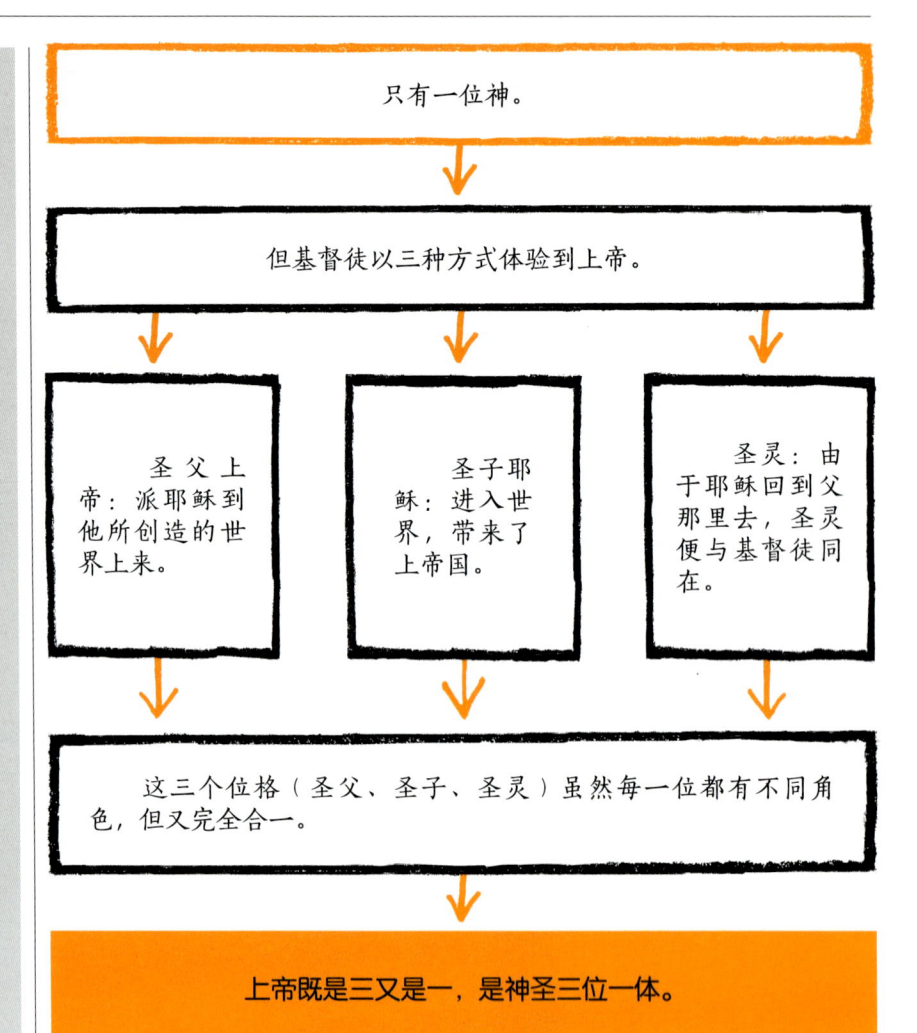

```
只有一位神。
        ↓
但基督徒以三种方式体验到上帝。
   ↓          ↓          ↓
圣父上帝:    圣子耶稣:    圣灵:由于
派耶稣到     进入世界,    耶稣回到父
他所创造的   带来了       那里去,圣灵
世界上来。   上帝国。      便与基督徒同在。
   ↓          ↓          ↓
这三个位格(圣父、圣子、圣灵)虽然每一位都有不同角色,但又完全合一。
        ↓
上帝既是三又是一,是神圣三位一体。
```

在数学考试中1+1+1=3,但在神学的试卷中可不能这么答。基督教信仰中的最难解之题之一是用1+1+1=1而非3来描述上帝。很多最伟大的神学家都曾努力解释上帝怎样能有三个位格(父、子、灵)而同时又是唯一的神。这一被称为"三一论"的观点却是基督教与其他宗教区别开来的关键。"三一论"是对上帝的标准论说方式,是由耶稣死后300年时早期教会的信徒所确立。随着基督教信仰传遍罗马帝国内外,出现了各种不同的思想观念,教会领袖们阐释了这一教义以做回应。

根源于犹太教

基督教根源于犹太教,耶稣降生及其自称弥赛亚都发生于犹太教背景下。基督教和犹太教同为一神教,基督徒和犹太教徒一样也只信仰独一的上帝。但早期基督徒是如何在既崇拜耶稣又崇拜被耶稣称为父的上帝的情况下仍自称一神论者的呢?耶稣说要派遣圣灵,从而让上帝与信徒同在,那么,这圣灵与耶稣及上帝又是什么关系呢?圣灵也像上帝一样受人崇拜,那么这是不是说基督徒是三神论者而非一神论者?"三一论"便是尝试对此类问题的回答:基督徒崇拜的是具有三个位格的独一上帝。

基督教 **215**

参见： 从单神崇拜到一神教 176~177，耶稣的神圣身份 208，神性之统一乃是必然 280~281。

这幅17世纪的壁画将三位一体描绘为子、父和鸽子，是受到了耶稣受洗时"圣灵如同鸽子降下"这一情景的启发而作。

耶稣的教导

如福音书作者所载，耶稣在整个传道生涯中称上帝为自己的父。这一教导的含义很明确：耶稣是上帝的儿子，他宣称自己有与上帝一样的神性。他也提到他与圣灵有亲密的关系："圣灵就是父因我的名派来的，他指导你们一切，并且要叫你们想起我对你们所说的一切话。"（《约翰福音》14：26）在向门徒宣布大使命时，耶稣也再次暗示上帝共有三位格的神性，"你们要去使万民做我的门徒，奉父子圣灵的名，给他们施洗"（《马太福音》28：19）。早期基督徒遵照这些教导崇拜耶稣，毕竟他让每个信他的人都有可能成为上帝家族的一员（这在以前只是犹太人的特权）。他宽恕了他们过去对上帝的反叛，并向他们确保当上帝将和平与公义带到世界时，他们将进入上帝国。耶稣的所言所行是上帝才能言才能行之事，正如他在自己的生命中所揭示的：耶稣就是上帝。

似而不同

"三一论"教义的出现是为了回应一系列被早期基督徒判为错误和异端的问题。其中就包括阿里

> 我们信仰全能的父……主耶稣基督，上帝的独生子……我信圣灵，为主，并赐生命的根源。
> ——《尼西亚信经》

《尼西亚信经》

到公元4世纪之初，基督教已在罗马帝国得到广泛传播。因为传播甚广，要对信仰形成一个统一的认识就越发困难。君士坦丁大帝看到了这些分歧导致的问题，便于公元323年在尼西亚召集了一次公会议，来自帝国各地的主教都前来参会。他鼓励主教们确立一个统一的信仰表述，尤其是要对三位一体的本质做出一个让全体基督徒都能接受的界定。这一信经将会在教会之中传诵，也将帮助基督徒清除异端信仰，尤其是阿里乌派（见216页）。公元381年，皇帝狄奥多西在君士坦丁堡召集了另一次公会议。信经得到了进一步澄清与阐述，即为《尼西亚信经》，时至今日，该信经仍在世界各地教会中使用。

亚历山大的圣亚塔那修因其以"三一论"的坚定立场反对阿里乌主义而留名。他是起草《尼西亚信经》过程中的一个关键人物。

乌主义，即阿里乌（公元250—336年）的神学思想。阿里乌是埃及亚历山大的一位基督教领袖，极为强调一神论，从而否定圣子及圣灵的神性。对于阿里乌来说，只有圣父才是真正的神。尽管圣子因与圣父有最亲密的关系而被尊崇，他也仍然只是圣父神性的代表，而不能分有其神性。

这与人们接受的基督教思想在一些方面相符：上帝的一个基本特点是他是非受造的，其生命无始无终。因此阿里乌派提出，既然孩子必然是生出的，上帝之子便不能拥有上帝所有的基本特点，因为作为子，他必定是被生出的。阿里乌派关于圣子的一个声明中说："一度他并不存在"——在上帝之子出生前必定有一段时间，在那时，上帝存在而圣子并不存在。在他们的观点中，这一逻辑证明了只有圣父才是真正的神。该派有一个用来形容圣子的希腊词汇homoiousios，意为本质相似。圣子与圣父"本质相似"但并不相同。

阿里乌派以舍弃圣子和圣灵的代价保存了一神论。这隐隐破坏了基督教信仰，因为基督徒的核心主张就在于借着上帝之子耶稣，亦即上帝本身的生、死及复活来实现对他们的拯救。如果上帝之子不是真神，信徒又何以确定上帝真的愿意宽恕他们的罪并接受他们进入自己的国度呢？

在公元325年的尼西亚公会议上，阿里乌派受到谴责，其核心信条"圣子与圣父本质相似"也被否定。取而代之的是用homoousios来描述耶稣，意为"本质相同"。这虽是一字之差，含义却大相径庭：人们达成了一致意见，圣子完全分有圣父的神性。相应的就是圣子也没有起始，即上帝一直为圣父、圣子以及圣灵。

位格而非面具

三位一体问题中第二个被视为异端的是公元3世纪的一个罗马教士撒伯流及其追随者提出的观点。与阿里乌派不同，撒伯流肯定了圣子和圣灵都是上帝。关于上帝是一还是三，他们的解决方案是：父、子、灵是同一位上帝的三种形态，这种思想被称为形态论。

"父"、"子"及"灵"可被视为一位演员在表演时所佩戴的不同面具。演员只有一个，但只要戴上不同的面具，他就能扮演三个角色。一开始，这似乎成为描述人们如何体验到上帝的良好方式：基督徒有时是与父，有时是与子，有时是与灵相遇。

然而，如果基督徒遇到的只是上帝三个不同的面具，那么他们何以确定遇到的就是上帝本身？毕竟，人们佩戴面具是为了隐藏其真实的身份。假使上帝佩戴面具去假扮他所不是的那一位将会怎样？因此，基督教神学家不再使用面具或形态这类字眼，而开始使用希腊词汇hypostases，其相应的拉丁语为personae，意为"位格"。他们提出，上帝有一个本质，三个位格。这种神学推理通过拓展人类术语含义的方式来表达上帝的伟大。卡帕多西亚的教父们便是成功

> 上帝是没有分离的区分，如果我可以这样说，上帝乃是在区分中的统一。上帝是一而三、三而一的上帝……
>
> ——纳西昂的格里高利

基督教

> 从上帝向造物发出的每一次行动……都发自父，通过子，并由圣灵完成。
> ——尼撒的格里高利

做到这一点的神学家，这些人包括该撒利亚的巴西流、纳西昂的格里高利，还有公元4世纪晚期的尼撒的格里高利（巴西流的弟弟）。他们阐述了"本质"与"位格"的不同，并举例说明广义的人性是本质，而每一位个体的人就是位格。每个人都具有人的共同本性，但同时每个人又都有使自己区别于他人的个性特征。因此，对人性的界定应是"我们在千百万人当中体验到的共同人性"，之后要列出每一个曾经存在、现在存在和将要存在的人。

在对三位一体的这种界定中，三位一体的三位格有共有的神性，恰如人人都分有共同的人性一般。一个神圣实体有三个不同的位格——圣父、圣子和圣灵。

运用本质或位格的术语，基督教思想家可以避免撒伯流主义和形态论导致的问题。人们达成一致意见：圣父、圣子和圣灵并非某个具有神秘色彩的神圣演员所佩戴的三个面具，就如从来不存在一个躲藏于所有曾经存在过的人背后、被想象出来的某个人物一般；而是有三个位格（圣父、圣子、圣灵），他们合起来就是上帝。

理解三位一体

为何对于基督教来说崇拜三位一体的上帝、而非三个分离的神如此重要？一个简单的回答是，如果三位一体被理解为三个分离的神，那么基督徒就难以确定耶稣基督故事中所说的上帝与他们相信的那位创造世界、今天仍在世界中施加影响的上帝之间有何关系。

三位一体的观念确保了上帝与世界之间统一的关系。传统上，圣父被视为创造世界的那一位，圣子是来到世界拯救世界的那一位，圣灵是将世界转变成上帝所预期之地的那一位。将这看作同一位上帝沿着三条道路、朝向同一目标（让世界分享上帝之爱）行动，而非三个神在三个不同方向上行动是至关重要的。奥古斯丁（见221页）解释说，正是爱将三位格紧密联合起来。

三位一体由三个相互区分的位格组成，此三者间不能相互转化，但共有同一神圣本质，此神圣本质仅呈现于这三位格之中。

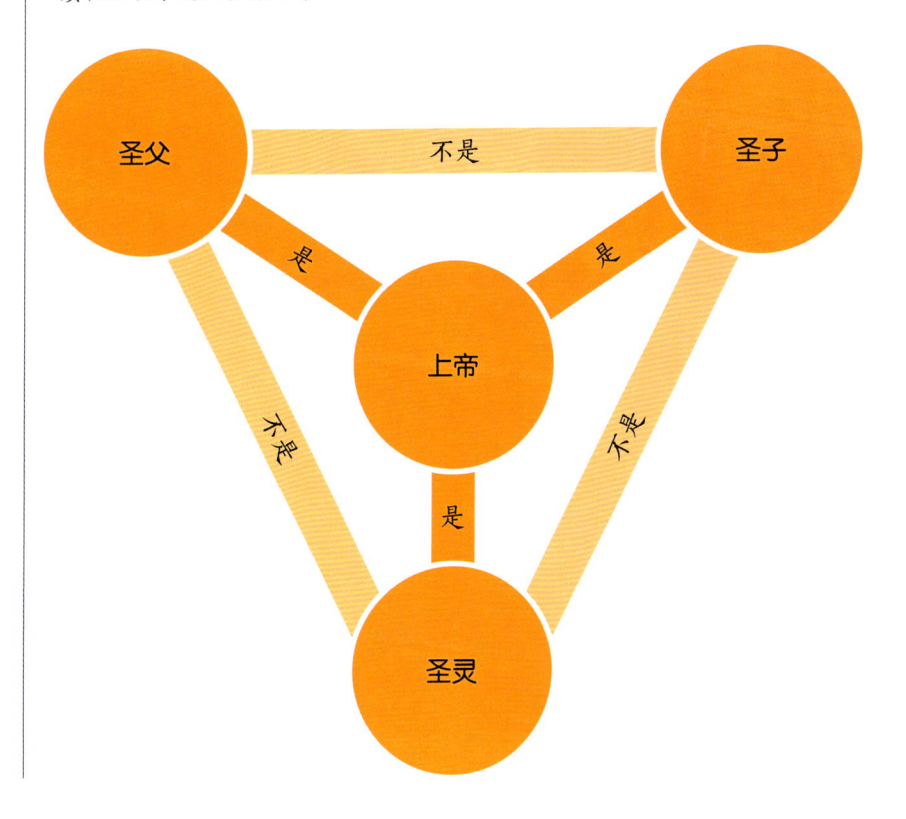

罗马万神殿在圣灵降临节弥撒结束后会有红玫瑰花瓣从天而降，这是为了纪念圣灵降临到门徒的那个日子。

身份做的。

界定原则

"三一论"常被视为基督教神学中最晦涩、最复杂的内容。而基督徒坚持这一教义就是因为它反映出上帝最本质的特点。正如公元4世纪时与阿里乌主义及撒伯流主义的争论所示，三位一体的思想确实是正统基督教信仰的关键所在。"耶和华见证人"及"一位论派"等教派信徒在此问题上与正统主流教派观念相冲突，故被否认是真正的基督徒。

近来出现了一个让人颇感兴趣的概念"社会三一论"——上帝三个位格间的合作被视为人类社会应参照的模式。上帝只有在保持圣父、圣子和圣灵之间关系的前提下才是上帝，那么按照上帝形象所造

关于三位一体的比喻

几个世纪以来，有很多人都试图用比喻解释三而一、一而三的三位一体何以可能。一位在公元5世纪时把基督教信仰带到爱尔兰的传教士圣帕特里克用三叶草作喻形容三位一体。还有人用话语作类比：圣父是说话者，圣子是所说之言，圣灵是发出话语之气息。目前20世纪最有影响力的基督教神学家是瑞士的一位牧师、教授卡尔·巴特（1886—1968年），他对"三一论"的发展被当代神学界普遍接受。在他看来，"三一论"意为无论如何表述基督教的上帝，都需要表述三次，这就好比从三种不同而又相互补充的角度来讲同一个故事。巴特指出，这种重复反映出上帝的真实存在——无论上帝做什么，他都是以圣父、圣灵与圣子的

> 圣父、圣子、圣灵乃三位，是同一个上帝在造物时的三个代理者。
> ——罗伯特·詹森

的人，也只有在保持与上帝及他人有意义的关系时才是真正的人。

三位一体和圣灵

圣灵似乎是三位一体中常被遗忘的一个位格。这可能是因为公元4世纪时的争论主要是关于上帝之子耶稣与圣父上帝之间的关系，因此，信经中对圣灵只有简略提及；也可能是因为圣灵是三位格中最难理解的一位，而古英语中使用的术语是Holy Ghost（源于gast，意为"灵魂"），这让人更难理解其含义。

根据《约翰福音》，耶稣教导门徒说在自己升天之后将派遣上帝的灵与他们同在。由于人们相信上帝的灵会从内而外改变上帝的门徒，使他们过上让上帝喜悦的圣洁生活，因此开始被人们称为"圣灵"。不同的基督教派对圣灵的理解也有不同，20世纪兴起的五旬节运动推进了公众对圣灵的关注。该运动以五旬节，即耶稣为门徒降下圣灵的那一天而得名。在那一天，圣灵就如火焰一般从上头降下，门徒就被圣灵充满，以他们之前不会的方言（别国的语言）传起道来。

五旬节派信徒的核心观念是圣灵具有的转变力量。他们相信自己可以像门徒那样被圣灵充满。这一强烈的个人体验称为被圣灵"施洗"，信徒们在自己正常的基督徒生活之上积极地寻求着这种灵性的更新。

基督教灵恩派

自20世纪60年代，灵恩派运动将五旬节派对圣灵的热衷带入了其他教派。"灵恩"一词来源于希腊词汇charismata（意为"来自恩典的馈赠"），指的是属灵的恩赐，是圣灵在基督徒中运行的证据，包括医治、预言及说方言等恩赐。

五旬节派和灵恩派运动所宣扬的圣灵的作用敦促教会反思其对三位一体中三位格的理解：是否忽略了其中某些方面。三位一体的概念在现在和以前一样重要，它让基督徒明白应该如何言说他们信仰与敬拜的上帝。■

> "
> 父、子、灵之名意为对同一位上帝以三种不同方式重复称呼。
> ——卡尔·巴特
> "

圣灵的恩赐

基督教会认可多种属灵的恩赐。对于信徒来说，这些恩赐是上帝赐予教会的，有助于教会在世上为上帝国的事业发挥作用。恩赐主要有三个目的：传道、激励和彰显。

基督徒认为，圣灵能让一些人在教会中扮演特殊的角色。这类传道的恩赐包括全职侍奉，成为牧师或传道人。激励的恩赐是鼓励教会工作的实用性恩赐，包括预言、教导、奉献、带领及施善行等恩赐。

圣灵的运行有时以特别的方式呈现，如说方言（以从未学过的语言赞美上帝）、医治他人及其他神迹。这些恩赐是圣灵的彰显，显示出圣灵在运行。

《圣经》中说圣灵能在基督徒的生命中结出好的果子，使基督徒培养出"仁爱、喜乐、和平、忍耐、恩慈、良善、信实、温柔、节制"的品格（《加拉太书》5:22—23）。

上帝的恩典不会落空

奥古斯丁与自由意志

语境线索

主要人物
希波的奥古斯丁

时间地点
公元354—430年,今天的阿尔及利亚

此前
自公元前1000年以来 犹太人认为自己是因着上帝的恩典、而非其自身内在的美德被上帝所拣选。

公元30年 耶稣在恩典问题上如此教导他的门徒:"不是你们拣选了我,是我拣选了你们。"

此后
公元418年 教会接受了奥古斯丁的恩典论,贝拉基则在迦太基会议上被判为异端。

16世纪 加尔文通过其预定论发展了奥古斯丁的思想,而预定论成为新教改革神学中的核心要素。

我们拣选了上帝还是上帝拣选了我们?这个问题在教会建立之初就一直困扰着基督教的思想家。其核心是哲学中难解的自由意志问题,而这里对自由意志的理解要放在基督教信仰的语境中。这让才华横溢的神学家奥古斯丁想出了一种解释上帝的选择与人类的选择之间何以相关的方法。

贝拉基之争

随着公元5世纪初一位凯尔特

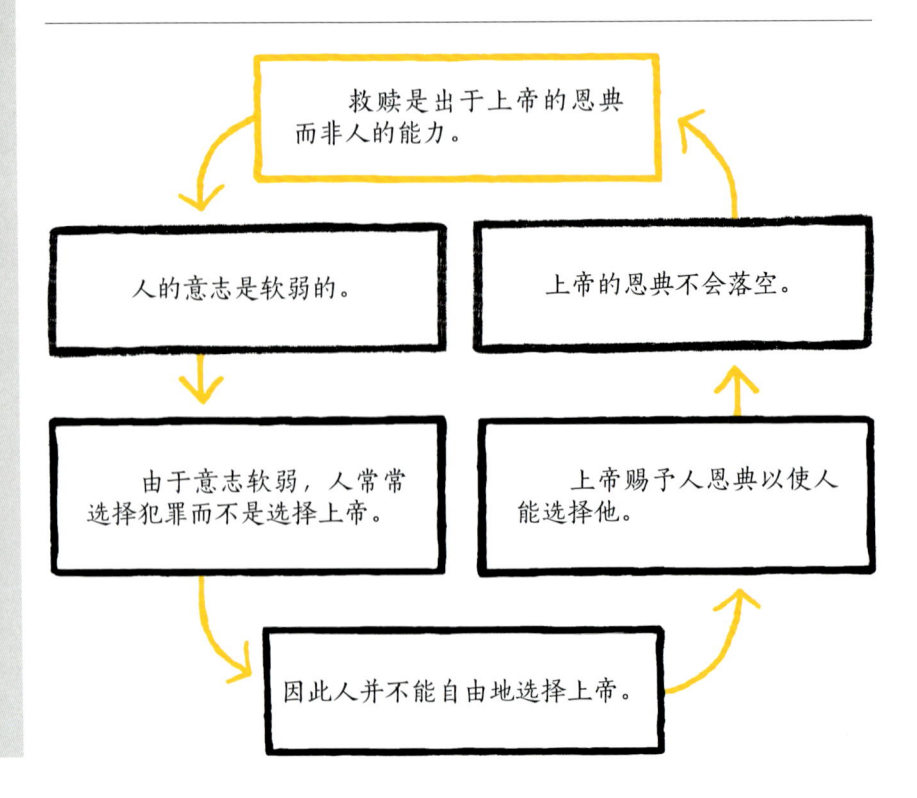

救赎是出于上帝的恩典而非人的能力。

↓ ↑

人的意志是软弱的。 → 上帝的恩典不会落空。

↓ ↑

由于意志软弱,人常常选择犯罪而不是选择上帝。 → 上帝赐予人恩典以使人能选择他。

↓ ↑

因此人并不能自由地选择上帝。

参见： 上帝与以色列立约 168~175，祷告何以有效 246~247，在真主的道路上努力奋斗 278。

基督徒相信，给婴儿施洗可以洗净罪的污点。贝拉基争论说因为婴儿还没有发展出自由意志，所以他们不会犯罪。

僧侣贝拉基到达北非，奥古斯丁被迫卷入一场关于自由意志的论战。论战最初围绕给婴儿施洗的问题展开。给婴儿施洗以去除罪的污点是当时人们普遍的信仰，而贝拉基认为这一做法徒劳无益。他提出，罪乃人类自由意志的结果，婴儿还未发展出自由意志，因此不会犯罪。此外，如果孩童在成长过程中发展出的自由意志选择跟随上帝之路，就根本无须受洗。

奥古斯丁几乎全盘否定了贝拉基的观点。他基于逻辑和经验指出，人不可能自主选择追随上帝之路。意志薄弱的人类从出生以来就开始趋向于错误的选择，这种观念就是人们所知的原罪论。奥古斯丁认为，为了选择上帝，人需要上帝的帮助，这也恰恰是洗礼何以如此重要的原因。上帝选择给予人类恩典（他的拯救与帮助），而且因为上帝是全能的，他能实现他要做的一切。接受上帝恩典之人就有了选择上帝而非罪的自由。奥古斯丁小心翼翼地保持着一种平衡：上帝的选择并未取代人的选择，而是使人有选择的可能。

预定论

奥古斯丁预定论的概念被新教改革家，尤其是加尔文所接受。在预定论的某些极端论断中，强调上帝的恩典不会落空，是以牺牲人的自由为代价的，将人的抉择视为无足轻重之举，因为上帝已经决定了要发生之事——所谓"自由意志之悖论"。很多人都认为预定论剥夺了人类的自由意志。奥古斯丁的恩典论是平衡上帝的选择与人的选择二者关系的一种有益方式。■

> 上帝向人类施以恩典，不是因为他们已经认识他，而是为了让他们能够认识他。
> ——希波的奥古斯丁

希波的奥古斯丁

奥里利乌斯·奥古斯丁公元354年出生在北非的塔加斯特。他的母亲是一位虔诚的基督徒，他从小在母亲的影响下长大，但在青年时期摒弃了自己的信仰，过了几年放浪形骸的生活。在迦太基学习希腊哲学后，他信奉了波斯宗教摩尼教。当他听到主教安布罗斯在米兰的讲道后深受触动，再加上沙漠隐士安东尼的榜样力量的驱使，他重新回归基督教信仰（见223页）。

奥古斯丁公元387年复活节那天受洗，公元396年受任希波的主教。直到公元430年去世之前，他都投身于传道和关于当时相关神学争论的写作当中，著述等身。他是当之无愧的最伟大的基督教思想家之一，他的学说在西方基督教思想界的影响甚为深远。

主要作品

公元397–400年 《忏悔录》
公元413–427年 《上帝之城》

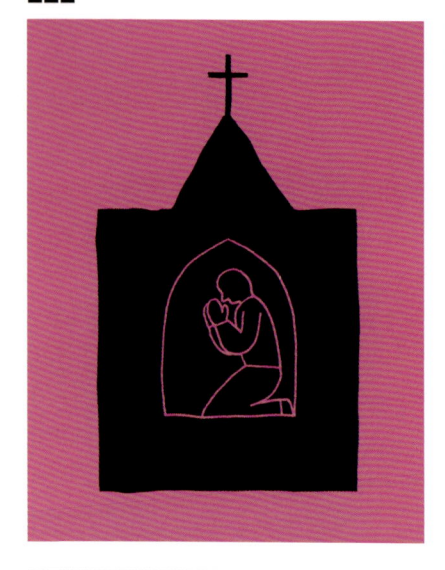

在世而不属世

代表他人服事上帝

语境线索

主要运动
修院制

时间地点
自公元3世纪始，地中海

此前
公元前2世纪—公元1世纪 为了过一种洁净和禁欲的生活，犹太教艾赛尼派信徒在修道院式的团体中过一种集体生活。

此后
公元529年 圣本笃在意大利建起一种修院团体；公元817年，他创立的《会规》成为西欧全体僧侣都认可的规则。

11世纪 圣方济各和圣克莱尔创立了方济各会和圣克莱尔修女会。

16世纪 在欧洲新教改革过程中，过于富有和腐败的修道院被关闭。

基督徒必须生活在这个世界。

↓

这个世界中充斥着各种引人偏离上帝的存在。

↓

修士和修女们从世界退隐，可专注灵修。

↓

他们不再受到干扰，可以专心祷告，让世界朝着更好的方向发展。

↓

修院制的核心在于：在世而不属世。

今人有时会认为修道院无非一个过往年代的遗风。不过，在公元5世纪罗马帝国瓦解之后，中世纪早期修道院开始繁荣兴盛之时，它们却处于社会的最前沿。从文化上讲，在一个正在步入我们所说"黑暗时代"的欧洲，修道院成为学习和启蒙的灯塔。这一强大的制度包含了基督教的一个核心观念：有些人可以退出常规的生活以专注灵修，不仅有利于自己，同时也可以为他人带来裨益。修院制的一个重点就是为普罗大众祷告。

从洞穴到修道院回廊

修院制的根源可追溯至自公元3世纪始生活于埃及沙漠中的"父亲、母亲们"。这些早期的修士和修女从世界隐退，过着一种专注于敬虔与祈祷的简朴生活。他们奉耶稣的话语为圭臬："人若赚得全世界，赔上自己的生命，有什么益处呢？"他们放弃世俗财富和婚姻，只专注于灵命，成为禁欲苦

基督教 223

参见：舍己带来灵魂解脱 68~71，高层次的教导 101，寺院戒律的旨归 145，基督教的灵魂不朽观 210~211，新教改革 230~237。

公元3世纪，最早的沙漠隐士之一圣安东尼吸引了成千上万的跟随者，他们在他周围的洞穴中居住下来；后来在埃及的遗址上建起图片中的修道院。

修者。他们认为世间有诸多诱惑，会分散人对上帝的专注。禁欲苦修者在宁静、冥思中祈祷，认为这是繁冗生活的解药。有这样一句话："恰如浑水照不清你的面庞，若不清除杂念，灵魂亦难以在冥思中向上帝祈祷。"

随着修院制从沙漠传到欧洲，洞穴也被专门修建的修道院所取代。很多修道院都有回廊，这是一种用于沉思冥想的封闭式庭院。尽管修道院从沙漠迁到了有更多人居住的地方，但从世界隐退以促进灵命成长的观念却从未改变。

为他人而生活

不过，修道院不仅是灵性躲避世界的避风港。在一个大多数基督徒都在从事农业劳动的时代，人们为了养家糊口而终日劳作，修士和修女们便代表着他们进行崇拜、祈祷。如本笃会（创建于公元6世纪）、西多会（创建于12世纪）等修会团体除了祈祷还会向人们提供招待、施舍。纵观整个中世纪，修道院一直都是教育的中心。修士和修女们在誊抄、阐释珍贵手稿的过程中将知识一代代传承下来。依据修道理念，从世界中退隐让他们获得了时间和精力，从而以上帝之名服事世界。■

在东方教会中只有一个修会，遵循圣巴西流给修院生活所立的规定。

东方教会的隐修制度

西欧修院制因其恢宏的修道院建筑而闻名于世，而众多东方修道院则遵循着由圣安东尼创立的古老传统：修士、修女们以相对独处的方式居住。早期东方教会还有一种修道传统，其著名代表人物是柱头修士圣西门。他们生活在高柱顶端，禁食、祷告、传道。虽然东方教会的修道院在实践上稍有不同，但同样包含着为了灵命成长和他人的益处而与世界相分离的思想。

东方隐修制度中最受尊崇的圣地之一是希腊的阿托斯圣山，那里有世界上最古老的修道院建筑。这一与世隔绝的半岛完全自治，独立于世，禁止女性进入。

教会之外无拯救

进入信仰

语境线索

主要运动
第四次拉特兰公会议

时间地点
1215年，罗马

此前
公元1世纪 最早的基督教团体形成。

公元313年 罗马君士坦丁大帝颁布《米兰赦令》，允许基督徒进行自由崇拜。

1054年 教会大分裂标志着罗马公教会和东方正教会的分离。

此后
1545—1563年 特兰托公会议重申了教会七圣事，反对新教仅主张两圣事。

20—21世纪 大公运动肯定了全体基督徒无论其是何教派皆属同一个世界教会。

成为一名基督徒而不加入教会是否可能？今天有很多人会给出肯定的回答，他们会说耶稣并没有教导门徒建立一个宗教机构。有些人可能会主张，成为基督徒只要个人信耶稣即可，而无须归属于教会的任何教派。

尽管存在这种观点，但在教会历史的大多数阶段，成为教会一员在基督教信仰中都是一个关键因素。最初，在耶稣死亡、复活之后不久的年月，基督徒只是在犹太会堂聚集，最初的许多基督徒也是

参见：上帝与以色列立约 168~175，信仰和国家 189，核心的信仰宣告 262~269。

```
┌─────────────────────────┐     ┌─────────────────────────┐
│   最初的基督教信息是      │ ──▶ │  教会将这一信息传遍世界。 │
│   信耶稣就可得救。        │     │                          │
└─────────────────────────┘     └─────────────────────────┘
                                              │
                                              ▼
┌───────────────────────────────────────────────────────────┐
│ 由于是教会用话语与行为（圣事）传递这一信息的，因此          │
│ 加入教会、接受其圣事就等同于得救。                          │
└───────────────────────────────────────────────────────────┘
                        │
                        ▼
┌─────────────────────────┐     ┌─────────────────────────┐
│  如果是这样，那么反过     │ ──▶ │   教会之外无拯救。        │
│  来说也成立。             │     │                          │
└─────────────────────────┘     └─────────────────────────┘
```

在那里皈依的。基督徒和犹太人一样，聚集在一起祷告、唱诗、分享食物、读经。在基督徒那里，《圣经》包括被他们称作《旧约》的希伯来《圣经》和记录耶稣事迹及其意义的《新约》。

随着基督教的信息传播到非犹太地区，基督徒的聚会开始有了自我身份的认同，并有了一个希腊文的名称ecclesia，意为"召集"。这表明这一群体是由上帝召集来与世界分享耶稣的信息的。

母教会

到公元3世纪中期，神学家西普里安提出，对于基督教信仰来说，加入教会的必然性不容置疑，人们别无选择。此时，许多基督徒因其信仰遭受着来自罗马当局的残酷迫害；其中一些人为了保命而放弃信仰。教会领袖不确定该如何处置这批人。如果他们真心悔改，是重新接纳他们进入教会，还是拒之于教会门外、任由他们形成自己的新团体？教会领袖面对这一难题不知如何作答。西普里安的回答非常

基督教的地狱

纵观整个基督教历史，地狱一直象征着从上帝的恩典之中被放逐。在耶稣的教导中，用于描绘地狱的词Gehenna指的是在耶路撒冷城墙之外的地方，即欣嫩子谷。据说那里曾经发生过用火烧死孩童作为牺牲献祭之事，人们认为那里是一个受诅咒之地。烧着永久之火的地狱图像就来源于此。

在中世纪，恐怖的地狱成为宗教艺术中常见的主题，由此让人们警醒，如果想要逃避永罚，就必须留在大公教会之中。

后来，基督教思想家们指出，耶稣并不是说有一个真实的地狱，不信他的人将会在那里经受永罚。他说的"地狱"只是对上帝不存在之处的称呼。因为上帝是生命的掌权者，没有他的同在，就没有存在，也就意味着永远的死亡。

226 进入信仰

明确：教会应该宽恕他们并允许他们回归，因为他认为只存在一个教会，人在教会之外不会得救。他把教会比作《旧约》故事中发洪水时的诺亚方舟，正如只有在方舟中的人才能获救一样，只有在教会之中的人才能从上帝对罪恶的审判中得救。

在西普里安所处的时代，教会已经有了明确的组织机构。执事和司铎（神父）带领地方教会，而主教和大主教则负责更广泛的区域。罗马因其在政治和经济上的重要地位，罗马主教逐渐被视为全体教会的领袖。到了公元6世纪，罗马主教便成为唯一可被唤作"教宗"（pope，源于希腊语，意为"父亲"）的主教。

教宗的权力在中世纪日益强大。尽管教宗的突出地位起初被视为确保教会统一的有效方式，但自11世纪始，东方希腊语教会领袖们感到受西方拉丁语教会的教宗管辖颇为不公。1054年，教会分裂为东方教会和西方教会，双方既有教义上的分歧，又有关于教宗权威方面的争执，这就是史上著名的"教会大分裂"。不过，罗马教宗仍自称世界范围内的教会领袖，在1215年召开的第四次拉特兰公会议上，教宗英诺森三世重申其权柄高于君士坦丁堡、安提阿、亚历山大和耶路撒冷诸东方主教。

在西欧，由教宗统领的罗马公教会直到中世纪末一直都被视为虔诚基督徒真正唯一的家园。罗马公教会在中世纪人们生活中的支配地位进一步强化了教会之外无拯救的观念。

七圣事

在整个中世纪，教会在政治和经济领域都产生了巨大影响，其主要力量体现在灵性方面。其主要作用是让人们亲眼见到上帝与其子民之间的灵性合一。由于基督徒与上帝间的关系是无形的，那么，通过人与教会的关系来评判基督徒的信仰便不失为一种便捷之道。

在教会之内，基督徒生命的不同阶段可通过特定仪式得以表现。这些仪式就是圣事，是具有属灵意义的身体行为。最初，早期教会只举行两种圣事：洗礼与圣

> **你若不认教会为母，便不能称上帝为父。**
> ——西普里安，《论教会合一》

罗马公教会七圣事标志着基督徒生命的不同阶段。接受圣事表明成为教会的一员，公教会信徒相信，加入教会是得救的必要条件。

- 坚振
- 洗礼
- 圣体（或作圣餐）
- 婚姻
- 圣秩
- 告解（或作忏悔）
- 终傅

基督教

> 只存在一个由信徒组成的普世教会,在这个普世教会之外绝无拯救。
>
> ——第四次拉特兰公会议

体,这可追溯至耶稣本人的榜样与教导。不过到了中世纪,圣事数目增加到七项,七圣事都要由公教会来举行。七圣事包括洗礼(标志着一个人加入教会、罪被洗去的时刻)、坚振(人在这一刻接受上帝圣灵的恩赐,从而过上一种基督徒的生活)、圣体(纪念因耶稣死亡和受难而罪得赦免的定期礼仪)、告解(由司铎组织进行,可让人在认罪后能与上帝和好)、终傅或称最后的礼仪(在人临终前的膏抹、安慰、确保其罪得赦免)、圣秩(人决定在教会中奉献自己、服事上帝而接受的圣事),最后一项是婚姻,之所以将之列为圣事,是因为夫妻间的亲密关系被视为上帝与其子民间亲密关系的一面镜子。

接受圣事是一个人归属公教会的明白宣告,因此有了获得上帝拯救的倚靠,故而教会的法律是朝着引导教士和平信徒怎样行圣事的方向发展的。由于圣事如此重要,所以严禁神职人员借行圣事之名敛财。第四次拉特兰公会议规定,所有基督徒每年至少要在复活节这一天接受一次圣体,每年也至少进行一次告解。司铎给病人做终傅祷告极为重要,医生给病人医治前就须请司铎举行这一圣事。这些重要规定确保了教会能定期自由举行圣事,而信徒也能定期接受圣事。

逃避诅咒

与前后召开的教会公会议一样,第四次拉特兰公会议申明,拒绝接受公教会圣事之人便是脱离了教会,因而也就失去了教会代表上帝提供的救恩。若将教会视为信众的母亲,那么任何不是教会孩子的人就不能享有救恩。

不接受圣事且教唆他人拒绝圣事之人有专门的罪名。人们相信,罗马教宗是使徒彼得的继承人,而彼得被视为首位教宗,是与耶稣有最亲近关系的门徒之一。那么,谁拒绝教宗的教导就是拒绝耶稣的教导。不悔改的异教徒(他们有其他信仰,拒绝公教会教义)面临绝罚(逐出教会的惩罚):他们若不改变心意,就不得进入教会,不得接受圣事。如果他们在死前还不放弃异端思想,那么他们就会错失上帝救恩,并将承受地狱的恐怖。

到中世纪末期,公教会对救恩的垄断被新教改革打破(见230~237页)。任何一个单一的基督教机构都不能再声称在其之外没有拯救了。然而,在广义基督会外无拯救的观念仍在诸多基督教团体中存在。■

耶稣的亲密门徒圣彼得在罗马殉教,他成为教宗制的根源。人们认为教宗继承了他的权柄,所以拒绝教宗便是拒绝耶稣。

这是我的身体，这是我的血

圣体的奥秘

语境线索

关键人物
托马斯·阿奎那

时间地点
1225—1274年，欧洲

此前
自公元前300年 犹太人开始在逾越节吃无酵饼的时候加上饮一杯葡萄酒的习俗。

公元1世纪 圣保罗给初代基督徒的书信中，对他们定期纪念耶稣与门徒最后的晚餐给予教导。

1215年 第四次拉特兰公会议将圣体圣事列为公教会信徒的七圣事之一。

此后
16世纪 新教改革者拒绝变体论观念，普遍倾向于从象征意义上来理解耶稣的话语。

基督徒在圣体圣事中体验耶稣"真实的临在"。 → 但圣体的构成物质是饼和酒，而非肉和血。

↓

饼和酒的偶性没有发生改变。 ← 亚里士多德对"实体"和"偶性"（事物的形式或属性）做了区分。

↓

因此，饼和酒一定是实体发生了改变，才成为耶稣的肉和血。 → 此即圣体的奥秘。

耶稣被捕和被钉十字架之前在逾越节的晚餐上与他的门徒分享了饼和葡萄酒，说："这是我的身体"，"这是我的血"。从此，这就成为基督徒在崇拜中采用的一种仪式，该仪式有各种叫法：圣体、圣餐、主的晚餐或擘饼礼。

但千百年来，耶稣话语的内涵与意义成为争议的主题。饼和酒是在何种意义上变为耶稣的肉和血的？

13世纪的伟大神学家托马斯·阿奎那发展出变体论。他汲取了当时重新发掘的亚里士多德哲学来阐明之前关于圣体圣事的教义。

基督教

参见： 对新社会的信仰 56~57，进入信仰 224~227，新教改革 230~237。

> 基督的身体和血真实临在于圣事当中，不可感知，难以理解，唯独靠信心领受。
> ——托马斯·阿奎那

阿奎那的学说成为罗马公教会的官方教义。

阿奎那的这一学说旨在解释耶稣如何能在饼和酒的元素中"真实临在"。这一问题非常重要，因为基督教相信圣体圣事是一个包含着宗教真理的神圣行为（见226页）。若人们在分享饼和酒时耶稣并不在场，那么该圣事就失去了其内涵与意义。

饼何时发生变化？

根据亚里士多德的理论，"实体"是某物或某人的独有身份，如一个桌子所具有的"桌性"。"偶性"乃实体之属性，可在其身份不改变的情况下发生改变，如桌子可以是木质的、蓝色的，但如果成了金属质地或粉色的，它也仍然是桌子。

对阿奎那来说，这意味着可以在他物（如饼和酒）的偶性或属性中找到某物或某人（如耶稣）的实体或本质。他说，一种物体转变成另一种物体也是可能的，所以当司铎为饼和酒祝祷时，饼和酒的实体就变成了耶稣的肉和血（这也就

圣体圣事对几乎全体基督徒的信仰都极为重要。罗马公教会和正教会基督徒都接受变体论，而其他教派信徒更倾向于视之为一种象征行为。

是变体论从一种实体转变成另一种实体的来源）。不过，饼和酒的偶性或属性依旧存在，所以耶稣在饼和酒中的"真实临在"虽肉眼见不到，却是可信的。■

托马斯·阿奎那

托马斯·阿奎那有中世纪经院主义运动神学泰斗之誉，以严谨学理之道深究基督教信仰的新方法而闻名于世。1225年，阿奎那出生于那不勒斯附近罗卡塞卡的一个贵族家庭。在那不勒斯上大学时，阿奎那加入了新成立的布道者会（即多明我会）。他继续在巴黎和科隆进修，后来成为公教会中一位有崇高声望的导师。他对基督教的主要贡献在于运用希腊哲学，尤其是亚里士多德的作品对基督教神学进行阐释与辩护。其神学体系谓之"托马斯主义"，成为千百年来公教会思想的标杆。1274年，时年49岁的阿奎那死于前往里昂大公会议的途中。

主要作品

1260年 《反异教大全》
1265–1274年 《神学大全》

上帝的话语无须中介

新教改革

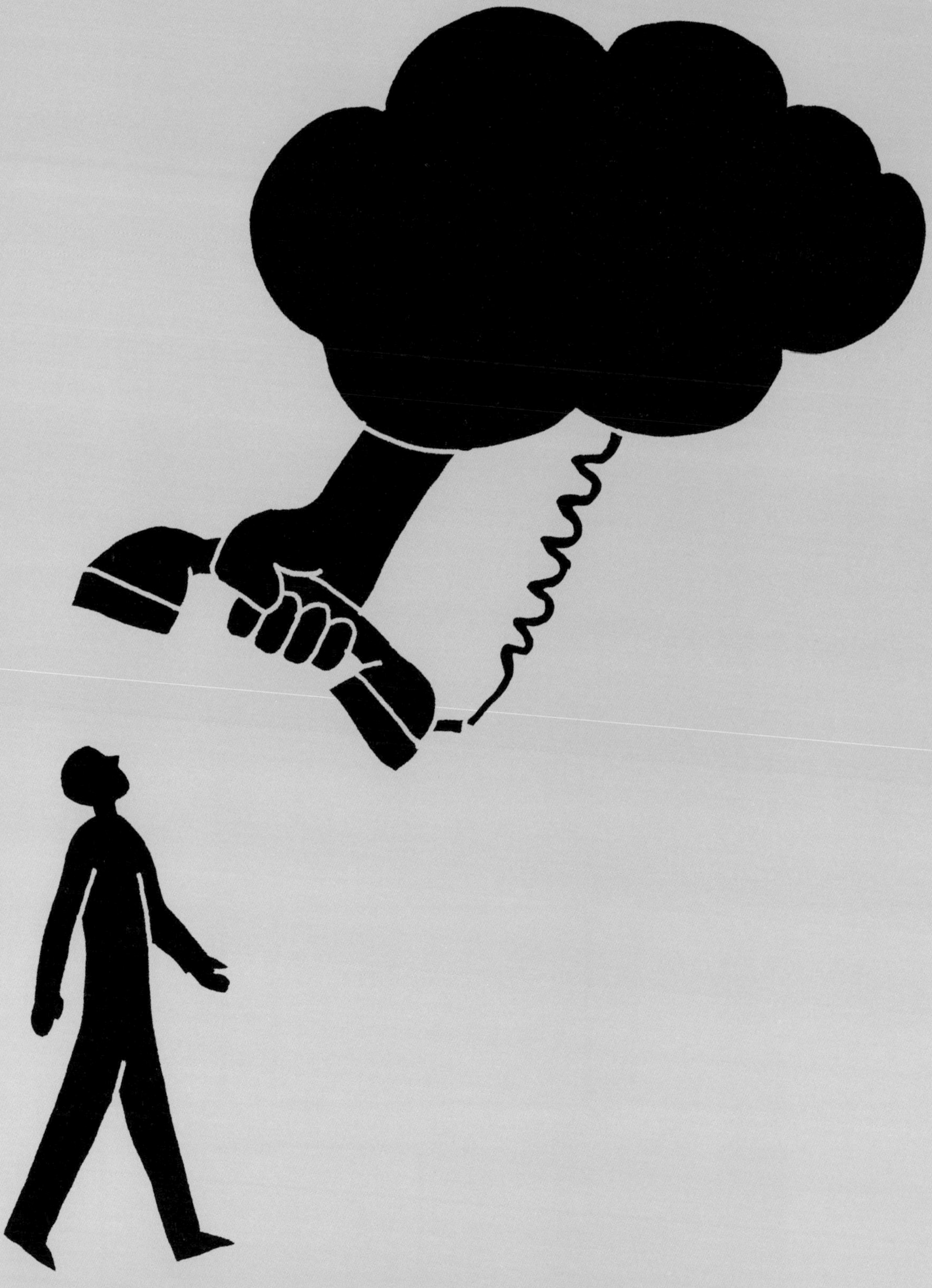

语境线索

主要运动
宗教改革

时间地点
16世纪，西欧

此前
1382年 约翰·威克里夫翻译出版了第一部英文版《圣经》。

1516年 基督教人文主义思想家伊拉斯谟出版了一部新版希腊文《新约圣经》，其中包括他的拉丁文新译文。

此后
1545—1563年 特兰托公会议召开。公教会代表谴责了新教运动。

1563年 《海德堡教理问答》付梓，这是加尔文宗和路德宗的信仰声明，成为一个影响深远的改革派教理问答。

罗马公教会在中世纪晚期已成为一个庞大冗杂的机构。教宗在其位于罗马的宫殿内发号施令，不仅统治着整个欧洲的宗教生活，同时也支配着欧洲的政治与经济。在封建体制下，教会是最大的地主，多数农民在家庭、生计及灵魂关怀方面都要受其恩泽。而在社会阶层的另一端，贵族和统治者为实现自身利益最大化，都要与教会维系良好的关系，遵守其律法，并向教会缴纳十一税及其他税款。

然而，16世纪早期的一场宗教社会革命使得公教会手中的权力发生了转移，在欧洲基督教的历史上谱写了新的篇章。这一革命即今人所知的新教改革，乃基于人可以直接认识、崇拜上帝而无须教士阶级作为中介的思想。宗教改革家们把教会教导和传统置于《圣经》的权威之下，并坚称救赎只能来自个人信仰，而非对教会法令的遵循。

文艺复兴时期的欧洲

16世纪，欧洲逐渐摆脱中世纪的旧有观念。随着西班牙、葡萄牙、法国的探险家步哥伦布1492年发现新大陆的后尘对未知世界的探索，人们所知世界的疆域迅速扩大。航海事业的发展、非洲到亚洲新航线的开辟，使得交通和贸易也繁荣发展起来。

欧洲的封建体制走向衰亡，取而代之的是新兴王国和城邦国家，这些国家都掌控在致力于推进本地区经济繁荣的统治者手中。从文化上看，艺术家、哲学家和科学家重新掀起了古典研究的风气，这就是文艺复兴运动。简言之，一个新的世界正在到来，有着古代传统和结构的教会在这场运动中似乎被分配了一个并不重要的戏份。

《圣经》是用日常、通俗的语言写作的（《旧约》使用的是希伯来语，《新约》使用的是希腊语）。

→ 初代基督徒受到鼓舞：通过学习《圣经》来形成自己对基督教信仰的看法。

→ 中世纪，《圣经》只有拉丁语版本，这意味着大多数人不能就《圣经》所言形成自己的看法。

→ 把《圣经》译为方言意味着人人都可以阅读、聆听上帝向他们所说的话语。

← 上帝的话语无须中介。

基督教 **233**

参见：萨满的力量 26~31，个人对真理的探求 144，奥古斯丁与自由意志 220~221，基督教的神秘经验 238。

这幅画描绘的是马丁·路德在威登堡圣母教堂的讲道台上讲道的场景。画中被钉十字架的基督象征着与上帝直接的关系。

误读上帝

中世纪的教会礼拜是用大多数人都不懂的拉丁语进行的。《圣经》的官方权威版本是公元4世纪时由圣哲罗姆译自希伯来文和希腊文原文的通俗拉丁文本《圣经》。这造成的后果就是大多数信徒都要依赖教士向他们解释基督教的真理。教士对信众的影响有多大可想而知，他们更强调的是公教会传统而非原始文本。

虽然这意味着欧洲各地的公教会教导具有一致性，但也存在显而易见的危险。例如，教会信众怎样才能确定教士教导的内容是《圣经》中的真实内容？他们如何检验自己所听之言的真实性？

与罗马冲突

宗教改革始于一位德国僧侣马丁·路德，他认为人们被当时的教士和公教会领袖们蒙蔽了。

路德当时在萨克森州威登堡附近的村镇作教区神父和大学教授，那里来了一位名叫约翰·特策尔的多明我会士，这个人的讲道激怒了路德。特策尔此行的目的是为教会筹款。教宗利奥十世要在罗马修建圣保罗大教堂，需要大量资金；而离自己家乡更近的德国枢机主教阿尔伯特也在为偿还其职位所欠下的款项而募集资金。特策尔被授权销售能让人死后逃避炼狱惩罚的证明文书，也就是赎罪券。赎罪券在公教会中已存在数百年，但路德被特策尔公然售卖赎罪券的方式所震惊——以人们已故亲人如何在炼狱中受苦的图景威吓人们。特策尔警告人们："购买赎罪券的银钱落在袋子里叮当一响，灵魂便可直接从炼狱升到天堂"，许多路德教

> " 基督徒是全然自由的万物之主，不受制于任何存在。基督徒又是全然顺服的万物之仆，受制于所有存在。
>
> ——马丁·路德

这幅19世纪的绘画作品描绘了教宗尤里乌二世在向布拉曼特、米开朗基罗和拉斐尔指示在梵蒂冈开始工作、修建圣彼得大教堂的事宜。

区的教友都抱着购买救恩的愿望买了赎罪券。

路德通过对《圣经》，尤其是《新约·罗马书》的研究确信，救赎是因着人的信心、从上帝而来的白得的恩典，并非金钱能买来之物。他在《九十五条论纲》中记述了其反对兜售赎罪券的意见，并将《九十五条论纲》呈交给他的主教美因茨亲王，将其公开钉在威登堡教堂的大门上。《九十五条论纲》出版印刷后一夜间成为畅销读物。

和为教宗修建教堂的工程筹款及某位大主教中饱私囊相比，更令人坐立不安的是路德的抗议引发了对公教会权威的争议。1520年，教宗利奥十世发布文件以澄清路德是如何歪曲教会教义的，判定路德及其门下为异端。教会请路德收回自己的观点，但路德不予理睬，甚至烧毁了教宗发来的文件。

《圣经》的权威

路德的意思很明确：即便教宗有可能是教会的领袖，但在信仰问题上他并非最终权威。最终的权威乃在《圣经》所载的上帝话语本身。路德提出，信徒无须依赖教会的传统和教导来获得对上帝的真知及救赎。基督徒可以无视往往并不精准的人类传统，而直接从《圣经》中发现真理。这就是之后用拉丁术语所说的sola Scriptura（"唯独《圣经》"）。改革者确信，人们不需要"中间人"来为他们阐释《圣经》文字的含义。任何人都可以阅读《圣经》，明白上帝救赎的方式，而在路德看来，这一方式并不包括购买赎罪券、遵循教宗或其他公教会宗教礼仪。

路德主张回到《圣经》源头而拒斥传统，这植根于16世纪初酝酿的肥沃土壤。人文主义运动（勿与近代世俗人文主义混淆）已经在寻求被中世纪遗忘的古典文化的复兴。基督教人文主义者如德西德里乌斯·伊拉斯谟（1466–1536年）鼓励自己的学生学习《圣经》的原语言（《旧约》的希伯来语和《新约》的希腊语）以及初代基督徒和教父们的作品。宗教改革鼓励每个人自己阅读《圣经》。

印刷革命

宗教改革的核心纲领是人人

> "大肆渲染赎罪券的益处之人说教宗的赎罪券可以让人罪得赦免、免除惩罚，这简直荒谬之极。"
> ——马丁·路德

> 路德因其标新立异之创造性精神进入世界，从此世上便不再有清静的角落。所有人都承认教会的腐败需要下一剂猛药才可医治。
>
> ——伊拉斯谟

皆可读《圣经》，不过这里存在一个巨大的障碍。许多人都目不识丁，而即使他们识字，当时也只有手抄本的拉丁文《圣经》，只有极少数人才拥有《圣经》。之前有人想将《圣经》译为白话方言，但遭到公教会的强烈反对。追溯到1382年，约翰·威克里夫曾把《圣经》译为英文，但对大多数人来说并非触手可及。

不过，到了路德生活的年代，美因茨附近的约翰内斯·古登堡在1440年发明了西方印刷术，印刷术取得革命性进展。路德利用这项新技术着手将《圣经》译为百姓熟悉的德文，于1522年发行了《新约圣经》，整部《圣经》也于1534年出版。通俗的语言加上价格低廉的印刷版本让德国各地的基督徒很快就可以自己阅读《圣经》了。不久，法译本和英译本相继刊印，这也促进了宗教改革思想在欧洲各地的传播。除《圣经》外，还有改革家们撰写的大量书册印刷出版，被渴求新思想的人们抢购一空。

抗议与分裂

起初，路德及其追随者们只是希望在公教会之内进行改革，因此他们有了"改革家"的名号。然而，经过一系列教会会议，改革家们越来越清楚地看到公教会不接受他们提出的各种请求，包括独立于教宗、用地方语言取代拉丁语进行宗教崇拜、允许教士结婚等。改革公教会的希望在1529年召开的施派尔会议上最终破灭。

路德的追随者们提交了一封"抗议信"，拒绝服从教会权威。从此以后，他们采用了新的名称"抗议宗信徒"（或作新教徒）以表达他们对公教会权威的拒斥及自己解释《圣经》的信心。

政治支持

新教运动的背后有一群德国王公贵族的支持，他们借着路德的宗教反抗之机，以图各自领土的政治独立。他们开始压制公教会信仰，限制教会在其辖区内的影响，并打出了"教随国定"的口号。换言之，他们要求获得为自己辖区内的人民选择教会的权利。

新教原则一经确立，就令欧

马丁·路德

马丁·路德1483年生于德国。在一次暴风雨中他差点被雷电击中，于是放弃了法律学校的学业，成为一名修士。1508年，他在威登堡大学教授神学，同时身兼司铎之职。路德的研究让他领悟到因信称义的教义：上帝称基督徒为义人，并不因他们可能会行"善事"（或是如赎罪券那样可以用金钱买到的善行），而仅仅是由于他们对上帝的认信。路德因其对教宗权威的挑战而遭到通缉，但他拒绝认错，将余生用于传道和写作。他在1546年去世之时，路德宗教会的根基已经稳定。

主要作品

1520年 《关于教会特权制的改革致德意志基督教贵族公开信》
1534年 《路德圣经》（新旧约德文译本）

洲的宗教和政治面貌发生了永久性改变。这也为各国统治者为自己的王国摆脱教宗的统治提供了土壤。以始于英王亨利八世的英国宗教改革为例，亨利八世之前对宗教改革持反对态度，但为了与妻子阿拉贡的凯瑟琳离婚、与安妮·博林结婚，他力图限制教宗的权柄。

新教运动产生了一系列新兴教派。千百年来，公教会一直是欧洲的唯一教会，而在新教改革运动之后，大量教派相继诞生。尽管新教徒一致认同要拒斥罗马公教会的权威，但他们内部并未形成一套统一的思想体系与罗马公教会相对。有些新教派别之间的纷争堪比公教会和新教之间的分歧。

新教的分支

在这一混乱的时期兴起了三个新教支派：遵循马丁·路德思想的路德宗（或作信义宗）；受约翰·加尔文（见237页）影响的长老会（或作加尔文宗）；发源于英格兰的温和的新教派安立甘宗（或作圣公会），该派保持了诸多被其他新教派拒斥的公教会特征。

> ……直到那时，我们对上帝的认识还是一片迷茫，而《圣经》汇聚着对于上帝的认知，为我们驱散了黑暗，让我们清楚地看到了真实的上帝。
>
> ——约翰·加尔文

反宗教改革

在某种意义上，公教会管控信众交流手段的做法是正确的——没有教宗权威的控制，教会的思想便难以统一。为了遏制因腐败带来的不满情绪、遏制世俗意见的流传，从新教中夺回"失散的灵魂"，公教会发起了一场反宗教改革运动。1545年，公教会领袖们在意大利特兰托召集会议，目的是在新教兴起的浪潮中重树公教会权威。特兰托会议历时18年，直到1563年才结束，会议重申了传统公教会教义，但针对引发宗教改革的教士不良行径，公教会也提出进行改革。

当时出版了一部《禁书目录》，列出583本异端文献，包括当时大多数《圣经》译本及伊拉斯谟、路德和加尔文的作品（《禁书目录》

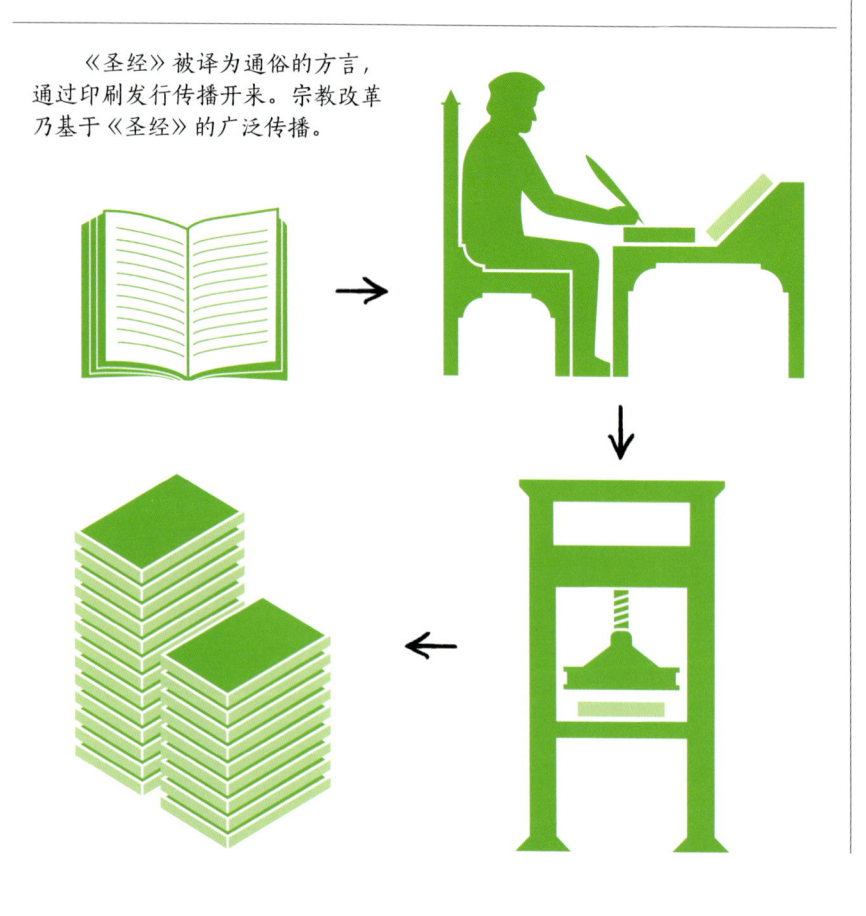

《圣经》被译为通俗的方言，通过印刷发行传播开来。宗教改革乃基于《圣经》的广泛传播。

基督教 **237**

北欧的新教教堂，以建于冰岛维克地区的路德宗教堂为例，通常设计风格简洁，不用任何装饰物。

直到1966年才取消）。开始教堂修建规划，预备兴建同时能容纳数千人进行宗教崇拜的大教堂，并首次在设计上注重声音的传播以便用方言布道。出身于西班牙贵族家庭的依纳爵·罗耀拉是一位退伍士兵，负责兴建以传教为宗旨的耶稣会。耶稣会士为传播公教会信仰不顾生命安危，愿意前往任何地方。公教会为重树其权威，还利用"宗教裁判所"迫害被控异端之人，在那里刑讯逼供的情况屡见不鲜。

走出黑暗时代

反宗教改革在意大利、西班牙和法国等地卓有成效，但其他地方公教会结构的改变微乎其微，自然谈不上吸引新教徒回归。从此以后，欧洲成为不同教会夺取信徒的竞争战场。公教会以悠久辉煌的传统为荣，而新教思想则好像更契合时代精神。宗教改革的一个口号为"黑暗之后，便是光明"。在所谓的黑暗时代之后，新教精神摆脱了中世纪公教会的皮囊，向整个世界的新思想张开怀抱。它十分确信，以人们可理解的语言阅读、聆听《圣经》必定会建立与上帝的直接联系，而无须教士、教宗和赎罪券作中介。■

约翰·加尔文

约翰·加尔文1509年生于法国北部，在布尔日大学的时候，他开始接触基督教人文主义，也是在那里他开始了神学研究。在此期间，他经历了一场信仰转变，这让他与罗马公教会决裂并加入日益壮大的新教运动。加尔文被迫逃离法国，在1536—1538年成为瑞士日内瓦的一位牧师，而后他到了斯特拉斯堡，1541年重返日内瓦直至1564年离世。加尔文强调人的原罪，认为若不学习《圣经》就不能认识上帝；他强调上帝的主权，也就是对于上帝拣选的人，上帝可自由给予其救赎的恩典。加尔文的追随者，也就是加尔文派信徒在世界各地都建有教会，即长老会，该称呼源于希腊文的"长老"一词。

主要作品

1536年 《基督教要义》（拉丁文初版）

上帝隐匿在人心中

基督教的神秘经验

语境线索

主要人物
大德兰

时间地点
16世纪，西班牙

此前
自公元3世纪以来 修士和修女为了专心寻求上帝、逃避世界搅扰而居住在沙漠中，过着离群索居的生活。

1373年 英国神秘主义者诺威奇的朱利安在《圣爱的十六个启示》中讲述了她经历的异象。

16世纪 人们开始强调个人与上帝的交流而非仪式的重要性，这导致了新教改革。

此后
1593年 反宗教改革中的主要人物大德兰及其同伴西班牙的神秘主义者圣十字若望建立了赤足加尔默罗会，该修会强调冥思。

自基督教诞生之初，基督徒就相信耶稣能使信徒与上帝建立直接的联系。而有些基督徒对于教会崇拜颇有异议，认为太过仪式化。中世纪后期，出现了一种个人极度渴望体验到上帝的诉求，这与形式化崇拜相对立，此即基督教神秘主义。神秘主义者倡导静思上帝，而非遵循惯常的念诵祷告模式。这往往会带来对上帝之爱的强烈感知。很多基督徒都信奉神秘主义，信徒无需教士和祈祷书，只需与上帝发生个体间的交流。

内心之旅

西班牙加尔默罗会修女大德兰（1515—1582年）有一部作品是有关神秘经验的经典之作——《灵心城堡》。大德兰在书中叙述了基督徒的灵魂要穿过一座城堡的六个房间，最后抵达第七个房间，也就是最深处的上帝居所。一个个房间代表逐层亲密的祷告关系，直到最后，灵魂实现了与上帝生命的完美融合，这就是大德兰口中的"神婚"。■

在一个男性主导的教会中，有些最著名的神秘主义者是女性，如大德兰（见左图）、锡耶纳的凯瑟琳（1347—1380年）和诺威奇的朱利安（1342—1416年）等人。

参见： 舍己带来灵魂解脱 68～71，人乃上帝之彰显 188，苏菲主义和神秘主义传统 282～283。

身体和灵魂一样需要拯救

社会圣洁和福音派

语境线索

主要人物
约翰·卫斯理

时间地点
18世纪，英国

此前
公元1世纪 耶稣在露天场地向人传道，所有人都可以参加。据传他号召门徒给饥饿的人食物，给赤身的人穿衣，照料生病的人。

17世纪晚期 欧洲大陆兴起的敬虔主义运动强调践行基督徒生活。

此后
19世纪 美国卫理公会和自由循道宗积极参与废奴运动。

1865年 自由循道宗的一位牧师威廉·布斯建立救世军，以同时拯救灵魂与身体为传道使命。

工业革命向基督教提出了新的挑战。一方面是极少数人享有前所未有的财富，一方面是成千上万的城镇人民忍受着危险的工作环境，健康状况堪忧，生活极度贫困。英国圣公会的两位牧师约翰·卫斯理和查尔斯·卫斯理两兄弟呼吁"社会圣洁"以响应正在变化的社会之所需。在约翰·卫斯理那里，社会圣洁不仅是一种个体内在的信仰，而且与当时社会公共问题息息相关。

基督教的信息

1738年5月，卫斯理兄弟读了马丁·路德的著作深受触动，对于"信"在得救中的必要性有了新的理解。这一体验对他们的传道生涯产生深远的影响，让他们加入了当时迅速发展的"福音派"队伍。福音派传道人在集市、田间和家中布道，让基督教的信息走出了教会的大门。福音派热切相信基督教信仰的体验可以改变个人和社会。他们站在废奴运动、工会运动、为工人阶级的孩子提供免费教育等许多重大社会运动的最前线。卫斯理兄弟的追随者因遵循有条理的、实践之道，以自己的信仰满足他人之所需，故人称"循道宗"。

> 我所说的救赎，不单单是摆脱地狱或升入天堂，而是在当下脱离罪。
> ——约翰·卫斯理

参见：和谐生活 38，以慈悲治国 146~147，锡克教徒的行为准则 296~301。

科学进步无法证伪《圣经》

现代性的挑战

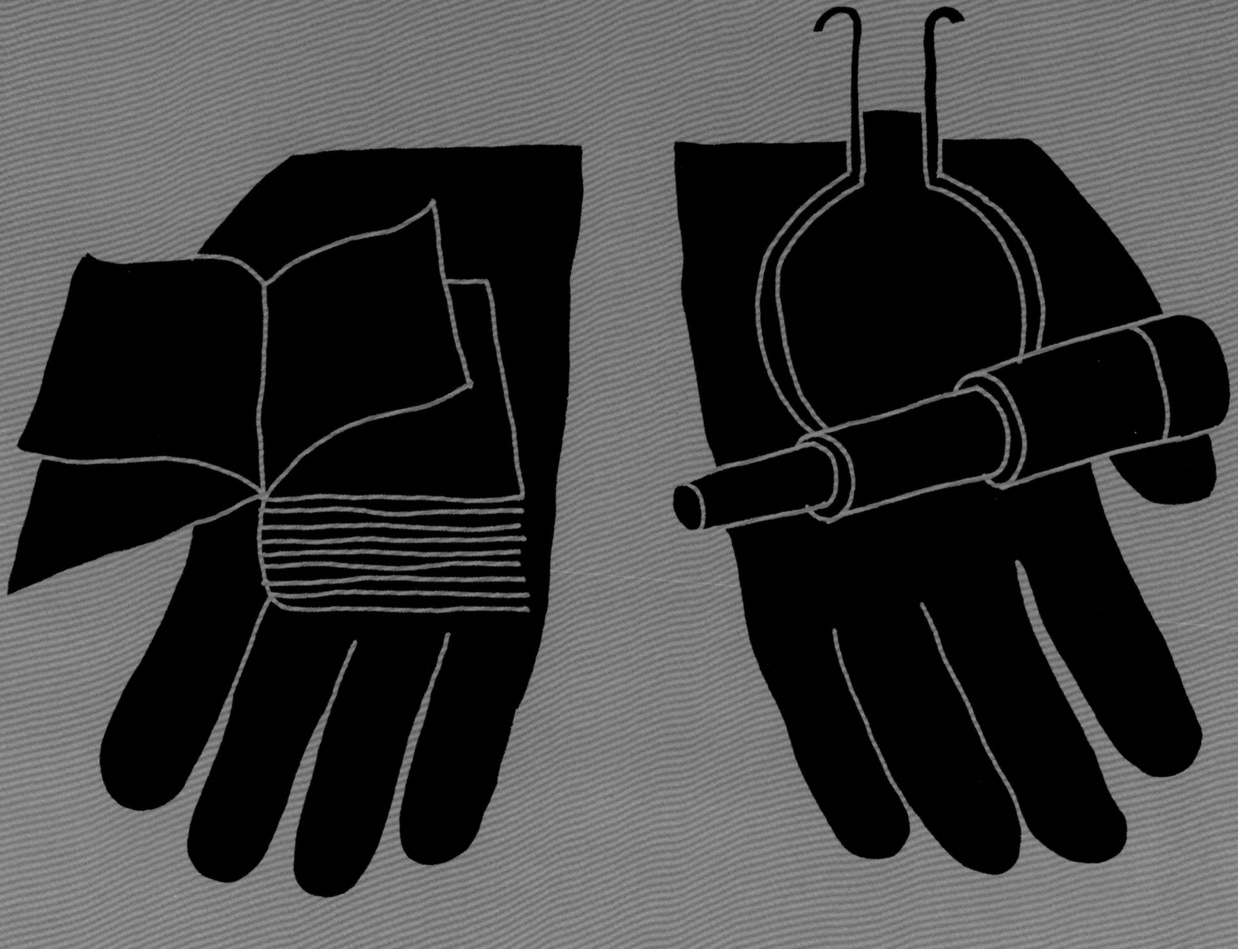

242　现代性的挑战

语境线索

主要派别
新教自由派

时间地点
19世纪，欧洲、美洲

此前
自17世纪晚期　路德宗教会里出现敬虔主义。

自18世纪80年代　伊曼努尔·康德的哲学凸显了理性的地位。

18世纪90年代　浪漫主义运动在欧洲产生影响，成为继启蒙运动之后的另一思潮。

此后
1859年　查尔斯·达尔文《物种起源》的出版引起了《圣经》传统观点与科学之间的冲突。

1919年　神学家卡尔·巴特的《罗马书释义》一书标志着自由主义的结束和新正统主义的开端。

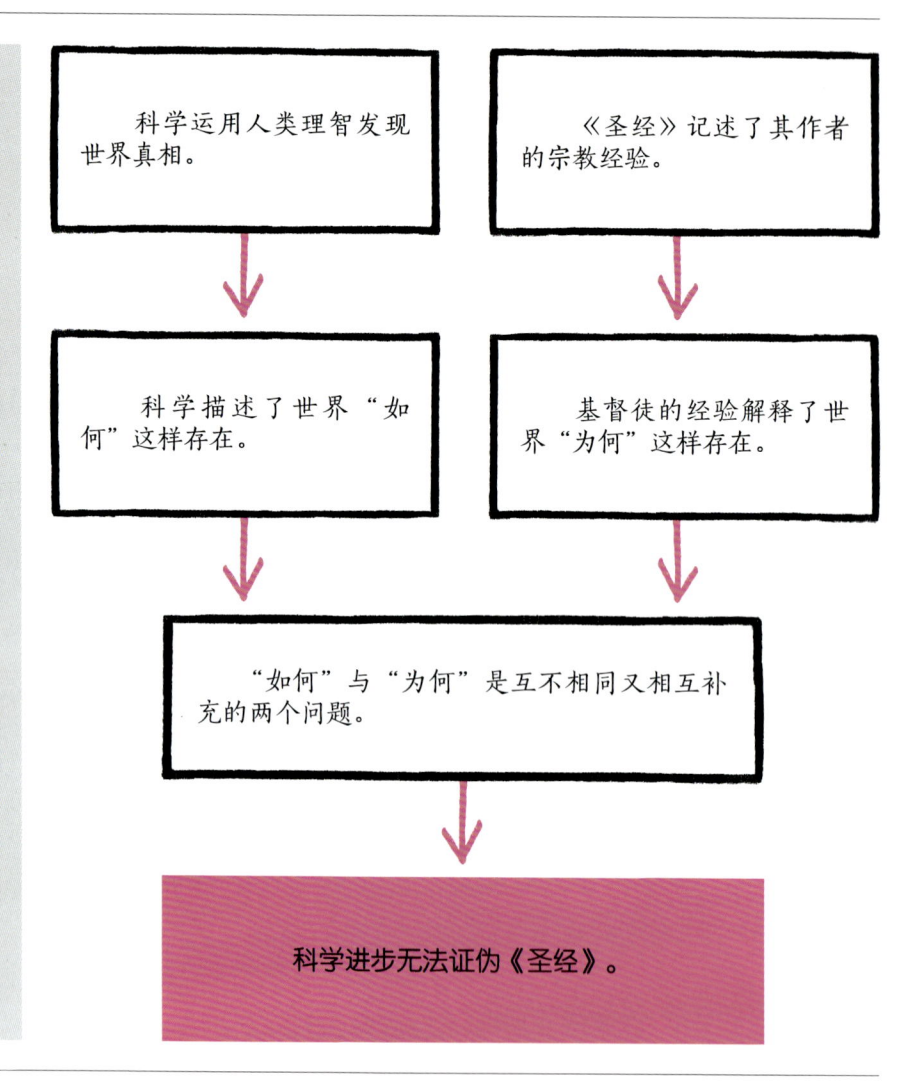

科学运用人类理智发现世界真相。
↓
科学描述了世界"如何"这样存在。

《圣经》记述了其作者的宗教经验。
↓
基督徒的经验解释了世界"为何"这样存在。

↓
"如何"与"为何"是互不相同又相互补充的两个问题。
↓
科学进步无法证伪《圣经》。

地球围绕太阳转而非太阳围绕地球转的观点在今天来讲是常识。而在17世纪早期，波兰天文学家哥白尼于1543年发表的这一理论却和公教会的教义截然相反，从而引起了一场将当时最杰出的自然科学家卷入其中的争论。其中最著名的就是佛罗伦萨的数学家伽利略，他因支持哥白尼的学说而被判为异端。教会与伽利略的立场分歧，是由于他们采用了到达"真理"的不同道路。对于教会来说，真理是由上帝所启示的，并得到《圣经》的证明，《圣经》中有章节表明地球是宇宙的中心。而科学则是运用实验观察法——伽利略是在天文学上使用望远镜的先驱——来建构世界运行的理论的。一直到中世纪，这两种方法都相安无事、并行不悖。例如，在13世纪，中世纪神学家托马斯·阿奎那（见229页）就曾经鼓励对自然世界进行系统的探索。他认为对造物加深了解会让人们更好地认识造物主。

只要科学推理的结果与"神圣启示"的概念（上帝通过《圣经》向人传达的真理）相一致，而不是两个思想系统得出不同的结论，便可实现双方的互敬互重。

尽管公教会和新教各派都坚称自己的信仰在上帝的启示中有其位置，但对于许多人来说实验和推理的结果似乎更加可靠。很快人们

参见：新教改革 230~237，信仰的互通 291，犹太教科学派 333，基督教科学派 337。

基督教 **243**

便提出了一些动摇整个现代西方世界基督教信仰的难题。到18世纪末，随着人们日益对基督教信仰的合理性和相关性提出质疑，教会开始面临丧失广大信众支持的危险。基督教思想家需要以一种全新的方式对宗教与科学、信仰和理性何以共存的问题进行阐释，做出回应。

从事实到情感

德国神学家弗里德里希·施莱尔马赫（见右侧方框中内容）吹响了基督教新时代的号角。施莱尔马赫在柏林作医院牧师时开始接触浪漫主义，浪漫主义运动是在反对启蒙运动无灵魂的理性主义的过程中应运而生的。浪漫主义强调感觉和情感在人生命中的重要性，与那个时代纯粹以科学的可靠性与实用性为标尺来衡量观念和事物的风气相对立。施莱尔马赫认识到，只要以同样的科学认知的标准来衡量基督教信仰，这一信仰就将被判定为非理性的。他并没有像证明科学理论那样去证明基督教的真实性（如多位前辈所做）；而是如浪漫主义者所做的那样将其置于情感领域。他强调，科学与信仰并非处于竞争关系中，而应以互补关系来看待二者，因为它们各自专注人类生命的不同领域。

重新界定宗教

施莱尔马赫最重要的思想是

> 浪漫主义看重情感胜过理性，注重感官胜于理智。这一运动通过19世纪早期的艺术、文学和哲学得以表达。

弗里德里希·施莱尔马赫

弗里德里希·施莱尔马赫1768年生于布雷斯劳一个新教牧师家庭。施莱尔马赫在摩拉维亚弟兄会接受了教育，这是一个严格的敬虔派。而后他前往更为自由的哈雷大学学习神学和哲学（尤其是康德的著作）。1796年，他前往柏林，经介绍结识了浪漫主义运动的主要人物。1810年，施莱尔马赫成为柏林大学的一名神学教授。在他1834年去世的时候，他对于基督教教义的激进重释产生了一种全新的神学，即自由主义神学，并在接下来的100年成为欧美地区的主导理论力量。

主要作品

1799年 《论宗教：对蔑视宗教的有教养者讲话》，施莱尔马赫最激进的神学著作。
1821–1822年 《基督教信仰》，施莱尔马赫的系统神学代表作。

弗里德里希·施莱尔马赫把真正的宗教界定为一种特有的"情感"类型。它不同于知识或行为，本身即是目的。知识、行为和情感是各不相同但相互关联的领域。

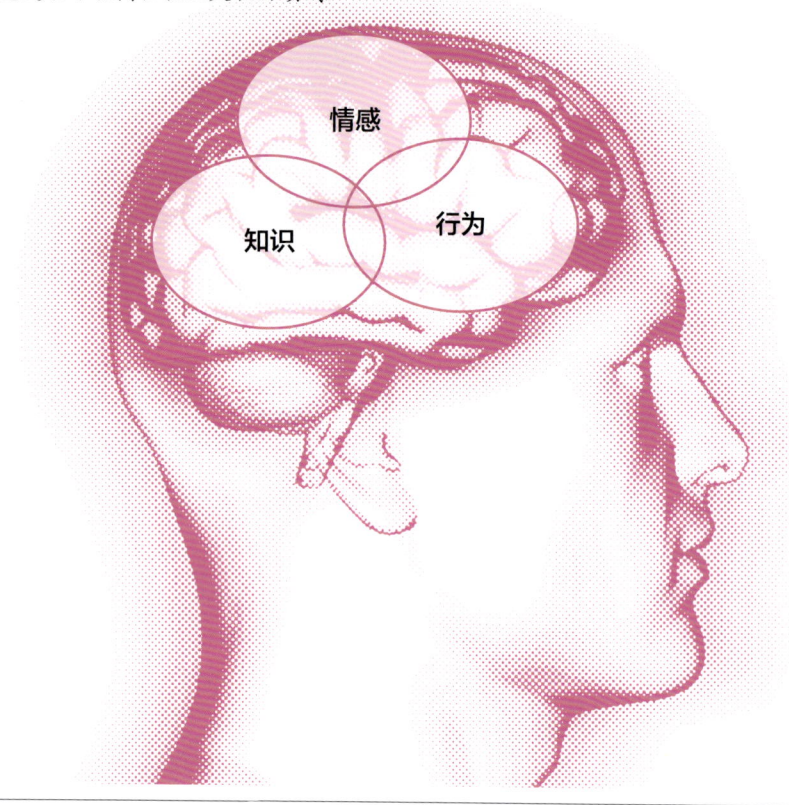

论，如"上帝存在"之类的论断并非对上帝真实存在的陈述，而是描述了个人对超越于自身之外的某物的依赖感。

对体验的记录

19世纪中期，一群学者（主要在德国）开始运用一种称为"历史批判"的分析方式研究《圣经》文本。他们研究了《圣经》在中东地区的起源，在历史语境中重新阐释其内容。通过研究《圣经》如何被编写成为人类文献，他们的分析似乎让神圣经典摆脱了超自然渊源（相信《圣经》是上帝所默示的）。结果就是很多人不再相信《圣经》为上帝默示的话语。

不过，弗里德里希·施莱尔马赫的观点有助于将《圣经》从有些人眼中的"无关宏旨"的尴尬地位中解救出来。他认为，既然宗教从根本上说与体验相关，那么，

他对宗教本质的重新界定。在他第一本关于该主题的重要著作《论宗教：对蔑视宗教的有教养者讲话》（1799年）中，他讨论了人类生命的三个领域：知识、行为和情感。尽管他承认这三个领域间相互联系，但他确信不应将之相混淆，在他看来，知识属于科学，行为属于道德，而情感属于宗教。施莱尔马赫认为基督教面临的问题是经常过于专注知识和行为而缺少对于情感的关注。这样做让基督教陷入了被现代世界的理性主义破坏的危险。一方面，科学理性使得人们对有些基督教基本信仰产生了质疑，如耶稣所行神迹及其复活。另一方面，康德和其他人的哲学认为道德乃基于普遍原则而非《圣经》中的内容。然而，科学和哲学向基督教提出的挑战并未对施莱尔马赫形成困扰，反而为他提供了契机去发掘在他看来乃为基督宗教核心的东西，这一核心就是"对无限者的感知和体会"。在他的《基督教信仰》（1821–1822年）一书中，施莱尔马赫系统重释了基督教神学，将其界定为对基督徒体验的一种描述。举例来说，根据他的理

> 敬虔的自我认同的本质是一种绝对的依赖感，即与上帝产生的关系。
> ——弗里德里希·施莱尔马赫

记录宗教体验的《圣经》就十分重要。因此，《圣经》可当作基督徒体验的终极指引，信徒会把他们对上帝的依赖感与《圣经》中的内容进行比照。

这种《圣经》研究进路称为"自由的"观点，与更"保守"的观点相对。后者面对历史批判提出，《圣经》中不仅包含着关于人类体验的事实，还包含上帝的事实。这两种观点之间的矛盾自此便形成了基督新教。

未料之果

施莱尔马赫提出其宗教体验的观点，旨在防止基督教在科学进步影响世界未来的过程中被贬为历史的恶果。他将宗教和科学分派到生命的不同领域（宗教归于情感，科学归于知识），成功创立了宗教和科学可以共存的方法。

然而，当很多基督徒将施莱尔马赫的理论当作调和科学和宗教之间冲突的解决方案时，另有一些人对将基督教信仰归于"情感"领域表示不满。他们还看到一个未预料到的后果：如果将基督教与个人情感（从本质上说是个体性的）过于紧密地联系起来，基督教就会失去其在公共领域的权威发声。这看起来与基督教的原初信息，即上帝国在整个世界中的降临（而不仅是私人宗教体验）及其中隐含的社会性角色相矛盾。

表明立场

20世纪新一代学者强烈批判了自由主义派别，瑞士杰出神学家卡尔·巴特位列其中。巴特对自己的自由主义神学老师在20世纪30年代德国纳粹主义兴起时居然未站在反对立场上感到震惊。他认为这是因为放任施莱尔马赫神学在教会中盛行而造成的影响。在他看来，一种私人的基督教体验极易导致人对外在世界的冷漠。

巴特提出，基督教要想成功地反对当今世界对科学与知识的明显滥用——如种族灭绝、军事竞赛、核装备等，基督教神学便不能仅仅建立于私人情感之上。

今天的基督教思想家仍面临这一挑战：在向人们解释当《圣经》中所说的世界经常受到科学理性的怀疑时，人们何以相信《圣经》中的上帝。许多基督徒都会以施莱尔马赫论证的改良版做出回

教士手持和平的标志以表达对核武器的反对。自由主义神学的批判者提出，对个人情感的强调会助长对世界重要议题的冷漠。

应。《圣经》谈到的现实与科学、历史、政治和其他社会科学描绘的现实并无不同。而《圣经》只是在回答不同的问题，不是"这如何形成"，而是"这为何形成"。科学和信仰分别对应的是"如何"与"为何"，二者的关系并非相互反驳，而是相互补充。它们有助于基督徒对伽利略用望远镜观察到的宇宙获得一种更彻底的理解。■

> 基督教教义是关于基督徒宗教感情的语言记录。
> ——弗里德里希·施莱尔马赫

我们可以影响上帝

祷告何以有效

语境线索

主要运动
过程神学和开放神论

时间地点
20世纪晚期，美国和欧洲

此前
自史前时期就有许多原始信仰体系用祷告和仪式取悦超自然力量或超自然存在。

公元前1000年　《圣经》中记载了上帝因摩西的祷告而改变了主意，他原本要毁灭拜金牛犊的以色列民族。

此后
20世纪60年代　南美解放神学运动强调社会和经济的公义。认为上帝尤其看顾社会中穷人和受压迫者的祷告。

犹太教和基督教神学家们从一开始就在探讨上帝的属性、神人关系等复杂问题。对有些人来说，上帝是一个复仇的上帝，他不仅在最后的时候审判人，还对人的祷告有选择性的回应。对另一些人而言，上帝是一个全知的存在，他决定着历史的进程，他掌握所有事件的原因，未来的每个细节都已预先设立。在后一种认识中，上帝不会为人的呼求所动，因为他预知每种情况的结果。

祷告的意义

如何理解上帝和所发生之事之间的关系对基督徒的祷告有重要影响。如果上帝已知过去、现在和未来，那么通过祷告与上帝交流，在思考和冥想或虔诚的崇拜行为中献上赞美或请求，似乎就无关紧

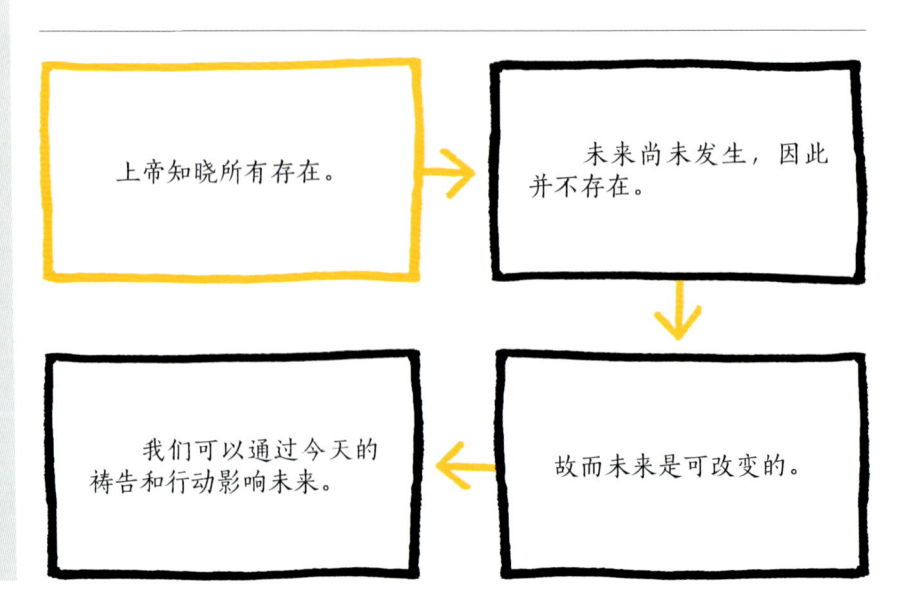

```
┌─────────────────┐     ┌─────────────────┐
│ 上帝知晓所有存在。│ ──▶ │ 未来尚未发生，因此│
│                 │     │ 并不存在。       │
└─────────────────┘     └─────────────────┘
                                 │
                                 ▼
┌─────────────────┐     ┌─────────────────┐
│ 我们可以通过今天的│ ◀── │ 故而未来是可改变的。│
│ 祷告和行动影响未来。│    │                 │
└─────────────────┘     └─────────────────┘
```

基督教 247

参见：善恶之战 60~65，占卜未来 79，通过普迦拜神 114~115，耶稣带给世界的信息 204~207，奥古斯丁与自由意志 220~221。

> 上帝……与世界如此相关，他与世界之间存在着'施与受'的关系……他受所发生之事的影响。
>
> ——皮滕格

希望神学家

在20世纪，上帝预知未来（对未来事件的知晓）、上帝的永恒性（他不变的本质）以及上帝的不动情（不受情感控制、独立于其他存在）等传统神学观念并未局限于任何一个神学派别。这些观点被贴上了各种标签，包括过程神学、上帝的开放性和开放神论等。20世纪晚期，出现了一批神学家，他们被冠以"希望神学家"的名号。这些神学家包括德国的于尔根·莫尔特曼、沃夫哈特·潘能伯格和美国的罗伯特·詹森。他们的一个主要观点是：由于未来尚未存在，甚至对上帝来说亦是如此，因此，基督教的基本特征就是希望。

要了。仅是说出上帝已知之事不会带来改变将要发生之事的希望。然而，如果未来不是上帝已经预定好的，而是开放的，那么祷告就成为塑造未来的关键。

上帝的内心

尽管基督教神学传统把上帝视为全知的存在，掌管万物过去、现在和未来的所有知识，但20世纪的一些神学家开始拒斥上帝"预知未来"的观点。如果上帝知道将会发生什么，那么未来便是已然确定、一成不变的，他们认为这样就会让真正的自由与自主性退出历史。这也引发了上帝善的本质的问题以及如果上帝预知恶却并未采取预防措施，那么他是否对恶持默认态度的问题。例如，上帝在创造以先就已知道人类会给世界带来苦难和邪恶。

未来是开放的

上帝预知未来的传统基督教观点乃基于上帝是存在于时间之外的信仰，所以对于人类而言的未来（不存在，亦不可知）在上帝那里是已然发生过的（既存在，亦可知）。不过这一观点更多来自古希腊哲学而非真正的基督教思想。《圣经》中描述的上帝是在时间中主动陪伴其子民的上帝，而并非是在时间之外遥望其子民的上帝。而且，基督徒认为，应将耶稣作为人来到世上理解为上帝不在时间之外、不在人类生活现实之外的明证——他拥有人类的生命，并有人所具有的全部有限性。因此，如果未来对于人类和上帝而言都尚未存在，那么它就是开放的。从这个角度看，上帝并非一个远观者，而是积极地参与到历史进程之中，是一位倾听人们的祷告和诉求，回应人们的需要，在人生之旅中与人同行的临在者。

如核弹这类战争武器的滥用彰显出人类的罪恶在过去和未来可达何种程度。上帝会知道这种情况并选择袖手旁观吗？

ISLAM
FROM 610 CE

伊斯兰教

始于公元610年

引言

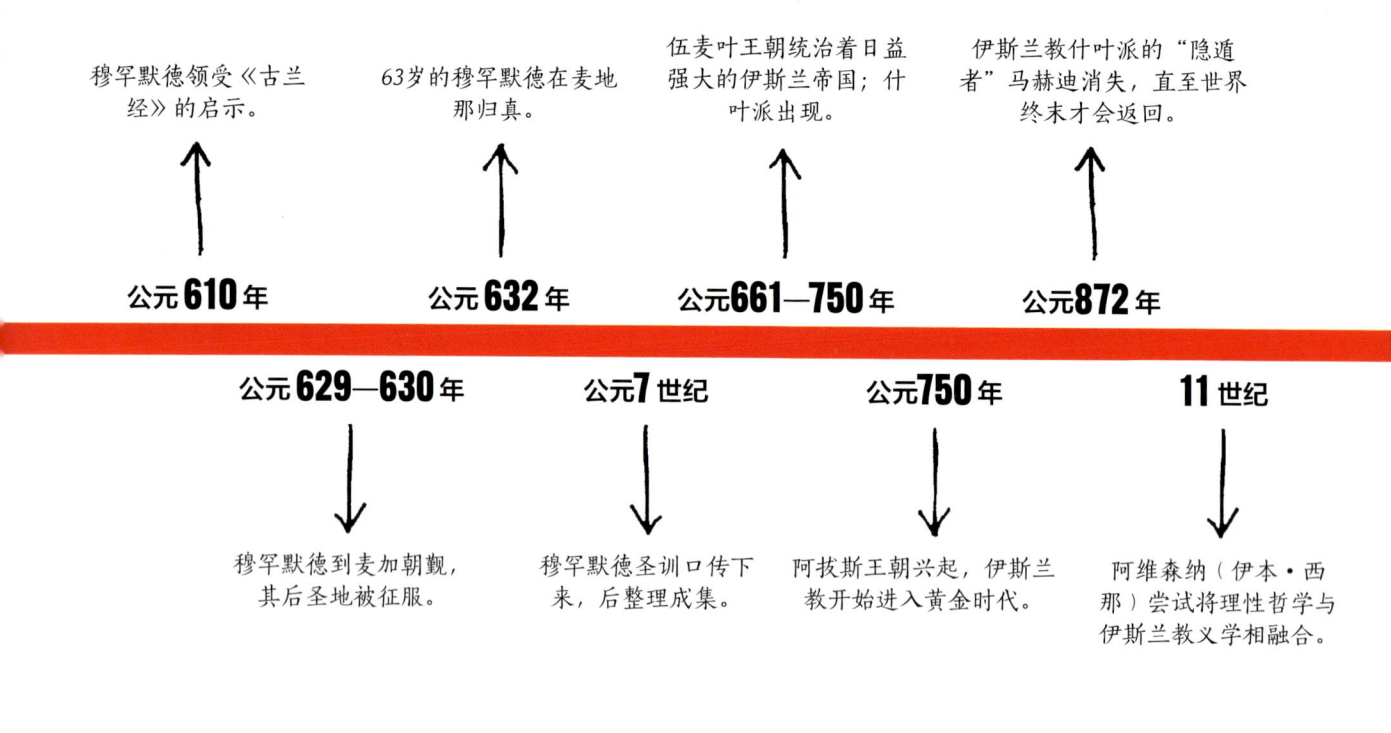

公元 610 年 ↑ 穆罕默德领受《古兰经》的启示。

公元 629—630 年 ↓ 穆罕默德到麦加朝觐，其后圣地被征服。

公元 632 年 ↑ 63岁的穆罕默德在麦地那归真。

公元 7 世纪 ↓ 穆罕默德圣训口传下来，后整理成集。

公元 661—750 年 ↑ 伍麦叶王朝统治着日益强大的伊斯兰帝国；什叶派出现。

公元 750 年 ↓ 阿拔斯王朝兴起，伊斯兰教开始进入黄金时代。

公元 872 年 ↑ 伊斯兰教什叶派的"隐遁者"马赫迪消失，直至世界终末才会返回。

11 世纪 ↓ 阿维森纳（伊本·西那）尝试将理性哲学与伊斯兰教义学相融合。

伊斯兰教诞生于公元7世纪，但其信奉者却认为伊斯兰教是一个古老的信仰，亘古而来，是真主天启的宗教。它与犹太教、基督教一样都属于亚伯拉罕宗教，可追溯至易卜拉欣（亚伯拉罕），即列位启示信仰的先知之首，而列位先知中也包括穆萨（摩西）和尔萨（耶稣）。穆斯林相信最后一位先知是穆罕默德，他领受《古兰经》的启示，并传播今天为世人所知的伊斯兰教。

伊斯兰教是绝对一神论宗教，强调信仰独一无二的真主即安拉（阿拉伯语中的"神"），人类要完成真主赋予的使命。伊斯兰教认为，人的生命乃真主恩典，人的生活方式会在审判日得到评判。伊斯兰教的核心是"五功"。宗教生活围绕清真寺展开，清真寺是敬拜真主和宣传宗教的中心，也是信仰群体社会生活的中心。

最后的先知

穆罕默德受到的启示，被穆斯林视为真主降示的最后启示。经穆罕默德的圣门弟子记述，整理后形成今天所见的《古兰经》。《古兰经》是伊斯兰教的神圣经典，也是真主的终极语言。除《古兰经》外，还有一些来自先知穆罕默德的言行，集结为《圣训》。由这些经典产生出一个内涵丰富的释经传统。教义学家关于这些经籍的观点及其对先知穆罕默德生平的考察，形成一个宗教法律与道德法典体系，即人们熟知的伊斯兰教法，这是多个伊斯兰国家民法的基础。

自诞生伊始，伊斯兰教就与民间、政治生活相互交织。穆罕默德本人不但是一位宗教领袖与宗教思想家，同时也是一位政治领袖与政治思想家。由于宣扬一神信仰，他和自己的信徒被迫逃离麦加（该事件被穆斯林称为"希吉拉"，每年都会纪念）前往麦地那，在那里建立起第一个伊斯兰社团，而他本人则成为那里的精神、政治和军事领袖。而后，他率领人民重返麦加，征服该地。此后出现一个统一阿拉伯各部落的帝国。公元632

伊斯兰教

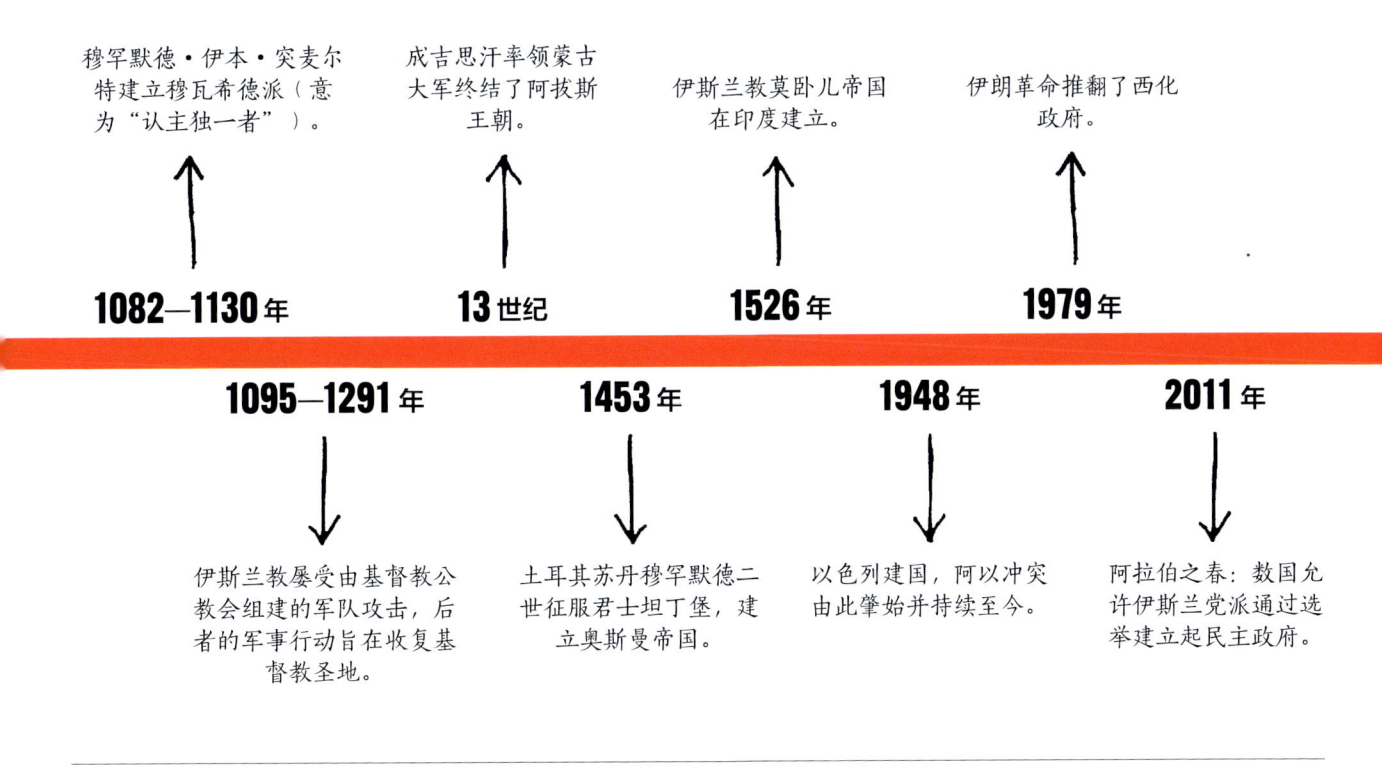

1082—1130年
穆罕默德·伊本·突麦尔特建立穆瓦希德派（意为"认主独一者"）。

13世纪
成吉思汗率领蒙古大军终结了阿拔斯王朝。

1526年
伊斯兰教莫卧儿帝国在印度建立。

1979年
伊朗革命推翻了西化政府。

1095—1291年
伊斯兰教屡受由基督教公教会组建的军队攻击，后者的军事行动旨在收复基督教圣地。

1453年
土耳其苏丹穆罕默德二世征服君士坦丁堡，建立奥斯曼帝国。

1948年
以色列建国，阿以冲突由此肇始并持续至今。

2011年
阿拉伯之春：数国允许伊斯兰党派通过选举建立起民主政府。

年，穆罕默德离世，其后百年间，伊斯兰帝国已经扩张至北非乃至亚洲地区。尽管人们在穆罕默德继承人的问题上观念不一，并导致逊尼派与什叶派的分立，但伊斯兰哈里发制度，即由哈里发统治的穆斯林政治宗教国家，还是行使着强有力的政治权力，实现了政治统一。

伊斯兰黄金时代

伊斯兰帝国很快就超越基督教欧洲，拥有了更广阔的疆土。然而，与视科学思维为教义敌人的基督教不同，伊斯兰教认为教义学与哲学、科学并无矛盾。巴格达、大马士革等城市成为科学探究与学术的中心。伊斯兰文学与诗歌也有了长足发展，随之而来的还有包括书法在内的装饰艺术。

伊斯兰帝国最终分崩离析，而伊斯兰教却一直在世界各大宗教中保持着自己的地位。有近25%的世界人口信奉伊斯兰教，其中约3/4属逊尼派，10%～20%属什叶派。世界约有50个国家的人口以穆斯林为主。其中，沙特阿拉伯、阿富汗、巴基斯坦和伊朗等国是以伊斯兰教为根基的伊斯兰国家；其他大多数国家（中东地区的国家为主）以伊斯兰教为国教；另有一些国家有世俗政府，但穆斯林人口在国内占优势地位。印度尼西亚是穆斯林人口最多的国家，巴基斯坦、印度和孟加拉国紧随其后。约25%的穆斯林集中在中东和北非地区。与此同时，今天世界上的其他地区几乎每一个国家都有穆斯林社区。

从宗教战争到后来的西方殖民统治时期，伊斯兰教一直与基督教世界在观念与政治上存在冲突。目前二者之间的张力导致了宗教激进主义对于"吉哈德"一词的激进阐释，他们视"圣战"为维护自己信仰的一种职责。不过，伊斯兰教从本质而言是一种和平宗教，大多数穆斯林更认同其信仰中的仁慈原则。■

穆罕默德是真主的最后一位使者

先知与伊斯兰教的缘起

语境线索

关键人物
穆罕默德

时间地点
公元570—632年，阿拉伯

此前

公元前2000—公元前1500年 希伯来《圣经》中的上帝与亚伯拉罕立约；伊斯兰教后来认为亚伯拉罕（阿拉伯语为易卜拉欣）是最早的先知之一。

公元前14—公元前13世纪 在犹太教、基督教和伊斯兰教传统中，领导以色列人的摩西（穆萨）在西奈山上领受上帝（真主）的十诫。

公元1世纪 后来被穆斯林视为先知的耶稣（尔萨）预言最后一位先知，即安拉的使者要到来。

- 真主向穆萨和尔萨启示了他的语言。
- 人误解并毁坏了启示的信息。
- 真主如今直接向穆罕默德发话。
- 伊斯兰教的纯正信息是真主向人发出的最后信息。
- 穆罕默德是真主的最后一位使者。

据伊斯兰传统记载，在约公元582年，有一位生活于叙利亚荒漠中的基督徒隐士巴希拉。一天，有一个领着驼队的男孩路过时引起了他的注意。和男孩交谈后，巴希拉认为有先知的迹象降临到这个男孩身上。巴希拉预言说，他注定要成为伟人，应对他呵护有加。

这个男孩名叫穆罕默德·伊本·阿卜杜拉，后来成为伊斯兰教的先知、真主的最后一位使者。当然，这意味着在穆罕默德之前，真主（阿拉伯语中为安拉）派遣过其他先知，包括众所周知的穆萨和尔萨。真主向穆萨启示了引导犹太人的《讨拉特》（即《托拉》）。真主赐予尔萨《引支勒》，这是一部遗失了的经籍，其名称可译为"福音书"，该福音书的形式不同于基督教的四福音书。

穆斯林视犹太人和基督徒为"有经人"，因为他们和穆斯林一样也是一神论者，有神启示给他们的神圣经典。在某些方面，对于真主给穆罕默德之前使者的启示，穆斯林也表示尊崇，但同时他

伊斯兰教 253

参见：上帝与以色列立约 168~175，耶稣带给世界的信息 204~207。

> 穆罕默德……是真主的使者，和众先知的封印。
> ——《古兰经》33: 40

们相信这些启示已经失真。犹太人在《托拉》中加入了自己的东西，这些内容并不是来自真主的直接启示。同样，耶稣的信徒误解了他传递的信息，从而歪曲了福音书的内容，错误表达了真主的原初意旨。因此，伊斯兰教认为犹太教和基督教的现有经典不再是真主的纯粹启示，因人类之错谬而失效。

真主未朽坏之言

为了消除启示的失真，真主通过他最后一位使者穆罕默德以《古兰经》的形式最后一次降下他无污损的语言。因此，在穆斯林心目中，伊斯兰教并非某种拥有一部新经典的新宗教，而是真主原初、纯净、唯一的启示。它取代了穆萨（摩西）和尔萨（耶稣）领受到而被其信徒误解的那些启示。此外，它标志着真主的启示到此结束。穆罕默德是"众先知的封印"，他代表着真主启示的终结，也是真主派遣的钦圣中的最后一位。

7世纪早期，穆罕默德自称先知，先知的使命在于宣扬对独一真主的崇拜。在他的出生地麦加，有众多犹太人、基督徒和多神论者都接受了他传播的信息。这个初具雏形的穆斯林团体因其信仰而遭受迫害，故而穆罕默德逃离麦加，来到不远的麦地那，在那里，穆斯林社团开始扩张。

鉴于穆罕默德在伊斯兰教中无可替代的地位，穆斯林总是以其生命与语言作为伊斯兰教生活方式的楷模。其所言所为记录于逊奈中，逊奈包含穆罕默德的语言（圣训）和行为（圣行）。这成为穆斯林生活可以效法的榜样。■

位于现在沙特阿拉伯的麦加是伊斯兰信仰中的圣城，因为这里是穆罕默德的出生地。图为城市中心的禁寺。

穆罕默德·伊本·阿卜杜拉

穆罕默德·伊本·阿卜杜拉约公元570年出生于麦加附近，由他的叔父阿布·塔利卜抚养成人。年轻的穆罕默德多次参加其叔父的商旅驼队，途中遇到有各种文化与宗教背景的旅人。他因富有智慧与良好的信誉而颇负盛名。

穆罕默德在20岁出头的年纪受雇于一个名叫赫蒂彻的富裕寡妇，帮她料理生意。她也是一位驼队商人。赫蒂彻后来向穆罕默德求婚，二人结婚。穆罕默德在她去世后再婚，据说有13个妻妾。

穆罕默德时常退出商业生意和家庭生活，到沙漠中的一个山洞静修。在公元610年一个昏暗的夜晚，穆罕默德静修时大天使加百列在耀眼的光芒中显现，向他降示第一个启示，这次启示和后来的多次启示最终构成了伊斯兰教的经典《古兰经》。穆罕默德作为先知的生涯持续了22年。公元632年他在麦地那归真。

《古兰经》从天降示给人

真主启示自己的语言与意志

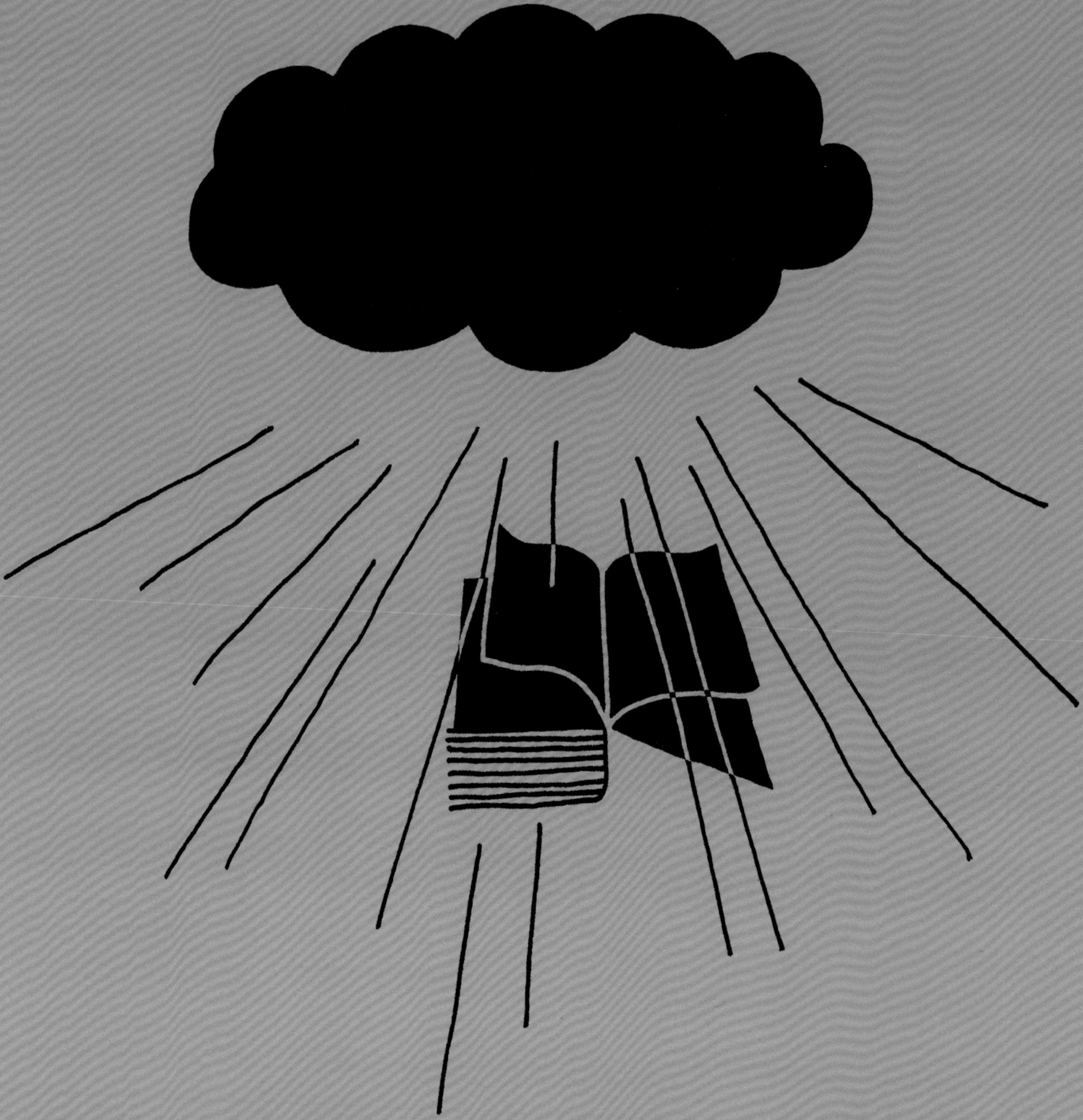

真主启示自己的语言与意志

语境线索

关键文本
《古兰经》

时间地点
公元610—632年，阿拉伯半岛

此前
公元前2000—公元前1500年 穆斯林相信穆萨（摩西）在西奈山上领受了《托拉》。

公元前10—公元前9世纪 达乌德从真主那里领受了第二本圣书《宰甫尔》。

公元1世纪 在伊斯兰传统中，真主授予尔萨（耶稣）一本关于启示的书，向他揭示真理。

此后
公元7世纪 先知的伙伴写下最早的《古兰经》文本。

公元8—9世纪 教法学家沙斐仪将《古兰经》奉为伊斯兰教法的首要渊源。

依据伊斯兰信仰，真主的意志通过自然、历史，尤其是他的语言得以启示。自然，即真主的造物，是真主存在的一个证明。历代帝国的兴衰是真主统治人类的标记。但最重要的是，真主的意志通过其语言得以启示，并经由使者得以传达。

在伊斯兰教中，真主的终极语言和意志都包含在《古兰经》中，这是真主向他拣选的最后一位使者穆罕默德（见252～253页）启示的经典。其中的经文或称迹象，将真主的意愿与命令向世人启示。《古兰经》还有一个名称《坦齐勒》，意为"降示之经"。对穆斯林而言，《古兰经》是真主口中之言，乃从天上降示给人。

宣读

依据伊斯兰传统，穆罕默德在可以俯瞰麦加的希拉山洞冥想

> 宣读！你应当奉你的创造主的名义而宣读：他曾用血块创造人。宣读！
> ——《古兰经》96：1—5

多日。一天晚上，天使加百列在山洞向他显现，宣布他为先知，命令他"宣读！"（见253页）随后就是《古兰经》的第一次启示。整部《古兰经》是在很长一段时间内渐次向穆罕默德启示出来的，以令他能够逐渐记诵宣读（阿拉伯语中的"古兰"一词意为"宣读"）。穆罕默德自公元610年开始领受启示，一直持续了22年之久，大都在一种入迷状态中进行。最初，穆罕

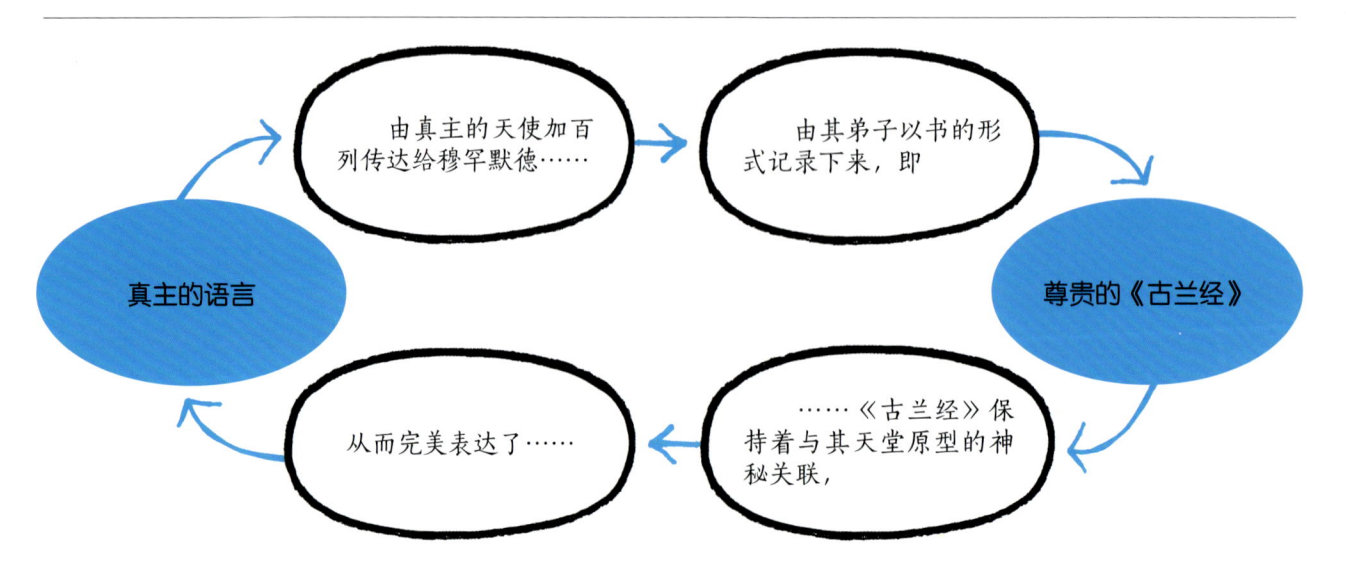

真主的语言 → 由真主的天使加百列传达给穆罕默德…… → 由其弟子以书的形式记录下来，即 → 尊贵的《古兰经》 → ……《古兰经》保持着与其天堂原型的神秘关联， → 从而完美表达了…… → 真主的语言

伊斯兰教 257

参见：上帝与以色列立约 168~175，先知与伊斯兰教的缘起 252~253，核心的信仰宣告 262~269，通向和谐生活之途 272~275。

大天使加百列向穆罕默德显现，传达了第一个启示。在这里，依据伊斯兰传统，一个没有面容的人物形象代表了先知穆罕默德。

节排序不是依据时间先后或主题，而是篇幅长短，即按照篇幅由长到短的顺序排序。总体而言，各章涵盖的主题涉及方方面面，在礼拜、政治、婚姻、家庭、关照弱势群体乃至在卫生、团体事务和经济等方面都给出了指导。

为了给《古兰经》的章节进行分类，确定其问世时间，现代学者创建了一个辨别系统。依据这种分类方法，在先知穆罕默德的生平早期、居于麦加之时领受到的启示在《古兰经》中称为麦加章节。最早的麦加章节启示富有韵律、充满想象，多以宣誓开篇。如《古兰经》第95章开篇说："以无花果和

默德记诵启示的内容并以口传方式传给他人。他的弟子们轮流记忆这些内容，而这些启示最终被穆罕默德的助手或弟子以文字记录下来。其中有部分《古兰经》文字写在动物骨头、皮革、石头、棕榈叶和羊皮纸上。

穆罕默德逝世不久后，公元7世纪中期，一部以书籍形式出现的标准化版本《古兰经》汇编成册。穆斯林相信，该书及书中114章、6000节的排序都是在真主的启示下进行的。《古兰经》不少篇章内容都与希伯来《圣经》及基督教《新约》相符或至少是密切相关的。然而，在穆斯林看来，后两者都已被篡改（见252~253页）。穆斯林相信《古兰经》超越并纠正了之前的启示。

《古兰经》的章节排序

总体观之，《古兰经》的章

> 这是一部《古兰经》，我使它意义明白，以便你从容不迫地对众人宣读它；我逐渐地降示它。
> ——《古兰经》17:106

梓橄榄果盟誓，以西奈山盟誓，以这个安宁的城市盟誓！"

后期麦加章节语气更为平缓，并时常援引真主借自然与历史传达的信息和真理。相较其他章节更具条理，并时常探讨教义问题。这些章节常称呼真主为"仁慈的主！"

学者们将穆罕默德生活于麦地那时期领受的启示归为麦地那章节。这些章节与麦加章节迥然相异，这是因为穆罕默德此时已不再是一个初期信徒群体的领导者，而成为一个大型独立的穆斯林团体的领袖。

因而麦地那章节的教义色彩和证明真主迹象的特征不甚显著。有更多内容是在探讨法律、社会事务以及如何运用这类法则来管理成长中的穆斯林团体的生活。

例如，《古兰经》第24章告诉穆斯林，通奸罪需四个证人。在一个只是看到两个无亲戚关系的男女在一起就会遭到怀疑的社会中，这对于女性而言是一个重要保障。揭发人若不能提供必要的证人，其证词将不予采纳，依据《古兰经》麦地那章节的规定，这些揭发者应

> **这部《古兰经》不可能舍真主而造。**
> ——《古兰经》10: 37

受到严厉处置。

背诵与宣读

西方学者给《古兰经》列出了章节数字，以便引用参考。而穆斯林则用每章中的特殊、显著的词语来标注章节。以《古兰经》第2章、也是篇幅最长的篇章《黄牛》为例，之所以有此章名，是因为里面讲了一个有关以色列人宰了一头小牛作献祭的故事。在故事里，献祭动物的肉身用于使一个被害之人复活，从而能识别出杀他的人。

穆斯林也很少用数字指代单个章节，而更多引用章节开篇的文字进行讨论。这种引用方式自然需要人们对《古兰经》文本极为熟稔，同时还得掌握高超的背诵技巧。不少穆斯林都能大段背诵《古兰经》，有人甚至能背诵整部《古兰经》。

能背诵整部《古兰经》会让人声名远扬、福泽深厚，他们被称

《古兰经》的章节排序不是依据叙事或历史的顺序。任何一处章节（常以其包含的故事、主题或真理命名）都可以让阅读者确信真主的意志。

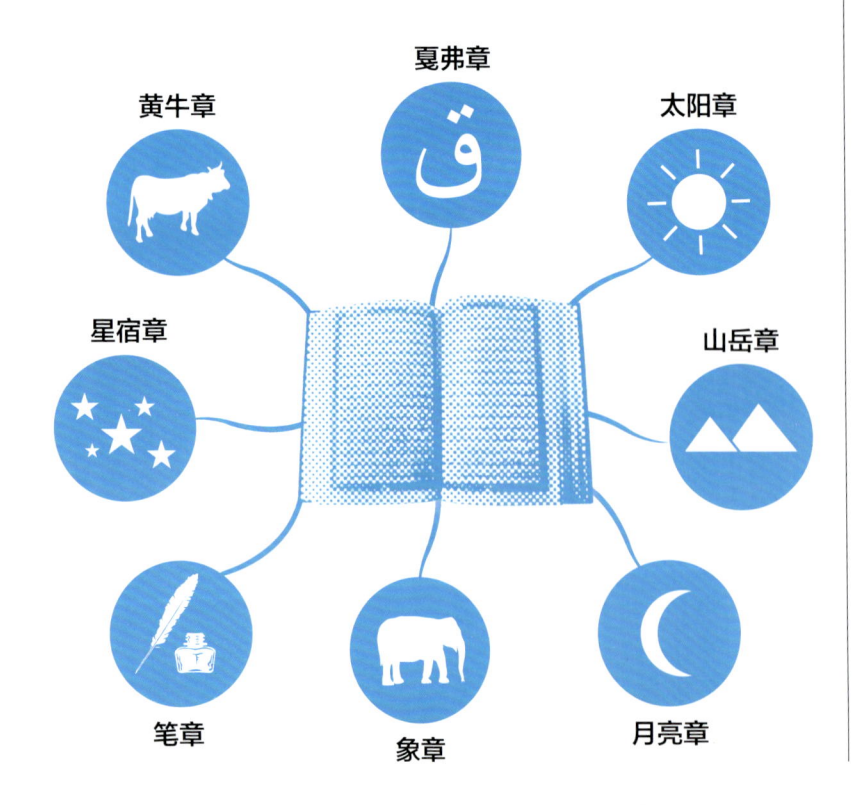

黄牛章　夏弗章　太阳章
星宿章　　　　　山岳章
笔章　　象章　　月亮章

伊斯兰教

阅读、学习和宣读《古兰经》的部分内容是伊斯兰教育的中心，是成年穆斯林每日必行之事。

为哈菲兹，即《古兰经》守护者。哈菲兹可令真主的圣书保有生机活力，常被人尊为"筛海"，此称谓表达出人们对他们的至高敬意。这些穆斯林在日常礼拜和其他重要仪式上常担任诵经师。咏诵经典的技能在伊斯兰教中倍受重视，清真寺中经常举行宣读比赛。

《古兰经》在伊斯兰教及真主针对世界的计划中，占据首当其冲的位置。《古兰经》是真主的奇迹，由先知穆罕默德带给世人，事实上这也是唯一的奇迹，并非由穆罕默德本人所写。穆斯林相信，《古兰经》在天堂有其原本，是一部以阿拉伯语写就、与天堂的真主共存的经籍。这就是说，尽管《古兰经》是以口头宣读的方式降示给穆罕默德，而后才付诸文字的，但经书本身就具有神圣性。

尊崇《古兰经》

穆斯林相信伊斯兰经典原本存在于天堂，因而他们对待《古兰经》的态度恭敬有加。穆斯林对待《古兰经》要遵循若干准则：不可将《古兰经》、特别是阿拉伯文本置于地面或任何不洁之处；当《古兰经》和其他书籍一起放置时，应将其置于最上端；若将《古兰经》放在书架上，应将其搁置在最高层，两边和上方都不可放置任何物品。

此外，穆斯林要像礼拜前那样洁净自身后才可触摸《古兰经》。携带《古兰经》也须小心谨慎，因此，穆斯林总是用袋子装好《古兰经》，以免受损。如果不小心将《古兰经》掉在地上，要恭恭敬敬地将其放回安全的地方，有时还会以亲吻表达敬意。有些穆斯林如对《古

《古兰经》与《圣经》

读过《古兰经》和希伯来《圣经》及基督教《圣经》的人会发现，其中有很多人物与故事都是一致的。《古兰经》的语言和犹太教、基督教文本有相似性，只不过对某些细节做了修改。比如，在《古兰经》中，阿丹（亚当）和哈娃（夏娃）在被送出天堂之前得到了真主的宽恕，这是他们祈求真主仁慈的结果，因此没有像在《圣经》中那样被驱逐、受诅咒。尔萨（耶稣）（作为先知而非神圣人物）数次出现，但他出现的次数不像圣母麦丽嫣（玛利亚）那样频繁，后者在《古兰经》中很受喜爱。有一个《圣经》中没有记载的神迹，有幸灾乐祸者批驳麦丽嫣有通奸之罪，婴儿尔萨在摇篮中发声，维护母亲的尊严。

> ……你应当缓慢、有节奏地诵读《古兰经》。
> ——《古兰经》73：4

印刷装帧好的《古兰经》在流通之前会经过详细查验以确保万无一失。这是位于沙特阿拉伯的法赫德国王印刷厂的600多位校对员正在校对《古兰经》。

兰经》有不当行为，还会做一些慈善施舍（以示弥补）。

对于残破的《古兰经》，不可随意丢弃，而要恭敬地埋于地下，这种行为也表达出人们对《古兰经》的神圣敬意。在任何适宜之地，包括大海，都可举行这种掩埋仪式。有些穆斯林还会采用焚烧的处置方式。

关于如何处置圣典的规定，同样适用于写有《古兰经》文字的纸张、珠宝、饰品及其他物品。因此，一些以穆斯林为主要人口的地区会专门提供回收箱收集此类物品，予以恰当处置。

此类规定不但针对《古兰经》文字文本，也用于其口头宣读。在穆斯林眼中，由于《古兰经》是真主的语言，故而《古兰经》在宣读时就获得了生机。因此，很多穆斯林在诵读《古兰经》时会戴上礼拜帽，有时甚至在私下阅读《古兰经》时也会这样做。

语言的作用

穆斯林相信，《古兰经》在天堂的原本乃以阿拉伯语写成，使得《古兰经》中的阿拉伯语成为伊斯兰教的神圣语言，并且是真主使用的语言。那么，对穆斯林而言，如果将《古兰经》译为其他语言就会失去其作为神圣启示的地位。基于此信仰，《古兰经》译文往往会伴有阿拉伯语文本，即便如此，译文也往往被视为对阿拉伯语原文的阐释与翻译。没有任何东西能代替阿拉伯语《古兰经》。

由于《古兰经》中的阿拉伯语被视为神圣语言，穆斯林生活与思想的方方面面无一不受其影响。比如，世界各地的穆斯林，无论懂这种语言与否，都是用阿拉伯语诵经、礼拜的。

而最重要的一点是，既然《古兰经》的阿拉伯语文本具有神圣性，那么它便与其作者，即真主有某些共同点：它是完美、永恒、非受造以及亘古不变的。有一种教义谓之《古兰经》的"奥秘性"或"超绝性"，其意为《古兰经》的语言、文字风格及观点是不可复制、人力难为的。《古兰经》所用阿拉伯语的方方面面，包括语法结构、诵读发音及所做的预言都是神秘莫测、无与伦比的。在穆斯林看来，任何想要与《古兰经》比肩或者超越《古兰经》的企图都注定会失败。

《古兰经》的神秘性还表现在基本主题的反复重现。随意翻阅到《古兰经》的任何一处都能看到书中传达的基本信息。这种程式化、简短句式的语言风格对于非穆斯林或熟稔其他圣典叙事结构的人来说很难接受。但对穆斯林来说，这种风格是对《古兰经》超凡之美的神秘见证。

《古兰经》不仅是伊斯兰教最神圣的经典，同时在穆斯林，甚至在很多非穆斯林心目中都是阿拉伯文学的桂冠之作。因此，人们对其诗歌散文式语言风格的研究丝毫不弱于为求真主引导而对《古兰经》进行的阅读。不过，穆斯林对《古兰经》的尊崇珍视、赋予它举

> 我确已降示教诲，我确是教诲的保护者。
> ——《古兰经》15: 9

伊斯兰教

> ……指导世人，昭示明证，以便遵循正道，分别真伪。
>
> ——《古兰经》2: 185

世无双的地位并不限于《古兰经》中传达的信息和对它的宣读。甚至圣书中的阿拉伯文字也都有重要的视觉价值，在伊斯兰艺术中占有核心地位。

伊斯兰艺术

穆斯林一向反对任何形式的拜偶像行为，禁止《古兰经》中出现具象图案。不过，抽象图案是可以出现的，而阿拉伯文字本身也发展成为一种精致的艺术形式——人们将美妙绝伦的阿文书法用于《古兰经》书写中，往往使用色彩醒目的墨水写在珍贵的黄金书页上。

伊斯兰教禁止绘制动物像、人物像，使得伊斯兰艺术家发展出独特的阿拉伯图案艺术风格。这是一种由有规律的线条、卷形花纹、交错的花枝和重复出现的几何图形共同构成的艺术装饰形式。这些艺术作品出现在马赛克、《古兰经》和清真寺内部，同样传达出重要的宗教信息——绵绵不绝、错综交织的形状与图案似乎无始无终，激发人们念想安拉的无限存在。■

伊斯兰教禁止使用具体的宗教图像，而是采用了精美的书法和图案。几何图案折射出安拉带来的秩序与和谐。

抄写《古兰经》

为了确保《古兰经》的完整性，先知穆罕默德的亲密伙伴之一栽德·本·萨比特组建了一个抄写团，负责记录降示到穆罕默德身上的启示。最终，栽德及其抄写团完成了一部颇具篇幅的《古兰经》手稿，手稿经由记下启示内容的人核对校验，以确保毫无错谬。完成的手稿交到了穆罕默德的妻子之一哈芙赛手中。

由于写出的阿拉伯文中没有元音，正确阅读文本与发音要仰仗读者对该语言的熟悉程度。当出现分歧时，穆罕默德所在的古莱氏部落所用的方言便处于优先地位。即便如此，《古兰经》书写文本的不同变体还是出现了。穆罕默德的伙伴之一奥斯曼·伊本·阿凡开始监管公元7世纪中期的一个权威版本《古兰经》的制作。今天人们熟知的《古兰经》主要以该版本为基础。

伊斯兰教的"五功"

核心的信仰宣告

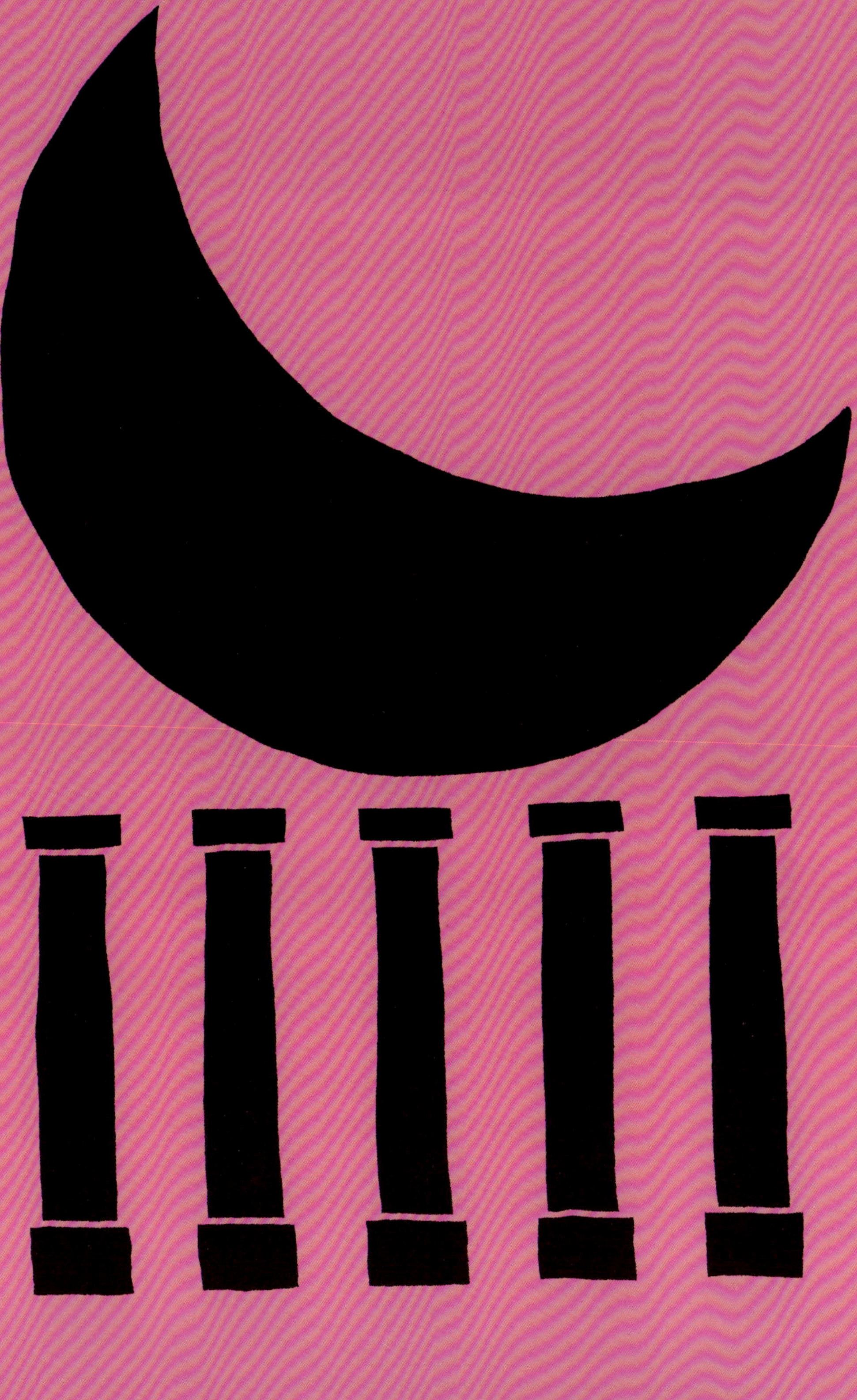

核心的信仰宣告

语境线索

关键来源
圣训

时间地点
7世纪早期，阿拉伯半岛

此前
自公元前1000年始 《托拉》与《塔木德》相继为犹太人的生活设立了规则，这构成上帝与以色列人立约的部分内容。

公元1世纪 犹太教信仰的契约，尤其是"十诫"为基督教所吸纳。

公元610年 先知穆罕默德开始领受《古兰经》的启示。

此后
公元680年 伊斯兰教什叶派开始采用引导穆斯林信仰及仪式的"柱石"。

公元8世纪 伊斯兰教法学派的发展为穆斯林的宗教生活与实践提供了解释与引导。

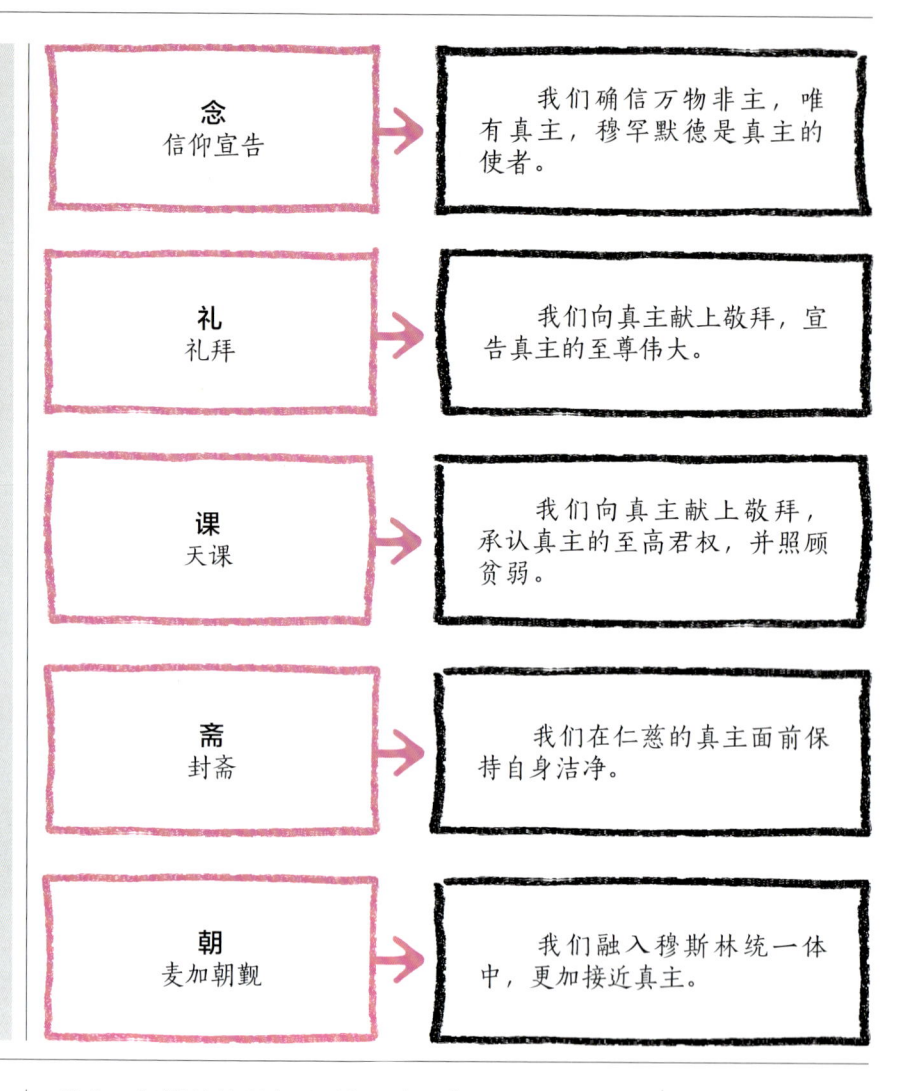

念 信仰宣告	我们确信万物非主，唯有真主，穆罕默德是真主的使者。
礼 礼拜	我们向真主献上敬拜，宣告真主的至尊伟大。
课 天课	我们向真主献上敬拜，承认真主的至高君权，并照顾贫弱。
斋 封斋	我们在仁慈的真主面前保持自身洁净。
朝 麦加朝觐	我们融入穆斯林统一体中，更加接近真主。

根据穆罕默德的伙伴之一阿卜杜拉·伊本·欧麦尔·伊本·哈塔卜记录下来的传统，先知是这样概括伊斯兰教的——这一宗教乃基于五项原则：念诵清真言"诚信万物非主，唯有真主，穆罕默德是真主的使者"；履行拜功；出纳天课；朝觐；封斋。

穆斯林所说的"伊巴达特"（意为"崇拜活动"），亦常被称为"伊斯兰教五功"（或作五柱石），这五大宗教功修是信仰的核心，伊斯兰教所有派别都奉行"五功"。

念

"五功"并未涵盖伊斯兰作为宗教的全部内容，但它概括了穆斯林应尽的基本义务。其简单性与直接性乃真主的意愿，因为真主意欲穆斯林在不受宗教义务重负的前提下遵奉他的旨意。正如《古兰经》所言，"关于宗教的事，他未曾以任何烦难为你们的义务"。

伊斯兰教"五功"之首是承认真主独一及其使者穆罕默德的独特地位。这一信仰宣告即人们所说的"清真言"（意为作证词），是一个人成为穆斯林的唯一途径。一个穆斯林在出生与死亡时会在耳边听到"清真言"。穆斯林每日礼拜时也要念清真言。清真言内容简洁，包括两个重要部分。其一，穆斯林承认真主独一无二。这确证了伊斯兰教的核心信仰之一讨黑德（或曰"认主独一"），同时提

参见: 举行仪式的职责 50，舍己带来灵魂解脱 68~71，从单神崇拜到一神教 176~177，记录口传律法 182~183，伊斯兰教什叶派的出现 270~271。

伊斯兰教   265

每个穆斯林婴儿在出生时都会在耳边听到信仰宣告的清真言。有一种阿拉伯传统至今仍为很多穆斯林遵守：在婴孩嘴唇上涂抹蜂蜜。

醒人们，多神论（崇拜多神）、崇拜真主的同时还崇拜其他任何事物或存在，在伊斯兰教里都属大罪。

其二，提醒人们穆罕默德不仅是真主的先知，而且是真主的特殊使者，超越了之前所有先知。他作为最后一位先知倍受尊崇。

礼

伊斯兰教"五功"之二是礼拜。尽管穆斯林可随时随地向真主祈祷、求助，但伊斯兰教的基本礼拜是有严格规定的，要在规定的时间崇拜真主。

穆斯林每天五次礼拜，分别在晨、响、晡、昏、宵五个时间段举行。在早先，包括现今的一些情况下，宣礼员会登上清真寺外的宣礼塔吟诵清真言，召集当地穆斯林前往清真寺礼拜。今天，宣礼员常常会使用麦克风召集穆斯林集合。有时会播放之前录制好的声音。穆斯林通常会聚集在清真寺礼拜，但当他们不能前往时，他们可在任何地点独自或集体进行礼拜。

礼拜之前的净身非常重要。穆斯林认为穆罕默德曾说过净身是"信仰的一半"。在五次礼拜前，穆斯林要洗手、漱口、清鼻。他们要清洗面部、前臂，还要用湿手抹头，并保持双脚与脚踝洁净。不同的伊斯兰教派对身体各部位清洗的次数规定不同。穆斯林在净礼后，要面向伊斯兰教圣城麦加的方向站立，并念诵祈祷词。在清真寺中这个方向通过一个称为米哈拉布的装饰壁龛进行标识。在清真寺外，穆斯林可以用特制的罗盘，甚至是定位软件来确定麦加的方向。在清真寺外的人会跪在特制的礼

> "万物非主，唯有真主，穆罕默德是真主的使者。"
> ——清真言

阿卜杜拉·伊本·欧麦尔

阿卜杜拉·伊本·欧麦尔·伊本·哈塔卜是穆罕默德归真后穆斯林群体的第二位首领欧麦尔一世的长子。他出生于公元7世纪早期，与父亲一道皈依了伊斯兰教。作为穆罕默德的亲密伙伴，伊本·欧麦尔在几次战争中都陪伴在先知身旁，因其高贵的出身和无私的精神而受人敬重。

最重要的是，伊本·欧麦尔被视为关于伊斯兰教早期历史的最可信权威。基于他和穆罕默德以及伊斯兰教早期其他重要人物的密切关系，他对这一阶段的历史极为了解。他还是诸多圣训的可靠来源。伊本·欧麦尔在约84岁的高龄时前往麦加朝觐，并于公元693年在那里去世。

毯上礼拜，礼拜毯标志着礼拜是在一个洁净的地方进行的。

礼拜开始要宣告"真主至大"。接着穆斯林会宣读一套固定的祈祷词，其中包括《古兰经》的开篇："奉至仁至慈的真主之名，一切赞颂，全归真主，全世界的主，至仁至慈的主，报应日的主，我们只崇拜你，只求你襄助，求你引领我们正路，你所襄助者的路，不是受谴怒者的路，也不是迷误者的路。"而后会重复念诵清真言，并祝福他人："愿安拉慈悯他并赐予安宁。"礼拜者用阿拉伯语念诵这些祈祷词，并伴有俯身下拜与起落的手势。

对于非穆斯林而言，伊斯兰教礼拜仪式看似复杂和程式化；然而对于穆斯林来说，净礼与按时礼拜能让他们自由地崇拜真主，而不受自己日常事务的妨碍。和其他穆斯林一起礼拜能让他们纪念真主的伟大，知晓世界各地的穆斯林都和他们一样在敬拜真主。

课

伊斯兰教"五功"之三是天课（意为慈善施舍）。《古兰经》的一个核心关怀是扶贫济弱。因此穆斯林应关怀苍生福祉，不仅要博施济众，还须出纳天课。全体力所能及的成年穆斯林要依据自己全部资产而非仅是金钱收入来缴纳一定比例的税收。传统上将这个比例定在2.5%，这个数字依据的是《古兰经》中的话语，如银钱的"四十分之一"。在有些情况下，这个数字能达到农业或工业资产的20%。

天课一般自愿缴纳，但有些国家会由政府进行调控。在这种情况下，会向人民发行特制的天课印花税。此外，穆斯林还可以向清真寺或其他地方的乜贴箱捐献金钱。

天课不仅被视为崇拜真主的行为，同样也被看作理所应当之举。如果穆斯林之所得是来自真主的恩赐，那么正确的做法就是将他们得到的分给那些获取较少之人。如持此观念，在穆斯林心目中天课便不是某种慈善行为，而是一种职责，是一种急人之所需的义务。依据《古兰经》，应受天课援助者包括孤寡贫弱之人，此外，消除奴役、援助欠债者及传播伊斯兰教等事业都是天课资助的目标。

斋

伊斯兰教"五功"之四是封斋（禁食），尤指莱麦丹斋月期间的封斋。莱麦丹是伊斯兰历的九月。禁食长达一个月，其间倒数

> **我作证：万物非主，唯有真主，独一无二；我又作证穆罕穆德是真主的使者。速来礼拜，速来成功。真主至大。**
>
> ——宣礼词

宣礼员在清真寺宣礼塔念出宣礼词，他还会宣布下面的礼拜程序。

伊斯兰教

> "
> 正义是……完纳天课。
> ——《古兰经》2: 177
> "

第二夜纪念穆罕默德从大天使加百列那里领受《古兰经》的第一个启示。虔诚的穆斯林会彻夜礼拜，希冀自己的祷告能得到回应。总体而言，在整个斋月期间，只要身体可以承受在日落前禁食、禁水与禁止性行为的穆斯林都应封斋。他们会在封斋期间反思自己的灵魂状态、反省自己的过失、纪念真主的伟大仁慈、沉思自己团体之所需，由此达到自身的洁净。

每早日出前，全体家庭成员会简单聚餐，在这餐饭后要坚持白天禁食。到晚间天黑后，家庭间会相互拜访，这时他们会吃得较多，通常有枣等特定食物，人们相信穆罕默德曾在开斋时吃枣。

许多穆斯林在斋月期间会前往本地的清真寺礼拜，念诵一种斋月特有的祈祷词。还有一些穆斯林会利用斋月展开一些敬虔活动，如背诵整部《古兰经》。

斋月以一个特殊的节日——开斋节结束。这是穆斯林普天同庆之日。家庭间相互拜访，共享美食，互换礼物与糖果。庆典有时持续数日，做生意的人也往往歇业。

朝

伊斯兰教"五功"之五是哈吉，意为到沙特阿拉伯圣城麦加朝觐，朝觐的日期紧随莱麦丹斋月之后。每一位成年穆斯林在身体与经济条件许可的前提下，都应在一生中至少前往麦加朝觐一次。穆斯林为了朝觐会采用任何可行的旅行方式。很多穆斯林旅行团甚至会向团体或个人提供"哈吉一条龙"服务，以确保穆斯林有一场难忘、顺畅的朝圣之旅。当朝觐人士临近圣城，他们会呼喊："我来了，哦，

麦加的方向，即格卜莱（意为礼拜方向），在伊斯兰世界的公共建筑物中一般都有标识，以便人们礼拜。

主，我来了！"朝觐的主要焦点是克尔白（即天房），这是麦加禁寺中心的一个立方体高大石殿。依据传统，天房最初为易卜拉欣（即亚伯拉罕的阿拉伯语名字）和他的儿子伊斯玛仪（以实玛利的阿拉伯语名字）所建，是为了储存天使加百列授予易卜拉欣的一块黑石。这块石头象征着真主与伊斯玛仪的立约。在前伊斯兰时代，克尔白也是多神论信徒朝拜的圣地。在那时，克尔白内到处是形形色色部落神明的神龛。但是在穆罕默德的带领

下，这些神龛被清理干净，恢复了对独一真主安拉的崇拜。

朝觐的穆斯林在抵达天房前必须净身。男子身着无缝白袍，修剪头发，有人甚至将头发剃光。同样，有些女子也身着白袍，而更多的女子选择穿着本国传统的简朴服饰。在这种洁净状态下，男女都要严禁性行为，不许佩戴首饰、涂抹香水，也不许有沐浴、争吵或任何会玷污其洁净的行为。从本质上讲，每个人都身着白袍不仅代表着洁净，同时也表现出团结与平等。一方面，哈吉意味着超越了等级和分裂，将重心放在对真主的全然敬拜上。另一方面，女性朝觐者服装的多样化折射出形色各异的世界穆斯林团体在禁寺聚集，达成信仰的和谐一致。

麦加礼仪

朝觐者一迈入禁寺，就要行塔瓦夫绕行礼，以逆时针方向绕克尔白走七圈。他们会竭力接近克尔白，如有可能，他们会亲吻或触摸克尔白一角露出的黑石。在接下来的七天内，朝觐者会在禁寺内礼拜，参与其他的礼仪活动。比如，朝觐者会饮用寺内渗渗泉的泉水。依据穆斯林传统，这眼泉水是真主为了救沙漠中的婴儿伊斯玛仪及其母哈哲尔（夏甲的阿拉伯语名字）而显露神迹创造的。有些朝觐者会在两座小山萨法和麦尔卧之间奔走，以纪念哈哲尔寻找水源的事迹。他们也可能会走出麦加，到米纳山谷和阿拉法特山。他们会在那里祈求真主，请真主宽恕整个穆斯林群体所犯的罪恶。朝觐者从这里返回麦加禁寺，再次绕着克尔白走七圈，以示告别。

朝觐结束后会有一场盛宴，以纪念易卜拉欣及其对真主的顺从。即便没有前来朝觐的穆斯林也有此庆典，庆典会持续三天。人们

新月的出现宣告了莱麦丹斋月的开始与结束，这个日期也可以通过计算得知。

> 可以吃，可以饮，至黎明时天边的黑线和白线对你们截然划分。然后整日斋戒。至于夜间。
> ——《古兰经》2: 187

> 为取悦真主而完成朝觐者……要如同脱离罪一般返回，正如他的母亲生产他的那一天。
> ——《布哈里圣训实录》25: 596

伊斯兰教　269

> **我来了，哦，主，我来了！**
> ——朝觐者到达麦加时的祈祷

享用各样美食，剩下的食物会分给穷人。

完成麦加朝觐之旅的穆斯林，用石子击打象征魔鬼与罪恶的三根柱石，以表达对易卜拉欣忠诚信仰的尊崇。最后，朝觐者还会造访麦地那城与埋葬先知穆罕默德的清真寺，结束朝觐之旅。

宗教是与人方便的

"五功"是整个伊斯兰信仰的代表，反映出真主启示的宗教是与人方便的。不过，尽管它们代表了总体伊斯兰信仰，但穆斯林在践行信仰的过程中随时会遇到困难。礼拜的方向难以确定怎么办？一位穆斯林在斋月的某一日不能禁食怎么办？真主给出的答案很简单："东方和西方，都是真主的，真主对他的受造物确是厚报的，确是全知的。"

对穆斯林而言，关键在于要以他们所知的最佳方式礼拜真主，在每天固定的时间和他们的穆斯林同伴们共同礼拜真主。■

受许可的朝觐地

只有穆斯林才可进入圣城麦加，而在沙特阿拉伯极为保守的伊斯兰教逊尼派那里，克尔白是朝觐者唯一准许到达的目的地。伊斯兰教正统派别瓦哈比派严禁到历史遗址、墓地以及与伊斯兰教历史有关的建筑物进行崇拜，认为这会让人们在真主以外崇拜他物，属于拜偶像之罪，或称为什尔克。由于没有什么"神圣"场所或神龛之类的概念，麦加的许多旧建筑物都被推翻重建，使得这座城市的外观极具现代感。并非伊斯兰教所有教派都接受这种关于"什尔克"的解释，苏菲教派就认为可以到圣人和学者的墓地朝拜。

麦加天房是一个立方体石头建筑，问世时间早于伊斯兰教数百年。禁寺就是环绕它建立起来的。

伊玛目是真主选出的领袖

伊斯兰教什叶派的出现

语境线索

关键人物
阿里·伊本·艾比·塔利卜

时间地点
公元632—661年,阿拉伯半岛

此前
自公元前1500年始 希伯来《圣经》认为亚伯拉罕及其继承者是上帝拣选的以色列领袖。

公元1世纪 耶稣死后,人们认为他是基督,即弥赛亚或受膏者。他的母亲玛利亚成为人们的一个重要崇拜对象。

公元610年 在伊斯兰教中,真主选择穆罕默德领受《古兰经》的启示。

此后
1500年 波斯萨法维王朝从逊尼派皈依什叶派,伊朗发展成为什叶派的重要堡垒,而阿拉伯半岛依旧以逊尼派为主。

在伊斯兰教创始人、先知穆罕默德公元632年去世之际,他已经通过战争征服了整个阿拉伯半岛,建立起伊斯兰教的统治地位。然而,穆罕默德并无子嗣。他离世后,穆斯林团体在穆罕默德领袖地位的继承权问题上产生了分歧,由此导致分裂。人们认为,穆罕默德的统治权乃真主所授,但这一特权在他死后也随之终结。大多数穆斯林都认为从有"先知的伙伴"之称的那个群体中选出领导人最适宜,这些人直接受穆罕默德领导,而且还是《古兰经》的书写者。他们接受了穆罕默德的伙伴之一艾布·伯克尔作为继承人。艾

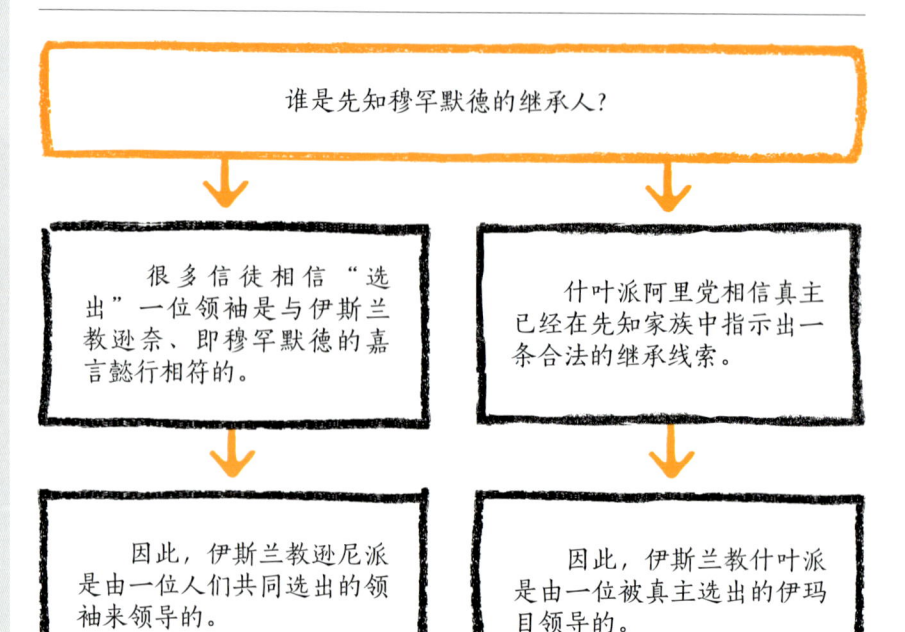

谁是先知穆罕默德的继承人?

↓ ↓

很多信徒相信"选出"一位领袖是与伊斯兰教逊奈、即穆罕默德的嘉言懿行相符的。

什叶派阿里党相信真主已经在先知家族中指示出一条合法的继承线索。

↓ ↓

因此,伊斯兰教逊尼派是由一位人们共同选出的领袖来领导的。

因此,伊斯兰教什叶派是由一位被真主选出的伊玛目领导的。

伊斯兰教

参见：核心的信仰宣告 262~269，在真主的道路上努力奋斗 278。

布·伯克尔之后相继由穆罕默德的另两位伙伴欧麦尔和奥斯曼任哈里发，即伊斯兰领地的统治者。这几位哈里发被视为英明的领袖，是"穆斯林中的佼佼者"。其信徒相信由团体一致选出的领袖完全符合逊奈的观点。因此，最早的哈里发是指任或选出的，而艾布·伯克尔及其后两任继承人的支持者就是人们所知的逊尼派穆斯林。

另一种选择

有少数信徒从一开始就不认可艾布·伯克尔的上台。他们认为合法继承人应该是穆罕默德的近亲，特别是《古兰经》中称为先知家族的那个特殊群体中的一员。这个群体宣称穆罕默德已经提名了一位继承人，即先知的女婿暨堂弟阿里·伊本·艾比·塔利卜，因为穆罕默德曾当众赞誉过阿里的领导能力。什叶派穆斯林以阿里为自己的

第一位伊玛目，阿里·伊本·艾比·塔利卜和他的儿子都属先知家族的成员，因此在人们看来是拥有神圣知识的。人们将他们描绘为从天而降、熠熠生辉的形象。

党派命名，在他们看来，阿里是先知的合法继承人，他们称为什叶派阿里党。

公元656年奥斯曼死后，阿里最终被任命为全体穆斯林的领袖，但当阿里离世后，穆斯林群体又发生了分裂。什叶派拥戴阿里的儿子作为继承人，而逊尼派则支持叙利亚的一位强大统治者穆阿维叶一世。时至今日，什叶派一直都是穆斯林群体中的少数派，是阿里及其后继者的拥戴者。这些穆罕默德的后代即后人所知的伊玛目，拥有绝对宗教权威，人们认为他们的知识具有神圣性且毫无谬误。伊斯兰教什叶派的最大支派现在没有伊玛目（见右框中内容），是由代理者即"仿效对象"领导的，伊朗的霍梅尼即为一例。

由于争议围绕领导权问题展开，因此伊斯兰教什叶派被视为伊斯兰教内部的一个派别，而非某个独立的信仰体系。不过，该派确有自己的强调重心。它在"五功"外又增加了五项功修：向穆斯林群体捐赠奉献、扬善、遏恶（此三项也为大量非什叶派信徒信奉）；还有两项为什叶派独有的，即爱先知的家人以及与做不到这一点者分道扬镳。■

伊斯兰教什叶派的进一步分裂

伊斯兰教什叶派的第一位伊玛目阿里死后，因对继承人选的意见不一而导致了进一步的分裂。第四任和第六任伊玛目死后的争执，导致了五伊玛目派和七伊玛目派的形成。

七伊玛目派也叫伊斯玛仪什叶派。该派在哪位先知的家人在真主眼中是合法继承人这个问题上产生了争执，从而进一步分裂。其中较大的一派为尼扎里伊斯玛仪派，现在的领袖是阿迦汗。

十二伊玛目什叶派是迄今为止伊斯兰教什叶派中的最大支派。该教派信徒相信他们的最后一位伊玛目，六岁的穆罕默德·卡伊姆并未在公元874年死去，而是隐遁起来，最终会作为一个弥赛亚式人物回来，即伊玛目马赫迪。他的重现将表明最后的斗争即将开始，这在伊斯兰教中标志着世界的终结。

> 先知的家属啊！真主只欲消除你们的污秽，洗净你们的罪恶。
> ——《古兰经》33: 33

真主用沙里亚指引我们

通向和谐生活之途

语境线索

关键人物
穆罕默德·伊本·伊德里斯·沙斐仪

时间地点
公元767—820年，阿拉伯半岛

此前
公元前1500年　《托拉》记录了十诫，这是上帝赐予摩西的宗教与伦理律法。

公元7世纪　先知穆罕默德领受《古兰经》的启示，其圣训和圣行由他的追随者传承下来。

此后
14世纪　一位名叫伊本·泰米叶的伊斯兰教学者颁布法令，反对蒙古人的律法不以沙里亚为基础。

1997年　欧洲伊斯兰教法与研究委员会成立，旨在帮助欧洲穆斯林理解沙里亚。

在伊斯兰教思想中，将自己交托真主手中以求引导（"伊斯兰"的原意即是"顺从"），是成为一个真正穆斯林的标志。真主为指引信徒按自己喜悦的方式生活，给人指出一条叫作"沙里亚"的道路，其字面意思是"通向水源之路"。在阿拉伯半岛的沙漠环境中，通向水源的道路无比珍贵。与此类似，沙里亚凭借真主的律法，指明通向和谐生活之途。这是一种伦理体系、一种法学（fiqh，费格赫），旨在给人指导，引领人的全部行为。

该体系需要参照依据，一开

伊斯兰教 273

参见： 和谐生活 38，圣人有智 72~77，个人对真理的探求 144，记录口传律法 182~183，真主启示自己的语言与意志 254~261。

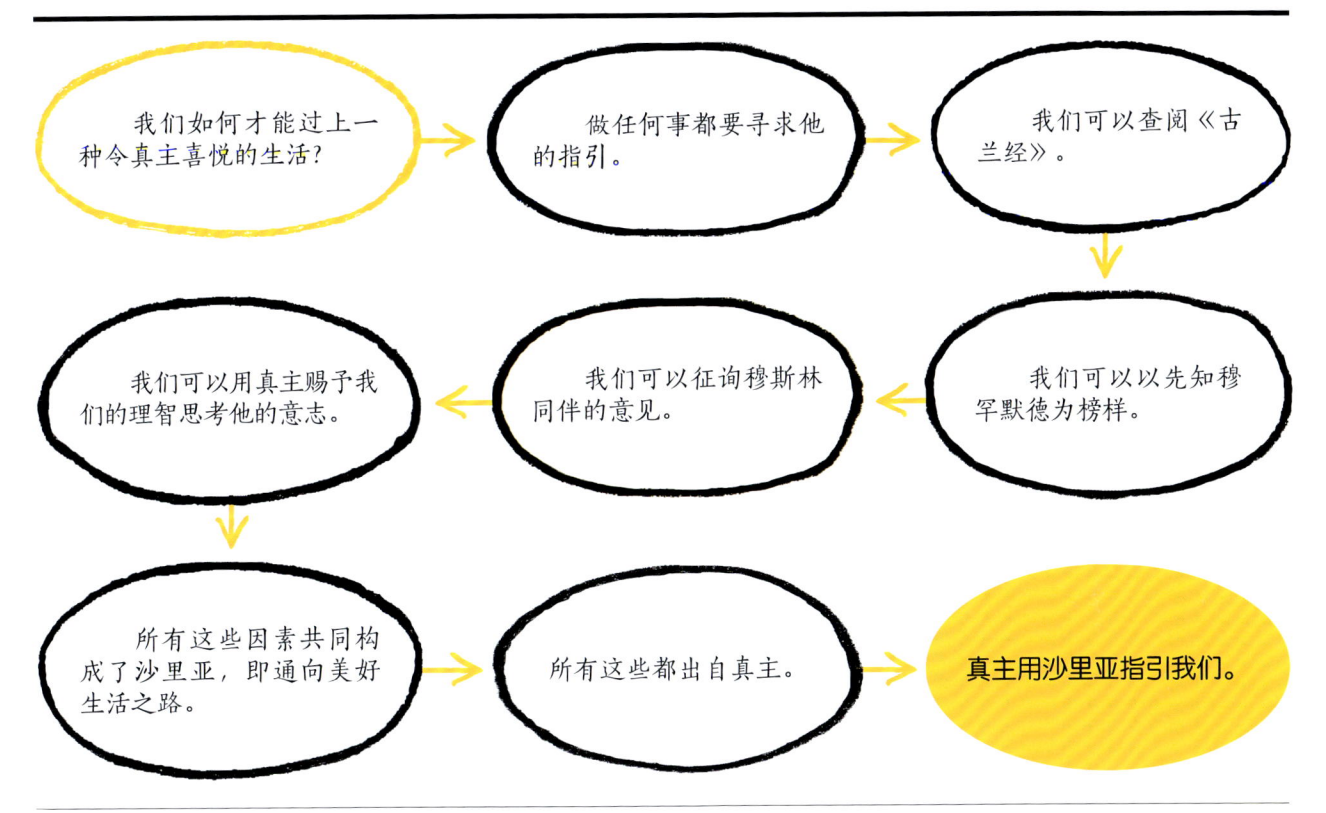

- 我们如何才能过上一种令真主喜悦的生活？ → 做任何事都要寻求他的指引。 → 我们可以查阅《古兰经》。
- 我们可以以先知穆罕默德为榜样。 ← 我们可以征询穆斯林同伴的意见。 ← 我们可以用真主赐予我们的理智思考他的意志。
- 所有这些因素共同构成了沙里亚，即通向美好生活之路。 → 所有这些都出自真主。 → **真主用沙里亚指引我们。**

始，穆斯林依靠降示给穆罕默德的启示（《古兰经》）、以穆罕默德的言行（逊奈）为榜样。不过，这一指引随着穆罕默德归真而终止。如何用启示指导处于不同文化背景、数目日益庞大的穆斯林群体的日常生活，成为一个难题。尽管出现了伊斯兰教法官，可以对公私事务进行审理，但是对一个体系统一、界定明确的沙里亚的呼声越来越高。

对伊斯兰教法的界定

致力于伊斯兰教法规范化的学者出现在多个穆斯林团体中，这导致在如何运用法律的问题上出现了分歧。应将教法的范围限定在《古兰经》和逊奈的教导之内？还是可将法学家自己的分析与理性思考融入其中？到公元8世纪，穆斯林对沙里亚的运用千差万别。学者穆罕默德·伊本·伊德里斯·沙斐仪在很多人眼中是伊斯兰教法学之父，他站在了当时统一教法思想领域的前沿。沙斐仪认为，伊斯兰教法的来源有四个：《古兰经》、逊奈、公议（即人们的一致意见），还有类比。

穆斯林相信，《古兰经》是真主的语言，因此是伊斯兰准则与价值观的根本来源。其中很多篇章都明确禁止谋杀、剥削穷人、放高利贷、盗窃与通奸等罪行，并表达了对这些行为的谴责。《古兰经》

"通向水源之路"——这是沙里亚的字面含义。"沙里亚"的概念很能引起处于无情沙漠气候条件下的人们的共鸣。

对某些行为的禁止态度，随着时间的推移也愈加严格。比如，早期启示说饮酒虽有一些益处，但也可能会引发犯罪（2：219）；稍后的启示反对穆斯林在醉酒的状态下礼拜（4：43）；而后来的启示则直接谴责酗酒的行为（5：93）。《古兰经》还在穆斯林的个人与团体事务上给出了指引。例如，《古兰经》虽未明令禁止奴隶制度，但确实在如何对待奴隶的问题上给出了指导。还有诸如一夫多妻制、嫁妆和女性的遗产继承权等婚姻相关问题也都有涉及。

《古兰经》对这些问题的规定直截了当，给人以明确指导。不过，尽管《古兰经》对道德和公民义务等事宜也有类似规定，但在相关法律问题上却泛泛而谈。在这种情况下，逊奈中记载的先知穆罕默德的榜样，对《古兰经》做了补充。尽管逊奈不能取代《古兰经》的权威地位，但先知穆罕默德接受真主的启示，无疑是公认的榜样。沙斐仪将"逊奈"的概念限用于先知穆罕默德一人身上，从而改进了逊奈在法律事宜上的运用。这样做避免了与地方习俗相混淆，并提升了先知的权威性。不过，记录穆罕默德的言行及其禁令与许可的文字数量在增加，这需要一个严格确认的过程。其结果是，合法的逊奈，即符合《古兰经》且承袭正确权威的逊奈，可对法律事宜施加影响。

法律解释

尽管沙斐仪已对伊斯兰教法做了界定，但仍会出现一些难以参照《古兰经》和逊奈的情况。先知穆罕默德已经离世，不可能再对这类法律事宜提供指引，那么法律解释就成了关键问题。因此，沙斐仪认为，穆斯林团体在法律解释方面达成的共识，就是权威。起初，这是解决《古兰经》和逊奈未提及之问题的一种实用方法。多数人的意见有助于做出最后的决定。但随着时间的推移，"乌玛"开始被界定为一个法律术语；这是一个由法学家和宗教权威人士组成的集合体，他们的决议代表了广义的穆斯林社会。还有一些情况并无权威文献可借鉴，并且也未达成共识。最初，法官会凭个人判断来仲裁此类前所未有的法律问题。这被称为伊智提哈德，即运用理智判断并附以法官的个人观点或理性。沙斐仪将伊智提哈德中个人理性的运用限定为在《古兰经》或逊奈中找到类似情形，从而得出新的法规。例如，《古兰经》禁止在礼拜五聚礼时进行生意买卖：穆斯林要停止买卖以聚集礼拜（62：9—10）。在礼拜时还有什么其他规定？譬如，可以在这个时间举行婚礼吗？《古兰经》中没有提及，但可运用类比推理从而达成一种法律观点。如果《古兰经》在这里的目的是不鼓励妨碍穆斯林礼拜的行为，那么，禁止在这个时间做买卖也可类推到诸如婚礼这类事务。沙斐仪力图将创造性思维建立在伊斯兰教权威文献《古兰经》和逊奈的基础之上，而不是仅靠学者的个人意见来处理

> 有一道光明，和一部明确的经典，确已从真主降临你们。真主要借这部经典指示追求其喜悦的人走上平安的道路……
> ——《古兰经》5: 15—16

在没有明确规定的事务上，要仰赖穆斯林学者和宗教领袖对原始资料所做的解释。

可以运用类比推理来决定哪些行为是可行的。《古兰经》没有提及毒品，但确实禁止了饮酒行为，由此便可推断毒品也是禁用的。

此类事宜。

教法学派

尽管沙斐仪将伊斯兰教法的来源归结为《古兰经》、逊奈、公议和类比四项，这确实有助于统一沙里亚，但不同教法学派运用这些来源的方式却各不相同。自13世纪始，伊斯兰教最大支派逊尼派中有四大学派居主导地位。每个学派都由其代表人物命名，这四个人分别是沙斐仪、罕百里、哈乃斐和马立克。沙斐仪派和罕百里派注重在法律解释中参照原始资料中的证据，而哈乃斐派和马立克派则强调类比推理的重要性。伊斯兰教什叶派中也发展出教法学派。基于伊玛目在什叶派穆斯林中的重要地位，这些学派都强调阿里和众伊玛目的传统。阿里是穆罕默德的堂弟，他在什叶派信徒的心目中是首位伊玛目。逊尼派和什叶派对这一点意见有分歧。什叶派往往倾向于伊玛目的统治，伊玛目是他们的最高领袖，也是最高的法律权威，其地位要高于类比和公议。

在今天的穆斯林社会中依然存在着教法学派。在以穆斯林人口为主的地区，教法学家在法庭和颁布法令方面管理着法律事宜，而法官为法律的执行者。穆斯林在何为穆斯林生活之最佳方式上面对的是更世俗的问题，他们也会向权威寻求答案。在非穆斯林社会，当地的教法学家会给穆斯林群体提供指导。现在也出现了一些新途径，穆斯林可以咨询网络求助热线，这是由关注伊斯兰教法的国际中心开设的。尽管人们在如何才能做出最佳的法律裁定方面仍存有争议，但沙里亚在很多人心目中一直都是通向真主赐予穆斯林之最好生活的通途。■

伊斯兰教 275

穆罕默德·伊本·伊德里斯·沙斐仪

围绕着沙斐仪的一生出现了很多传说，但关于其早年的情形却模糊不清。据最早文献记载，他于公元767年出生在加沙。在他年轻的时候举家迁往麦加，他在麦加学习了《圣训》（穆罕默德的嘉言懿行）与法律。据传他10岁时就能背诵整部《古兰经》。而后他搬到麦地那，在伊斯兰教法学派中的马立克学派的创始人马立克·伊本·阿纳斯门下学习法律。他曾在巴格达教书，最终在埃及定居。通过教学和学者的工作，他成为人们所知的伊斯兰教法学之父，在伊斯兰教法的形成过程中扮演了重要角色。他殁于公元820年，葬于福斯塔特（即开罗）。

主要作品

公元9世纪　《法源论纲》《温姆》

> 我的团体永远不会认可谬误。
> ——《圣训》

我们可以思考真主，却不能理解真主

伊斯兰教义学

语境线索

关键人物
阿布·哈桑·艾什尔里

时间地点
10世纪，阿拉伯半岛

此前
公元990年 叙利亚哲学家阿布·阿拉·麦阿里运用理性主义反对宗教教条，抨击教条乃"无稽之谈"。

此后
11世纪 伊本·西那（即西方人所知的阿维森纳）尝试融合理性哲学与伊斯兰教义学。

11世纪 安萨里在《哲学家的矛盾》中将哲学运用于伊斯兰教义学中。

12世纪 伊本·路世德（即西方人所知的阿威罗伊）以《哲学家矛盾的矛盾》一书对安萨里做了回应。

人们说所有的赏赐都出于真主之手。 → 我们不知道这如何为真，在何种意义上为真。

↓

质疑会带来标新立异，这是明令禁止的。 ← 我们必须相信并接受它。

↓

我们可以思考真主，却不能理解真主。

伊斯兰教义说真主乃超越的，超出人的理解力。这并不妨碍穆斯林思考真主，思考真主之所是、之所为，但他们永远也不能期望理解他的本质或行为。10世纪时，伊斯兰教关于真主本质的哲学思考引起了争论。上述说法是阿布·哈桑·艾什尔里在那时得到的结论。

公元8世纪，阿拔斯王朝的哈里发（伊斯兰世界的国家、宗教领袖）鼓励伊斯兰世界的学术与艺术

伊斯兰教 **277**

参见：对不可言说者的言说 184~185，通向和谐生活之途 272~275，神性之统一乃是必然 280~281。

> 真主不同于出现在人头脑中的任何存在，也不同于人想象中的画面……
> ——阿里·艾什尔里

发展。伊斯兰教义学家能够接触到亚里士多德等希腊哲学家所著的阿拉伯语译本。这些学者当中有一些人将这些"新"的希腊思维方式运用于对《古兰经》内容的理解上。他们形成了一个穆尔太齐赖派，该派在公元9世纪成为伊斯兰教义学的生力军。

激进思想家

穆尔太齐赖派倾向于用希腊哲学方法解决《古兰经》中的明显矛盾。《古兰经》强调真主的统一性，即不可分，因此不可能有任何类似人类那样由各部位构成的肉身。然而《古兰经》中有篇章特别指出了真主的手和眼睛。若从字面上理解会导致神人同形同性论（即将人类特征运用到真主身上的观点），从而将真主与他的受造物相比拟，而这是"以物配主"。穆尔太齐赖派提出，这些文字用了比喻修辞。那么，譬如说到真主的手，应将其理解为对真主大能的象征。他们继而将希腊哲学的逻辑运用到其他教义学问题上，如自由意志、预定论以及《古兰经》的本质（它是一直存在的还是真主在某一刻创造出来的）等方面。

但不久，穆尔太齐赖派的教义学思想便招致了谴责，引起公众反对。尽管对真主进行哲学和教义学的思考，对伊斯兰教思想而言至关重要，但根据伊斯兰教规定，离开《古兰经》和先知穆罕默德来寻求答案不仅无益，同时也是一种罪——"比德阿"，即标新立异的异端。

穆尔太齐赖派思想家艾什尔里拒绝将《古兰经》中对真主的描绘归于比喻，但他同样也反对将真主作人格化的理解。他接受经典中真主有手的说法，但他同时指出其实际含义超出人类的理解能力。艾什尔里和与他观点一致的学者共同构成了艾什尔里学派，他们让《古兰经》保有原貌，同时通过避免用人的术语来谈论真主的方式让关于真主的教义学思考保持纯正，这是由于真主超出人的理解能力。■

伊斯兰教学者有思考真主及真主之所是、之所为的自由，但他们永远不要期望能理解他的本质与行为。

阿布·哈桑·艾什尔里

公元873年前后，阿布·哈桑·艾什尔里出生在位于今天伊拉克的巴士拉。他在推进凯拉姆（即伊斯兰教义学）的发展上功勋卓著，并培育了多位伊斯兰教史上最伟大的学者。借助他的思想及其门生的著作，艾什尔里派教义学成为正统穆斯林的主流教义学派。他一直都属于穆尔太齐赖派的一员，直到40岁他才摒弃了穆尔太齐赖派的大多数思想。有人说这发生在他和他的老师出现争执之后，还有人认为他意识到了伊斯兰教和穆尔太齐赖派教义学之间相互矛盾的说法。阿布·哈桑·艾什尔里殁于公元935年。

主要作品

公元9-10世纪《伊斯兰教学派言论集》《宗教原理诠明》

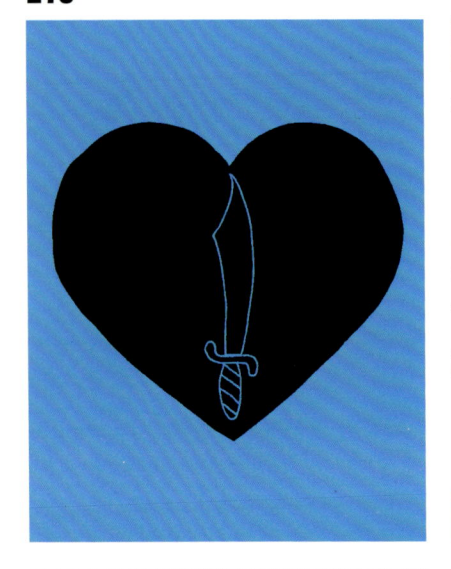

吉哈德是我们的宗教职责

在真主的道路上努力奋斗

语境线索

关键人物
沙姆斯·艾伊玛·沙拉赫西

时间地点
11世纪，波斯

此前
公元7世纪 穆罕默德的军队在伊斯兰教的旗帜下征服并统一了阿拉伯半岛的大部分地区。

公元8世纪 伊斯兰教向西扩张至西班牙，向东扩张至波斯。

公元8世纪 教法学家阿布·哈尼法提出，伊斯兰教仅允许发动防御战。

此后
12世纪 伊斯兰教哲学家伊本·路世德（阿威罗伊）将吉哈德分为四种类型：心灵的吉哈德、舌头的吉哈德、手上的吉哈德与武器的吉哈德。

1964年 埃及学者赛义德·库特布提出，吉哈德的使命是让伊斯兰教在全世界成为主流。

尽管有《古兰经》、穆罕默德和沙里亚的指引，要保持一种以真主为核心、严守教规的生活方式对于穆斯林来说依然是一种挑战。不顺从真主从来都是一种诱惑，罪恶也总是存在。因此，穆斯林必须一直努力接近真主，并与罪恶作战。这种"努力"或曰"奋斗"就是吉哈德。

对于大多数穆斯林而言，他们用两种不同的方式运用吉哈德。"大吉哈德"是最常见的，即与个人私欲进行长期不懈的斗争，包括悔改和祈求真主的仁慈、避开诱惑、为他人寻求正义等。"小吉哈德"尽管对穆斯林而言并不常见，但却是更广为人知的，包括合法地使用武力来反对行恶之人。

11世纪，伊斯兰教史上最著名的教法学家沙姆斯·艾伊玛·沙拉赫西提出小吉哈德有四个阶段。他认为，第一阶段，以和平、消极的方式对他人发起吉哈德；第二阶段通过和平论证来护教；第三阶段允许信徒为维护穆斯林团体而对抗非正义；第四阶段，一旦伊斯兰教信仰受到威胁，穆斯林在特定法律和《古兰经》的引导下可以采用武力。■

参见：奥古斯丁与自由意志 220~221，通向和谐生活之途 272~275，伊斯兰复兴主义的兴起 286~290

世界是走向真主旅途的一个阶段

义人的最后奖赏

语境线索

关键人物
阿布·哈米德·穆罕默德·安萨里

时间地点
1058—1111年，波斯

此前
公元前500年 希伯来《圣经》描绘了人类最初在伊甸园生活的场景。

公元1世纪 耶稣宣告"上帝国"来到世间。

自公元874年起 什叶派穆斯林相信"隐遁的伊玛目"在未来会返回，推进末日的到来。

1014—1015年 穆斯林哲学家伊本·西那（阿维森纳）写了他最重要的末世论作品《论后世》。

此后
1190年 穆斯林哲学伊本·路世德（阿威罗伊）在其《论宗教与哲学之和谐关系》中论述了审判日。

依据《古兰经》，末世的到来伴随着审判日的降临，即每个人都将在正义的天平上被衡量。人若在地上的善行超过恶行，他将会升入天园（即天堂），这在伊斯兰教中被描绘成一个华美的花园；而恶行甚于善行者将会堕至火狱（即地狱）。

真主审判的观点与《古兰经》中关于真主仁慈与宽恕的大量描写相对立。穆斯林与非穆斯林的一个明确分野就在于穆斯林会期盼真主的仁慈。他们同时还希望与真主相遇（《古兰经》中的审判日通常就是指这一点），在那时可以领受真主的仁慈。

希望与天园

穆斯林学者阿布·哈米德·穆罕默德·安萨里在其名为《畏惧与希望》的著作中集中探讨了穆斯林的希望和天园两个概念间的关系。他认为，真正畏惧真主的人会奔向真主的怀抱，渴求他的仁慈。安萨里将这种与真主相遇的渴求喻为播种、除草以求五谷丰登的农夫。与之类似，信仰真主、遵循真主旨意、追求道德完美的穆斯林可以期盼真主的怜悯和天园的奖赏。■

> 唯有希望的缰绳能把人带到仁慈真主的身边，享有天园的喜悦。
> ——安萨里

参见：为来世做准备 58~59，关于新时代的应许 178~181，耶稣带给世界的信息 204~207。

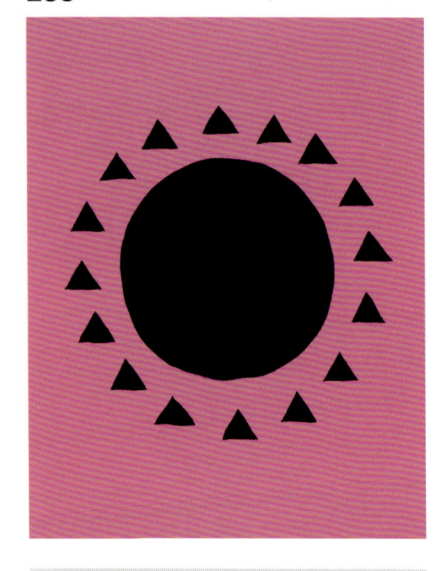

认主独一
神性之统一是必然的

语境线索

关键人物
穆罕默德·伊本·突麦尔特

时间地点
1082—1130年，北非

此前
公元800—950年 亚里士多德的作品被译为阿拉伯语。

10世纪 穆斯林学者法拉比探讨了第一因（真主）。

1027年 波斯哲学家伊本·西那（阿维森纳）提出理性需要真主的存在。

此后
1238年 杰出的苏菲派长老伊本·阿拉比思考了"真主存在的独一性"。

1982年 巴勒斯坦思想家伊斯玛仪·法鲁基写了《论讨黑德在思想与生命中的内涵》。

1990年 欧塞·麦梅提出，讨黑德是穆斯林宗教与世俗身份认同的基础。

伊斯兰教是一神教，其核心信条之一就是讨黑德（字面意思为"独一性"），即认主独一的教义。依据穆斯林思想，只存在一位神，其本质是独一的；他不是基督徒信仰的那个三位一体的上帝。

讨黑德的观念在《古兰经》中随处可见，这也是伊斯兰教核心信条清真言的前一部分内容："万物非主，唯有真主"。认主独一的教义反过来又形成了伊斯兰教至大之罪"什尔克"的基础，即违背

理性告诉我们世界万物（包括人类）变动不居，暂时无常，是由在其之先的某物创造出来的。	→	然而，在万事万物之始，必定存在其本身不是由他物引起的某物。
这独一无二的创造者无始无终，真主存在以至永远。	←	这就是真主，独一无二的创造者。
绝对的创造者是唯一不变、永恒、万物之第一因的存在。	→	真主独一，无与伦比。

伊斯兰教　281

参见： 对不可言说者的言说 184~185，神圣三位一体 212~219，核心的信仰宣告 262~269，伊斯兰教义学 276~277。

建于摩洛哥阿特拉斯山上的提马尔清真寺在12世纪成为穆瓦希德信条的宗教中心。

讨黑德之罪，这是一种不可宽恕的罪过。什尔克的字面意义是"分有"，人一旦将某物等同于真主，就犯下了什尔克之罪。因为这种行为要么表明多神信仰，要么认为真主并不完美，需要一个与之等同之物。

神性统一的信条

纵观伊斯兰教史，"真主独一"始终是穆斯林的核心观念。这促成了12世纪穆瓦希德派（"认主独一者"或阿尔摩哈德派）的诞生。该派由穆罕默德·伊本·突麦尔特创建，强调认主独一为基础，从而形成穆瓦希德派信条。

穆瓦希德信仰将凯拉姆即关于真主本质的教义学思考，与对《古兰经》和逊奈的阐释结合起来。其最主要的特点之一在于，它不仅面向学者，而且面向穆斯林大众，让普通人都能根据自己的逻辑和经验来验证。

因与果

穆瓦希德派紧随先知穆罕默德的教诲——真主独一乃伊斯兰教信仰的重中之重，继而在亚里士多德哲学基础上提出：理性与逻辑（而非信仰）须以真主存在的真理为前提。因此，有理性之人能得出真主存在或不存在的结论。

穆瓦希德派运用推理证明真主的独一性，每一个论断的成立都基于前一个论断。万物都有其创造者——由某物引起的世间万物之受造（无论是一个人制造出一个工具，还是一颗橡子长成一棵参天大树，概莫能外）。人类自身是一种极为复杂的受造物。如果世间万物都由某物造成，那必然在因果链条的最初有这么一位存在，它不是由在它之前的某物创造出来的，这就是所有他物的最初因。这个存在即真主，独一无二，绝对存在（即无始无终）。如果我们承认真主的绝对存在，那么我们就必须承认，不可能存在别的神，具有同样的全能。因此，真主独一，无与伦比。■

穆罕默德·伊本·突麦尔特

约在1082年，穆罕默德·伊本·突麦尔特出生于位于今天摩洛哥的阿特拉斯山的一个柏柏尔人家庭。他到东方游学，学习了伊斯兰教义学，其宗教热情与日俱增，在认主独一思想的推动下，建立了一个旨在改革伊斯兰教的组织。

1118年前后，伊本·突麦尔特回到了摩洛哥，他的组织在影响与规模上都有所扩展。1121年，他宣称自己是马赫迪（被引导者或是拯救者），将要恢复伊斯兰教的纯净。他殁于1130年前后，而在这之前其信徒已经占领了西北非的大片领域及西班牙部分地区。

伊本·突麦尔特运动在13世纪开始衰退。他自己写的文字没有留传下来，而关于他及其信徒的文字（包括穆瓦希德信条的相关文字）在《穆罕默德·伊本·突麦尔特生平》中保留了下来。

> 正是通过必然的理性，才可得知真主的存在，赞美主。
> ——穆瓦希德信条

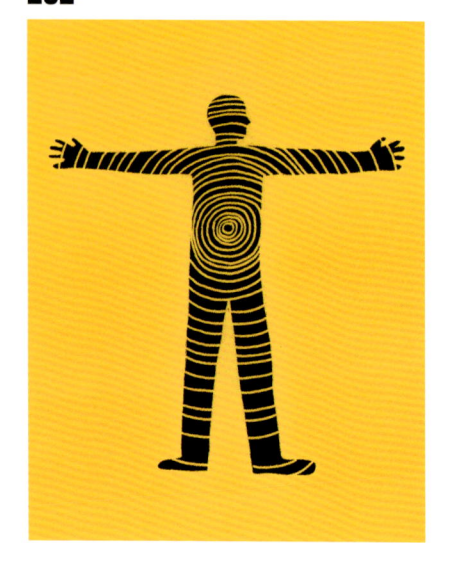

阿拉伯人，水壶还有天使都是我们自己

苏菲主义和神秘主义传统

语境线索

关键人物
贾拉尔·丁·鲁米

时间地点
13世纪，波斯

此前
公元8世纪 一位早期苏菲派诗人、来自伊拉克巴士拉的拉比亚·阿达维亚将禁欲苦修和敬虔结合起来，推进了苏菲主义的发展。

10世纪 波斯大师哈拉智在一次入神状态中宣称"我即真理"，这样的宣称被视为自称真主，他因此被处死。

此后
13世纪 犹太人在自己的崇拜中汲取了一些苏菲修习，如念诵真主（上帝）的名字。

19世纪 苏菲学者阿卜杜·卡迪尔领导了反对法国入侵阿尔及利亚的斗争。

21世纪 现有的苏菲教团逾百个。

如果说沙里亚对穆斯林而言，是引导他们敬拜真主的外在途径，那么，苏菲神秘主义就是一条内在途径，不仅能帮助修行者追寻真主，而且能让他们进一步接近真主。在伊斯兰教历史的早期阶段，顺从真主的意志对一些穆斯林来说并非绝对严格要求遵守。随着穆斯林精英阶层获取了统治权，其自我约束也日渐松懈，感到幻灭的穆斯林希望回到先知穆罕默德时代那种洁净、素朴的伊斯兰教时期。他们追求一种禁欲的生活方式，远离物质世界，寻求对真主的直接、个人的体验。有些苏菲派穆斯林甚至宣称真主内在于他。

随着苏菲主义的发展，各种团体相继建立，宗教大师给弟子们传讲教义。很多此类教团的核心信仰是，必须弃绝自我才能完全进到真主当中。于是，13世纪的苏菲大师贾拉尔·丁·鲁米写了一个贫穷的阿拉伯男子和他贪婪妻子的故事。这个女子让她的丈夫将他们装满水的水壶献给真主，希望能从真主那里得到什么回报。尽管丈夫并不情愿，但还是听了妻子的话，向真主献上了水壶，他们从真主那里得到的回报是满满一水壶的黄金。但是，这"财富"在沙漠中却百无一用，因此便成了对他们的提醒——对财富与自私的追求让人偏离了以真主为中心的轨道。在同一个寓言中，鲁米讲述了天使对阿丹

苏菲派贤哲尼扎姆丁·奥里亚因其禁欲苦修和仁慈善良而受人尊重。每天都有成千上万的穆斯林和非穆斯林到他墓前瞻仰，焚香祈祷。

参见： 仪式和诵经 158~159，参禅忘言 160~163，基督教的神秘经验 238。

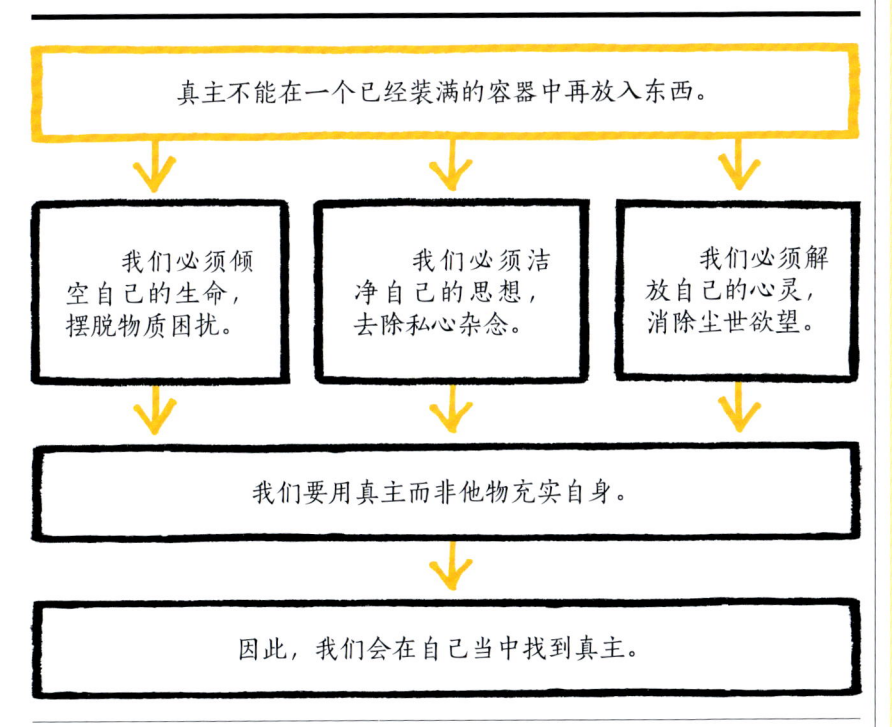

伊斯兰教　**283**

真主不能在一个已经装满的容器中再放入东西。

↓　　　　↓　　　　↓

| 我们必须倾空自己的生命，摆脱物质困扰。 | 我们必须洁净自己的思想，去除私心杂念。 | 我们必须解放自己的心灵，消除尘世欲望。 |

↓

我们要用真主而非他物充实自身。

↓

因此，我们会在自己当中找到真主。

的嫉妒，他们也是不再以真主为中心的。在鲁米那里，这个寓言讲的是普遍的人性以及追求私欲的诱惑。对于苏菲信徒来说，个人应把重心放在弃绝自我、追求对真主的体验。

绝尘弃世

在苏菲主义中，个体获得对真主的体验要经历几个阶段：教乘（克己）、道乘（净化）与真乘（顿悟）。因此，苏菲信徒不仅是禁欲者，通过守贫、禁食、静默或独身与物质世界断绝关系，而且还特别强调爱真主，往往通过宗教体验或进入某种心理状态达成。这一般是通过重复念诵真主的名字（如仁慈的真主、伟大的真主）或冥想式呼吸训练才能实现的。沉浸于这类训练有助于苏菲修行者忘却世俗牵挂，更全神贯注于真主。

鲁米特别强调借助音乐和舞蹈，追求亲近真主的亲身体验。鲁米的弟子创立苏菲的旋转舞仪式，通过唱歌、吟诵和身体的运动进入狂喜状态，从而体验到与真主的合一。据说这种有节奏的舞蹈模仿太阳系的运行，人们围绕着领舞者旋转舞蹈。

在不少穆斯林看来，有些苏菲信徒的言行已经触犯了伊斯兰教正统派的底线。自17世纪始，苏菲主义便遭到了打压。但苏菲教团还是在世界各地建立起来，对穆斯林与非穆斯林都产生着吸引力。■

贾拉尔·丁·鲁米

贾拉尔·丁·鲁米1207年出生于巴尔克（位于今天的阿富汗）。据说他的家族是先知穆罕默德的伙伴和继承人艾布·伯克尔的后代。在和父亲游历波斯和阿拉伯半岛各地之后，他最终定居于科尼亚（位于今天的土耳其中部地区）。

鲁米在科尼亚遇到了他的苏菲导师（来自大不里士的）沙姆斯·大不里士。那时，鲁米已是一名伊斯兰教导师，但苏菲导师对他产生了极大影响，以至于让他放弃了自己的研究，并投身于神秘主义。他的信徒建立起苏菲毛拉维教团，也就是世人所知的旋转舞派。

尽管鲁米因其哲学和学术成就而声名卓著，但更因其神秘主义诗作而流芳后世。1273年，他殁于科尼亚。

主要作品

1258—1273年《灵魂偶句诗集》
13世纪《沙姆斯·大不里士作品集》
13世纪《其中者自在其中》

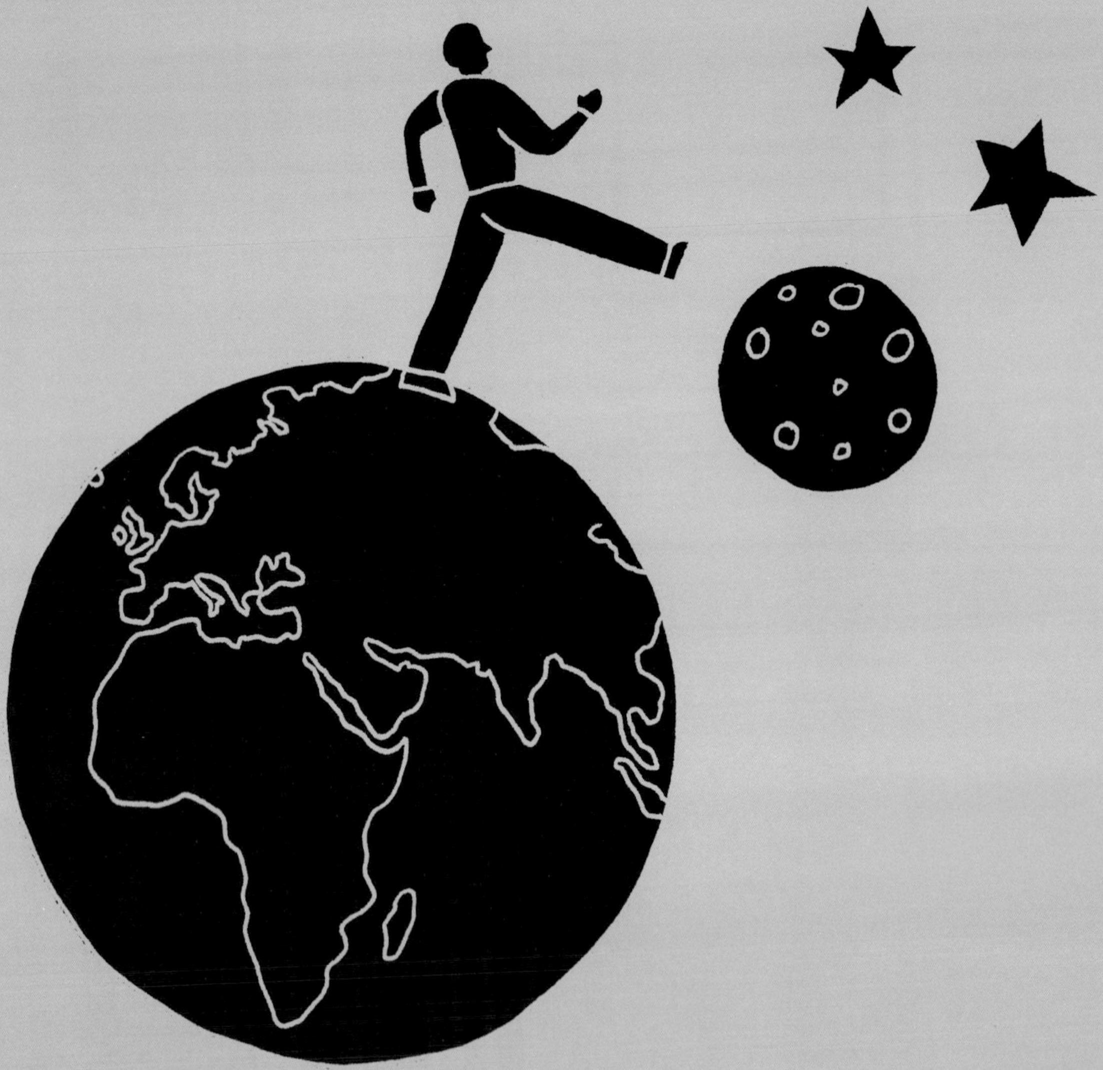

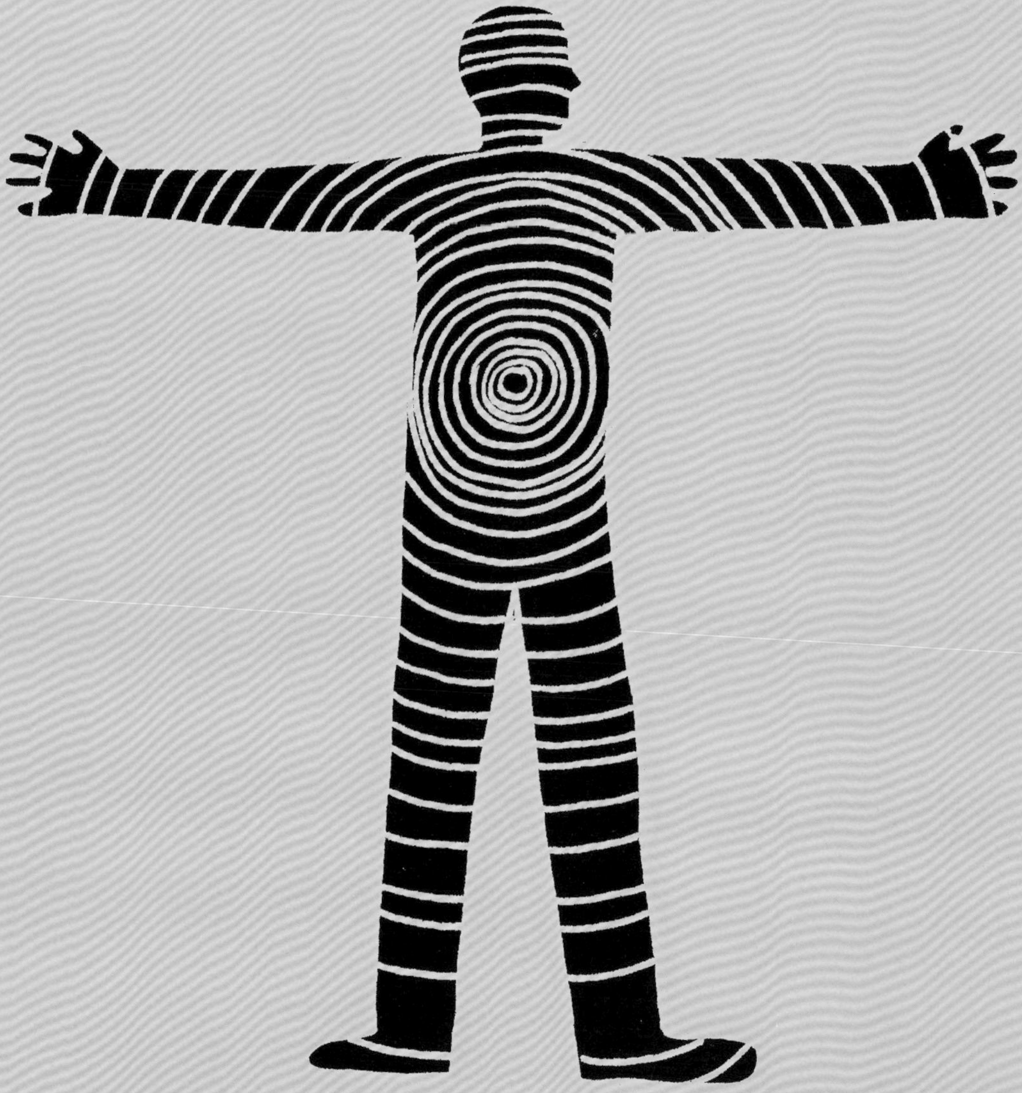

伊斯兰教势必摆脱西方的影响

伊斯兰复兴主义的兴起

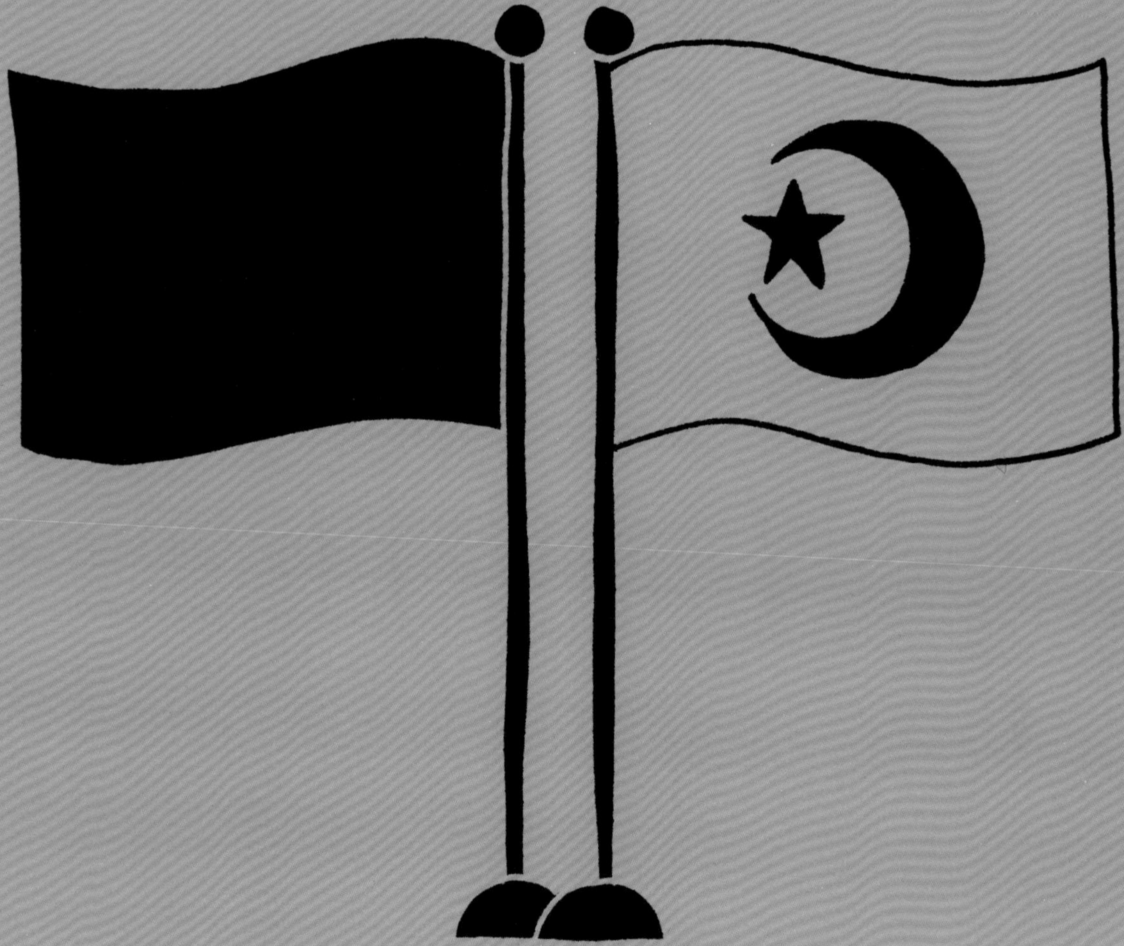

伊斯兰复兴主义的兴起

语境线索

关键人物
赛义德·库特布

时间地点
20世纪，埃及

此前

1839—1897年 身为活动家兼作家的哲马鲁丁·阿富汗尼批判了伊斯兰国家中的殖民地现象。

1849—1905年 埃及学者、法学家和改革家穆罕默德·阿卜杜公开谴责了西方势力的影响。

1882年 英军占领埃及。英国势力的影响日盛。

此后

1903—1979年 复兴主义思想家阿布·阿拉·毛杜迪成为影响范围最广的穆斯林作家之一。

1951年 赛义德·库特布的友人艾曼·扎瓦赫里是基地组织中一个举足轻重的人物。

- 在西方势力和观念的影响下伊斯兰教开始衰弱。
- 伊斯兰教必须强大起来向世界证明自己是最佳的生活体系。
- 我们必须回到穆罕默德和《古兰经》，以重获伊斯兰教的纯净。
- 对伊斯兰国家和团体的管理必须遵循伊斯兰原则。
- 这种管理会带领穆斯林回归《古兰经》传递的信息。
- 伊斯兰教势必摆脱西方的影响。

到18世纪末，世界上的伊斯兰大国势力开始衰弱。奥斯曼帝国和莫卧儿帝国已经失去了政治影响，而西方势力在以穆斯林人口为主的北非和亚洲部分地区正在推行殖民运动，包括法属北非、英属印度和中东以及荷属印度尼西亚等地。一些穆斯林对伴随西方势力而来的改变和现代化持欢迎态度；而对于其他穆斯林而言，他们不得不对西方科学技术、政治学与经济学，甚至是流行时尚对其生活产生的影响做出回应。有些人希望通过反对伴随现代化而来的世俗化来保卫伊斯兰教；有些人则更倾向采用武力反对西方，从而推翻帝国主义政府；还有人在一定程度上接受西方的影响，但坚持在伊斯兰与非伊斯兰之间划清界限。

在这一背景下出现了一批影响深远的伊斯兰教思想家和改革家。尽管他们的处境与强调重心各不相同，但都意识到当时世界各地的伊斯兰团体势力开始走向衰微，并认为受西方影响而偏离伊斯兰教正轨的穆斯林应对此负责。于是，他们开始寻求重振伊斯兰教在社会中的主流地位。

许多穆斯林复兴主义者认为复兴伊斯兰教的最佳方式是，不仅要让伊斯兰对西方产生影响，而且还要强调伊斯兰教的优越性。正因为此，他们主张吉哈德（见278页）在宗教与政治生活中占据核心地位。在这个意义上，吉哈德成为一种反对非伊斯兰势力的革命斗

参见：真主启示自己的语言与意志 254~261，通向和谐生活之途 272~275，在真主的道路上努力奋斗 278。

1956年苏伊士运河危机期间，埃及工人被英国士兵搜身。英国军队无视宗教与区别对待的行为成为伊斯兰复兴主义产生的根源。

争，力争消除被视为罪恶的事物，以追求复兴主义者笃信的合理与正义。复兴主义者还认为不道德的政府应该被基于神圣原则建立起来的伊斯兰体系所取代。在很多穆斯林复兴主义者看来，在《古兰经》和伊斯兰教的基础上建立起来的政府会提供完美的社会体系，而最佳的实现方式是通过武力、抵抗与革命表达出来的吉哈德。

埃及激进主义

20世纪埃及穆斯林赛义德·库特布是最具影响力的激进主义思想家之一。在库特布看来，埃及在英国的殖民统治下日渐衰落与腐朽。随着他对西方及其文化影响的失望，库特布力图带领他的穆斯林同伴摆脱国外势力的控制并重返伊斯兰教。他在《古兰经》及其解释方面著述颇丰，并论及宗教和国家问题，还加入了20世纪20年代成立于埃及的穆斯林兄弟会，该组织的宗旨是以伊斯兰教信仰为手段，"归正穆斯林家庭、个人、团体……以及国家的生活。"

蒙昧时代

库特布对吉哈德的解释和关于伊斯兰教作为一种可提供完美生活方式之宗教的观念相契合。他认为，穆斯林有义务在世上建构起自己的道德标准，所有人都可从中获益。那么，吉哈德就成为对抗缺乏信仰和不公正，也就是库特布所说的贾希利叶（蒙昧）的持久斗争。此术语传统上被用来形容蒙昧时代，即在《古兰经》启示发生之前的时期，但库特布用这一概念来表示他所认为的异于伊斯兰教的所有事物。在他看来，蒙昧并不仅是一个历史时期，而是一种存在状态，一

> 我到了西方，看到了伊斯兰教，但却看不到穆斯林；我返回东方，看到了穆斯林，但却看不到伊斯兰教。
> ——穆罕默德·阿卜杜

伊斯兰教 289

赛义德·库特布

1906年，赛义德·库特布出生于开罗北部的农业小镇夸哈。他进入当地的一个学校学习，10岁的时候就能背诵整部《古兰经》。后来他到开罗接受了英式教育，并成为一名教师。他一开始深受西方文化影响，对英国文学抱有兴趣，并在美国学习了教育管理学。

然而，他在美国经历的那种他所认为的无宗教文化，再加上他对英国"二战"时期政策的看法，让他对西方开始失望。回到埃及后，他加入了穆斯林兄弟会，开始以伊斯兰教为主题撰写著述，倡导以伊斯兰意识形态取代西方的影响。

1954年，库特布和其他一些穆斯林兄弟会成员因密谋暗杀埃及总统贾迈勒·阿卜杜勒·纳赛尔被捕入狱。10年牢狱生涯后他获释出狱，也是在这时他写了最具争议的著作《路标》，他在书中号召在《古兰经》的原则之上重建伊斯兰世界。他反对所有非真正伊斯兰教的政府形式。他因策划推翻埃及政府而被捕，并被判处死刑。1966年8月，赛义德·库特布被执行死刑，埋葬于无名坟墓。

主要作品

1949年《伊斯兰教中的社会正义》
1954年《在古兰经的绿荫下》
1964年《路标》

> 我们……一度相信英国的自由主义和英国人的同情心；但我们现在不信了，事实胜于雄辩。我们看到，你们所说的自由只不过是你们自己的自由……
>
> ——赛义德·库特布

旦社会偏离伊斯兰教正轨，便会重复这一状态。

伊斯兰教的治理

库特布将"蒙昧"的概念运用于政府身上，这些政府在他眼中完全背离了伊斯兰教的道路。他强烈反对任何奴役人的政府体系，在他看来，这是对真主权威的亵渎。其范围包括无神论国家，还有多神论国家（如印度），以及基督教和犹太教国家。库特布还提出，多数伊斯兰国家都处于蒙昧状态，因为它们吸收了异端观念（尤其是西方观念），并力图将之融于政府、法律和文化之中。在库特布看来，扫除蒙昧社会的唯一有效途径，乃是贯彻伊斯兰教的生活方式，用伊斯兰教的优越性和信仰来治理社会。

复兴吉哈德

库特布及其追随者提出的"蒙昧"观念，促使他们主张实施吉哈德，并以狭隘的方式理解吉哈德——认为吉哈德对于每一个时代的穆斯林而言都是必要的，在外国非伊斯兰教势力不断干预的情况下尤其如此。这就是说，他们认为，凡是主张《古兰经》中关于吉哈德的内容不再适用于现代社会的穆斯

> ……伊斯兰教能够解决我们的基本问题……毋庸置疑，它比任何其他我们可以借鉴或效法的体系都更能在我们的国家中发挥作用。
>
> ——赛义德·库特布

林学者，都犯下了大错。库特布提出，当前与《古兰经》启示发生时无异，必须践行吉哈德；这并不是说要将每一位非穆斯林从权力的位置上赶下来，但确实意味着必须消除西方对世界的影响。为确保纯粹的伊斯兰教作为一种管理体系不受非伊斯兰教压力的限制而蓬勃发展，穆斯林应采取必要的行动。库特布的这一进路不仅塑造了未来伊斯兰复兴主义者认识世界的方式，而且对20世纪晚期西方人如何理解伊斯兰教产生了影响。■

穆斯林兄弟会的杰出成员穆罕默德·穆尔西于2012年当选埃及总统，图为支持者为他当选总统而庆祝欢呼。穆斯林兄弟会在埃及的社会和政治生活中一直是一股重要力量。

伊斯兰教能够成为一种现代宗教

信仰的互通

语境线索

关键人物
塔里克·拉玛丹

时间地点
20世纪60年代，瑞士

此前
公元711年 穆斯林开始攻占伊比利亚半岛。

公元827年 穆斯林开始征服西西里岛，并于公元965年建立酋长国。

15世纪 伊斯兰奥斯曼帝国扩张至巴尔干地区。

此后
20世纪60年代 大批穆斯林开始从土耳其和北非移民至欧洲。

1979年 伊朗革命带来西化政府的倒台。

2008年 坎特伯雷大主教罗文·威廉姆斯提出，在英国接受部分沙里亚教法乃大势所趋。

今天的穆斯林面临的一个最重要的问题是如何处理伊斯兰教信仰和现代世俗生活的关系。随着人们从伊斯兰国家迁徙到西方，这一问题变得更加严峻。他们带来的不仅仅是自己的宗教，而且是一种在特定文化环境中践行的宗教。其后果是，许多穆斯林都面临着伊斯兰因素与现代世俗，或曰西方因素之间的冲突。

伊斯兰教学者塔里克·拉玛丹出身于一个从埃及流放（其父是穆斯林兄弟会成员）（见289页）到瑞士的家庭。他提出一种观点，认为身兼穆斯林与美国人或欧洲人的双重身份是可能的。宗教和国家文化是不同的概念，穆斯林不仅有义务尊重所在国的法律，而且"无论他们身在何处，都要秉持四海之内皆兄弟的原则，为促进友善和平等而贡献力量"。拉玛丹鼓励穆斯林接受伊斯兰教学者依据的传统文献《古兰经》和逊奈，并结合自己的文化环境对之进行阐释，在自己的生活环境中对信仰负责。拉玛丹的目标是要帮助穆斯林解决所面临的诸多现代问题，从而令他们能够成为文化与宗教相融合的西方穆斯林。■

塔里克·拉玛丹就穆斯林的关系事宜向欧洲政府提出建议。他是穆斯林移民问题的杰出沟通者与倡导者。

参见：信仰和国家 189，犹太教进步派 190~195，核心的信仰宣告 262~269。

MODERN RELIGIONS FROM 15TH CENTURY

现代宗教

始于15世纪

引言

1499年
当印度教教徒与莫卧儿帝国的穆斯林发生激烈冲突时，那纳克上师在印度旁遮普地区建立了锡克教。

1830年
约瑟夫·史密斯自称得到上帝和天使摩罗乃的指引，译出《摩门经》并在美国建立了耶稣基督后期圣徒教会。

1863年
米尔扎·侯赛因·阿里·努里宣称自己是神的使者，他使用"巴哈欧拉"一名在波斯建立了巴哈伊教。

1885年
西方贸易在太平洋地区的发展导致了美拉尼西亚和新几内亚的船货崇拜。

18—19世纪
在加勒比海地区的非洲奴隶当中产生了克里奥尔宗教。

19世纪
日本出现了一批包括天理教、大本教、黑住教在内的新兴宗教。

19世纪80年代
作为美国圣经研读者运动组成部分的守望台圣经书社为后来的耶和华见证人奠定了基础。

1926年
吴文昭（1878—1932年）自称得到来自至高存在的启示，在越南创立高台教。

世界上的主要宗教大多源自古代文明，其思想植根于先前的民族传统中。例如，亚伯拉罕宗教（伊斯兰教、犹太教和基督教）的起源可追溯到早于中东文明的诺亚和洪水的故事；印度教各教派的产生也都可追溯到印度文明之前的宗教信仰。

在过去千百年间，随着哲学和科学思想发展的多样化，这些宗教面临这一抉择：是顺应历史潮流接受改变，还是将所有新事物都谴为异端。分离的宗教团体开始出现，而在欧洲工业革命、殖民运动领土扩张等事件的推动下，面对各种变化，涌现出各种新兴宗教运动。

新信仰

通常来说，判断一个分离出来的宗教团体是传统宗教的一支还是全新的信仰并非易事。例如，摩门教及耶和华见证人都相信耶稣基督的神性，但二者的其他教义却使它们与主流基督教区别开。同样，天理教及日本其他新兴宗教都带有与佛教和神道教相似的特点；克里希那教派和超觉静坐派明显是从印度教衍生出来的。它们是否为新兴宗教主要取决于"母教"的认可度。

在某些情况下还会出现两种不同信仰宗教的融合，特别是在迁徒者和被压迫者当中会出现这类情况。例如，被带到加勒比海做奴隶的非洲人被迫接受了他们主人的基督教信仰，基督教成为其原本宗教的载体，由此产生了克里奥尔信仰，如萨泰里阿教、康得布雷教、奥里沙-桑戈教和伏都教等，这些信仰属于不同的部落。20世纪，一种牙买加宗教拉斯塔法里教在黑人觉醒运动中产生。这一教派围绕埃塞俄比亚国王海尔·塞拉西构建了神话体系，拉斯塔法里教信徒认为埃塞俄比亚就是古时的犹大王国。在西方思想文化的影响下，太平洋地区也出现了许多称为"船货崇拜"的传统民间宗教的新形式。

其他一些新兴宗教的形成则

현代宗教 295

1930年 — 在拉斯·塔法里成为埃塞俄比亚国王海尔·塞拉西一世之后，牙买加地区出现了拉斯塔法里教。

1952年 — 基于罗恩·贺伯特排除有害印象精神治疗法的科学教在美国问世。

1961年 — "无信条，无教义"的一位论普救协会在美国成立。

20世纪50年代 — 巫术法案废除后，英国出现了一种新异教信仰威卡教。

1957年 — 玛赫西吸收传统印度教的冥想方法，创立超觉静坐派。

1965年 — A.C.巴克提韦丹塔·斯瓦米·帕布帕德借鉴印度的诵经传统，建立了克里希那国际知觉协会，克里希那教派问世。

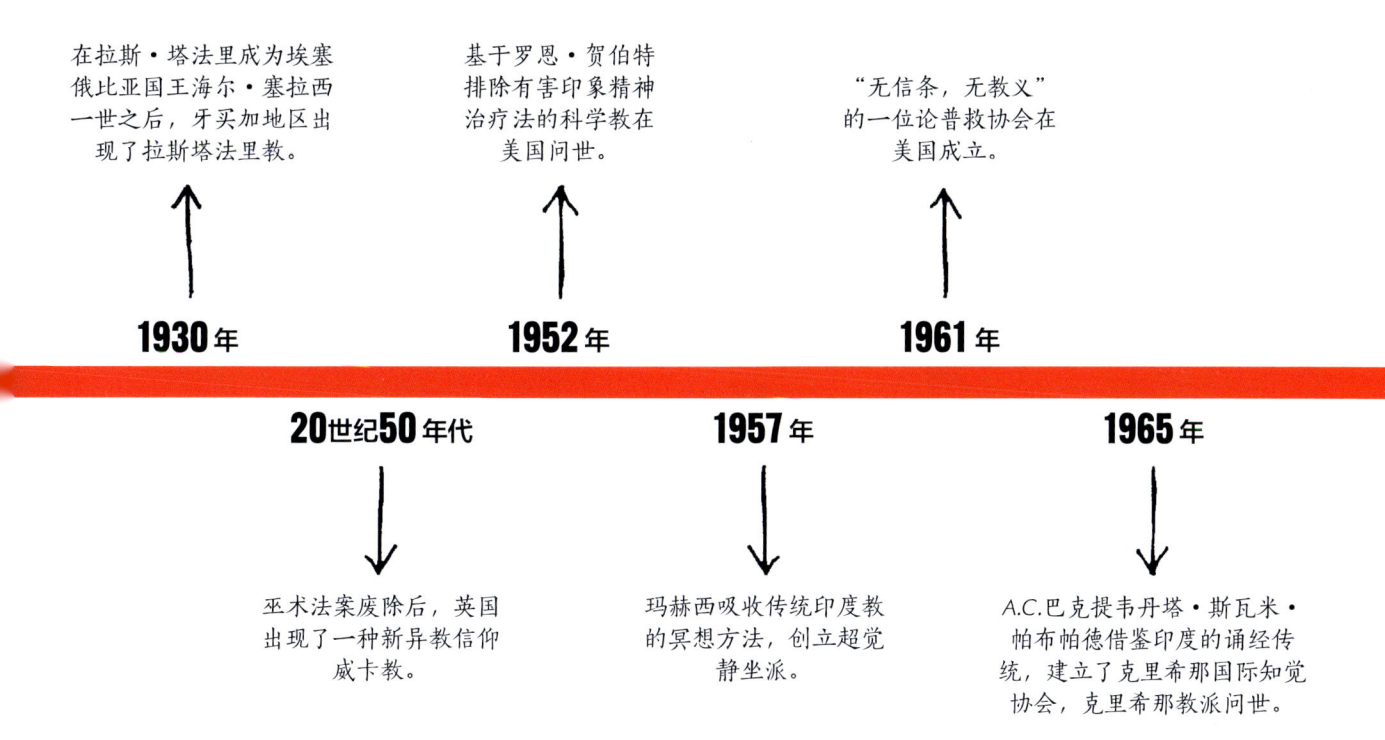

与特定地区相关。例如锡克教出现在印巴交界的旁遮普地区，它的产生是对这一地区印度教教徒和穆斯林之间冲突的回应，其思想立足于和平和民主的社会基础。耶稣基督后期圣徒教会的《摩门经》在《圣经》中添加了独特的美国因素，书中建立了一种圣徒和天使来源于美国本土居民的神话理论。其他现代宗教的建立多以整合所有宗教信仰、认可其他信仰的合理性或吸收其他信仰为目的，如巴哈伊教、高台教以及一位论普救派，这些宗教都出现在历史上各大主要信仰教派共存的地区。

寻求灵性

犹太教哈西德派以及伊斯兰教苏菲派都产生于对神秘启示的寻求，近年来部分基督教派也向灵恩方向发展。在西方社会，一些教派从传统宗教中分离出来，或转向异教信仰，如威卡教，或借鉴汲取东方因素，如克里希那国际知觉协会和超觉静坐派。而另一些教派则发展为以相关科学为基础的宗教信仰，最具代表性的是科学教和日本当代一些宗教。这些新兴宗教大多由克里斯玛式领袖或先知创立，他们声称得到了神启。这些宗教因领袖崇拜又被称为膜拜团体，从而遭人排斥。其中一些教派逐渐式微，另一些则受人追捧并发展成为新兴宗教。在抨击这些新兴宗教之前我们应该想到基督教最初被罗马人和犹太人判为"异教"，而穆罕默德也因其"异端"信仰与为数不多的信徒一起被赶出了麦加。■

我们必须像圣战士一样生活

锡克教徒的行为准则

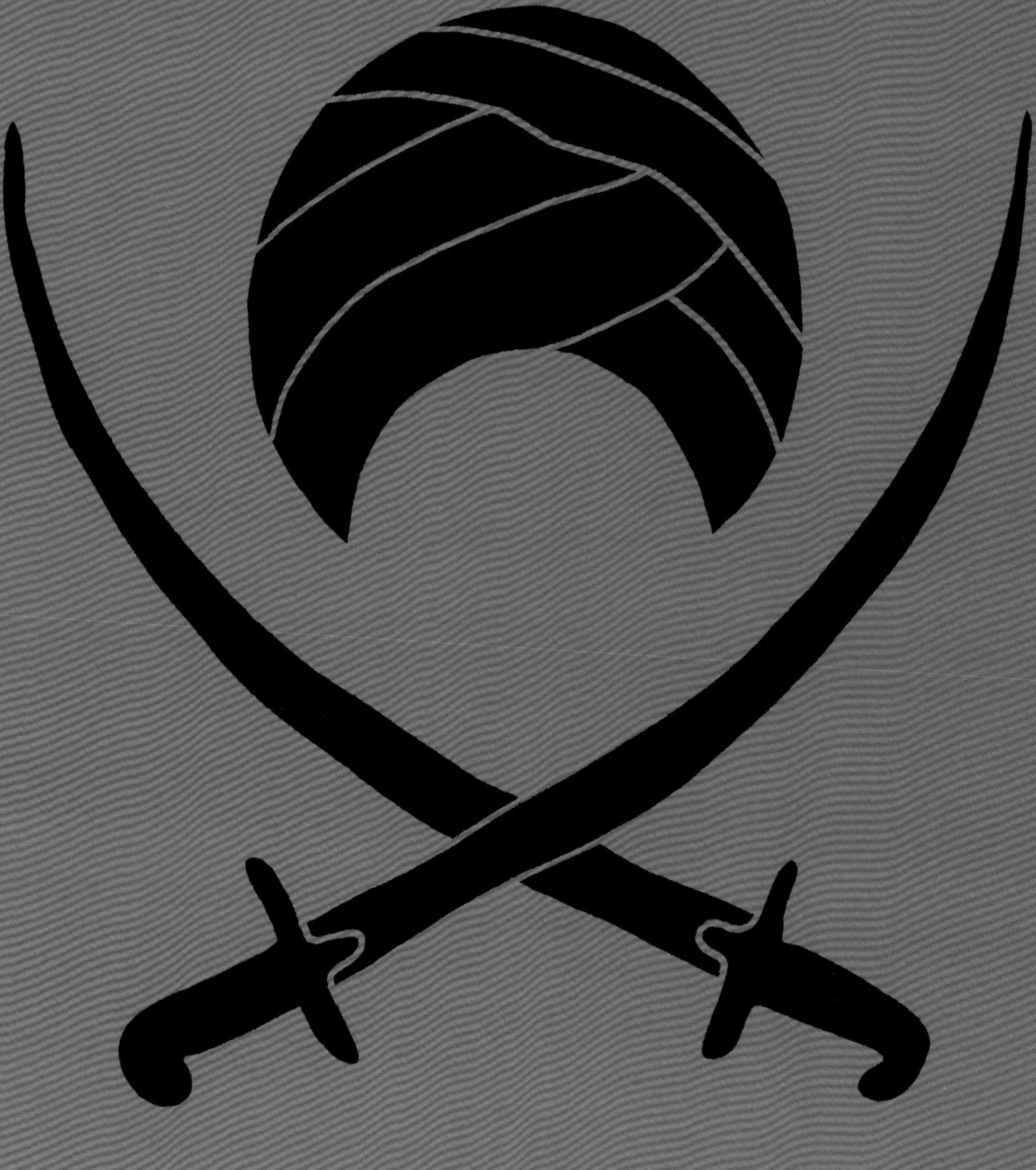

锡克教徒的行为准则

语境线索

主要人物
那纳克上师

时间地点
15—16世纪，印度

此前
公元前6世纪 耆那教和佛教批判了印度教的正义战争观，提倡绝对的非暴力理论。

公元7世纪 《古兰经》中有为维护信仰而战和有信仰者为义人的经文。

此后
1699年 锡克教卡尔萨教团确立了正义战争的条件和原则。

18世纪 锡克教军队参与了莫卧儿帝国和阿富汗帝国的战争。

1799年 印度旁遮普地区成为锡克教的领域。

1947年 印巴分治使旁遮普地区陷入分裂状态，宗教冲突加剧。

锡克教的创始人那纳克上师是一个虔诚的信徒。15世纪，他生活在拉合尔（今属于巴基斯坦）附近的一个村庄，在他成长过程中逐渐对周边的印度教感到失望。该地区自10世纪起受到伊斯兰教的影响，这种影响因莫卧儿帝国在印度的扩张日益加剧。

那纳克上师认为印度教过度强调仪式、朝拜及对先知和圣人的尊崇，这阻碍了人建立与神的关系，而后者才是宗教的核心。他使用不同的名称指称神，认为神是无处不在和超越的，类似于印度教中的"梵"。那纳克在而立之年宣称受到神启，开始投身于宣讲救赎之路。他提出信徒的生活方式是他们达到与神合一、获得救赎的必经之路。那纳克接受了信徒给他的"古鲁"或"上师"头衔。他最早的信徒为10位上师，他们的教义被录入锡克教圣书——《阿底格兰特》（又作《元经》）中。这部圣书被列为第11位，亦即最后一位上师，又名《古鲁·格兰特·辛格》（见303页）。那纳克的追随者被称为锡克教徒（该名称取自梵文，意为学习者或门徒），他们依照神及上师们的教义而生活。

在美好生活中寻找神

锡克教徒和印度教教徒一样相信生死轮回，但他们的人生观却不尽相同。锡克教徒认为人生的目的不是在天堂中获得一个位置，因为他们相信天堂或地狱并非终点；相反，人的出生是神赐予人获得救赎的机会，其中要经历从犯罪到自由，从死到生的五个阶段，具体是：犯罪、侍奉神、与神在灵里结合、得到永生的祝福、自由和重生。

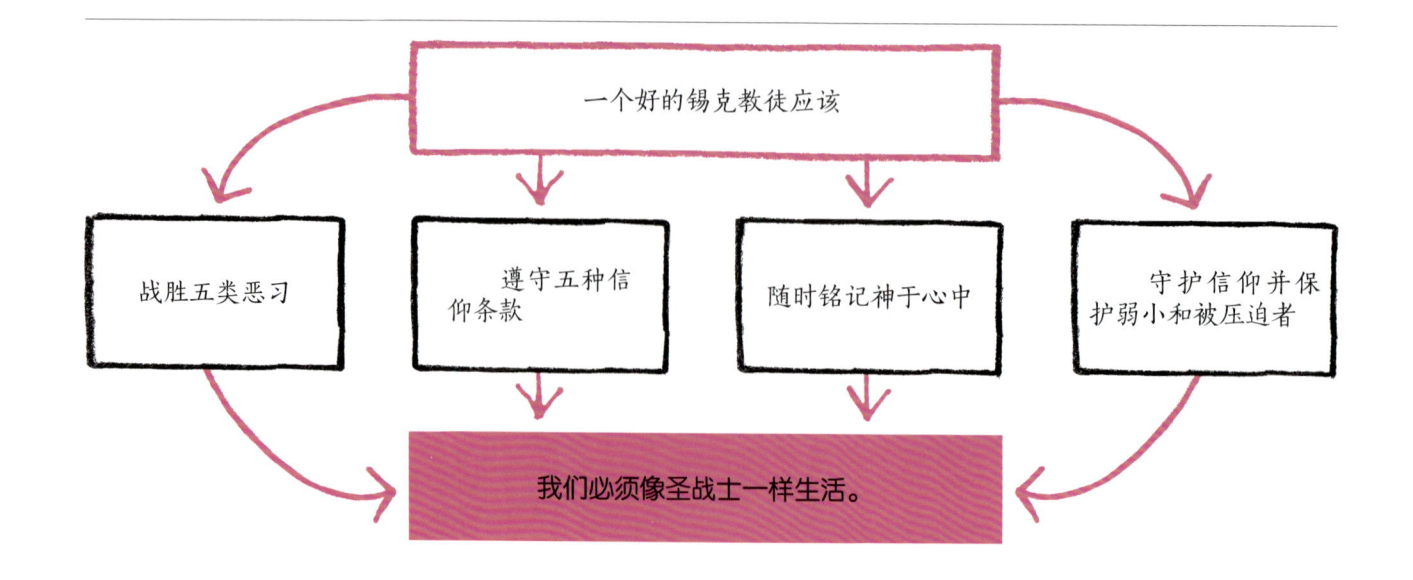

一个好的锡克教徒应该

- 战胜五类恶习
- 遵守五种信仰条款
- 随时铭记神于心中
- 守护信仰并保护弱小和被压迫者

我们必须像圣战士一样生活。

参见：和谐生活 38，善恶之战 60~65，无私的行为 110~111，身心修行 112~113，在真主的道路上努力奋斗 278，阶层制度和信仰 302~303。

> 卡尔萨属于神，胜利属于他。
> ——锡克教徒的传统问候语

卡尔萨教团的建立是为了应对莫卧儿帝国对锡克教徒的迫害，当时辛哈上师号召锡克教徒为捍卫信仰而不惜牺牲生命。

为了抓住这一机会，锡克教徒严格遵循由第10位上师戈宾德·辛哈在1699年建立卡尔萨教团时制定的严格行为准则。卡尔萨是由所有接受信仰洗礼的锡克教徒组成的教团。

美德和勇气

卡尔萨（意为"纯洁"或"自由"）教团的核心观念是社会正义。它倡导成员不仅要与他人分享，还应该保护弱势人群。这是那纳克哲学思想的核心。后来当穆斯林和印度教统治者视锡克教为异端对其施加迫害时，10位上师又强化了这一思想。辛哈创立卡尔萨教团的目的是构建一套供锡克教徒遵循的准则，这套准则体现了宗教虔信及力量两种美德。同时他构想出圣战士的形象，也就是过着虔诚的圣徒生活，但在必要时要成为捍卫信仰、维护正义的战士。

卡尔萨教团保护弱者，推崇贞洁、节制的有德生活，摒弃五种恶习：欲望、愤怒、贪婪、情感执着、自我中心，并时刻铭记神。辛哈创立的卡尔萨教团实际上将锡克教徒的生活方式规范化。这种生活严禁举行仪式、朝圣及迷信的行为，还须具备敬神之必要美德，如正直诚实、生活简朴、一夫一妻、禁酒禁毒。

卡尔萨教团并不主张弃世拜神，恰恰相反，锡克教鼓励信徒积极参与家庭和社区生活，培养社会责任感，这被视为锡克教最高的品德之一。

辛哈强调锡克教徒要过一种圣徒生活，只在必要时才做出类似战士的行为。他们应成为战士般的圣徒，而不是圣徒般的战士，而且所有的锡克教徒都须遵循"无惧无畏"的信条。辛哈把这一践行所需的勇气喻为狮子的勇气，建议按照卡尔萨教团受洗的锡克教徒以"狮子"为姓氏。

五条信仰

锡克教徒在卡尔萨教团中接受洗礼后需要遵循五条信仰原则，这些原则称为"五K"，是圣战士身份的外部特征。"五K"分别指须发、发梳、手镯、短衣裤和短剑。每一项都有深刻的象征意义，也是锡克教徒身份的明显标志。

锡克教徒把头发看作神的恩赐，蓄发留须在某种意义上是一种克服虚荣的行为。而这同时也是一种象征，表达不受外界干扰、按照神的意愿生活的理想，是卡尔萨教团成员的重要外貌特征。

锡克教徒须保持头发的清洁和整齐，每天两次用特制发梳梳理、固定头发，并用头巾包头。这一定期整饬头发的行为是为了不断提醒锡克教徒应过一种有德行、敬拜神的生活，这也是发梳被列为"五K"的原因。

最易识别锡克教男性教徒身份的特征其实是未列入"五K"的头巾。头巾是锡克教徒服饰的一个重要部分，这一装束赋予穿戴者以强烈的身份感和社会凝聚力。戴头巾是辛哈的提议，他指出所有上师都戴着头巾，而锡克教徒戴头巾有助于他们效仿上师。不过，佩戴头巾的主要目的实际上是包裹并保护好男性锡克教徒的长发。

抵制欲望的证明

远离恶习与培育美德同等重要。被称作kara的金属手镯标志着锡克教徒受洗时宣誓远离五种恶习的决心。手腕上的手镯时刻提醒佩戴者认真审视自己的行为是否导致罪恶或错误。耆那教徒也有类似标志，耆那教的代表性图案是一个抬起的手掌（见70页），表示三思而行。同样道理，锡克教徒男女穿着被称为kachera的棉质内衣裤，宽松舒适，从表面上看是提醒信徒克制性欲，更广义而言，这还警示锡克教徒应努力抵制各种欲望，过一种虔信的生活。

捍卫信仰

锡克教用剑在象征勇气和尊严的仪式中彰显出其军事化特征。短剑激励着佩带者捍卫锡克教信仰及道德价值，保护其免受暴政践踏的决心。

锡克教在其发源地旁遮普地区曾数次与民族主义政治运动联系在一起。该地区常发生宗教冲突，锡克教徒难免卷入其中。1799年，当地甚至出现过一个短暂的锡克帝国，后于1849年被英国人解散。随着20世纪20年代锡克教改革派阿卡利派和1966年阿卡利党的出现，部分民众呼吁在旁遮普地区建立锡克教自治州。在当地，锡克教徒和印度教教徒、巴基斯坦穆斯林和印度的印度教教徒之间的激烈冲突一直延续到现代。但在旁遮普之外的其

> "神不赞许阶层划分，众生皆平等。"
> ——《元经》

锡克教的头巾象征信仰和尊严。男性锡克教徒将头发包裹整齐，很容易与披头散发的印度教禁欲主义者相区别。

他地区，离散的锡克教徒已基本融入当地社会之中。

当代锡克教徒尊奉1950年出版的《锡克教徒的行为准则》，后者在仪式和崇拜方面为锡克教徒的个人及公共生活提供了指导。而正如那纳克上师最初所言，敬神与社会责任感重于仪式和崇拜。谒师所最能体现这一观念，这里既是锡克教徒的礼拜场所，又是锡克教社区的中心。除了使用那纳克上师创作的主颂默想神明的晨祷外，锡克教的礼拜大都无须上师规定。信徒可在不限于谒师所的任何场所做礼拜。由于锡克教中没有神职人员，再加上锡克教的平等精神，任何人都可以诵读《元经》的章节与赞美诗。■

那纳克上师

锡克教的创始人那纳克上师1469年出生在印度旁遮普地区（现在是巴基斯坦南卡纳沙希布）塔尔万迪的一个印度教家庭。随着莫卧儿帝国向南扩张进入印度次大陆，当地印度教教徒和穆斯林的关系逐渐紧张。那时，年轻的那纳克是一位账房先生，但他却痴迷于灵性话题。据锡克教传统，有一天神给那纳克启示，赐予他甘露并授予他传扬神明的使命。那纳克接受启示后就与同伴穆斯林游吟诗人巴伊·马达那一起，开始了长达25年的传道生涯。通过5次长途旅行，他造访了印度及阿拉伯半岛的主要城市和宗教中心，在这些城市建立了崇拜中心。追随者尊他为上师。在最后一次去往巴格达和麦加旅行之后，那纳克回到旁遮普地区，直到1539年去世。

在图中，锡克教的"五K"以象征锡克教的交叉刀剑为中心。短剑是"五K"（信条）之一。其他的四K是蓄发留须、发梳、手镯和短衣裤。

须发　短剑　发梳　短衣裤　手镯

众人皆可经由我们的通道来到神前

阶层制度和信仰

语境线索

主要人物
那纳克上师

时间地点
始于15世纪，印度

此前
自公元前1700年 吠陀经典将社会划分为4个瓦尔纳，即4个社会阶层：婆罗门（祭司阶级）是阶级结构的顶层。时至今日，严格的等级制度仍普遍存在于印度社会。

此后
1870年 印度圣人室利·罗摩克里希那倡导宗教宽容，提出所有宗教都可通过提升意识层次接近神。

1936年 印度哲学家和政治领袖圣雄甘地宣扬各宗教皆平等，并公开反对印度的种姓制度。

锡克教是诸宗教中最注重平等的宗教之一，没有种族、阶级及性别的区分或歧视。锡克教的谒师所面向持不同信仰的所有人开放。谒师所没有神职人员，决策由社区民众共同制定，男女都可阅读锡克教圣书。这种包容性可追溯到锡克教的起源——那纳克上师（见301页）受到神启并宣告："并无印度教教徒和穆斯林之分，那么我该循哪条路？我应循神之路。"

那纳克上师对印度当时存在的各宗教及其中的阶层分化现象颇感失望，他认为，从神圣的角度来看，"印度教教徒""穆斯林"这类宗教标签根本无关紧要。那纳克上师为各宗教信徒提供了另一种选择——一种基于敬神而非严守宗教礼仪和敬奉神职人员的包容性信仰。

平等的思想传统

那纳克上师的教义在后来几代上师那里得到强化。第10代上师戈宾德·辛哈创立卡尔萨教团，将大多数锡克教徒招募其中（见299页），教团的宗旨是向所有人开放。辛哈在当时批判了种姓制度和性别歧视，颇受时人争议。他还取消了锡克教中的神职制度，在辛哈上师看来，神职制度已经变得庸腐自私，成为试图摆脱信仰的罪恶温床。他给每个谒师所指派了一名《元经》保管员，同时允许所有的锡克教徒，无论男女，都可在谒师所或家中阅读圣书。锡克教徒没有任何特别的仪式及朝圣活动，而是通过日常生活表达对神的崇

无论是否锡克教徒都可参加锡克教礼拜场所的公共用餐。不分种族、阶层、性别，大家都席地而坐共同用餐，以示众人平等。

现代宗教 303

参见： 关于神的意识 122~123，性别和神人之约 199，锡克教徒的行为准则 296~301，旨在统一所有信仰的高台教 316。

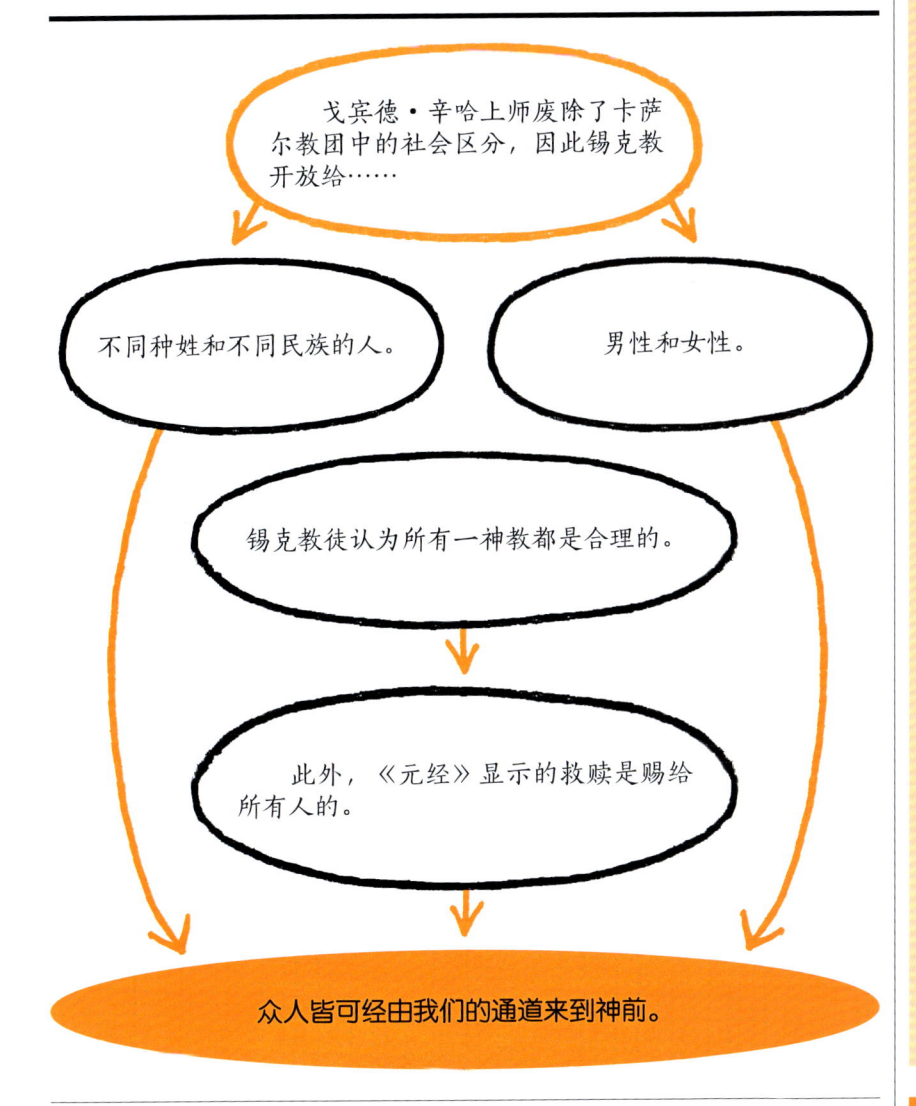

戈宾德·辛哈上师废除了卡萨尔教团中的社会区分，因此锡克教开放给……

- 不同种姓和不同民族的人。
- 男性和女性。

锡克教徒认为所有一神教都是合理的。

此外，《元经》显示的救赎是赐给所有人的。

众人皆可经由我们的通道来到神前。

拜，甚至去谒师所做礼拜也并非必须之举。这种礼拜场所承担"社区中心"的职能，反映出社区精神在锡克教中的重要性。在锡克教徒看来，所有一神教徒都遵循与锡克教相同的路，因此他们的信仰应受尊敬。此外，他们还认为人的宗教信仰最主要受其成长所处文化环境的影响，如印度教教徒、穆斯林、基督徒和锡克教徒都有相同的灵性启示，而他们之所以能区别开来是由所在社会决定的。因此，锡克教徒并不主张劝说其他教派信徒改宗。■

《元经》

锡克教最核心的宗教经典是一本由生活在1469—1708年的宗教领袖——10位上师撰写的赞美诗和经文组成的汇编。这本书共1430页，讲述了上师的教义。该书的第一版被称为《阿底格兰特》，出自第5代上师阿尔琼之手，其中收集了前代上师们的讲论和作品，随后的上师在此基础上做了补充。第10代上师戈宾德·辛哈最终完成了文本的编纂，并任命该书而非另一位个人领袖作为其继承者。他把圣书称为"上师们的化身"，并称其为《元经》。与前代不同，所有人都可以向"第11位上师"请教，在每个谒师所或锡克教礼拜场所都供有一份抄本。该书最早是以一种叫"果鲁穆奇"的特殊手迹写成，这种语言混杂了许多方言，统称为桑特巴沙语，后被译为多种现代语言。

> **万有生灵皆属于他；他亦属于万有。**
> ——《元经》

与故土间的信息往来

萨泰里阿教的非洲根源

语境线索

主要信徒
来自西非的约鲁巴人

时间地点
始于16世纪，古巴

此前

自史前时期 非洲部落神话与土地及祖先密切相关。

公元前9世纪—公元前6世纪 犹大王国各民族在流放至亚述、巴比伦、埃及时仍然坚守信仰。

15—19世纪 欧洲殖民征服往往伴随着基督教的强力扩张。

此后

19世纪 奴隶贸易被禁，加勒比海地区和巴西的克里奥尔宗教得以公开活动。

20世纪70年代 萨泰里阿教传播到美国。

萨泰里阿教是一种将传统西非信仰与公教会信仰相结合的宗教。这种混合型宗教在16—18世纪发源于古巴。那时有大量来自西非的人口沦为奴隶，在西班牙殖民统治者建立的加勒比种植园中劳作。这些古巴甘蔗种植园的奴隶大部分是来自今天尼日利亚和贝宁的约鲁巴人。他们来自拥有丰富宗教传统的奥约帝国，但其信仰为西班牙殖民者所禁。然而，约鲁巴奴隶很快就学会披上公教会信仰的外衣，以掩盖对非洲神明的崇拜。西班牙奴隶主对此毫无察觉，他们以为奴隶们进行的宗教活动只是基督教崇拜的一种简单形式，还讥讽

从西非到加勒比海地区的奴隶

↓

带来了自己的宗教，并将之融入奴隶主的基督教中，最初目的是掩盖自己的信仰。

↓

但他们通过出神和附体的方式保持与神明、灵魂和祖先的交流。

↓

如此，信徒便能保持与故土间的信息往来。

参见： 萨满的力量 26~31，亡者的灵魂一直存活 36~37，按神的方式生活 82~85，拉斯·塔法里是我们的救主 312~315。

萨泰里阿教的祭坛常常混用公教会信仰和西非信仰的图像，有些公教会圣徒对应独特的非洲神明奥里沙。

其为萨泰里阿教，意为"圣徒之道"（现在有人认为这是一个贬义词）。

欧沙教

约鲁巴人的宗教也称欧沙教，与公教会信仰原本就有相似性。约鲁巴人相信世界只有一神——奥罗伦，他是所有灵性力量的源泉，这与公教会一神信仰相似。他们还相信众多低级神明奥里沙，每位神明各司其职，恰如公教会中的圣徒崇拜。所以从表面上看，约鲁巴奴隶是在向公教会圣徒祈祷，实际上他们是在与类似圣徒的神明奥里沙交流。这种混合型宗教令约鲁巴人能与其文化及故土保持联系，并且他们相信通过神明可实现与祖先的交流。

该宗教的混合性体现在吸收了大量西班牙词语，同时使用公教会圣徒图像和非洲传统的神明奥里沙的图像，以及在某些场合中使用公教会仪式。约鲁巴宗教仪式由祭司主持。其间，击鼓和吟诵取代了赞美诗，目的是达到某种出神状态。一旦达到出神状态，信徒就会被从故土传递信息的神明附身；鼓可以把信息传递给奥里沙。

尽管萨泰里阿教中包含许多超自然及巫术的因素，一些仪式中还包括牺牲献祭（通常是鸡），但信徒坚称其宗教中并没有"黑巫术"。他们认为自己的信仰有别于加勒比海地区其他混合型宗教，如海地人的伏都教。

尽管萨泰里阿教的崇拜已无须隐秘进行，不过它与公教会的联系保持至今。萨泰里阿教信徒通常会接受公教会的洗礼，但对圣徒和非洲神明却采用不同的信仰仪式。■

现代宗教 305

混合型宗教

萨泰里阿教只是非洲和欧洲宗教信仰融合的克里奥尔宗教的一种，其根源在奴隶制。约鲁巴是西非地区遭到奴隶贸易者侵略的主导文化，它在许多克里奥尔宗教中都有体现，如巴西的康得布雷教、古巴的萨泰里阿教、特立尼达拉岛和多巴哥岛的奥里沙—桑戈教。其他非洲人，包括从尼日利亚来的伊博人，也将其文化融入混合型宗教之中，如巫班达教和奥比巫术。其中最有名的非、欧混合型信仰出现在海地，在当地，法国而非西班牙公教会信仰与非洲的伏都信仰融合，产生了伏都教。这种宗教随后传播到美国南部地区。奴隶制废除后，尤其是在20世纪泛非洲和黑人运动后，非洲流散宗教在政治上地位提高，在牙买加地区催生了另一种混合型宗教：拉斯塔法里教（见312~315页）。

> 我要向莱格巴神屈膝跪拜。你是奥洛杜梅尔和奥里沙以及祖先之间的信使。
> ——向奥里沙的祷告

请自问"耶稣会怎么做?"

效法基督

语境线索

主要人物
约瑟夫·史密斯,杨百翰

时间地点
1830年,美国

此前
1790年至19世纪中期 美国兴起了一场新教复兴运动,即第二次大觉醒运动,出现了一些基督复临派教会,这些教会以基督即将复临的思想为基础。

此后
19世纪晚期 美国圣经研读者运动倡议回归基督教会的原初教义。这一运动随后发展成为耶和华见证人会。

1926年 高台教问世,该教宣称上帝启示进入新阶段,耶稣为其圣徒之一。

在基督升天及使徒殉教后, → 原始教会经过"大叛教"偏离了福音。

↓

通过一系列天启,约瑟夫·史密斯及其继承者"后期圣徒"重获神职权柄。

←

他们以耶稣本人而非任何现存教会信条作为效法的榜样。

↓

请自问:"耶稣会怎么做?"

18世纪,欧洲启蒙运动传到北美殖民地。19世纪初,美国掀起了一场基督教复兴运动作为对启蒙运动理性主义的回应。许多基督教团体在这一时期分离出来,它们拒绝接受英国圣公会的信仰传统,试图在信仰中融入所谓"属灵恩赐"的神秘主义因素,如预言和异象。此外,这一时期还出现了"恢复"基督教《新约》原则的运动。

正是在这一背景下,约瑟夫·史密斯声称接收到最早的一

现代宗教

参见：耶稣带给世界的信息 204~207，耶稣的神圣身份 208，神圣三位一体 212~219，真主启示自己的语言与意志 254~261。

> 摩门教是耶稣基督的纯正教义，对此我不以为耻。
>
> ——约瑟夫·史密斯

系列异象，上帝和耶稣基督告诉他，他被选为复兴真正教会的人。史密斯说一位天使指引他找到并翻译了一部经文，即《摩门经》，该经书描述了上帝如何带领他的信徒进入新世界，同时他还解释了基督教会如何区别于其他复兴团体。史密斯还领受到在原始基督教会腐败式微之后，伴随基督升天和使徒殉教而来的是"大叛教"。

当代先知

史密斯及其继承者被信徒们称为当代的"先知、预言家和启示者"，他们通过耶稣基督的启示来接受上帝的指引。教会成员认为，与其接受现存教会的教义，不如直接依照基督的教义生活，成为"后期圣徒"。于是，史密斯采用"后期圣徒"一词来命名其教会，即耶稣基督后期圣徒教会，不过该教派通常称为摩门教。除了以启示为指引之外，后期圣徒们认为他们还应效法耶稣。对他们来说，最重要的问题是"耶稣会怎么做？"

约瑟夫·史密斯去世后，该教派分裂为多个派别，其中大多数信徒跟随杨百翰（1801—1877年）在犹他州建立了摩门社团。他们遵循严格的道德条例，即智慧语——

一个摩门教家庭的"家庭聚会夜"。人们在客厅一起祷告。这种家庭聚会是摩门教的传统，目的是加强和巩固家庭关系。

禁止吸烟、饮酒、喝咖啡、喝茶及婚外性行为。婚姻、洗礼和坚振礼一样，都是获得救赎的必要条件。早期摩门教实行一夫多妻制，该制度在1890年被主流派别废止。■

约瑟夫·史密斯

1805年，约瑟夫·史密斯出生于佛蒙特乡村的一个雇农家庭，1820年他随全家搬到纽约西部，这正是新教复兴运动即"第二次大觉醒运动"的中心。面对众多教派，史密斯不知道该加入哪个，于是他向上帝祈祷希望得到指引。一天他梦见天父上帝和耶稣向其显现，告诉他所有的教会"都偏离了福音"。之后他声称天使摩罗乃造访了他，并且告诉他美洲祖先撰写在金板上的经文。在神圣指引下，史密斯找到并翻译了经文即《摩门经》，并在1830年出版了此书，同年他建立了自己的教会。

史密斯的异端思想使其遭到迫害，他被迫四处搬迁。其间，他在俄亥俄州和密苏里州建立了后期圣徒教会，最终在伊利诺伊州的纳府安定下来。1844年，史密斯因在伊利诺伊的迦太基煽动暴乱而被捕，但在审判之前就被一群愤怒的暴徒所杀害。

通过他的使者认识他
巴哈伊的启示

语境线索

主要人物
巴哈欧拉，即米尔扎·侯赛因·阿里·努里

时间地点
始于1863年，波斯

此前

公元7世纪 穆罕默德作为真主的封印先知带来了伊斯兰教的信息。在他死后，领导权的争端导致伊斯兰教内部出现分歧，产生了什叶派和逊尼派。

1501年 伊斯玛仪一世建立萨非王朝，统治了整个波斯，其国教为什叶派伊斯兰教。

1844年 赛义德·阿里·穆罕默德·设拉子自称马赫迪，即伊斯兰教什叶派中的救世主。他采用了巴孛（意思为"门"）的称号，建立了一种接替伊斯兰教的新宗教。

历史上，不同时期、不同地点曾出现过许多不同宗教。

↓

这些宗教都由"神的使者"建立，如摩西、佛陀、耶稣和穆罕默德。

↓

每一位神的使者都在恰当的时间和地点传播神的启示 → 并预言即将到来的使者。

↓

……但在持续不断的启示中，在他之后还会出现其他神的使者。 ← 巴哈欧拉是众多使者中时间最近的一位，他向现代社会传播宗教真理。

↓

我们要通过他的使者认识他。

现代宗教 309

参见：关于新时代的应许 178~181，先知与伊斯兰教的缘起 252~253，伊斯兰教什叶派的出现 270~271，旨在统一所有信仰的高台教 316，面向所有宗教开放的信仰 321。

在伊斯兰教什叶派中，大多数信徒都相信，将来会恢复真主信仰的穆罕默德传人马赫迪是直到公元941年才离世的第12位伊玛目穆罕默德·马赫迪。他回归时将为世界带来和平和公义，这是什叶派中十二伊玛目派（见271页）的核心思想。这一信仰盛行于19世纪的波斯，数百年来，伊斯兰教什叶派一直是当地的国教。1844年，赛义德·阿里·穆罕默德·设拉子（1819–1850年）在波斯宣称自己为巴孛，创立了一个预备好迎接"显圣者"的信仰。

巴孛派信徒因其信仰遭到伊斯兰教当权者的迫害。其中包括米尔扎·侯赛因·阿里·努里，他开始相信自己就是巴孛预言之人。1863年，米尔扎·侯赛因·阿里·努里采用了"巴哈欧拉"（意为"神的荣耀"）的名号，声称自己是继摩西、佛陀、耶稣、穆罕默德诸使者之后的神的最近一位使者。他解释说，历史上这些使者建立了不同的宗教，每个宗教相继在恰当的历史时期和地点传播了宗教真理。神的信息在一步步启示中逐渐呈现，每位使者也都预言了下一位使者的到来。

启示信息的本质

巴哈欧拉在自己的著述中说上帝派遣这些先知到世上的原因有二：第一，把世人从无知的黑暗中解放出来，带领他们找到真理之光；第二，确保世界的和平和安宁，为人类提供各种各样的方式以让人类得以安置。

作为之前先知预言的使者，巴哈欧拉的使命是带来一个与现代社会相适应的启示，即世界和平、大同和正义。这一启示的核心是宗教合一的观念，即承认世界上的主要宗教，并尊重他们的先知为神的使者。通过这一教义，巴哈欧拉希望避免历史上的宗教冲突，促进人类的团结，反对不平等、偏见和压迫。∎

> 所有民族和国家都是一个大家庭，是同一位父亲的孩子，相互间应情同兄弟姐妹。
>
> ——巴哈欧拉

巴哈欧拉

巴哈伊教的创立者是1817年出生在波斯德黑兰的米尔扎·侯赛因·阿里·努里，不过，人们更熟悉他的另一个名字：巴哈欧拉。巴哈欧拉从小以穆斯林的身份长大，之后成为巴孛的第一批信徒。19世纪50年代，他开始相信自己就是巴孛预言的先知。因其异端思想，巴哈欧拉被判入狱，随后被驱逐到巴格达，之后又到了君士坦丁堡（今伊斯坦布尔）。1863年，他在那里宣称自己是巴哈欧拉——神的最新使者。大部分巴孛信徒相信这一声明，成为他的追随者，被称为巴哈伊教徒。1868年，巴哈欧拉因与奥斯曼帝国的当权者发生冲突，被发配到巴勒斯坦阿卡的一个罪犯流放地，直到1892年去世，巴哈欧拉一直都是阿卡的囚徒。

如左图所示，巴哈伊信徒认为，用具有艺术风格的阿拉伯书法书写巴哈欧拉的名字、而非直接描绘他的画像，更能表达对他的尊敬。

清扫罪恶尘埃

天理教和康乐生活

语境线索

主要人物
中山美伎

时间地点
始于1838年，日本

此前
公元6世纪 佛教传到日本，带来了汲取自印度教的轮回转世观。

公元8世纪 为了应对佛教影响日益扩大的局面，传统日本神明信仰被编成《古事记》和《日本书纪》，成为神道教的最早文献。

此后
19世纪晚期 天理教信徒为躲避迫害而依附于佛教的一个支派，但天理教却被强制融入国教神道教中。

1945年 第二次世界大战之后，神道教不再是国教，而天理教也独立出来。

天理教是19世纪出现的所谓"日本新兴宗教"的一支，它同时被视为神道教的分支。天理教由一位名叫中山美伎的农妇创立，她自称在1838年的一次佛教驱魔仪式中接受了天理王命，即父母神的启示。中山美伎在天理教经文《御笔先》中记录了这些启示，她被信徒称为教祖或神龛。

天理教信徒相信独一仁慈的神，他希望所有人都能在现世获得幸福。天理教信仰实践的一个主要部分是遵循"康乐生活"，避开消极趋向。其他宗教所描绘的罪恶在天理教看来是需要通过善行来扫除的"心灵尘埃"。信徒认为要想成功过上康乐生活，就必须扫除八种心灵尘埃，它们是吝啬、悭吝、仇恨、自私、怨恨、愤怒、贪婪、自大。基于"有恩必报"的理念，信徒也会通过善行向父母神表示感恩，因为父母神允许他们在转世轮回中"借用"了身体。■

> 在世界各地，神都是扫除人类心灵深处尘埃的笤帚。
> ——《御笔先》

参见：按神的方式生活 82~85，摆脱无尽的轮回 136~143，以慈悲治国 146~147。

这些恩赐注定是给我们的

太平洋群岛的船货崇拜

语境线索

主要信徒
太平洋群岛居民

时间地点
19世纪晚期，太平洋

此前
前殖民时期 美拉尼西亚、密克罗尼西亚和新几内亚的部落有崇拜祖先神灵和诸神明的复杂信仰。

18世纪90年代 首批基督徒传教士到达太平洋群岛。

此后
1945年 "船货崇拜"一词首次出现在殖民地新闻杂志《太平洋群岛月刊》上，随后由人类学家露西·梅尔传播开来。

20世纪50年代 一些瓦努阿图坦那岛的居民开始崇拜英国女王伊丽莎白二世的丈夫菲利普亲王，他们相信他是约翰·弗卢姆的兄弟，"与一位海外有权势的女子成了婚"。

19世纪，西方贸易的发展及殖民主义扩张为太平洋群岛带来了丰富的现代商品，这一现象连同基督传教士的传道对当地的信仰系统产生了意想不到的影响。岛上居民开始相信这些物质财富即西方贸易的船货具有神圣的起源，它们是来自祖先神灵的礼物，只是被白人先行占取。此外，他们还产生了"黄金时代"即将来临的观念——通过宗教仪式供奉祖先及神明，船货就会重回他们手中，西方殖民者也将被逐出岛屿。

这些膜拜团体分布在美拉尼西亚和新几内亚地区，20世纪30年代随着空中运输的发展逐渐扩张。"二战"期间，太平洋群岛成为美国和日本的军事基地，由此带来了大量的物资供给，推动了这些团体的进一步发展。他们膜拜的对象约翰·弗卢姆在瓦努阿图的坦那岛地区倍受崇敬，人们通常将其描绘为一个美国士兵的形象。除了一些模仿军事训练的独特宗教仪式外，该膜拜团体的信徒还通过修建码头、降落带，有时甚至是真实大小的飞机模型来吸引货物运送者。

现今，除太平洋的一些偏远地区外，船货崇拜随西方势力影响的扩张几乎消失殆尽。■

崇拜约翰·弗卢姆的信徒手持武器模型进行操练，吸引了运送物资的军舰。一些人认为"约翰·弗卢姆"的名字最早是"来自美国的约翰"。

参见：认识世界 20~23，社会圣洁和福音派 239，萨泰里阿教的非洲根源 304~305。

犹大的雄狮
已经崛起

拉斯·塔法里是我们的救主

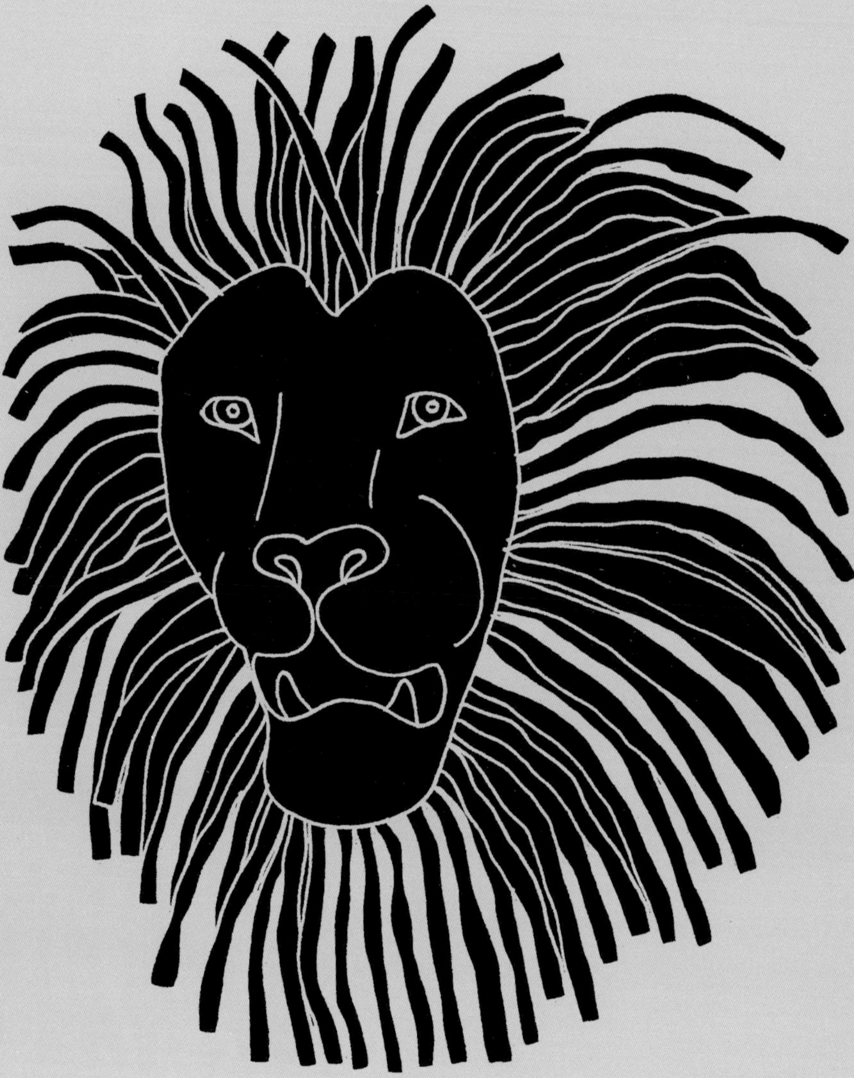

语境线索

主要人物
海尔·塞拉西

时间地点
始于20世纪30年代，牙买加

此前

18~19世纪 奴隶团体中出现了克里奥尔宗教，即混合型宗教，它们将非洲信仰与奴隶主强迫奴隶接受的基督教信仰融合在一起。

20世纪20年代 安圭拉语黑人圣经视埃塞俄比亚人为上帝的选民，马库斯·加维为先知；这本书成为拉斯塔法里教的重要经典。

此后

20世纪中期 美国的伊斯兰民族组织宣称，W. 法尔德·穆罕默德是犹太教和伊斯兰教共同预言的弥赛亚。该组织在为美国黑人及黑人穆斯林民权而斗争的过程中染上了浓重的政治色彩。

非洲黑人数百年来一直遭受"巴比伦人"即白人的压榨。

↓

但有预言称，一位来自犹大支派的救主将会来到"锡安"（即非洲），把黑人从压迫中解放出来。

↓

这个救主就是上帝拣选的地上国王拉斯·塔法里。

↓

他成为信仰拉斯塔法里教的圣土埃塞俄比亚的皇帝海尔·塞拉西一世。

↓

犹大的雄狮已经崛起。

教信仰基本上消亡了。因此，牙买加黑人并不是将基督教信仰和非洲宗教简单融合，而是有了自己对《圣经》的独特诠释。

锡安的救主

一些牙买加人受黑人民族主义和泛非洲主义的影响，提出白人为了控制非洲和压迫非洲人民已将《圣经》篡改得面目全非。他们认为《旧约》中的"锡安"是指非洲，相信救主将降临拯救被"巴比伦"（即腐败的欧洲人）压迫的非洲人民。有预言说，即将来到锡安的救主来自犹大支派。当有"海尔·塞拉西一世皇帝陛下、犹大支派的威武雄狮、上帝拣选之人、埃塞俄比亚的万王之王"称号的拉斯·塔法里成为埃塞俄比亚国王时，这一预言就得以实现，拉斯塔法里教由此诞生。大多数拉斯塔法里教徒相信，海尔·塞拉西是耶稣复临，是他们的上帝的道成肉身，但有些人认为，他只是上帝在地上的代表和统治者。

"二战"后，随着加勒比海地区移民到英美寻找工作，拉斯塔

> 不经历无数风雨坎坷，怎可见彩虹冉冉升起。
> ——海尔·塞拉西

与从加勒比海地区黑人奴隶中发展出来的克里奥尔宗教不同（见304~305页），拉斯塔法里教与传统非洲宗教并无太大关联。该教主要依据的是基督教《圣经》，但它同时也强调与非洲的联系。

拉斯塔法里教既是一种政治和社会运动，也是一种宗教信仰。它产生在新世界黑人的"非洲性"意识逐渐增强的时期。当时，试图联合及鼓励非洲后裔的泛非洲主义运动也处于上升阶段。拉斯塔法里教最早产生于19世纪，但在20世纪二三十年代，特别是借政治活动家马库斯·加维（1887—1940年）作品的东风开始迅猛发展。马库斯·加维在他的家乡——当时还处在英国统治下的牙买加极具影响力。

马库斯·加维对压迫和剥削的谴责，与诸多生活于贫困当中的牙买加人形成共鸣。牙买加人是非洲奴隶的后裔，他们被迫接受了英国奴隶主的信仰，主要是基督新教，在此过程中他们自己的非洲宗

现代宗教 **315**

参见：耶稣带给世界的信息 204~207，社会圣洁和福音派 239，萨泰里阿教的非洲根源 304~305，伊斯兰民族组织 339。

雷鬼乐鼻祖鲍勃·马利之子达米安·小龚·马利身后是绘有帝国雄狮图案的拉斯塔法里教旗帜。

法里教得到传播。20世纪六七十年代，牙买加文化和音乐，尤其是雷鬼乐在许多国家流行起来，拉斯塔法里教也因此有了大批信徒。■

海尔·塞拉西

海尔·塞拉西出生时的名字是塔法里·马康南，作为埃塞俄比亚贵族之子，他继承了"拉斯"（Ras，类似于公爵）的头衔。1916年，海尔·塞拉西成为埃塞俄比亚的摄政王。他取代了王位继承人埃雅苏，后者因与伊斯兰教的联系及其不端行为失去了登上宝座的机会。1930年，女皇佐迪图去世，身为虔诚的埃塞俄比亚正教会信徒的塔法里加冕称帝，并有了海尔·塞拉西（意为"三位一体的大能"）的君主名号。在墨索里尼侵占埃塞俄比亚后，他被流放至英格兰数年，1941年英国解放埃塞俄比亚后，他重返祖国。尽管海尔·塞拉西在世界上的声誉不错，却不受本国人民的欢迎，1974年，他被自称Derg（意为"委员会"）的军事武装废黜并投入监狱。他的很多家人和政府成员也被抓入狱或处死。次年8月，他据称死于呼吸衰竭，但人们对其死亡原因存有争议。

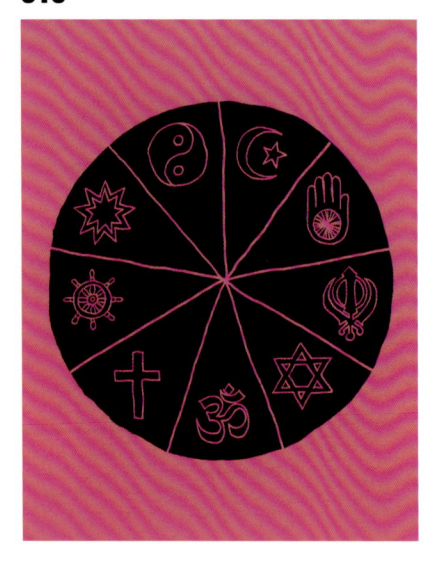

所有宗教皆平等

旨在统一所有信仰的高台教

语境线索

主要人物
吴文昭

时间地点
自1926年始，越南

此前
公元前6世纪 中国儒家思想倡导一种德、敬、诚、义的哲学。

公元前3世纪 乔达摩·悉达多在印度创立的佛教传到了中国。

公元1世纪 被高台教尊为圣徒的耶稣应许将会回到世上，完成上帝对人类的使命。

公元6世纪 穆罕默德领受《古兰经》，宣称这是对真主传达给穆萨（摩西）和尔萨（耶稣）启示的更新。

此后
1975年 越南取缔了高台教。

1997年 越南当权者正式承认高台教的合法性。

1920年，越南公务员吴文昭声称他在一次降神会中受到至高存在的感召，被告知联合所有宗教的时刻已经到来。自称"高台"（意为"至高存在"或"祭坛"）的神说，过去他通过先知在两个启示和救赎时期传达出自己的启示，这成为世界主要宗教产生的渊源。如今在第三个时期，神选择通过降神会的仪式来启示真理。吴文昭及其他领受到类似启示的人创立了大道三期普度教（第三个启示和救赎时期的宗教），一般称为高台教。

高台教融合了多种宗教元素，尤其是佛教和儒家哲学。它尊崇世界上所有主要宗教的先知及一些伟人，如圣女贞德、莎士比亚、维克多·雨果和孙中山。为联合世界上所有的宗教信仰，消除导致宗教冲突的各种分歧，高台教在20世纪中期开始与越南民族主义运动联合起来，还参与了对法国殖民主义的政治和军事抵抗活动。■

> 人类常因宗教的多样性而难以和谐共处。这是我决定将所有宗教合一的原因。
> ——神给吴文昭的启示

参见：关于神的意识 122~123，耶稣带给世界的信息 204~207，巴哈伊的启示 308~309。

我们已经遗忘自己的真实本性

净化心灵的科学教

语境线索

主要人物
罗恩·贺伯特

时间地点
始于1952年，美国

此前
1950年 罗恩·贺伯特建立了贺伯特排除有害印象精神疗法研究基金会。出版《排除有害印象精神疗法：心理健康的现代科学》一书后，他又在科幻杂志《惊奇科幻》上发表了一篇关于排除有害印象精神疗法的文章。

此后
1982年 宗教技术中心成立，目的是监管科学教。一些信徒认为这种做法偏离了科学教的初衷，因此他们成立了一个独立团体，这就是自由区域派。

1993年 美国正式承认科学教为一种宗教。

作为宗教哲学的科学教是从20世纪30-40年代科幻作家罗恩·贺伯特有关排除有害印象精神疗法的作品中发展而来的。这是一种自救系统，以直面以往创伤经历以获得精神复原的心理医治为基础。科学教的核心是称作"听析"的咨询过程。

科学教信徒认为，一个人真正的精神本质蕴藏在一种名为"希坦"的永恒精神之中，这种永恒精神不断以人形的方式获得重生，并因此失去了精神纯净的真正本质。通过一对一听析，并辅以"电子仪"（一种由贺伯特设计的探测电流的仪器）的运用，治疗师可以帮助人们摆脱存在潜意识中的创伤，即记忆的痕迹，回归"净化"状态，也就是真正的精神本质。经过不同阶段的听析，人们最终能达到控制"希坦"的状态，重新发掘自己最初的潜能。贺伯特热衷于获取名流支持，再加上一对一听析和学习材料收取的高额费用，让科学教受到了指控，人们认为这是一个"以赚钱为目的的膜拜团体"。科学教在美国和别处经过多起诉讼案件后获得了免税资格，但它在多个国家仍未获认可。■

科学教总部设在德国柏林，上方的八角十字架图案代表了该派神学思想中所说的8种"动态存在"。

参见：终极实在 102~105，摆脱无尽的轮回 136~143。

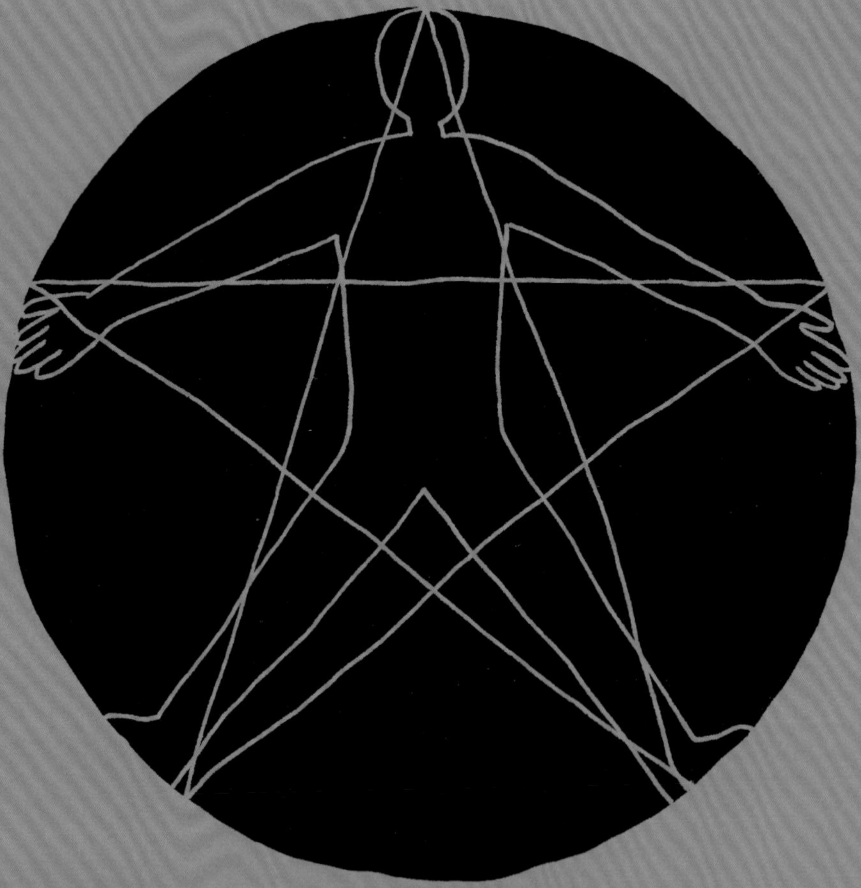

灵魂在转世期间安息在夏日乐园

威卡教和"另一世界"

语境线索

主要人物
杰拉尔德·加德纳

时间地点
始于20世纪50年代，英国

此前

前基督教时期　凯尔特和北欧神话中有"另一世界"的思想，仙宫就是一例，传说挪威英灵殿瓦尔哈拉就坐落在那里。

19世纪　降神师和通神者造出"夏日乐园"一词来形容高尚灵魂寄居的福地。

20世纪20年代　人类学家玛格丽特·默里出版了有关基督教在历史上迫害女巫的著作，书中认为巫术是一种有别于黑巫术的异教。

此后

20世纪70年代　在美国，行月亮女神巫术者将女性主义政治融入威卡教中。

20世纪新异教中最著名的当属起源于英格兰的威卡教。20世纪50年代，一位名叫杰拉尔德·加德纳的退休公务员将这一宗教推广开来。尽管杰拉尔德·加德纳称该宗教为"巫术"，不过因其信徒称为威卡，因此他创立的这一教派及其分支现在统称威卡教。

威卡教的信仰核心是性别原则，表现在性别互补的长角男神和月亮女神身上以及"另一世界"即夏日乐园的存在，据说这是来世灵魂的居所。威卡教诸多支派还相信转世，并把夏日乐园视为灵魂在转世期间安息的场所，他们在这里能够审视前世并为来世做准备。有时，威卡教信徒在类似降神术的巫术中，通过灵媒或占卜盘可与这些灵魂对话，但这种仪式并不普遍。尽管威卡教徒相信来世，但他们也强调在基于自然的宗教仪式中尽力过好今世的生活。这些宗教仪式包括节气庆典以及入会、洗礼、婚姻亦即两性结合等庆祝仪式。

威卡教表面上与撒旦教有相似之处（如长角男神），这让人们常将威卡教与黑巫术团体相混淆，因此，威卡教直到最近依旧遭受着歧视和迫害，这种情况在基督教国家尤甚。■

> 我只恨自己对前世的记忆模糊不清。
> ——杰拉尔德·加德纳

参见：先民社会中的万物有灵论 24~25，人和宇宙 48~49，伟大女神的力量 100。

负面思维只是落入福海的雨滴

通过静坐寻求内心平静

语境线索

主要人物
马哈里希·玛赫西·优济

时间地点
始于1958年，欧洲

此前

从公元前1700年开始 早期印度吠陀宗教修行中就有静坐冥想。

公元前6世纪后 静坐冥想在印度佛教和中国儒教（儒家思想）中广泛存在。

19世纪 欧洲知识分子发现了东方哲学，对佛教、印度教的静坐冥想和瑜伽普遍产生了兴趣。

此后

1967年 甲壳虫乐队在伦敦见到马哈里希·玛赫西·优济，并拜访了他在印度用于超觉静坐训练的修行所。

1976年 超觉静坐派声称其"神功"能使修行者飘浮起来。

1958年，马哈里希·玛赫西·优济到西方讲授超觉静坐学说，他的初衷是发起印度教复兴运动。马哈里希·玛赫西·优济的静坐冥想方法源自印度教默念冥想术，二者目的类似，皆为超越身体意识局限，激发创造力。

创造内心平静

超觉静坐包括一天两次、每次20分钟的静坐冥想，其间伴随默念个人咒语。据称，这种做法可以改善身心状况，提升潜在的创造力，使个人体验到"与生命源泉的交流"，并能克服负面思维，使负面思维成为"落入福海的雨滴"。

一开始，超觉静坐派鼓励新成员向印度神明献上感恩，正是这些神明提供了方法和知识；此外还要研读《吠陀经》和《薄伽梵歌》。现今，超觉静坐派的拥趸把它当作一种面向所有人开放、促进个人发展的科学方法。超觉静坐的技巧为个人以及商业机构所采纳，甚至还运用在医疗中。如此便产生了一个问题：这是一种宗教，还是一种以印度传统手法为基础的治疗手段？■

马哈里希·玛赫西·优济创立的超觉静坐派属于灵性重生运动。现今它已经发展成为一个有组织的国际运动，总部位于荷兰。

参见：身心修行 112~113，参禅忘言 160~163。

对我而言的真实即为真理

面向所有宗教开放的信仰

语境线索

主要派别
一位论普救派

时间地点
始于1961年，美国和加拿大

此前

公元前6世纪 孔子指出仁德非从天而降，但人靠教化可以得之。

公元1世纪 自视为"上帝选民"的犹太人因耶稣说天国之门向所有信他之人开放而恼怒。

16世纪 在基督新教中，灵魂自省取代了罗马教会的权威。

19世纪 巴哈伊教是最早问世的普世论宗教之一，大门向所有人敞开。

20世纪 基于所有宗教皆平等原则之上的高台教出现。

1961年，成立于19世纪的两个教派：美国普救派教会和美国一位论协会合并，形成一位论普救派协会，简称UUA。尽管UUA主要源自基督教传统，有些成员的信仰就其本质而言是基督教性质的，但UUA旨在成为一种"无信条、无教义的宗教，能确保信徒信仰的自由"。一位论普救派协会成员承认生活中需要灵性和宗教的维度，认为个人可受益于世界上所有宗教。此外，相比于信仰某种至高存在和死后得救，他们更重视以人道主义方式追求现世生活的真理和意义。他们中有些人实际上是不可知论者或无神论者。

对于一位论普救派信徒而言，个人的体验、意识和理智构成了宗教信仰的基础；因此所有人的观念和信仰都应受到尊重。这种尊重的观念贯穿于一位论普救派协会的哲学思想及其"七原则"：每个人的内在价值和尊严；人与人之间的公义、平等和慈悲；彼此接纳并鼓励灵性成长；自由而有担当地去追求真理及意义；维护道德权利，在信徒会众甚至整个社会中奉行民主；世界大同的目标；尊重所有存在间相互依存的网络。■

> 心灵自由乃全部自由之发端。
>
> ——克林顿·李·斯科特

参见：关于神的意识 122~123，祷告何以有效 246~247，巴哈伊的启示 308~309，旨在统一所有信仰的高台教 316。

吟唱净化心灵的克里希那拜赞歌

敬拜亲切的神

克里希那教派又被称为克里希那知觉国际协会（简称ISKCON），因其在宗教活动中吟唱玛哈拜赞歌而著称。ISKCON起源于柴坦尼亚·玛哈帕布（1486—1534年）创立的印度教高迪亚毗湿奴派，其信徒使用虔信仪式去取悦神明，并与神明的至高人格克里希那神建立一种亲密关系。

玛哈拜赞歌

吟唱拜赞歌是净化心灵的一种途径。不断吟唱神灵的名字能够使"克里希那意识"摆脱感官和物质意识的打扰，从灵魂中显现出来。通过吟唱"哈瑞克里希那，哈瑞克里希那，克里希那克里希那，哈瑞哈瑞，哈瑞拉玛，哈瑞拉玛，哈瑞拉玛，拉玛拉玛，哈瑞哈瑞"，可以唤醒"神圣力量"（哈瑞）、"众有吸引者"（克里希那）以及"最高永恒之乐"（拉玛）。柴坦尼亚认为通过吟唱拜赞歌，任何人，甚至包括出生在印度社会阶层之外的人，都能获得克里希那意识。20世纪60年代，柴坦尼亚的追随者——A.C.巴克提韦丹塔·斯瓦米·帕布帕德来到美国，建立了ISKCON。该教派的思想与嬉皮士文化以及美国人对东方灵性主义的新旨趣形成了共鸣，并随着甲壳虫乐队等名人传到了欧洲。■

语境线索

主要人物
A.C.巴克提韦丹塔·斯瓦米·帕布帕德

时间地点
始于20世纪60年代，美国和西欧

此前
公元前4世纪 对印度史诗中的重要人物克里希那神的崇拜最早可追溯至《摩诃婆罗多》，这里他以毗湿奴的化身形象出现。

公元6世纪 印度教中发展出宗教虔信（巴克提）传统。

16世纪 印度的高迪亚毗湿奴派认为克里希那神是神的原初形态，他是毗湿奴的来源，而非其化身。

1920年 斯里拉·巴克提希丹塔·萨茹阿斯瓦提·塔库尔·帕布帕德创立了高迪亚寺院，这是一个向全世界传播高迪亚毗湿奴派信息的机构。

> 克里希那神已为我们预备好一切，将灵性世界带入我们的生活。
> ——A.C. 巴克提韦丹塔·斯瓦米·帕布帕德

参见：理性的世界 92~99，通过普迦拜神 114~115，佛与菩萨 152~157，仪式和诵经 158~159。

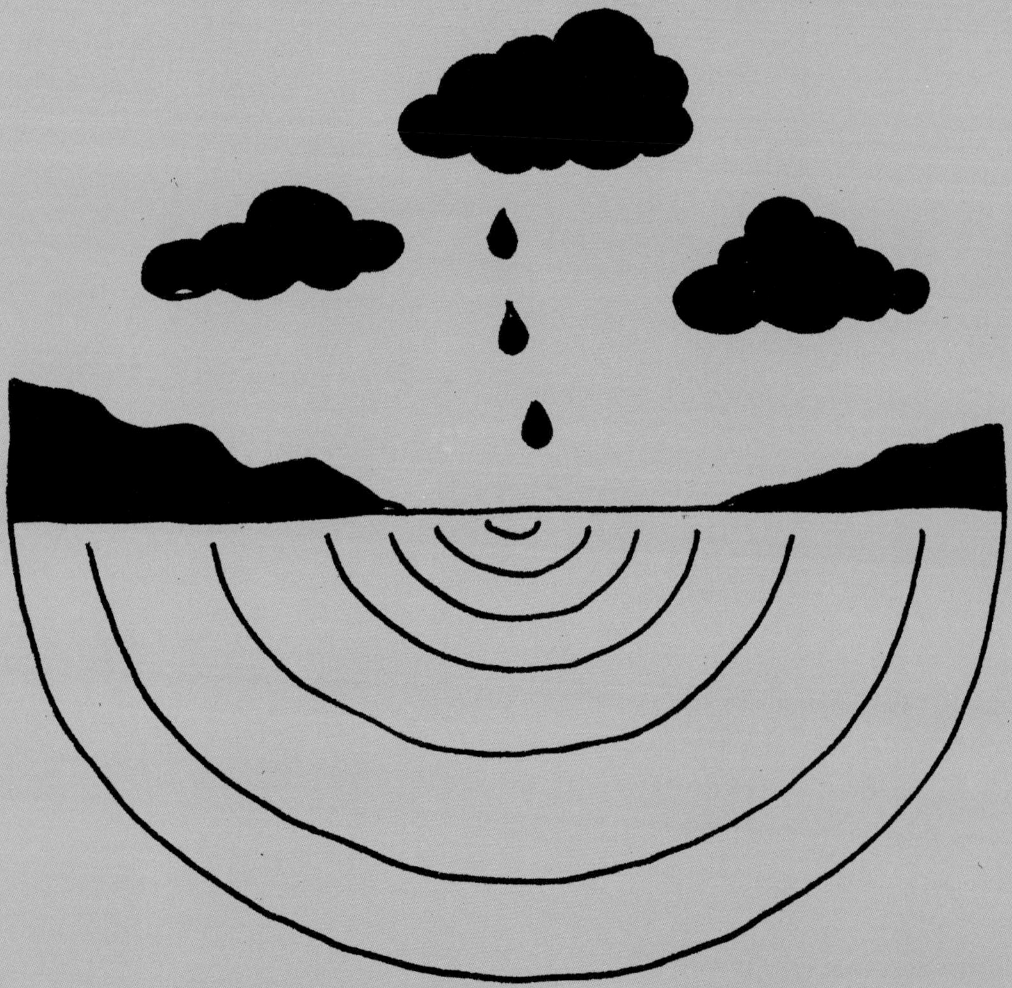

DIRECTORY

附录

附 录

管无神论在西方日渐流行，但自称有某种宗教信仰的人数在世界范围内仍呈增长之势。有传教传统的基督教和伊斯兰教信徒人数占世界总人口的一半以上。其他信仰，以印度教为例，一直到21世纪都始终拥有自己的信徒。宗教传播有各种原因，如信徒的传教活动、人口的增长、在原始宗教或其他地方宗教呈衰颓之势时填补信仰真空的需要等。所以，当非洲很多人抛弃传统信仰而与新兴基督教会热情相拥之时，欧洲则出现了对基督教不满而对东方信仰产生兴趣的现象，引发了佛教和其他东方宗教信徒人数的增长。

世界主要宗教信仰一览表

名称	时间地点	创始人	崇拜神	信徒人数
巴哈伊教	波斯德黑兰 1863年	巴哈欧拉	信奉一神，不同宗教都对神有所启示	500万~700万
道教	中国 约公元前550年	老子	道存在于万物当中	2000万
佛教	印度东北部 约公元前520年	乔达摩·悉达多，或称佛陀	上座部佛教（小乘佛教）不信奉神；大乘佛教崇拜佛陀和菩萨	3.76亿
高台教	越南 1926年	吴文昭	信奉一神，同时尊崇其他信仰的创始人（包括佛教、道教和基督教）	800万
基督教	犹太地 约公元30年	耶稣基督	信奉一神，即三位一体（圣父、圣子、圣灵）的上帝	逾20亿
基督教科学派	美国马萨诸塞州 1879年	玛丽·贝克·艾迪	信奉一神，但不接受三位一体	40万
基督科学教	美国加利福尼亚 1954年	罗恩·贺伯特	不信奉神	未知
拉斯塔法里教	牙买加 20世纪30年代	海尔·塞拉西一世	信奉一神，认为神道成肉身为耶稣和海尔·塞拉西	100万

名称	时间地点	创始人	崇拜神	信徒人数
耆那教	印度 约公元前550年	大雄	不信奉神，但崇拜一些神圣存在	400万
儒教（儒家思想）	中国 公元前6世纪—公元前5世纪	孔子	不信奉神，不过孔子信奉"道"	500万~600万
萨泰里阿教	古巴 19世纪早期	无创始人，是一种混合型信仰	信奉400多位神明	300万~400万
神道教	日本 史前时期	本土人民	信奉多神，这些神称为kami	300万~400万
琐罗亚斯德教	波斯 公元前6世纪	琐罗亚斯德	信奉一神阿胡拉·马兹达，同时接受二元论	20万
天理教	日本 1838年	中山美伎	信奉父母神	100万
威卡教	英国 20世纪50年代，基于古代信仰	杰拉尔德·加德纳	通常信奉两位神：三相女神和长角男神	100万~300万
锡克教	印度旁遮普 公元1500年	那纳克上师	信奉一神	2300万
耶稣基督后期圣徒教会（摩门教）	美国纽约 1830年	约瑟夫·史密斯	信奉三个单独的存在：圣父上帝、圣子耶稣基督及圣灵	1300万
伊斯兰教	沙特阿拉伯 公元7世纪	最后的先知穆罕默德	信奉一神安拉	15亿
印度教	印度 史前时期	本土人民	信奉多神，所有神明都是至高实在的显现	近10亿
犹太教	以色列 约公元前2000年	亚伯拉罕，摩西	信奉一神雅威	1500万

印度教各支派

人们认为，印度教信仰起源于3000多年前的印度河流域（巴基斯坦和印度西北部）。今天的印度教有近10亿信徒，大多数信徒都在印度。所有印度教教徒都崇拜一位至高存在，不过这一神明在不同支派中有不同身份。印度教有四大派别：崇拜毗湿奴的毗湿奴派；崇拜湿婆的湿婆派；崇拜女神沙克提的性力派；还有可自行选择崇拜神的师摩多派。印度教的这几种信仰形式及其他支派秉持诸多同样的信条，《吠陀经》（见94~99页）是印度教各支派的最神圣经籍。印度教的核心信仰是：一个人的行为会在无限的生死轮回中影响到自己的未来。

毗湿奴派
约公元前600年，印度

毗湿奴派是印度教的最大支派，视毗湿奴为至高神。他被看作宇宙的守护者，他的神圣与仁慈无与伦比。据说毗湿奴赋予创造者梵天以生命，梵天坐在毗湿奴肚脐眼处一朵盛开的莲花上，而毗湿奴则维持和护佑着梵天创造的一切。人们除了崇拜毗湿奴自身外，还会崇拜他的化身罗摩和克里希那神。毗湿奴派信徒强调敬虔甚于教义，他们最终的目标是从生死轮回中解脱出来，以灵魂的形式与毗湿奴共存。

湿婆派
约公元前600年，印度

湿婆派是印度教的四大支派之一，将湿婆视为最高神。印度教的核心信仰在于，二元对立可由更高一级的神明调和。湿婆派教徒认为，湿婆对对立双方的调和方式不同于其他神明。他包容诸多二元对立物，如生和死、时间和永恒、破坏和创造等，并且他以多种形式显现。一种常见的说法是他以舞蹈之神的形象现身。他在毁灭宇宙后，携火（代表毁灭）与鼓（创造之初发出的第一个声响）起舞而重建宇宙。湿婆派还包含多个小派别，在今天的印度、尼泊尔和斯里兰卡广为流传，甚至在印度尼西亚和马来西亚也有其影响。

性力派
公元5世纪，印度

性力派是印度教的主要支派之一。在印度教信仰中，沙克提是创造并维系造物的神圣力量。伟大女神（被称为摩耶夫人）身体内包含沙克提，人们常以沙克提之名称呼她；崇拜这一女神的信徒就是性力派（见104页）。虽然印度教女神崇拜可追溯至早期印度河流域文明，但人们认为性力派在公元5世纪时才初具规模。沙克提崇拜中的女神有多种称谓，也有多种形式（可畏的、愤怒的、仁慈的、平凡的），而所有这些都彰显其神圣大能和力量。该派尊奉的神圣经籍包括《吠陀经》《密教经典》和《往事书》。一些信徒通过瑜伽、普迦和密教等修行方式（见112~115页），以期更接近女神。

印度教六派哲学
公元2—13世纪，印度

毗湿奴派、湿婆派和性力派等印度教派别都是有神论教派，崇拜各种神明；而印度教中还有六个关注哲学而非神明的派别，可称为印度教六派哲学。这些派别都强调终极实在："梵"，即通过从轮回转世中解脱出来才能实现的大"我"。六派哲学尊奉写于印度历史初期的神圣经籍，每一派关注不同的领域。六派哲学包括数论（宇宙）、瑜伽（人性）、胜论（科学定律）、正理论（逻辑）、弥曼差（仪式）和吠檀多（形而上学与天命）。

师摩多派
公元9世纪，印度

师摩多派是印度教四大派之一，师摩多一词源于梵文smriti，意指一类印度教神圣文献。该印度教正统教派汲取了不二论哲学思想，这种哲学倡导"梵我一如"的观点与哲学家僧侣阿迪·商羯罗的学说。人们认为商羯罗于公元9世纪在印度建立此教派。该派信徒尊奉有"经书"之称的古代经籍中所列行为规范，崇拜任意形式的至高神（湿婆、沙克提、毗湿奴、伽内什或毗梨耶）；因此，该派被划为自由派，具有无宗派属性。

林伽派
12世纪，印度南部

林伽派得名于湿婆神的象征物男根，信徒常将此象征物挂在脖颈上。人们认为，该派由宗教改革者跋婆伐在12世纪创建于印度南部。湿婆是林伽派崇拜的唯一神灵，这是该派的独特之处；在其一神信仰中，湿婆与"我"相同一。他们拒斥婆罗门阶层和《吠陀经》的权威性，提倡社会公平和改革。这一派别在印度南部拥有众多信众。

斯瓦米那拉扬派
19世纪早期，印度西部

斯瓦米那拉扬派由宗教改革家斯瓦米·那拉扬于19世纪早期针对印度教其他派别的腐败现象而建立。其仪式、法规、戒律和祈祷都基于印度教传统和该派创始人的学说。该派信徒在日常生活中遵循这些道德和灵性规则，旨在成为理想的印度教教徒，从而获得最后的救赎。该派在全世界有数百万信徒。

新印度教
1828年，印度加尔各答

新印度教是一个印度教改革教派，可追溯至1828年罗姆·莫罕·罗易在加尔各答建立的梵社。该派旨在在现代处境下重释印度教。新印度教不同于正统印度教，崇奉普世、无限的唯一神明。该派拒斥《吠陀经》的权威性（见94~99页），有时还否认神的化身和因果报应观。主要特征之一是社会改革。新印度教在印度孟加拉邦和孟加拉国都有信徒。

雅利安社
1875年，印度

雅利安社是一个现代宗教社会改革组织，其创建者是宗教领袖斯瓦米·达耶难陀，他力图重立古代印度教经典《吠陀经》（见94~99页）的至高权威。19世纪晚期，他在印度各地兴建学校，以期推动吠陀文化。类似规划在今天仍在继续，包括兴建大学、孤儿院，还有致力于社会改革和减少不公义与苦难的工作。该派反对种姓制度，但因其对其他信仰的非宽容态度而遭到批判。雅利安社坚持因果报应、轮回等教义，极为看重与一生主要事件相关的仪式。该派流行于印度西部和北部地区。

赛巴巴社
1950年，印度

据说，沙迪亚那拉亚纳·拉甲（出生于1926年）行过诸多神迹。14岁时他被蝎子蜇伤后昏迷，醒来后声称自己是复活的古鲁实谛·赛巴巴，因此有了沙迪亚·赛巴巴的名号。20世纪50年代，他因所行神迹而出名，吸引了数百万信众，他们尊奉四个原则：真理、法则、宁静、圣爱。他不同于其他印度教教徒，未将某一特定法则与不同社会阶层相连，而是宣称人人平等。

佛教各支派

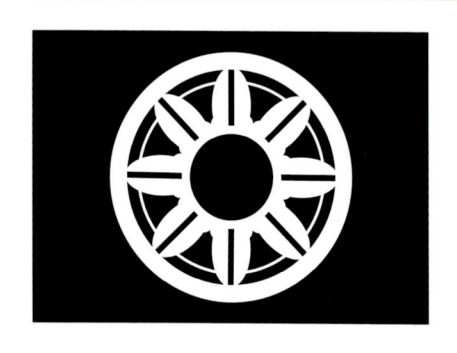

2500多年前，佛教发端于印度北部，创始人乔达摩·悉达多的学说随之传播开来，今天在世界很多地方都能找到佛教的踪迹。佛教起源于印度教，当时印度教正处于最为精妙玄奥的文字诞生的时期；佛教更侧重于思想观念而非神灵和教义。佛教的宗旨是指导人走上通往觉悟或超脱世俗自我以达灵魂解脱之路。佛陀本人认为，所有能达到这一目标的道路都是可行的。随着佛教向外传播，它也开始呈现多样性以适应当地的崇拜传统。现在佛教包括多种形式：从禁欲修行到高度仪式化不等。

小乘佛教
公元前6世纪，印度北部

小乘佛教和大乘佛教是佛教的两大分支。小乘佛教是现存最古老、最接近佛法（佛陀的原初教义）的佛教支派，主要分布在泰国、老挝、柬埔寨和缅甸。其核心观念是僧伽，即僧侣团体。小乘佛教的比丘（有时还有比丘尼，但其地位略低）几乎没有个人财产，生活极为简朴。他们遵循"八正道"和"五戒"（见136~147页），游走村镇弘扬佛法，讲解《巴利经》。他们最主要的活动是打坐禅定，认为这种修行可以放空身心，接近涅槃状态（完美的觉悟）。尽管出家修行是最理想的状态，但小乘佛教中同样有居士。他们襄助僧侣的禁欲修行生活，如向他们布施以获得他们的祝福与教导。

大乘佛教
公元前3—公元前2世纪，印度西北部

大乘佛教从印度向东传播，现在主要分布在包括中国和韩国在内的亚洲地区。小乘佛教认为完全的觉悟代表与此世存在的脱离，大乘佛教与此不同，相信佛陀永远存在于此世，引导他人达到觉悟。在这一传统中，觉悟的目的是助人走上灵性之路。大乘佛教相信其他人也可以成佛，尊崇接近涅槃成为菩萨（智者或觉悟者）之人，认为除慈悲外还有"六度"，即布施、持戒、忍辱、精进、禅定和智慧之人。

净土宗
公元7世纪，中国

净土宗是大乘佛教的一个派别，最早诞生于中国，现有多个支派分布于中国和日本。净土宗主要供奉阿弥陀佛（又称无量光佛），据说他掌管着一个叫作"净土"的极乐世界。信徒以阿弥陀佛为核心，通过各种修行方法避开生死轮回，跟随他到达净土，从而获得觉悟。净土宗的主要经典是公元1世纪成书的《法华经》，认为信仰阿弥陀佛是唯一正道。

藏传佛教
公元7世纪，中国西藏

公元7世纪，印度僧侣将佛教带到西藏。藏传佛教，尽管发源于大乘佛教，其发展与其他地方的佛教却大相径庭。它有自己独特的僧伽体系和宗教活动，如信奉上师，使用曼陀罗或象征图案来辅助坐禅。

藏传佛教的一个最显著特征是任命活佛。这些精神上师是最受尊崇的喇嘛，人们相信他们当中有些人的前世就是精神领袖。活佛身份的延续是通过转世实现的；当一个活佛即将离世时，他会给出一些线索指出下一世的身份；其信徒就会去寻找符合这些线索的转世灵童。

密宗
公元7世纪，印度

密宗的名称来自其经典《坦陀罗经》，这些经书被视为成佛之路上的有力工具。《坦陀罗经》描述了密宗信徒如何才能比其他派别的信徒更快成佛。这些技巧包括宗教仪式的运用、打坐、曼陀罗，甚至还有巫术。《坦陀罗经》寻求在人的境遇与情绪间形成和谐的关系，承认万有乃所有人之根本佛性的构成部分。密宗供奉多位佛和菩萨（包括阿弥陀佛，即无量光佛），认为他们都彰显了佛性。当今在中国西藏和内地、印度、日本、尼泊尔、不丹和蒙古都有密宗分支。

禅宗
12世纪，日本

中国禅宗在公元6世纪进入日本，称为Zen。禅宗在受中国文化熏陶的国家如越南、韩国等地也有很大影响。禅宗强调坐禅，追求觉悟，重实践轻经文，认为人类与宇宙万物相同一。

"禅"的思想渗透到信徒生活的方方面面——从身体、思想到灵魂莫不如是。禅意诗写作和假山庭院的建造被视为最能表达禅意的两种方式。最著名的禅宗分支是临济宗和曹洞宗。

日莲宗
13世纪，日本

日本僧人日莲在他推崇备至的佛教经籍《妙法莲华经》（简称《法华经》，成书于公元1世纪）的基础上创立了日莲宗。他鼓励信徒念诵经文"南无妙法莲华经"。他否定了佛教所有其他派别，认为只有通过研修《法华经》才能成佛。现今在日本仍有许多日莲宗分支，还有不少新兴宗派，如创价学会（见下文）也以日莲的学说为思想基础。

创价学会
1937年，日本

1937年，日本的两位宗教改革家牧口常三郎和户田城圣受日本僧人日莲思想的启发创立了一个教育团体。1944年牧口常三郎去世后，户田城圣将该团体改造为一个宗教派别，即创价学会。与日莲宗相似，创价学会极为推崇《法华经》，重视念诵"南无妙法莲华经"。通过积极宣教吸引新信徒加入，目前创价学会有1200万信徒，分布在日本及世界各地。

三宝普济会
1967年，英国

三宝普济会由英国僧人僧护创建，前身是西方佛教会之友。僧护在印度学习数年，1967年回到英国后创建了三宝普济会，致力于将佛教基本教义应用于今天西方人的生活。要加入该宗派须经过剃度，之后可自行选择出家修行或居士修行。他们秉持一系列核心原则，包括"三宝"、佛法、僧伽、成佛的理想以及对佛教传统其他学说的信仰。这其中融合了道德观、研习和虔信之间的平衡关系。该宗派与欧洲、北美和澳大利亚的许多团体都有联系。

犹太教各支派

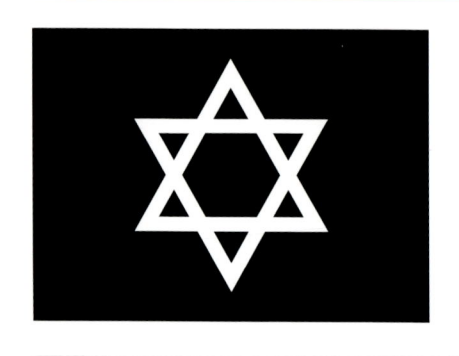

犹太教是犹太人的宗教，可追溯至公元前2000年前后，在三大一神教中（其他两种是基督教和伊斯兰教）历史最为悠久。三大一神教都发源于中东地区。据摩西（上帝向他启示了律法）所述，犹太人是上帝的"选民"，上帝通过《托拉》指导犹太人的生活。犹太人在很多犹太历史时期都远离自己的家园，处于流亡状态，因此在犹太人的以色列国之外存在着大批犹太教徒，不同的地域产生了不同的教派。针对《托拉》和口传律法在其信仰与实践中的核心地位问题，犹太人强调的重心各有不同，因此，他们阐释自己信仰的方式也千差万别。

正统派犹太教
约公元前13世纪，迦南

正统派犹太教自视是3000年前出现在迦南地区、摩西时代犹太人遵循的宗教传统的延续。它并非一个单一派别，而是包括了具有共同核心信仰的诸多分支。其核心信仰是相信《托拉》（希伯来《圣经》的前五部书）包含上帝的真实话语，它给人们生活的方方面面都提供了指引。自中世纪以来，犹太教正统派在中欧和东欧扎下根来。这些犹太社区也被称为阿什肯纳兹，该词来源于一个犹太祖先的名字。他们遭受了长达数百年的迫害和隔离，数百万正统派犹太人在大屠杀中惨遭杀戮。"二战"后，许多犹太人移居美国以及以色列国（成立于1948年）。正统派犹太教成为以色列的国家信仰，一半以上的犹太教徒自视为正统派信徒。

塞法迪派犹太教
公元前10世纪，伊比利亚

塞法迪派犹太教是指早在公元前10世纪就生活在伊比利亚（今天的葡萄牙和西班牙地区）的犹太人及其后裔的宗教。千百年来，尽管犹太人受到一定限制，但他们在伊比利亚与基督徒和穆斯林一直和平相处。然而，随着1492年和1497年基督徒先后占领西班牙和葡萄牙，拒绝皈依基督教的塞法迪派犹太人遭到基督教法令驱逐，逃亡至北非、意大利、法国、英格兰、尼德兰、奥斯曼帝国甚至美洲等地。当今在以色列、法国、墨西哥、美国和加拿大都有活跃的塞法迪派犹太社区。塞法迪派犹太教与阿什肯纳兹正统派犹太教在大多数核心信仰上观念一致，但前者更强调神秘主义思想；两者在文化和宗教实践方面，包括语言、饮食、节日、祈祷和崇拜等方面有一些明显差异。

哈西德派犹太教
约1740年，梅吉比日（现属于乌克兰）

哈西德派犹太教（来源于hasid，意为"虔信者"）是正统派犹太教的一个分支，它强调与上帝之间的神秘关系。哈西德派信徒相信，《托拉》运用的语言在某种意义上与上帝之名"雅威"相对应。一名真正的哈西德派教徒应与世界隔离，终日沉思、祈祷、学习《托拉》，以便能更加接近上帝。哈西德派的一个核心信仰是上帝乃宇宙的中心，是无限的存在。

新正统派犹太教
19世纪晚期，德国

新正统派犹太教产生于19世纪晚期犹太人在西方遭受迫害的背景下。它给既不愿完全回归正统又不愿彻底放弃正统的犹太人提供了一条中间道路。尽管新正统派犹太教坚持《托拉》的教导，但同时也试图适应现代社会的发展。新正统派犹太教徒认为犹太人与非犹太民族建立联系非常重要。

改革派犹太教
1885年，美国宾夕法尼亚州匹兹堡

改革派犹太教起源于19世纪的欧洲，是为了响应礼拜仪式与时俱进的要求而产生的，现在盛行于西欧与北美地区。改革派犹太教徒认为《托拉》是由多位作者受上帝启示写作而成的，并非上帝实际所说的话语。他们的信仰和实践与现代社会的生活方式比较一致，不像正统派犹太人那样墨守成规。例如，改革派犹太人摒弃了诸多传统饮食戒律，并且移风易俗，如可以任命女拉比。

保守派犹太教
1887年，美国纽约

许多犹太人认为19世纪晚期的改革派运动在拒绝传统教义上过于极端，因此他们在1887年成立了犹太神学院，旨在发展出一个信仰支派，以保护希伯来《圣经》和《塔木德》记载的犹太教传统。这一犹太教形式即犹太教保守派，或称摩挲迪派，该派认为《托拉》和《塔木德》确实来自上帝，因此必须遵循其律法；但与正统派相比，他们认为在解释律法方面拉比有更大的自由权。保守派拉比的很多裁定都遭到正统派犹太人的拒斥，但事实证明该派别颇受欢迎，在美国尤为如此。

犹太教科学派
20世纪20年代，美国俄亥俄州辛辛那提

20世纪20年代，阿尔弗雷德·摩西、莫里斯·利希滕斯坦和塔西拉·利希滕斯坦在美国建立犹太科学派。人们通常认为该派是对当时影响日盛的基督教科学派（19世纪晚期由玛丽·贝克·艾迪发起）的回应。犹太科学派鼓励信徒要学会知足常乐，对自己和他人形成一种积极的态度。该派视上帝为一种散布于宇宙的能量或力量，是健康的来源，而非某种类似父亲的角色。犹太科学派的信仰凸显自立、想象力和肯定性祈祷（强调得到积极的后果），认为这有益于人的身心健康。犹太科学派承认现代医学的合理性，并且不同于基督教科学派，他们还允许使用传统医学的治疗方法。

重建派犹太教
20世纪20—40年代，美国纽约

重建派犹太教由立陶宛裔美国犹太人摩迪凯·开普兰建立。开普兰提出了一种犹太教的进步进路，他认为这是对现代性的正确回应。重建派犹太教认为，《托拉》中的律法只有在对犹太人或全人类有明确目的的前提下才是有用的，因此要不断对律法进行重释。重建派犹太教采取的一些变革相当激进，如他们的《安息日祈祷书》中没有提及犹太人是上帝的"选民"，他们也并不期盼弥赛亚的降临。取而代之的是，重建派想要建立一个由更好的人类居住的更好世界。

人文派犹太教
1963年，美国密歇根州

20世纪60年代，舍温·瓦恩拉比在美国成立了人文派犹太教，目的是给无宗教信仰的犹太人提供一种传统宗教之外的非有神论选择。人文派犹太人认为犹太教是犹太人创造出的一种民族文化，与上帝无关。这一传统中的人文主义和平等主义哲学反应在其对犹太文化的高调庆典中——非有神论的仪式与庆典面向所有人开放，无论犹太人还是非犹太人，也无论性别与性取向。参加宗教节日在人文派那里十分重要，不过所有的仪式中都没有提及上帝，他们使用的很多宗教语句也都从世俗视角改写。人文派鼓励其成员自主、自立、理性生活，而无须借助神圣权威。

基督教各支派

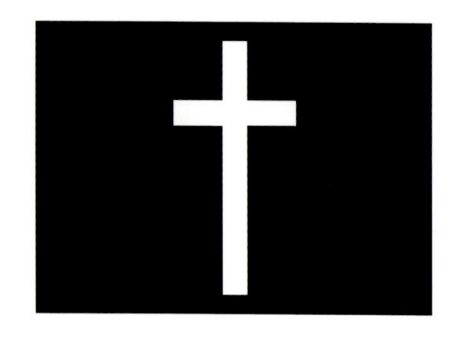

基督教是世界上最大的宗教，有逾20亿信徒。基督教的根基是记录在《新约圣经》四福音书中的耶稣基督的教导。基督教是与犹太教同源的一神教；不过基督徒相信耶稣就是《旧约》中应许的弥赛亚。千百年来，基督教一直是欧洲的主要宗教，自15世纪始，基督教随着欧洲发起的殖民运动传播至世界各地。1054年的教会大分裂让东方和西方基督教在政治和教义上出现了多种分歧，而发端于16世纪的宗教改革则产生出数目众多的新教教派。

罗马公教会
或作"罗马天主教"，公元1世纪，意大利罗马

罗马公教会是最原初、也是迄今为止最大的基督教派。公教会的领袖教宗自称是公元1世纪在罗马建立最早教会的圣彼得的继承人。这一传承体系把教宗直接与基督最早的门徒连接起来，从而让教宗有了独一无二的权威——在信条的裁决问题上教宗永无谬误。

东方正统教会
公元3—4世纪，起源于多地

东方正统教会包括科普特教会、叙利亚和埃塞俄比亚教会及亚美尼亚教会（见下文），他们都认为基督具有一个本质（不可分割的神性与人性）。所有的东方正统教会都可直接追溯至基督教初期历史。科普特教会是埃及的国家教会，可追溯到公元3世纪。埃塞俄比亚正教会建立于公元340年前后，是科普特教会的分支，并且持守若干受犹太教影响的宗教活动，例如守安息日、行割礼、遵循具有中东起源的特定饮食戒律。叙利亚正教会在土耳其南部、伊朗、伊拉克、印度以及叙利亚地区都有信徒。他们使用叙利亚语做礼拜，相比于其他教会，其宗教仪式更丰富多样。

亚美尼亚教会
约公元294年，亚美尼亚埃奇米阿津

亚美尼亚是首个立基督教为国教的国家。公元3世纪晚期，圣格里高利成功让其统治者国王特拉达三世皈依基督教。亚美尼亚教会最初与东正教比较接近，但在约公元506年，二者因在基督本质的界定问题上有分歧而分裂。作为东方正统教会的一员，亚美尼亚教会认为基督只有一个本质，同时具备神人二性。亚美尼亚教会用自己的语言做礼拜，使用的是公元5世纪的一个《圣经》译本。他们的教堂建筑风格质朴。教会中有两类神职人员，一类是教区神父，如果他们不是出家僧侣，那么在祝圣之前必须结婚；另一类是可以成为主教的独身博士。

东正教
1054年，君士坦丁堡（伊斯坦布尔）

东欧、巴尔干半岛和西亚的东正教发端于1054年西方公教会和拜占庭帝国教会的大分裂。这一分裂起源于双方在三一论上的分歧（见212~219页）。此外，西方教会更强调人的原罪，而东方教会则认识到人本质中的善；西方教会更关注教义而东方教会则更注重崇拜。所有正教会与公教会一样都有七圣事，但东正教更强调其神秘性。东正教的大多数宗教仪式都在屏风后面举行，会众很难亲眼看到，这强化了东正教信仰的神秘性。

路德宗
1520年，德国

路德宗可追溯至德国宗教改革家马丁·路德（见235页）。16—17世纪，路德宗传遍北欧。该派信徒认为《圣经》是教义唯一的指引，认为人们可以通过对耶稣基督的认信而非通过行善接近上帝。现在约有70个相互独立的路德宗教会，它们都处于同一个组织——世界路德宗联盟之下。

圣公会
1534年，英国伦敦

16世纪，英王亨利八世因欲与阿拉贡的凯瑟琳离婚而向教宗请愿，引起教会与政权之间的冲突，导致圣公会从罗马教会分离出来。圣公会一开始保持了公教会的许多特点，但后来受到新教改革家的影响。今天的圣公会中既有注重礼仪的教徒，即高派教徒，也有礼拜仪式简单的福音派信徒。圣公会在世界范围内有30个自治教会，也叫作圣公会联谊会。所有圣公会信徒都相信《圣经》的重要性，认可延续不断的主教传承（追溯到使徒），施行洗礼和圣餐两种圣事（见228页）。

门诺会
1540年，荷兰

荷兰传道人门诺·西门斯原来属于公教会，他于1536年加入了激进的基督教改革团体再洗礼派，推崇教会改革、和平主义及只有成人洗礼才有效的观点。门诺的追随者称为门诺会教徒，遍及欧洲。德国门诺会信徒是最早到达美洲定居的，很多俄国门诺会信徒在"二战"后移居美国。今天，大多数门诺会信徒居住在北美地区，秉持以《圣经》为根基的信仰。他们期盼基督复临，过着圣洁、祈祷的生活。该派信徒非常重视传教和救济工作。

长老会
16世纪，苏格兰

长老会源自16世纪以法国神学家约翰·加尔文（见237页）为代表的宗教改革家。除了影响深远的预定论思想外，加尔文认为基督徒团体应由长老来管理。这引起了苏格兰教会领袖的关注，他们热切希望提升人们参与宗教事务的热情。长老会的名称就源于由长老（即牧师或长者）而非主教进行管理之意。公理会也出于类似原因在英格兰等地发展起来，这也是美洲清教徒前辈移民的宗教。在20世纪晚期，长老会信徒和公理会信徒联合形成世界归正宗联盟，其信徒认为救赎是上帝给予的恩赐。

浸信会
17世纪早期，尼德兰和英国

最早的浸信会信徒是英国新教徒，其教会由托马斯·赫尔维于1612年在英格兰建立。浸信会信奉《圣经》至上，认为只有可以宣告自己信仰的成人信徒才可接受洗礼。浸信会教会遍及美国各处，在黑人社区中尤为盛行，在世界范围内都有其根基，也是当今世界上最大的基督教团体之一。

贵格会
1650年，大不列颠

贵格会由乔治·福克斯创建于17世纪。"贵格会"之名来自福克斯对一个地方法官说，在上帝的名字面前要颤抖。福克斯及其追随者中不设神职人员，不行圣事，没有仪式，相信教友（这是他们对自己的称谓）可以与上帝直接交流。他们反对战争，拒绝立法律誓言。虽然他们曾普遍遭受迫害，但今天因其在倡导和平、监狱改革、废除奴隶制等方面的斗争而得到了世人的敬仰。现代的贵格会仍然强调与上帝的直接联系，信徒会安静地聚集在一起，直到有人被圣灵感动而发言。

阿米什派
17世纪晚期，瑞士

阿米什派是发源于瑞士的一个严格新教团体，在门诺会牧师雅各布·阿曼的领导下建立起来。今天的大部分阿米什派信徒都居住于美国东部。在现存的几个阿米什团体中，最引人注目的是旧信条阿米什派，他们穿着传统服装，拒绝发动机、运输装备等新发明，自己开办学校，互助协作而拒绝国家福利。他们在家中做礼拜，各家各户轮流主持礼拜天的崇拜活动。

摩拉维亚弟兄会
1722年，德国萨克森

1722年，德国伯爵尼古拉斯·冯·亲岑多夫邀请了一个来自摩拉维亚（位于今天的捷克共和国）的新教徒团体，在其位于萨克森的庄园建立了一个组织。该派最早可追溯至最早的新教徒，是1415年被烧死在火刑柱上的宗教改革家胡斯的追随者，即人们所知的摩拉维亚弟兄会。他们以《圣经》作为信仰和行为的指引，认为教义无关紧要。他们做礼拜的一个重要内容是一同享用被称为"爱宴"的聚餐。他们重视福音的传播，向世界各地派遣传教士。

循道宗
18世纪20—30年代，英格兰

18世纪，约翰·卫斯理在英格兰建立循道宗。循道宗现为英国四大教派之一，在全世界有逾7000万信徒。循道宗信徒认为基督徒应遵循《圣经》中所述之"道"生活，将重心放在《圣经》而非仪式上。该派极其重视讲道。

震颤派
约1758年，英国

"震颤派"因信徒在宗教入神时身体颤抖而得名。该派创始人安·李自称得到启示：自己是基督的女性化身。她和追随者在英格兰受到迫害，遂迁至美国，他们在那里财产共有，独身生活。尽管该派在19世纪甚为流行，但到了20世纪信徒人数减少，现在仅有少量信徒。不过，他们因其生活简朴、使用自制的简单家具仍受到人们的尊重。

一位论派
1774年，英格兰

一位论派相信只有唯一的上帝而并无三位一体（见212~219页），他们从人类经验而非宗教教义中寻求真理。16世纪，一位论的观念开始出现在波兰、匈牙利和英格兰，但直到1774年才在英格兰出现首个一位论派教会。美国第一个一位论派教会出现于1781年。20世纪，该派信徒人数减少，但今天他们在美国和欧洲仍较兴旺。该派教会之间相互独立，不设教会等级秩序。

摩门教
1830年，美国纽约

耶稣基督后期圣徒教会由美国人约瑟夫·史密斯创建。他宣称受天使指引发现了刻有上帝话语的金片。他把这些文字翻译出来，为《摩门经》（1830年）。《摩门经》及其他摩门教文献，与《圣经》一并形成了该教派经书。史密斯宣称他受到进一步启示，有权带领教会；启示还告诉他允许一夫多妻制，所有人皆可成神。1844年在他死后，摩门教徒跟随新领袖杨百翰前往犹他州，在那里摩门教的势力一直都很强大。

普利茅斯弟兄会
1831年，英格兰普利茅斯

普利茅斯弟兄会最初是一个拒斥既有新教教会宗派特征的基督徒团体。该团体认为宗教形式无关紧要，相信所有人都应有获得信仰的平等权，因此该派不设神职。该派信徒都热衷于传道，重视日常礼拜、学习《圣经》和传教工作。1848年，出于对一些神学议题的分歧及对教外人士的不同态度，该团体分成两派，开放弟兄会和闭关弟兄会。据估计，当今世界普利茅斯弟兄会约有200万信徒。

基督弟兄会
1848年，美国弗吉尼亚州里士满

基督弟兄会的名称反映出其英国创始人约翰·托马斯的一个愿望：回到耶稣初期门徒的信仰。他反对使用"基督教"一词，认为基督教会歪曲了基督的真实信息。该派信徒谨遵耶稣教导，但拒斥三一论，期盼基督复临。他们的教会不设神职，信徒不参与政治选举，拒服兵役。

基督复临安息日会
1863年，美国密歇根州巴特克里克

基督复临安息日会属新教教派，其信徒相信耶稣基督的复临即将到来。到那时，基督将会回到世上，摧毁撒旦并创造一个新世界。美国基督复临安息日会的威廉·米勒宣称这一过程会在1843年前后开始，而那一年并无任何迹象发生。他责怪人们不愿守安息日（因此有了"基督复临安息日会"这一名字），并于1863年建立了教会。该派信徒遵守《旧约》的饮食戒律，禁止世俗追求（如赌博和跳舞），在礼拜六守安息日。

救世军
1865年，英国伦敦

循道宗传道人威廉·布斯1865年在伦敦建立了救世军。他的信仰深受其宗教背景的影响，而该宗派组织又受到军队模式的启发。教会领袖就是将军，牧师就是军官，他们身着统一制服。布斯的目标是有组织大规模地开展传教和社会工作，该派因扶贫济困而声名远扬。

基督教科学派
1879年，美国马萨诸塞州波士顿

玛丽·贝克·艾迪受伤后不治而愈，从此她便致力于复兴耶稣传道初期的医治工作。她自称能给人治病，相信人只要能理解上帝与爱之间的联系便可治病救人。艾迪于1879年建立了基督教科学派，她本人的著作和《圣经》成为该教派的基础。在该教派的礼拜仪式中没有讲道，而是阅读艾迪著作和《圣经》。基督教科学派在今天已在逾80个国家都建立了教会。

五旬节派
1900—1906年，美国堪萨斯州托皮卡、加利福尼亚州洛杉矶

五旬节教会盛行于发展中国家和发达国家的贫困社区。该派名称源于第一个五旬节，五旬节到来时圣灵像火舌一样降临在使徒身上（见219页）。该派可追溯至传道人查尔斯·帕翰所做的工作。五旬节派强调灵性体验，如医治、驱魔、预言和受圣灵洗礼后说方言。帕翰的学生威廉·西摩在洛杉矶建立了使徒信仰福音会，这也带动了五旬节派教会在世界各地的建立。

灵恩派
20世纪50—60年代，起源于多地

灵恩运动是一个世界性的基督教复兴运动。其信仰的核心是灵恩，也就是圣灵的恩赐（见219页）。其信徒往往采取非正式的礼拜仪式，通常认为基督的复临即将到来。该派强调圣灵的重要性，认为圣灵会在信徒受洗时进入人的内部。

新非洲教会
20世纪，非洲

在过去的100年间，基督教在非洲撒哈拉以南迅猛发展，并形成了自己独特的形式。在19世纪晚期，非洲开始抵制西方传教士带来的基督教，并建立起独立的非洲教会。最大的教会有建于刚果民主共和国的金邦古教，拥有1000万信徒；具有类似规模的还有在贝宁建立的天堂教会。许多此类教会都兴起于遭到迫害的年代，有强烈的圣地意识。

伊斯兰教各支派

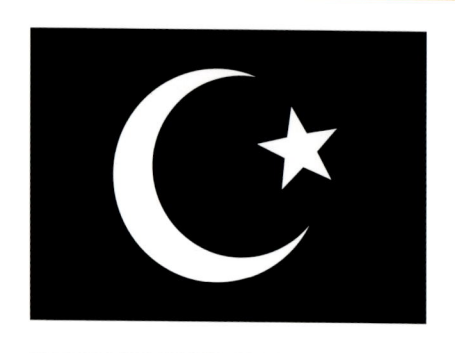

伊斯兰教是三大一神教中最晚兴起的宗教，发源于中东后迅速传播，对全世界的学术和政治产生了巨大的影响。伊斯兰教内部发生的最大分裂是形成逊尼派和什叶派两派，分裂的原因是早期穆斯林团体在首位领导人穆罕默德合法继承人的问题上产生分歧，随后关于领导权的冲突进一步导致分化。不过，在伊斯兰教中也有教派因教义差别而产生，如伊斯兰教神秘主义派别苏菲派，该派遭到一些更为正统的穆斯林团体的强烈反对，后者认为苏菲派的宗教活动是非伊斯兰的。

逊尼派
公元7世纪，阿拉伯半岛

全世界穆斯林中有超过85%的人属于逊尼派。除了伊朗、伊拉克、阿塞拜疆和一些海湾国家外，绝大多数伊斯兰国家的穆斯林主体都是逊尼派。逊尼派的发起者相信艾布·伯克尔（穆罕默德的伙伴和岳父）应继承先知做首位领导人或哈里发（字面意思为"继承者"）。逊尼派穆斯林不仅以"逊奈"即穆罕默德的传统作为指导穆斯林生活的规范准则，还遵从于哈乃斐、马立克、罕百里和沙斐仪这四大教法（沙里亚法）学派之一。

什叶派
公元7世纪，阿拉伯半岛

什叶派以阿里的追随者和阿里党人命名。早期穆斯林团体中阿里党人宣称穆罕默德已经任命了他的堂弟阿里为继承者，领导穆斯林大众的宗教信仰。什叶派最大的支派确认阿里及其11位后代作为伊玛目，即伊斯兰教的精神领袖，其权威来自真主。这个支派被称为十二伊玛目派。而什叶派穆斯林的另一个分支七伊玛目派不承认阿里世系的后五位伊玛目。这两派与逊尼派在教义上也存在分歧，如他们认为真主可以改变自己的决定。

哈里哲派
公元7世纪，中东

公元656年，第三位哈里发奥斯曼·伊本·阿凡遭到暗杀，这引发了致使伊斯兰世界发生分裂的尖锐冲突。处于该事件中心的是一个对此次暗杀行动负责的反叛穆斯林团体，这一组织后被称为哈里哲派，该名称源于阿拉伯语"离开"或"退出"。他们认为哈里发不应通过继承、而要通过选举产生。该宗派因极具战斗性及对既有权威的反叛而获得声望，有些宗教学者将他们的行动释为正义之举。哈里哲派认为应恪守《古兰经》教导，一字一句不得有分毫偏差，应恪守伊斯兰教规生活，并坚称犯大罪者便不再是穆斯林。早期的哈里哲派因频繁起义几被消灭殆尽，但是其温和派团体仍存留至今，在北非、阿曼和桑给巴尔都有分布。

伊斯玛仪派
公元7世纪，阿拉伯半岛

伊斯玛仪派是什叶派的一个支派，其本身也有很多分支，包括德鲁兹派（见下页）。该派源于公元7世纪晚期的什叶派内部关于谁该继承第六代伊玛目贾法尔·萨迪克的纷争。认为其子伊斯玛仪是合法继承者的人创建了一个独立的团体，称为伊斯玛仪派。尽管在伊斯玛仪派内部也有不同观点，但该派信徒都坚持关于真主、先知穆罕默德、《古兰经》和沙里亚法的基本穆斯林信仰。而他们的主要教义中有一个基本信仰，即伊斯兰有隐义和表义两个方面，内在隐藏于表义文字中的真理要通过伊玛目才能彰显。伊玛目对《古兰经》隐义的解释对于穆斯林团体来说具有约束力。

德鲁兹派
11世纪，中东

德鲁兹派的信仰是从伊斯玛仪派教义发展而来的。该宗派的特点是极其隐秘——许多教义和实践不仅对外部世界保密，而且对自己的成员也有所隐瞒。德鲁兹信徒分为知密者（被传授者）和无知者（未被传授者）；只有知密者才能接触宗教的神圣经典，并能参加完整的宗教仪式和典礼。德鲁兹派的大部分信众现在居住于黎巴嫩，还有少量分布在叙利亚和以色列。

苏菲派
13世纪，土耳其

伊斯兰教神秘主义和禁欲主义的分支称为苏菲派（见282～283页）。信徒追随一位精神导师，寻求对真主的直接个人体验，其特点是强烈、狂喜入迷的体验，包括出神状态。旋转舞派是一个苏菲教团，该派的旋转舞便是感受到真主的一种方式。由于苏菲主义中有这种带来人神合一的功修，苏菲派便有了叛教的罪名。但他们坚称对真主之爱的体验是他们的信仰之锚，并且他们还和其他穆斯林一样奉伊斯兰教法（见272～273页）为圭臬。

赛莱菲耶派
19世纪晚期，埃及

赛莱菲耶派是逊尼派内部的一支现代保守派别，他们将伊斯兰教先贤，即早期穆斯林，作为其伊斯兰行为的模范与指引。该派别被视为针对19世纪末西方特别是欧洲意识形态传播的一种回应。该派教徒相信只有清除外来影响才能确保向"纯正"信仰的复归。他们对拜偶像和异端（标新立异的思想）的罪过有严格的解释，并抵制凯拉姆，即教义思考。该派信徒坚持沙里亚教法（见272～273页）的指导地位和古兰经的表义。据称赛莱菲耶派是世界上发展最快的伊斯兰教派别。

伊斯兰民族组织
20世纪30年代，美国

伊斯兰民族组织在20世纪30年代美国经济大萧条时期兴起于非裔美国人地区，其创始人是法尔德·穆罕默德，有人认为他有神性。其他重要人物还有民权活动家马尔科姆·艾克斯和路易斯·弗拉克汉。该组织致力于将伊斯兰教核心信仰和争取非裔美国人团结与权利的政治议题相结合。伊斯兰民族组织被指控为黑人至上主义和反犹主义，然而该组织在传播黑人的信仰与平等理念上卓有成效，而且该组织恪守严格的道德规范。

词汇表

宗教名称缩略语：
（道及其他）道教和其他中国宗教
（佛）佛教
（基）基督教
（耆）耆那教
（神）神道教
（琐）琐罗亚斯德教
（锡）锡克教
（伊）伊斯兰教
（印）印度教
（犹）犹太教

《阿底格兰特》（锡）（或作《元经》）见《古鲁·格兰特·辛格》。

《阿维斯塔》（琐）琐罗亚斯德教的主要经典。

《奥义书》（印）包含印度教哲学教导的神圣典籍；又称《吠檀多》，《吠陀经》的最后部分。

《吠陀经》（印）赞美众神的诗歌与文献典籍。

《古兰经》（伊）真主向先知穆罕默德降示的语言，后来成为伊斯兰教的神圣经典。

《古鲁·格兰特·辛格》（锡）（或作《元经》）锡克教圣书，也称为《阿底格兰特》。

《古事记》（神）神道教的神圣经卷。

《哈加达》（犹）早期拉比的教导，包括神话、历史叙事及民族格言。

《论语》（道及其他）由孔子的弟子编写的关于孔子及其弟子言行的著作。

《密西拿》（犹）犹太口述传统的第一个文本，也是拉比犹太教的首个主要著作。

《圣经》（基）基督教的神圣文本，由多部书卷集合而成。基督教《圣经》由《旧约》和《新约》组成，《旧约》包含犹太律法书、历史书、先知书；《新约》记录了耶稣的生平、工作及其信徒和早期教会的情况。另见希伯来《圣经》。

《圣训》（伊）关于先知穆罕默德事迹与教导的传统记录；伊斯兰教法和道德指引的第二大资料来源，地位仅次于《古兰经》。

《塔木德》（犹）探讨与阐释《托拉》的文献，由犹太教学者与拉比编纂而成，是伦理建议与教导的依据，对正统派犹太教徒尤为如此。

《托拉》（犹）希伯来《圣经》中的前五本书，是上帝在西奈山上赐予摩西的教导。

《往世书》（佛，印，耆）《吠陀经》之外的经卷，讲述印度教众神的起源与行为以及宇宙的创造、毁灭和再造的故事。

阿亢德·帕特仪式（锡）连续诵读《元经》经文的仪式。

阿什肯纳兹犹太人（犹）来自欧洲中部与东部的犹太人，其后裔分布在世界各地。

阿罗汉（佛）达到涅槃的完美存在者。

安拉（伊）独一神之名。

安息日（犹）犹太日历一星期中的休息日，从星期五日落持续至星期六日落。

八正道（佛）佛教徒为从生死轮回中解脱出来的修行之道，分别为正见、正思维、正语、正业、正命、正精进、正念、正定。

不二论吠檀多（印）发展于公元9世纪的一个印度哲学派别，围绕"梵"的核心观念为《吠陀经》提供了一套标准的解释。

不伤生（佛、印、锡）一种在思想和行动上的非暴力思想。

成人礼（犹）犹太男孩或女孩成人的宗教仪式，标志着他们在宗教上到达成人阶段。

诚实语（印）真理，或正确而永恒之物。

达显（印）通过观看神像进行崇拜的方式。

道（道及其他）个人所要遵循的道路或方法；自然运行的根本方式或规则。

道成肉身（基）关于耶稣基督位格中神人二性合一的信仰。

短剑（锡）锡克教徒佩戴的短剑，锡克教标志性的"五K"之一。

短衣裤（锡）锡克教徒穿在外衣里的长短裤，锡克教标志性的"五K"

词汇表

之一。

发梳（锡） 锡克教徒头上戴的小梳子，锡克教标志性的"五K"之一。

法（佛） dharma的变体，最常用于佛教。

法（印） 宇宙和世界的根本道路或形式，也指人必须遵循的道德之路。

法令（伊） 由受认可的宗教权威人士就伊斯兰教法的某一点所给出的非约束性判定。

梵天（印） 创造神，印度教三相神之一。

梵（印） 宇宙之非人格、永恒不变的神圣实在。所有其他神明都是梵的各个方面。

佛（佛） 觉悟者。

封圣（基） 基督教会封某人为圣徒的过程。

封斋（伊） 禁食，特指斋月期间的斋戒；伊斯兰教的五功之一。

伽萨（琐） 琐罗亚斯德教中的最神圣经籍，可能由琐罗亚斯德本人写成。

甘露；甘露礼（锡） 宗教仪式中使用的甘甜圣水，是锡克教入教仪式采用的特定礼仪。

钢手镯（锡） 锡克教徒右手腕上戴的钢环，锡克教标志性的"五K"之一。

格卜莱（伊） 穆斯林礼拜时面朝的方向，即麦加**克尔白**的方向。

格兰缇（锡） 看管《元经》和**谒师所**的

神职人员；格兰缇也是专业读经者。

古鲁（印） 老师；（锡）锡克教中的十位创始上师之一。

哈菲兹（伊） 对能全文背诵《古兰经》之人的尊称。

哈吉（伊） 到麦加朝觐，是伊斯兰教的"五功"之一，每一位穆斯林都希望在自己一生中前往麦加朝觐。

哈兰（伊） 被禁止之行为；神圣之物或不可侵犯之物。

哈西德（犹） 18世纪出现的一个强调神秘主义的犹太团体成员。

哈斯卡拉运动（犹） 18-19世纪在欧洲犹太人当中发起的犹太教启蒙运动。

行业（印） 今生或前世的经历留在心灵中的印记；印度教教徒的人生仪礼。

和（道及其他） 和谐，在其中集体高于个人。

化身（印） 印度神明的化身，特指毗湿奴神的不同化身。

谒师所（锡） 锡克教的礼拜场所，也是放置《元经》之处。

基督（基） 字面意思为"受膏者"，是耶稣的名号。

吉哈德（伊） 以真主之名与恶进行斗争的宗教职责，包括精神与肉身两个层面。

坚振礼（基） 已受洗信徒举行的宗教仪式，以坚固自己的基督教信仰。

觉悟（佛） 对终极真理的发现，苦的

尽头和结束。

节日（神） 神道教中的节日或仪式，通常信徒会列队到神社祭拜。

洁食（犹） 宗教律法所认可的，特指犹太教饮食律法规定可以吃的食物。

解脱（印） 从生、死、重生的轮回中解放出来；亦称作mukti。

诫命（犹） 来自上帝的律条，特别指十大诫命之一或《托拉》中613条命令之一。

经（佛，印） 教义集，特别指佛陀的话语。

净土（佛） 一些佛教派别认为信徒死后的灵魂去往的天堂；日本佛教中所说的"净土"。

卡巴拉（犹） 一种基于希伯来《圣经》秘传阐释的古老犹太教神秘主义传统。

卡尔萨教团（锡） 锡克教新信徒的团体，由戈宾德·辛哈上师创建。

凯拉姆（伊） 探讨与辩论，尤与伊斯兰教义学相关。

亢达（锡） 戈宾德·辛哈上师在创立卡尔萨教团的仪式上用过的双刃剑，现为锡克教的一个象征。

科尔坦（锡） 颂唱赞美诗歌，是锡克教徒崇拜的一个重要组成部分。

克尔白（伊） 伊斯兰教最神圣的建筑之一，位于麦加禁寺，是踏上**哈吉**之路者的主要目的地。

苦（佛） 苦难或不顺；众生皆苦的

观念，佛教"四圣谛"中之第一谛"苦谛"。

苦行僧（印） 奉献毕生精力追求神的圣洁之人。

昆达里尼（印） 缠绕在脊椎底部的生命力或能量。

拉比（犹） 犹太团体的老师和精神领袖。

拉比的（犹） 与拉比相关的。

喇嘛（佛） 藏传佛教中的上师，尤指经过特有瑜伽修行或其他修行之人，或指作为以前精神领袖的转世者。

莱麦丹（伊） 伊斯兰历的九月，斋月。

礼拜（伊） 伊斯兰教"五功"之一；穆斯林每天要做五次礼拜。

利（印） 对物质财富的追求，属于**人生四行期**中的第二阶段，即"家居期"应履行的一种职责。

灵恩（基） 由上帝的圣灵赐予信徒的"属灵恩赐"，通过诸如医治的能力、讲方言等形式得以彰显。

轮回（佛，印） "诞生、生命、死亡和重生"的往复循环。

玛塔（印，耆） 寺院和其他类似宗教场所。

曼陀罗（佛） 一种神秘图案，常用于描绘一种关于宇宙的观念，在打坐和其他仪式中（特别是在藏传佛教中）用来让人凝神关注。

毛拉（伊） 可在清真寺中宣讲和领拜的伊斯兰教学者。

米哈拉布（伊） 清真寺大殿中的壁龛，指明**格卜莱**，即礼拜的方向。

摩提（印） 神的画像或塑像，被视为神灵寓居之所。

涅槃（佛） 从生死轮回中解脱出来的境界。

摩耶（印） 感官体验到的世界幻象。

婆罗门（印） 祭司，或最高知识的寻求者；祭司阶层，**法**的管理者。

菩萨（佛） 在成**佛**之路上暂时放下最终觉悟以度众生达到同等境界之人。

普迦（印） 通过仪式进行崇拜。

耆那（耆） 灵魂导师，见**祖师**。

气（道及其他） 中国传统哲学中所说的世界万物运行的生命力或推动原则。

气功（道及其他） 通过呼吸来调整身体、意识以及灵魂健康的活动。

清真（伊） 符合教法的行为，特指正确宰杀牲畜的方法以及正确宰杀动物之肉。

清真言（伊） 穆斯林的信仰宣告："万物非主，唯有真主；穆罕穆德是真主的使者"；伊斯兰教五功之首。

仁（道及其他） 儒家的"爱"或利他主义。

人生四行期（印） 印度社会体系中的人生四阶段，分别为梵行期、家居期、林栖期、遁世期。

四圣谛（佛） 佛教的一个核心教义，是关于**苦**的本质、原因以及克服苦的方法的阐释。

四福音书（基）《新约》中讲述耶稣生平和学说的四部书，作者分别为耶稣的门徒马太、马可、路加和约翰；"福音"一词还可指基督教教义的内容。

萨瓦（锡） 为他人服务，锡克教的重要原则之一。

塞法迪派犹太人（犹） 来自西班牙、葡萄牙或北非的犹太人或其后裔。

三相神（印） 印度教的三个主要神明：梵天、毗湿奴和湿婆，或指他们的三重图像。

三位一体（基） 由圣父、圣子和圣灵三位格组成的独一上帝。

僧伽（佛） 佛教僧尼团体。

沙里亚（伊） 穆斯林一生必须遵循的路径，即基于《古兰经》和《圣训》的伊斯兰教法。

什叶派（伊） 穆斯林两大团体之一，相信穆罕穆德的堂弟阿里是哈里发的正统继承者。另见**逊尼派**。

什尔克（伊） 拜偶像或信仰多神的罪。

神（神） 神道教的神灵。在神道教多神信仰中有成千上万的"神"。

神我（印） 存在于宇宙万物中的永恒与真实的自我。

圣餐（或作圣体）（基） 基督教的主要圣事之一，把酒当作耶稣的血饮下，把无酵饼当作耶稣的身体吃下；圣餐在公教会中称为"弥撒"，圣公会用Holy Communion指代圣餐，各种

词汇表 343

正教会用 the liturgy 指代圣餐。

圣像（基） 圣人图像，一般是对基督或某位圣徒形象的描绘，常用于崇拜时目光专注的对象，东正教会中尤为盛行。

圣礼/圣事（基） 基督教中庄严的仪式。公教会与东正教会承认七圣事：洗礼、圣餐（圣体）、告解、圣秩、坚振、婚姻、终傅。大多数新教教会只承认两个圣事：洗礼和圣餐。

圣训集（伊） 见圣训。

手印（佛，印） 具有象征意义的手势。

守护灵（琐） 人的灵魂在与恶征战时的守护天使。

苏菲（伊） 伊斯兰教一个神秘派别中的成员，其信仰以个人与真主的关系为核心。逊尼派、什叶派及其他伊斯兰教派中都有苏菲教团。旋转舞者的癫狂舞蹈是苏菲主义的一种修行方式。

坦陀罗（佛） 一些佛教派别（主要为藏传佛教）中有助于信徒到达觉悟而使用的经卷，或指基于这种经卷的修行。

天课（伊） 以缴税形式给穷人的施舍；伊斯兰教的五功之一。

天启书（印） 指《吠陀经》和《奥义书》中的部分内容。

外邦人（犹） 非犹太人。

我（阿特曼）（印） 个体的自我。

无我（佛） 佛教徒追求的一种摆脱"自我"的自由境界。

无常（佛） 存在的非永久性。

无为（道及其他） 未经计划、自然而然的行为。

希伯来《圣经》（犹） 形成犹太教基础的神圣经籍，包括《托拉》、先知的启示以及其他神圣文本；基督教《圣经》中的《旧约》部分。

洗礼（基） 基督教圣事（圣礼）之一，以浸水或点水的仪式表示接受信徒加入基督教会。

须发（锡） 蓄发留须，锡克教标志性的"五K"之一。

逊奈（伊斯兰教） 穆罕默德的生活方式，是穆斯林行为的榜样，记录在《圣训》中。

逊尼派（伊） 穆斯林两大团体之一，其信徒支持选举出来的哈里发。另见什叶派。

源质（犹） 十种流溢，卡巴拉中神的属性。

伊玛目（伊） 清真寺中的领拜人；或指什叶派穆斯林团体的领袖之一。

业（佛，印） 影响轮回转世的道德因果法则。

约（基） 上帝与以色列民之间的约定，在此约定中，以色列民是上帝的选民，在上帝与人类的关系中扮演特殊的角色。

阴阳（道及其他） 中国哲学中宇宙的两个基本原理，两者对立且互补，其互动创造的整体要大于二者任意一方。

雅威（犹） 犹太教中代表上帝之名的四个字母，人们认为其过于神圣而不可言说，只能将其发音为"雅威"。

瑜伽（印） 一种身心修行方式，印度教哲学六大学派之一。

至福（印） 至高的福分。

章节（伊） 指《古兰经》中最小的条目，是简短的章节，或称"迹象"。

宗教虔信（或作巴克提）（佛、印） 通过对一个神明的虔诚信奉以求解脱或涅槃。

咒语（佛，印） 用于带来"心灵变化"的一种神圣声音或词语；在印度教中指《吠陀经》中的韵律诗歌。

主颂（锡） 锡克教关于信独一神的声明，由那纳克上师写作而成；亦称为 mool mantar。

坐禅（佛） 打坐，冥思，修行。

祖师（耆） 耆那教24位祖师或耆那中的一位，给信徒指明了耆那教信仰的道路。

祖尔万（琐） 时间之神；一些琐罗亚斯德教派中的原初存在，智慧之主阿胡拉·马兹达和破坏之灵安格拉·玛依纽都源自其中。

索引

A

（澳大利亚）土著人 19,34～35
阿卜杜拉·伊本·欧麦尔（伊斯兰教）265
阿布·哈桑·艾什尔里（伊斯兰教）277
阿迪·商羯罗（印度教）91,118～121,122,329
阿胡拉·马兹达（琐罗亚斯德教）62～63,64,65,327
阿里·伊本·艾比·塔利卜（伊斯兰教）271
阿弥陀佛（佛教）156,330,331
阿米什派（基督教）335～336
阿耆尼（印度教）火神96
阿瑟·叔本华 91,129
阿什肯纳兹犹太人（犹太教）166～167,332
阿威罗伊（伊本·路世德）（伊斯兰教）278
阿维森纳（伊本·西那）（伊斯兰教）250,276,280
阿伊努 19,24～25
阿育王（佛教）147
阿兹特克文明 18,42～45
埃及神明阿努比斯 59
艾布·伯克尔（伊斯兰教）271,283,338
艾塞尼派（犹太教）180
奥丁神（维京人）86～87
奥西里斯（古埃及）58～59
阿布·哈米德·穆罕默德·安萨里（伊斯兰教）279

B

巴比伦王朝 54,56～57,176～177,179～180,183
巴尔·谢姆·托夫（犹太教）188
巴哈伊教 295,308～309,326
柏拉图 62,210～211
拜加人 19,32
本笃会（基督教）220,222,223
辩喜（印度教）123
波尼人 18,46～47

C

超觉静坐派（印度教）294,295,320
船货崇拜（太平洋群岛）294,295,311
创价学会 331

D

道教 55,66～67,327
　长生不老观 67
　对统治者的忠告 75
　静修 67
　儒教（儒家思想）中的道教元素 55,77
　身心修行 112
　太极 66
大乘佛教 114,128,129,154～157,330～331
大德兰（基督教）238
大雄（耆那教）55,68～69,71,90,94
德鲁兹派（伊斯兰教）338,339
蒂科皮亚人 19,50
东方正统教会（基督教）334
东正教（基督教）203,334～335
洞穴壁画 20～23
多贡人 19,48～49

F

佛教 326
　禅定,打坐,冥思 141～142,144,146～147,156,157,162～163,330,331
　传播和多样化 129
　存在主义 151
　对吠陀宗教的否定 133,134
　曼陀罗 156,158,331
　菩萨 152～157
　菩提树 132,138
　日本 82～83,85,310,330
　儒教（儒家思想）中的元素 77
　时间轴 128～129
　数论哲学（印度教）113,329
　顺世派哲学 132,133～134
　寺院生活 134,135,145,330,331
　象征主义 155～156
　仪式和念经 158～159,331
　藏传佛教喇嘛 159
佛教信仰
　《本生经》故事 154～155
　八正道 135,138～143,154,330
　摆脱"三毒" 113
　摆脱无尽的轮回 136～143
　辩论的重要性 144
　不断变化的自我 148～151,157
　不杀生 146～147
　慈悲心 146～147
　道德准则 140～141
　反对虚无主义（断见）133～134

索 引

关于轮回的佛法 136~143,155,331
互联性 130~135,142~143,
　148,150,157
获得智慧的各阶段 144
觉悟 54~55,129,132,144,145,
　154~157,330
苦谛 129,134,138,139
人的欲望与需求 138~139
舍己（无私）之行 110
四圣谛 128~129,135,138~139,
　140,142,154
俗谛与真谛 151
为达到涅槃而修行 139,141~143,155
唯识宗 158
我执和存在意义上的痛苦 161
无常 134,135
无我 134,135
五戒 146~147,330
中道 129,132~134,135,145,147,148
重生 154~157,331
佛教各支派 330~331
　藏传佛教 158~159,330~331
　禅宗（见禅宗）
　创价学会 331
　大乘佛教 114,128,129,154~157,
　　330~331
　佛教密宗 129,154,158~159,331
　净土宗 330
　日莲宗 145,331
　三宝普济会 331
　小乘佛教 129,140,145,150,155,330
佛教人物 129,154~157,159
　阿弥陀佛（无量光佛）156,330,331
　阿育王 147
　大慈大悲观世音菩萨 155~156,159
　龙树（哲学家）157
　那先比丘（圣人）149~151
　乔达摩·悉达多（佛陀）90,128,
　　132~133,138,326
　十六（或十八）罗汉 149
　西田几多郎（禅宗）161
　玉佛 150
佛教典籍
　《巴利经》128,140,330
　《般若波罗蜜多经》157
　《弥兰陀王问经》149~151
　《妙法莲华经》（《法华经》）
　　155,330,331

佛教禅宗 144,148,160~163,331
　曹洞宗 132~163,331
　觉悟过程 160~161,162,163
　临济宗 162,331
　菩提达摩 160,163
　日本的 129,162~163
　西田几多郎 161
锡安主义（犹太教）167,189,
　196~197
坐禅 162~183
伐楼拿（印度教）97
法尔德·穆罕默德（伊斯兰民族
　组织）339
法利赛派（犹太教）210
梵（印度教）91,95,96,97,102~105,
　122~123
佛教净土宗 330
佛教密宗 129,154,158~159,331
佛教唯识宗 158
弗里德里希·施莱尔马赫（基督教）
　243~245

G

古埃及 58~59
　奥西里斯 58~59
　卡，灵性生命力 58,59
　来世信仰 54,58~59
　木乃伊化 58~59
　神圣法老崇拜 54
　亡灵保护神阿努比斯 59
盖丘亚印第安人 18,36~37
高迪亚毗湿奴派（印度教）322
高台教 295,306,316,326
戈宾德·辛哈上师（锡克教）299,
　300,302,303
公理会（基督教）335
古罗马 80~81
观世音菩萨（佛教）155~156,159
古希腊 78~79
　柏拉图 62,210~211
　米诺斯文化 54,78
　神谕 79
　亚里士多德 62,203,229,277,281

诸神等级 55
贵格会（基督教）335

H

哈里哲派（伊斯兰教）338
哈吞·如纳 36~37
哈西德派（犹太教）167,187,188,295,
　332
海地伏都教 305
海尔·塞拉西（拉斯塔法里教）
　312~315
赫伯特·本森（祷告学习）246
胡帕人 18,51
混合型宗教萨泰里阿教 294,304~305

J

基督教 326
　柏拉图哲学 62,210~211
　大分裂 202,203,226
　大公运动 224
　等级结构 226
　第四次拉特兰公会议 226,227
　对安第斯木乃伊的破坏 37
　和索西人的宗教 45
　科学发现带来的影响 203,242~245
　浪漫主义的影响 243~244
　玛雅文明 45
　社会变革运动 207
　时间轴 202~203
　使用拉丁语 232~233
　文艺复兴和人文主义带来的挑战
　　203
　西班牙宗教裁判所 203
　希望神学家 247
　新教改革 203,221,227,232~237
　修院制 222~223
　殉教 209,211

亚历山大的奥利金 210~211
异教徒 65,227,242
与犹太教根源相分离 206~207
宗教聚会和教会成员 224~225
宗教战争 203
基督教信仰
　阿里乌主义与一神论 216
　变体论 228~229
　不朽 210~211
　祷告的意义 246~247
　地狱的含义 225
　对上帝预知未来的否定 246~247
　教宗权柄 226,227
　宽恕罪人 206
　炼狱 233~234
　弥赛亚，和基督复临 202,204~206,335,337
　三一论 202,214~219,334,336,337
　神迹 206
　圣餐（圣体）202,203,227,228~229,335
　圣事（圣礼）202,226~227,334~335，另见圣餐
　十诫 264
　赎罪券 233~234
　耶稣的道成肉身 208
　婴儿洗礼 220~221
　有条件的不朽和对二元论的拒斥 211
　原罪 221
　自由意志和贝拉基之争 220~221
基督教各支派 334~337
　阿米什派 335~336
　本笃会 220,222,223
　东方正统教会 334
　东正教 203,334~335
　公理会 335
　贵格会 335
　基督弟兄会 336~337
　基督复临安息日会 337
　基督教科学派 326,333,337
　基督教人文主义 234,237
　浸信会 335
　敬虔派 243
　救世军 337
　科普特教会 334
　拉斯塔法里教 294~295,305,312~315,327
　灵恩派 219,306~307,337

　罗马公教会 203,210,226,227,236~237,334
　门诺会 335,336
　摩拉维亚弟兄会 336
　摩门教 294,295,306~307,326,336
　普利茅斯弟兄会 336
　撒伯流派 216,217
　圣公会 221,236,335
　五旬节教会 218,219,337
　新非洲教会 337
　新教自由派 242~245
　循道宗 203,239,336
　亚美尼亚教会 334
　耶稣会 237
　一位论派 218,296,321,336
　印第安浸信会，循道宗和福音派教会 46
　长老会 236,335
　震颤派 336
基督教人物
　大德兰（加尔默罗会修女）238
　弗里德里希·施莱尔马赫（神学家）243~245
　海尔·塞拉西（拉斯塔法里教）312~315
　卡尔·巴特 218,219,245
　马丁·路德（宗教改革家）203,233~235,239,335
　马库斯·加维（拉斯塔法里教）314
　门徒 205,227
　乔治·福克斯（贵格会）335
　圣安东尼 221,223
　托马斯·阿奎那 203,228~229,242
　托马斯·赫尔维（浸信会）335
　威廉·米勒（基督复临安息日会）337
　西普里安（神学家）225~226
　希波的奥古斯丁 203,214,218,220~221
　杨百翰（摩门教）307
　耶稣带给世界的信息 204~207,211
　伊拉斯谟（基督教人文主义者）232,234
　约翰·加尔文（新教改革家）221,237,335
　约翰·卫斯理（循道宗）203,239,336
　约瑟夫·史密斯（摩门教）294,307,336

　作为异端人士的伽利略 242
基督教典籍
　白话（方言）圣经 232~237
　对圣经文本的历史批判 244~245
　福音书 252,253
　《海德堡教理问答》232
　基督教科学派 326,333,337
　旧约与新约 225
　尼西亚信经 202,203,208,212~219
伽利略 242
基督弟兄会 336~337
基督复临安息日会（基督教）337
基督教人文主义运动 234,237
贾拉尔·丁·穆罕默德·鲁米（伊斯兰教）282~283
降神师 319
敬虔派（基督教）243
救世军（基督教）337
君士坦丁大帝 80

K

卡巴拉（犹太教）167,186~187
卡尔·巴特 218,219,245
卡尔萨教团（锡克教）299~300,302
凯尔特神明 54,55,319
科普特教会（基督教）334
科学教 295,317,327
克里奥尔宗教 294,305
克里特岛（米诺斯人）78
克里希那教派 294,295,322
克里希那神（印度教）110~111,328

L

拉斯塔法里教（基督教）294~295,305,312~315,327
老子，见道教
林伽派（印度教）329
灵恩派（运动）（基督教）219,

索 引

306~307,337
龙树（佛教）156~157
罗恩·贺伯特（科学教）317
罗马公教会（基督教）203,210,226,227,236~237,334
罗摩克里希纳（印度教）91,122~123

M

马丁·路德（新教改革家）203,233~235,239,335
马赫迪（伊斯兰教）250,271,309
马库斯·加维（拉斯塔法里教）314
玛丽·贝克·艾迪（基督教科学派）333,337
毛利人 19,33
门诺会（基督教）335~336
梦境神话 34~35
美利坚合众国
　波尼人 46~47
　胡帕人 18,51
　基督复临安息日会 306~307,337
　科学教 295,317,327
　伊斯兰民族组织 339
米诺斯人 54,78
摩迪凯·开普兰（犹太教重建派）333
摩拉维亚弟兄会（基督教）336
摩门教（基督教）294,295,306~307,326,336
摩尼教 65,221
摩西（犹太教）171,172~173
摩西·迈蒙尼德（犹太教）181,182,184~185
摩西·门德尔松（哈斯卡拉运动）189
穆尔太齐赖派（伊斯兰教）276~277
穆罕默德（伊斯兰教）250,252~253,265,270~271
穆罕默德·伊本·突麦尔特（穆瓦希德派）280~281
穆斯林，见伊斯兰教
穆斯林兄弟会（伊斯兰教）289,291
穆瓦希德派（伊斯兰教）281
玛雅文明 18,42,43~44,45

N

那纳克上师（锡克教）298,299,301,302
那先比丘（佛教）149~151
奈特斯力克因纽特人的萨满 30~31
诺亚（犹太教）173

P

毗湿奴（印度教）91,97,115,328
毗湿奴派（印度教）328
普利茅斯弟兄会（基督教）336

Q

浸信会信徒（基督教）335
奇旺人 19,38
乔达摩·悉达多（佛陀）90,128,132~133,138,326
乔治·福克斯（贵格会）335

R

儒教（或作儒家思想）72~77,326
　《论语》（学说）74~75,77
　道教元素 55,77
　对统治者的忠告 75~76
　佛教元素 77
　金律 76
　天命 75,76
　五伦 76,77
　现代新儒学 77
　相信人性本善 77,321
　以仁德为先 74~75
日莲宗（佛教）145,331
日本
　阿伊努 19,24~25
　禅宗 129,162~163
　佛教 82~83,85,162~163,310,330,331
　神道教 55,82~85,310,327
　天理教 294,310,327

S

耆那教 66,68~71
　不伤生 69,70,146
　大雄 55,68~69,71,90,94
　灵魂解脱 71
　冥想 70
　舍己 69~70
　神龛和寺庙 71
　赎罪节 70
　五戒 69,70
　象征主义 70,300
斯堪的纳维亚
　萨米人的萨满教 19,28~31
　另见维京人
撒伯流派（基督教）216,217
撒旦教 319
撒都该派（犹太教）183,210
萨满教 28~31,251,270~271,309,338
萨米人的萨满教 19,28~31
萨泰里阿教 294,304~305
塞法迪派犹太教 332
赛巴巴社（印度教）329
赛莱菲耶派（伊斯兰教）339
赛义德·库特布（伊斯兰教）289~290
三宝普济会 331
三相神（印度教）91,97
琐罗亚斯德教 54,62~65,327
　阿胡拉·马兹达 62~63,64,65,327
　阿维斯塔教义 63,65
　拜火教徒 62
　苏摩酒（神明的饮品）98
　一神教 62~63,177
　祖尔万派 64

桑人 19,21~23
沙斐仪（伊斯兰教）256,274~275
沙姆斯·艾伊玛·沙拉赫西（伊斯兰教）278
神道教 55,82~85,310,327
圣安东尼（基督教）221,223
圣公会（基督教）221,236,335
圣经派（犹太教）183
圣雄甘地（印度教）91,124~125,302
师摩多派（印度教）329
湿婆（印度教）91,97,328,329
湿婆派（印度教）328
十二伊玛目派（伊斯兰教）271,309
数论派哲学（印度教）113,329
斯瓦米那拉扬派（印度教）329
苏菲派（伊斯兰教）269,282~283,295,339
苏菲旋转舞派 339
苏美尔人，见古巴比伦人

T

塔里克·拉玛丹（伊斯兰教）291
天理教 294,310,327
托马斯·阿奎那（基督教）203,228~229,242
托马斯·赫尔维（浸信会）335

W

维京人 86~87
　奥丁神 86~87
　萨满教 28~29
　英灵殿与来生 87
瓦哈比派（伊斯兰教）269
瓦劳人 18,39
威卡教 295,319,327
威廉·布斯（救世军）337
威廉·米勒（基督复临安息日会）337
吴文昭（高台教）316

五旬节派（基督教）218,219,337

X

锡克教 294,295,298~301,327
　"五K"信仰标志 299~300,301
　阿卡利党 301
　短剑（仪式上用的短剑）300~301
　戈宾德·辛哈上师 299,300,302,303
　《古鲁·格兰特·辛格》，又称《元经》（圣书）298,301,302,303
　行为准则 298~301,303
　救赎之路五阶段 298~299
　卡尔萨教团 299~300,302
　名称的起源 101
　那纳克上师 298,299,301,302
　平等主义 302~303
　生死轮回 298
　圣战士 298~300
　头巾 300
　一神论 303
西奥多·赫茨尔 167,189,196~197
西缅·巴尔·科赫巴（犹太教）181
西普里安（基督教）225~226
西田几多郎（禅宗）161
希波的奥古斯丁（基督教）203,214,218,220~221
小乘佛教 129,140,145,150,155,330
新非洲教会（基督教）337
新教自由派（基督教）242~245
新异教 319
新正统派（犹太教）332~333
性力派（印度教）100,328
循道宗（基督教）203,239,336
逊尼派 251,269,270,271,275,338,339

Y

伊斯兰教各支派 338~339

德鲁兹派 338,339
哈里哲派 338
穆尔太齐赖派 276~277
穆斯林兄弟会 289,291
穆瓦希德派 281
赛莱菲耶派 339
什叶派 250,251,270~271,309,338
十二伊玛目派 271,309
苏菲派 269,282~283,295,339
苏菲旋转舞派 339
瓦哈比派 269
逊尼派 251,269,270,271,275,338,339
伊斯兰民族组织 339
伊斯玛仪派 338~339
印度教 327
　吠檀多哲学 91,118~119,122,329
　界定问题 90
　玛塔（寺院学校）101
　密教仪式 100,158,328
　冥想，静坐 100,121,128,320
　普迦祭祀 114~115,328
　社会阶层制度（瓦尔纳）97~98,99,108~109,125,302,329
　湿婆（破坏者）97
　时间循环 94~95
　时间轴 90~91
　苏摩酒（神明的饮品）96
　雅利安人的影响 95~96,97
　瑜伽 91,100,112,328
印度教信仰
　巴克提（宗教虔信）90,91,94
　包容性 91
　不可知之梵 118~121
　不伤生（非暴力）124~125,146
　道德法则 109
　法（宇宙秩序与正确的生活方式）94,106~109,110
　梵（绝对实在）91,95,96,97,102~105,122~123
　吠陀祭祀 92~99,111
　感官体验与纯净意识之间的区分 120~121
　个人敬虔作为获得解脱之手段 98~99
　祭祀场地与火 96
　坚持真理 124~125
　解脱（从无尽的生死轮回中解放出

来）90~91
轮回（我，即灵魂生与重生的循环）90,104,329
内在转化 123
其他宗教也通向同一个真理 123
人生四行期 106~109
我（纯净意识）102~105
无私的职责 91,110~111,112,320
业与转世 329
仪式与崇拜 92~98,114~115,329
意识和知识 119~120
自我的本质 102~105
宗教教导的不同层次 101
印度教各支派 328~329
　超觉静坐派 294,295,320
　高迪亚毗湿奴派 322
　克里希那教派 294,295,322
　林伽派 329
　毗湿奴派 328
　赛巴巴社 329
　师摩多派 329
　湿婆派 328
　斯瓦米那拉扬派 329
　新印度教 329
　性力派 100
　雅利安社 329
　印度哲学 101,328~329
印度教人物
　阿迪·商羯罗 91,118~121,122,329
　辩喜 123
　伐楼拿 97
　化身（神明）115,328,329
　火神阿耆尼 96
　克里希那神 110~111,328
　罗摩克里希纳 91,122~123
　毗湿奴 91,97,115,328
　三相神 91,97
　圣雄甘地 91,124~125,302
　湿婆 91,97,328,329
　众女神 100
　诸神明构成秩序的各方面 96~97
印度教典籍
　《奥义书》90,91,99,101,102~105, 118,120~121,133,135,148
　《薄伽梵歌》91,107,108,110~111, 112,320
　《吠陀经》54,90,91,99,100,101,107, 109,114,320,329

《梨俱吠陀》65,96,97,99
《罗摩衍那》91,101,111,114
《摩诃婆罗多》91,101,111,115,322
印度
　拜火教徒（琐罗亚斯德教）62
　拜加人 19,32
　佛教，见佛教
　耆那教，见耆那教
　数论派哲学 113,329
　希腊化 150
　锡克教，见锡克教
　印度教，见印度教
伊朗（波斯）
　巴哈伊教，见巴哈伊教
　摩尼教 65,221
　什叶派 270,271
　琐罗亚斯德教，见琐罗亚斯德教
伊斯兰教 327
　阿拉伯之春 251
　埃及复兴主义 289
　大天使加百列向穆罕默德显现 253,256~257
　对西方影响的拒斥 289~290,339
　尔萨（耶稣）被视为先知 252
　观念与政治上的冲突 251
　与希腊哲学 276~277
　黄金时代和阿拔斯王朝 250,251
　教法学派 275
　教义学 276~277
　礼拜前的净身 265~266
　麦加 250,253,266,267~269
　欧洲法令研究委员会 272
　时间轴 250~251
　宣礼员 265,266
　逊奈（权威性的话语与行为） 253,266,270,273,274,281
　亚里士多德哲学 277,281
　伊斯兰复兴主义 288~290
　作为现代宗教 291
　作为艺术的阿拉伯语书法 261
伊斯兰教信仰
　吉哈德和与罪恶作战 251,278, 288~290
　贾希利叶（蒙昧时代）289~290
　礼拜 265~266
　清真言 264~265,280~281
　仁慈的真主 279
　认为基督教和犹太教的经典因人类

的错谬而朽坏 252,257
沙里亚教法 256,272~274,291,338, 339
神性统一的教义 280~281
审判日 279
讨黑德（独一性）280~281
天课的重要性 266~267
五功 250,264~269,271
一神教 176,250,280~281
宗教激进主义 251
斋月与封斋 267~268
真主超乎人的理解力 276~277
伊斯兰教人物
　阿卜杜拉·伊本·欧麦尔 265
　阿布·哈米德·穆罕默德·安萨里 279
　阿布·哈桑·艾什尔里 277
　阿里·伊本·艾比·塔利卜 271
　阿威罗伊（伊本·路世德）278
　阿维森纳（伊本·西那）250,276, 280
　艾布·伯克尔 271,283,338
　法尔德·穆罕默德（伊斯兰民族组织）339
　贾拉尔·丁·穆罕默德·鲁米 282~283
　马赫迪（隐遁）250,271,309
　穆罕默德·伊本·突麦尔特（穆瓦希德派）280~281
　穆罕默德 250,252~253,265, 270~271
　赛义德·库特布 289~290
　沙斐仪（学者）256,274~275
　沙姆斯·艾伊玛·沙拉赫西 278
　塔里克·拉玛丹 291
伊斯兰教古兰经 250,253,256~261, 273~275,281,339
　阿拉伯语是神圣语言 260~261
　背诵与宣读 258~259,260,267
　处置方式 260
　独特性 260
　麦加章节 257~258
　与审判日 279
　与圣经之间的相似性 259
　章节排序 257~258
　尊崇 259~260
犹太教 327
　出埃及 166,171~172

从母亲一方（继承犹太身份）167,175,199
大流散 166~167,181,196~197
大卫星 197
对"神子"一词的使用 208
反犹主义 197
哈拉哈（犹太律法）194
哈斯卡拉运动（犹太启蒙运动）189,196~197
节日 195
弥赛亚的词源 178
弥赛亚时代 178~181
纳粹大屠杀 167,193,198,332
迫害 167
时间轴 166~167
守安息日 172,173,194
耶路撒冷 166,181
耶稣可能是弥赛亚 181
以色列人的流亡 170,174,179,186,196
以色列人和犹太人的区分 179
在欧洲获得解放 192
早期基础 54
至上神雅威 170,176~177
犹太教信仰
　出身大卫家族的弥赛亚 179~180
　黄金法则 174
　口传律法 182~183
　弥赛亚 178~181
　契约 170~175
　死后的生命 181
　一神论 176~177,184~185,193~194
　饮食法 194~195
　犹太人作为上帝的选民 174~175,204
　预言 180~181
犹太教各支派 332~333
　阿什肯纳兹犹太人 166~167,332
　艾塞尼派 180
　法利赛人 210
　哈西德派 167,187,188,295,332
　卡巴拉和神秘主义 167,186~187
　撒都该派 183,210
　圣经派 183
　锡安主义 167,189,196~197
　新正统派 332~333
　犹太教保守派（摩挚迪派）333
　犹太教改革派 175,181,189,192,193,195,199,333
　犹太教进步派 192~195
　犹太教人文派 333
　犹太教塞法迪派 332
　犹太教重建派 195,199
　犹太教自由派 175,195
　犹太科学派 333
　正统派 181,194,332,333
犹太教人物
　巴尔·谢姆·托夫 188
　可能是弥赛亚的西缅·巴尔·科赫巴 181
　摩迪凯·开普兰 333
　摩西·迈蒙尼德 181,182,184~185
　摩西·门德尔松 189
　摩西 171,172~173
　西奥多·赫茨尔 167,189,196~197
　亚伯拉罕·盖革 192,193
　亚伯拉罕 166,170~171,175,327
　以撒·卢里亚（卡巴拉）186~187
　与诺亚立约 173
犹太教典籍
　《申命记》和第三约 173
　《密西拿》166,182~183
　十诫 172,174,194,264
　《死海古卷》180
　《塔木德》170,172~173,182~183,186,187,192,333
　《托拉》（摩西五经）166,167,170~174,188,189,195,332,333
　《宰甫尔》（《诗篇》）256
　《佐哈尔》（神秘主义文献）184
雅利安社（印度教）329
亚伯拉罕（犹太教）166,170~171,175
亚伯拉罕·盖革（犹太教）192,193
亚里士多德 62,203,229,277,281
亚历山大大帝 79
亚美尼亚教会（基督教）334
杨百翰（摩门教）307
耶稣（基督教）202,204~207,208,211,334
一位论派（基督教）218,295,321,336
伊拉斯谟（基督教人文主义者）232,234
伊斯兰民族组织 339
伊斯兰教什叶派 250,251,270~271,309,338
以撒·卢里亚（卡巴拉和犹太教）186~187
印度哲学（印度教）101,328~329
印加人 18,36~37
犹太教保守派（摩挚迪派）333
犹太教改革派 175,181,189,192,193,195,199,333
犹太教进步派 192~195
犹太教人文派（犹太教）333
犹太教正统派 181,194,332,333
犹太教重建派 195,199,333
犹太教自由派 175,195
犹太科学派 333
玉佛 150
约翰·加尔文（基督教）221,237,335
约翰·卫斯理（循道宗）203,239,336
约鲁巴人的宗教，见萨泰里阿教
约瑟夫·史密斯（摩门教）294,307,336
越南高台教 295,306,316,326

Z

藏传佛教 114,128,129,154~157,330~331
长老会（基督教）236,335,336
震颤派 336
中国
　道教，见道教
　佛教 114,129,154~157,330

致 谢

Dorling Kindersley and cobalt id would like to thank Louise Thomas for additional picture research, and Margaret McCormack for the index

PICTURE CREDITS

The publisher would like to thank the following for their kind permission to reproduce their photographs:

(Key: a-above; b-below; c-centre; l-left; r-right; t-top)

21 Corbis: Anthony Bannister/Gallo Images (tr). **22 Getty Images:** Per-Andre Hoffmann (bl). **23 Corbis:** Ocean (tr). **25 Getty Images:** Time & Life Pictures (tr). **29 Corbis:** Michel Setboun (tr). **31 Alamy Images:** Horizons WWP (tl); Getty Images: Apic/Contributor (br). **33 Corbis:** Nathan Lovas/ Foto Natura/Minden Pictures (cr). **35 Corbis:** Giles Bracher/Robert Harding World Imagery (tr). **37 Getty Images:** Maria Stenzel (tr). **39 Getty Images:** Juan Carlos Muñoz (cr). **43 Alamy Images:** Pictorial Press Ltd (tl). **44 Alamy Images:** Emiliano Rodriguez (br). **45 Getty Images:** Richard I'Anson (tl). **47 Corbis:** William Henry Jackson (tr). **48 Getty Images:** David Sutherland (br). **50 Corbis:** Michele Westmorland/Science Faction (bc). **57 Alamy Images:** Imagestate Media Partners Limited - Impact Photos (tl). **59 PAL:** Peter Hayman/The British Museum (tr). **63 Corbis:** Kazuyoshi Nomachi (tr); Paule Seux/Hemis (bl). **64 Getty Images:** Religious Images/UIG (tl). **65 Corbis:** Raheb Homavandi/Reuters (br). **67 Fotolia:** Pavel Bortel (tl); Corbis: Liu Liqun (tr). **69 Corbis:** Werner Forman/Werner Forman (tr). **71 Alamy Images:** John Warburton-Lee Photography (bl); Stuart Forster India (tr). **75 Getty Images:** (bl); Keren Su (tr). **76 Mary Evans Picture Library:** (tr). **77 Corbis:** Imaginechina (br). **78 Getty Images:** De Agostini Picture Library (br). **81 Corbis:** (bl). **84 Corbis:** Michael Freeman (bl). **87 Getty Images:** Universal Images Group (tl); Corbis: Kieran Doherty/Reuters (bl). **95 Alamy Images:** Franck METOIS (br). **97 Getty Images:** Gary Ombler (tr). **99 Corbis:** Nevada Wier (bl). **100 Corbis:** Godong/Robert Harding World Imagery (cr). **103 Getty Images:** Comstock (br). **108 Corbis:** Hugh Sitton (br). **111 Corbis:** Stuart Freedman/In Pictures (br). **112 Alamy Images:** Emanuele Ciccomartino (br). **114 Alamy Images:** World Religions Photo Library (cr). **119 Corbis:** Juice Images (br). **121 akg-images:** R. u. S. Michaud (tr). **123 Getty Images:** The Washington Post (bc); akg-images: R. u. S. Michaud (tr). **125 Alamy Images:** Lebrecht Music and Arts Photo Library (bl). **132 Corbis:** Pascal Deloche/Godong (bl); Pascal Deloche/Godong (tr). **134 Corbis:** Jeremy Horner (bl). **135 Fotolia:** Benjamin Vess (tr). **138 Getty Images:** Chung Sung-Jun (br). **140 Getty Images:** Oli Scarff (tl). **142 Getty Images:** SuperStock (bl). **143 Corbis:** Earl & Nazima Kowall (tr). **145 Corbis:** Nigel Pavitt/JAI (cb). **147 Alamy Images:** Mary Evans Picture Library (bl); Corbis: Peter Adams (tr). **149 Getty Images:** DEA / V. PIROZZI (bl). **150 Getty Images:** Andy Ryan (tr). **155 Getty Images:** Godong (br). **156 Corbis:** Peter Turnley (tl). **157 Alamy Images:** Mark Lees (tr); Fotolia: Oliver Klimek (bl). **159 Corbis:** Alison Wright (bl). **162 Getty Images:** Kaz Mori (tl). **171 Getty Images:** DEA / G. DAGLI ORTI (bl); Corbis: Peter Guttman (tr). **172 Getty Images:** The Bridgeman Art Library (bl). **173 Corbis:** Christophe Boisvieux (bl); Getty Images: PhotoStock-Israel (tr). **174 Corbis:** Nathan Benn/Ottochrome (tl). **177 akg-images:** Erich Lessing (tl). **178 Corbis:** Dr. John C. Trever, Ph. D. (bl). **179 Corbis:** Richard T. Nowitz (tr). **183 Getty Images:** Philippe Lissac/Godong (tr). **185 Corbis:** NASA, ESA, and F. Paresce /handout (bl); Getty Images: Danita Delimont (tr). **186 Corbis:** Kobby Dagan/Demotix (bc). **188 Getty Images:** Uriel Sinai/Stringer (cr). **192 Alamy Images:** INTERFOTO (bl). **195 Alamy Images:** Israel images (tl). **197 Getty Images:** Steve McAlister (bc); Alamy Images: World History Archive (tr). **199 Corbis:** Silvia Morara (br). **205 Corbis:** Massimo Listri (cb); Chris Hellier (tr). **206 Corbis:** Francis G. Mayer (tl). **209 Corbis:** The Gallery Collection (tr). **211 Getty Images:** De Agostini Picture Library (tl); Universal Images Group (tr). **215 The Bridgeman Art Library:** Clement Guillaume (tr). **216 Getty Images:** Universal Images Group (tl). **218 Corbis:** eidon photographers/Demotix (tl). **219 Alamy Images:** van hilversum (tr). **221 Corbis:** Tim Thompson (tl); Getty Images: Mondadori Portfolio/UIG (tr). **223 Corbis:** Hulton-Deutsch Collection (br); Jose Nicolas (tr). **225 Getty Images:** Conrad Meyer (tr). **227 The Bridgeman Art Library:** AISA (br). **229 Getty Images:** DEA / VENERANDA BIBLIOTECA AMBROSIANA (bl); Scott Olson/Staff (tr). **233 Getty Images:** Lucas Cranach the Elder (t). **234 Corbis:** Alfredo Dagli Orti/The Art Archive (tl). **235 Corbis:** Bettmann (tr). **237 Getty Images:** (bl); Corbis: Paul A. Souders (tr). **238 Corbis:** Heritage Images (cb). **243 Alamy Images:** The Protected Art Archive (bl); INTERFOTO (tr). **244 Corbis:** Matthias Kulka (tl). **245 Getty Images:** Ron Burton/Stringer (tr). **247 Corbis:** (br). **253 Getty Images:** Muhannad Fala'ah/Stringer (cb); Alamy Images:

Rick Piper Photography (tl). **257 Getty Images:** Leemage (tl). **259 Corbis:** Howard Davies (tr). **260 Corbis:** Kazuyoshi Nomachi (tl). **261 Getty Images:** Patrick Syder (bl); Insy Shah (tr). **265 Corbis:** Alexandra Boulat/VII (tr). **266 Corbis:** Christine Osborne (bl). **267 Alamy Images:** Philippe Lissac/Photononstop (br). **268 Corbis:** Tom Morgan/Demotix (tl). **269 Getty Images:** AHMAD FAIZAL YAHYA (br). **271 The Bridgeman Art Library:** Christie's Images (tl). **273 Corbis:** Bertrand Rieger/Hemis (br). **274 Getty Images:** Wathiq Khuzaie (bl). **277 Corbis:** Owen Williams/National Geographic Society (cr). **278 Getty Images:** Rozikassim Photography (cr). **281 Getty Images:** Walter Bibikow (tl). **282 Corbis:** John Stanmeyer/VII (cb). **283 Alamy Images:** Peter Horree (tr). **291 Corbis:** Hulton-Deutsch Collection (tl). **299 Corbis:** ETTORE FERRARI/epa (tr). **300 Corbis:** Christopher Pillitz/In Pictures (bl). **301 Alamy Images:** Art Directors & TRIP (tr). **302 Corbis:** Christopher Pillitz/In Pictures (bl). **305 Alamy Images:** Alberto Paredes (tl). **307 The Bridgeman Art Library:** (bl); Corbis: James L. Amos (tr). **309 Alamy Images:** Art Directors & TRIP (bl). **311 Corbis:** Matthew McKee (bc). **315 Getty Images:** Ethan Miller (tl); Henry Guttmann (bl). **317 Getty Images:** travelstock44 (cl). **320 Alamy Images:** Pictorial Press Ltd (cr).

All other images © Dorling Kindersley.

For further information see: **www.dkimages.com**